La Torah Explicada
Bereshit – Shemot

RABÍ AHARÓN SHLEZINGER

Copyright © 2017 Aharón Shlezinger

All rights reserved

ISBN: 9781976924729

Indice

	Prólogo	Pág. 5
I	Parashá Bereshit: Los Secretos del Génesis	Pág. 11
II	Parashá Noé: La Cosmovisión del Diluvio Universal	Pág. 32
III	Parashá Lej Lejá: La Búsqueda de la Paz	Pág. 60
IV	Parashá Vaierá: El Triunfo de la Piedad y la Cortesía	Pág. 78
V	Parashá Jaie Sara: El Secreto del Sol Naciente	Pág. 106
VI	Parashá Toledot: El Secreto de la Extracción del Bien del Interior del Mal	Pág. 126
VII	Parashá Vaietzé: Los Cuatro Mundos	Pág. 144
VIII	Parashá Vaishlaj: El Eslabón de la Torá que no se Perdió	Pág. 162
IX	Parashá Vaieshev: La Mística del Habla y la Consideración	Pág. 180
X	Parashá Miketz: El Secreto para Conseguir un Milagro	Pág. 199
XI	Parashá Vaigash: El Mundo Enraizado en el Amor	Pág. 224
XII	Parashá Vaiejí: El Secreto de la Esperanza	Pág. 240
XIII	Parashá Shemot: La Clave del Éxito de Moshé	Pág. 262
XIV	Parashá Vaera: Elaboración de un Juicio sin Prejuicios	Pág. 297
XV	Parashá Bo: Los Secretos del Libre Albedrío	Pág. 322
XVI	Parashá Beshalaj: La Esperanza que Jamás se Pierde	Pág. 341
XVII	Parashá Ytro: La Acción Merecedora de Revelación	Pág. 360
XVIII	Parashá Mishpatim: Las Reglas y los Secretos de la Justicia	Pág. 381
XIX	Parashá Terumá: El Secreto de Dar con Verdadero Amor	Pág. 404

XX	Parashá Tetzavé: Los Secretos de la Energía del Incienso	Pág. 431
XXI	Parashá Ki Tisá: La Elección de las Amistades	Pág. 448
XXII	Parashá Vaiakhel: El Secreto de la Buena Remuneración	Pág. 459
XXIII	Parashá Pekudei: El Vínculo Esencial entre el Éxito y la Humildad	Pág. 485

Prólogo

El estudio de la Torá eleva a la persona y la torna merecedora de numerosos beneficios, como fue enseñado: Rabí Meír decía: Todo el que se ocupa de la Torá incondicionalmente, se torna merecedor de muchos beneficios, y no sólo eso, sino que todo el mundo es propicio por él. Se lo denomina amigo, amado, amador del Omnipresente, amador de las personas, alegrador del Omnipresente, alegrador de las personas. La Torá lo viste de humildad y temor, y lo torna apto para ser justo, piadoso, recto y fiel, y lo aleja del pecado y lo acerca al mérito. Y los demás aprovechan de él consejo y enseñanza, sabiduría y poder de acción, como está dicho acerca de la Torá: «Poseo consejo y enseñanza; yo soy el entendimiento, mío es el poder» (Proverbios 8:14). Y le otorga reinado y gobierno, e investigación del juicio; y se le revelan los misterios de la Torá, y se torna como un manantial surgente, y como un río que no cesa de fluir; es recatado, paciente y perdona su vergüenza; y la Torá lo engrandece y lo encumbra por sobre todas las obras (Avot 6:1).

LA ELEVACIÓN SUPREMA

Asimismo, fue enseñado que todos aquellos que se abocan a estudiar la Torá, se apegan a El Santo, Bendito Sea, y se coronan con la corona de la Torá, y son amados en lo Alto, y en lo bajo, y El Santo, Bendito Sea, les extiende su diestra.

Cuánto más esto es así con quiénes se esfuerzan en la Torá también por la noche, ya que el estudio nocturno, realizado después de la medianoche, es muy preciado por El Santo,

Bendito Sea. Ya que ellos se asocian a la Presencia Divina, y se unen con ella como uno. Y cuando llega la mañana, El Santo, Bendito Sea, los corona con una hebra de bondad, para que sean conocidos y distinguidos entre los de lo Alto y los de lo bajo, para que todos hagan el bien con ellos (Sodot Hatora).[1]

También se dijo acerca de los justos que son bienaventurados, porque se ocupan de la Torá, que es la riqueza suprema, todos los días. A esto se refiere lo que está escrito: «No se evaluará al oro y el vidrio –en relación con ella–, ni se cambiará por joyas de oro fino» (Job 28:17). Pues la evaluación de esos elementos no se asemeja a la evaluación de la Torá, ya que no tienen el mismo valor, y la diferencia es muy grande. Este es el pago que recibe la persona en relación con este mundo, y después, en relación con el Mundo Venidero, merecerá ascender a lo Alto. Y a esto se refiere lo que está escrito: «Hay –en Mi posesión muchas bondades– para hacer heredar a mis amados, y sus tesoros llenaré» (Proverbios 8:21) (Sodot Hatora).

PARA EL ESTUDIO DE LA TORÁ NO HAY EDAD

Está escrito: "Por la mañana siembra tu semilla, y a la tarde no dejes reposar tu mano; porque no sabes cuál será mejor, si esto o aquello, o si ambos son igualmente buenos" (Eclesiastés 11:6). Rabí Ishmael y Rabí Akiva se refirieron a esta cita. Rabí Ishmael dijo que el versículo se refiere al estudio de la Torá. Pues enseñó: incluso si has estudiado Torá en tu juventud, estudia Torá en tu ancianidad, "porque no sabes cuál será mejor, si esto que has estudiado en tu juventud o aquello que has estudiado en tu ancianidad, o si ambos son igualmente

---
[1] Se refiere a libros mísiticos, como Zohar y sus comentarios.

buenos" (Eclesiastés 11:6).

Rabí Akiva dice que el versículo se refiere a la enseñanza de la Torá. Pues enseñó: incluso si has tenido discípulos en tu juventud a los cuales les has enseñado la Torá, ten discípulos también en tu ancianidad y enséñales la Torá, "porque no sabes cuál alumno será mejor, y si prosperará esto que has enseñado a tus alumnos que has tenido en tu juventud o aquello que has enseñado a tus alumnos que has tenido en tu ancianidad, o si ambos son igualmente buenos" (Midrash Bereshit Raba 61:3).

UN MEDIO DE PURIFICACIÓN

También se enseñó que un decreto seguido de un juramento no puede ser anulado, como está dicho acerca de Eli: «Entonces yo he jurado acerca de la Casa de Eli, que el pecado de la casa de Eli nunca sería expiado a través de un sacrificio o una ofrenda vegetal» (I Samuel 3:14). Y Raba enseñó que a través de un sacrificio o una ofrenda vegetal no puede ser expiado, pero puede ser expiado mediante el estudio de la Torá» (Talmud, tratado de Rosh Hashaná 18a).

¿Cuál es la razón? Porque las palabras del estudio de la Torá ascienden sobre todos los sacrificios del mundo, siendo consideradas por El Santo, Bendito Sea, más importantes que todos los sacrificios. ¿De dónde lo aprendemos? De lo que fue estudiado por los sabios en el Talmud. Ya que está escrito: «Esta es la ley de la ofrenda ígnea, la ofrenda vegetal, el sacrificio expiatorio, y la ofrenda de culpa; y las ofrendas de consagración, y la ofrenda pacífica, que El Eterno ordenó a Moshé en el Monte de Sinaí, el día que ordenó a los hijos de Israel trajeran sus ofrendas ante El Eterno en el Desierto de Sinaí» (Levítico 7:37–38). Se aprende de aquí que la Torá equivale a todos los sacrificios del mundo. ¿Y cuál es la razón? Porque el que ofrece una ofrenda ígnea, una ofrenda vegetal, un sacrificio expiatorio, una ofrenda de culpa, una ofrenda de consagración, o una ofrenda pacífica, no puede lograr la rectificación por sí solo, y para hacerlo requiere indefectiblemente el servicio de un sacerdote, que con su concentración en el ofrendado del sacrificio, genera la unión en lo Alto. Sin embargo, una persona que estudia Torá en este mundo, y se concentra como es debido, él mismo genera la unión en lo Alto.

Rabí Iosei, después de escuchar atentamente la enseñanza de Rabí Jía, dijo que ciertamente es así. Pues todo el que se esfuerza en el estudio de la Torá, aunque fue decretado sobre él un castigo de lo Alto, ese estudio es un sosiego para El Santo, Bendito Sea, más grande que el de todos los sacrificios y las ofrendas ígneas del mundo. Y a raíz de eso, ese castigo que estaba decretado se rompe.

Además, fue enseñado que la persona no se purifica sino a través de las palabras del estudio de la Torá. Por eso, las palabras de la Torá no reciben impureza, porque ella está dispuesta y preparada para purificar a esos hombres impuros que se han impurificado con sus pecados. Y la curación está en la Torá, como está escrito: «Porque será medicina para tu cuerpo, y humectante para tus huesos» (Proverbios 3:8). Y la pureza se encuentra en la Torá, como está escrito: «El temor de El Eterno es puro, que permanece para siempre» (Salmos 19:10). ¿Qué significa la declaración: «que permanece para siempre»? La respuesta es ésta: que esa persona que estudia la Torá, concentrándose en el estudio como es debido, está siempre puro con esa pureza de la Torá, y la misma no se aparta de él jamás (Sodot Hatora).

Como hemos visto, el beneficio por estudiar la Torá es

enorme. Y es importante saber que el estudio de la Torá comprende cuatro niveles: el sentido llano, los estudios a través de indicios, las disertaciones, y los misterios profundos. Y en este libro hemos incluido explicaciones de los cuatro niveles, aplicadas a todas las secciones del Génesis, el primer libro de la Torá, y Éxodo, el segundo libro de la Torá.

Os deseo que las enseñanzas os sean muy provechosas y agradables.

Parashá Bereshit

LOS SECRETOS DEL GÉNESIS

El Génesis encierra innumerables secretos, unos dentro de otros, hasta llegar a lo más recóndito e insondable de la creación. Podría compararse con una célula madre que contiene la información de todo el cuerpo que se formó a partir de la misma. Pues el Génesis contiene la información de todo el mundo, desde el principio hasta el final, incluyéndose todos los detalles y las rectificaciones. Por tal razón, quien conozca los misterios del Génesis y lleve a la práctica las reglas proscritas por El Creador, tendrá las llaves de la creación en sus manos, y podrá realizar maravillas (véase Talmud, tratado de Sanhedrín 65b).

LA LUZ DEL FUTURO

Veamos algunos detalles esenciales: en el comienzo del Génesis se describe la base de la creación, como está escrito: «En el comienzo creó Dios a los Cielos y a la Tierra. Y la tierra estaba informe y vacía, y las tinieblas estaban sobre la faz del abismo, y el espíritu de Dios se movía sobre la faz de las aguas. Y dijo Dios: ¡Sea luz! Y fue luz. Dios vio que la luz era buena, y separó Dios la luz de las tinieblas. Y llamó Dios a la luz Día, y a las tinieblas llamó Noche; y fue tarde, y fue mañana, un día» (Génesis 1:1–5).

Apreciamos que está escrito: «Y llamó Dios a la luz Día, y a las tinieblas llamó Noche» (Génesis 1:5). A partir de esta declaración surge una pregunta clave: ¿Acaso no es la luz lo mismo que el día, y no es el día lo mismo que la luz? ¡Esta redundancia resulta sorprendente, pues en la Torá no hay nada innecesario! ¿Cómo se explica?

Veamos lo que fue enseñado por los sabios: en el cuarto día de la creación fue dicho: «Dijo Dios: "Sean luminarias en el firmamento de los Cielos para que separen el día de la noche; y sean por señales y para las fiestas, y para los días y los años, y sean por luminarias en el firmamento de los Cielos para que iluminen sobre la tierra"; y así fue. Y Dios hizo a las dos grandes luminarias, a la luminaria mayor para que señoree en el día, y a la luminaria menor para que señoree en la noche, y a las estrellas. Y Dios las colocó en el firmamento de los Cielos para iluminar sobre la tierra, para que señoreen de día y de noche, y para que separen la luz de la oscuridad; y Dios vio que era bueno. Y fue tarde, y fue mañana, cuarto día» (Génesis 1:14–19).

Observando lo enunciado en relación con el primer día de la creación, y lo enunciado en relación con el cuarto día de la creación, deducimos que la luz que fue creada el primer día de los seis días de la creación no es la misma luz del cuarto día, proveniente de los astros celestes. ¿Por qué razón? Porque no es posible que ilumine de día después de haber sido creado el Sol, ya que merced a su inmensa luminosidad, la luz creada en el primer día suprimiría a la luz del Sol. Asimismo, la luz creada en el primer día no puede iluminar durante la noche, pues no fue creada sino para iluminar durante el día. Por lo tanto queda deducido que se trataba de dos tipos de luz; y cuando fue creada la luz del Sol, la luz primordial fue ocultada para que no anule a la luz solar.

Ahora bien, esa luz del primer día, ¿qué sucedió con ella? ¿Dónde está actualmente? Los sabios revelaron que esa luz fue guardada en el Jardín del Edén y está preparada para los justos, quienes podrán disfrutar de ella en el Mundo Venidero, como está dicho: «La luz de la Luna será como la luz del Sol; y la luz del Sol será siete veces mayor con relación a la luz de los siete días» (Isaías 30:26) (Midrash Raba Bereshit 3:6).

INVESTIGACIÓN DE LA CREACIÓN

Ahora bien, aunque la luz primordial creada por El Santo, Bendito Sea, al comienzo, fue ocultada, aun así, la misma es fundamental para la existencia del mundo, y para obtener lo que se necesita, y desea. Por tal razón, es importante conocer en profundidad lo relacionado con esta luz, para saber cómo alcanzarla y atraer sus bondades.

En el conocido libro Sodot Hatora se menciona que los justos merecedores de recompensa y preparados para heredar el Mundo Venidero son bienaventurados.

Pues, ¡cuántas irradiaciones de luz están ocultas para ellos! ¡Cuántos deleites hay ocultos para ellos en el Mundo Venidero! Como está escrito: «Cuán grande es tu bondad que has ocultado para los que te temen, que has preparado para los que esperan en ti, delante de los hijos de los hombres» (Salmos 31:20).

Lo que está escrito: «Cuán grande es tu bondad», se refiere a la luz que fue ocultada por El Santo, Bendito Sea, para los justos en el Mundo Venidero, como está escrito: «Dios vio que la luz era buena, y Dios separó la luz de la oscuridad» (Génesis 1:4).

Se aprecia que la luz creada por El Santo, Bendito Sea, al comienzo de la creación, es denominada «buena». Y está escrito: «La luz está sembrada –guardada– para el justo; y la alegría, para los rectos de corazón» (Salmos 97:11). Se observa que está escrito que la luz estaba sembrada «para el justo», en forma general, sin mencionarse ninguna especificación. Por lo tanto, se deduce que se refiere al alma de cada justo, en el Mundo Venidero. Y esa luz no estuvo activa en el mundo más que el primer día, y después fue guardada, y no estuvo más activa.

A esto se refiere lo que está escrito: «Cuán grande es tu bondad». Resulta que en relación con el pago a otorgar por El Santo, Bendito Sea, a los justos en el Mundo Venidero, está escrito: «Cuán grande es tu bondad»; y en el relato de la obra de la creación está escrito: «Dios vio que la luz era buena, y Dios separó la luz de la oscuridad» (Génesis 1:4). Y se deduce por la regla de comparación simétrica denominada guezerá shavá, que así como la palabra «buena» mencionada en el Génesis, fue dicha acerca de la luz, también la recompensa a otorgar por El Santo, Bendito Sea, que es mencionada en el otro versículo citado, que declara: «Cuán grande es tu bondad», está relacionada con la luz (En el texto original hebreo las expresiones «buena» y «bondad», tienen la misma raíz, ya que en ambas palabras consta la expresión «tob»; y esa es la base de la deducción mencionada).

A continuación está escrito acerca de la luz primordial: «que has ocultado para los que te temen». Pues El Santo, Bendito Sea, observó en esa luz, viendo que era una luz pura, y observó en esos malvados que en el futuro pecarían en el mundo, los cuales no merecen esa luz, y por eso El Santo, Bendito Sea, la ocultó para que la merecieran los justos en el Mundo Venidero.

LA LUZ OCULTADA

A continuación está escrito en el versículo: «Que has preparado –paalta– para los que esperan en ti, delante de los hijos de los hombres» (Salmos 31:20). Y a partir de esta declaración se deduce algo muy importante: en un comienzo está escrito: «Cuán grande es tu bondad que has ocultado –tzafanta– para los que te temen», y después está escrito: «que has preparado –paalta– para los que esperan en ti». La expresión «paalta», significa literalmente: «has hecho», o sea, es un término que denota acción, indicándose que El Santo, Bendito Sea, realizó una acción con esa luz después de ocultarla.

Ésta es la explicación: lo que está escrito: «que has ocultado –tzafanta–», enseña que, tal como hemos dicho, El Santo, Bendito Sea, guardó y ocultó la luz para los justos en el futuro. En tanto que lo que está escrito: «que has preparado –paalta–», la explicación es que se denomina así porque con esa luz que El Santo, Bendito Sea, ocultó, hizo con ella una obra del mundo, la vinculada con la esencia existencial del mismo, la cual está basada en la luz primordial que fue ocultada.

¿De dónde lo sabemos? Como está escrito: «Estas son las crónicas de los Cielos y la Tierra cuando fueron creados –behibaram– el día que El Eterno Dios hizo Tierra y Cielos» (Génesis 2:4).

La expresión behibaram, está escrita con las mismas letras que beabraham, que significa: «con Abraham».

Behibaram Beabraham

בהבראם   באברהם

Explicación: la declaración: «cuando fueron creados –behibaram–», podría leerse: «con Abraham –beabraham–». Y el alma de Abraham estaba enraizada en la luz de la bondad –jesed–. Con esa misma luz fueron creados los Cielos y la Tierra, y todas sus legiones. Y a esa luz de Abraham, El Santo, Bendito

Sea, la ocultó, y con ella hizo la obra del mundo, como está escrito: «que has preparado –*paalta*–».

LA LUZ RESERVADA

Asimismo está escrito en el versículo: «para los que te temen» (Salmos 31:20). Es decir, para esos que se sientan debajo de la sombra de El Santo, Bendito Sea, o sea, los que estudian la Torá, y la llevan a la práctica, ellos serán merecedores de la luz que fue ocultada.

Después está escrito en el versículo: «delante de los hijos de los hombres» (Salmos 31:20). Pues con esa obra que fue hecha con esa luz primordial, las personas que moran en el mundo existen. Y esa luz es la base de su existencia, ya que se sustentan a través de ella, pues aunque fue ocultada, aún así, por medio de ella existen las personas en este mundo (Sodot Hatora).

EL PODER DE LA LUZ PRIMORDIAL

Lo mencionado contiene una enseñanza fundamental, ya que se aprende que esa luz primordial es la base existencial de este mundo. Observemos ahora esta otra importante enseñanza: está escrito en relación con el primer día de la creación: «Dios vio que la luz era buena, y Dios separó la luz de la oscuridad» (Génesis 1:4).

La declaración «da luz», en el texto original hebreo está escrita a través de la locución *«et haor»*:

את האור

Éste es el valor numérico:

$$\begin{aligned} א &= 1 \\ ת &= 400 \\ \\ ה &= 5 \\ א &= 1 \\ ו &= 6 \\ ר &= 200 \\ \hline &613 \end{aligned}$$

Y los sabios talmudistas enseñaron que los preceptos de la Torá son en total 613. Resulta que en la declaración «da luz», están indicados a modo de insinuación, los 613 preceptos de la Torá.

Ahora bien, ¿de dónde sabemos que en la Torá hay 613 preceptos? Eso está indicado en la palabra «Torá», como está escrito: «La Torá que nos ordenó Moshé es el legado de la Congregación de Jacob» (Deuteronomio 33:4).

El término «Torá», en el original hebreo está escrito así:

תורה

Éste es el valor numérico:

$$\begin{aligned} ת &= 400 \\ ו &= 6 \\ ר &= 200 \\ ה &= 5 \\ \hline &611 \end{aligned}$$

Debe considerarse además, que los dos primeros Mandamientos, fueron dichos directamente por El Eterno, como está escrito: «Una vez habló Dios; éstos dos he oído»

(Salmos 62:12).

He aquí que 611 preceptos fueron dichos por Moshé a los hijos de Israel, y dos, fueron dichos directamente por Dios. Resulta:

611 + 2 = 613

Surge de aquí que en la Torá hay 613 preceptos (Talmud, tratado de Makot 23b; Sodot Hatora).

He aquí que la luz primordial está oculta en la Torá, en la que hay 613 preceptos. Y hemos dicho asimismo que en los versículos hay encerrados secretos dentro de secretos, que conociéndolos se pueden realizar maravillas, pudiéndose enfrentar a las más duras enfermedades y curarlas, y también obtener todo lo necesario para llevar adelante la vida en forma sana y confortable. Siendo así, se debe estudiar la Torá en forma apropiada y cumplir los preceptos como es debido, para que a través del estudio profundo, y el cumplimiento de los preceptos, se alcance la irradiación de luminosidad oculta en la Torá, y se la aproveche como es debido.

LA ESTRUCTURA DE LA CREACIÓN

A continuación veremos como se pueden alcanzar esos grados y esos logros. Nos concentraremos en un estudio que revela detalles importantísimos de la esencia de la creación, los cuatro elementos básicos, y cómo se puede sanar a través de la irradiación de luminosidad oculta en la Torá, proyectándola al plano terrenal a través de Nombres sagrados de El Santo, Bendito Sea, indicados secretamente en los versículos.

En el primer versículo de la Torá se revela: «En el comienzo creó Dios a los Cielos y a la Tierra» (Génesis 1:1).

Lo que está escrito: «En el comienzo –bereshit–», es una declaración que encierra secretos ocultos recónditos, y contiene la esencia de todos los misterios de la creación.

En tanto el verbo «creó», que consta en este versículo, en el texto original hebreo está escrito mediante la locución bará. Este concepto indica creación a partir de la nada. Se refiere a la materia prima original creada por Dios en el primer día de la creación. Después en los días sucesivos y a partir de esta materia primordial, sería formado todo lo existente.

Esto puede comprobarse observando los versículos siguientes: «Dijo Dios: "Sea un Firmamento en medio de las aguas y que separe las aguas de las aguas". Así Dios hizo el Firmamento y separó las aguas que estaban debajo del Firmamento de las aguas que estaban por encima del Firmamento; y así fue. Dios llamó al Firmamento Cielos; y fue tarde, y fue mañana, día segundo» (Génesis 1:6–8).

Se observa que está escrito: «Dios hizo [...]», y éste término en el texto original hebreo está escrito mediante la locución vaiaas.

Advertimos que en esta oportunidad fue utilizada una conjugación del verbo «hacer –vaiaas–», y no del verbo «crear –bará–». La razón se debe a que se trata del segundo día de la creación, y a partir del mismo las innovaciones son sobre la base de lo ya creado el primer día. Sólo se utilizará nuevamente el verbo «crear –bará–», para señalar creaciones espirituales, que no pueden formarse a partir de la materia.

ACERCA DE LA RAÍZ LA CREACIÓN

Sobre la base de lo enunciado es posible comprender lo que está escrito a continuación de la declaración inicial: «Cuando la tierra estaba informe –tohu– y vacía –bohu–» (Génesis 1:2).

El término «tohu» se refiere a la materia prima original carente de forma y nombre que identifique o califique sus propiedades, las cuales son inaprensibles. Este material primordial fue denominado por los filósofos griegos «iuli». Consistió en la más minúscula porción de un ente informe, que se convertiría en el origen de todo lo existente en el mundo.

El término «bohu» se refiere a la forma adoptada por la materia prima original. Esta forma está compuesta de cuatro elementos básicos: aire, fuego, agua y tierra.

Lo manifestado permite comprender el sentido de la cita bíblica expuesta: La Tierra tras su creación se hallaba en estado de «tohu», es decir, poseía materia prima indefinida. Y se encontraba en estado de «bohu», es decir, esa materia indefinida fue revestida de una forma –tzurá–.

UNA SÍNTESIS ORDENADA

Lo expuesto puede resumirse del siguiente modo: Advertimos la presencia de tres procedimientos:

- ✓ Bereshit, grado oculto e inaprensible de la creación –*hatzilut*–.
- ✓ Creación a partir de la nada –*briá*–.
- ✓ Constitución de la forma –*ietzirá*–.
- ✓ Procesado de esa forma –*asiá*–.

Estos procedimientos básicos que constituyen la forma esencial para todo ente creado, con los cuales se forma todo lo existente en el mundo, están indicados en el versículo inicial del Génesis. Y paralelamente se indica el misterio de los mundos espirituales, ya que tal como han enseñado los sabios cabalistas, hay cuatro mundos espirituales, y ellos son:

- ✓ El Mundo de la Emanación –Atzilut–
- ✓ El Mundo de la Creación –Briá–
- ✓ El Mundo de la Formación –Ietzirá–
- ✓ El Mundo de la Acción –Asiá–

Observando los nombres de ésos mundos, se aprecia que coinciden con los verbos citados que describen el proceso de la obra de la creación.

Resulta que en el primer versículo del Génesis está indicada la esencia de todo lo existente y la proyección espiritual que se puede alcanzar desde lo bajo, desde el mundo terrenal, para atraer la energía suprema de lo Alto.

LA REVELACIÓN DE LOS ELEMENTOS BÁSICOS

A continuación veremos otro dato importante que también está indicado en esa cita bíblica; observaremos los misterios de la creación fundamentada sobre la base de los cuatro elementos. Este dato puede apreciarse en forma encubierta en el primer versículo, y desarrollado en el segundo.

En el primer versículo está escrito: «En el comienzo creó Dios a los Cielos y a la Tierra». La palabra Tierra en el original hebreo está escrita mediante la locución «haaretz». Este término está compuesto por las letras: he, alef, reish, tzadi.

הארץ

- ✓ La letra alef es la inicial de *esh,* que significa fuego.

אש

- ✓ La letra *reish* es la inicial de *ruaj,* que significa aire.

רוח

- ✓ La letra *tzadi* tiene un valor numérico igual a 90, que es el mismo que el de la expresión maim, que significa «agua».

צ = 90

La expresión maim, está escrita así en el texto original hebreo:

מים

Éste es el valor numérico:

מ = 40
י = 10
ם = 40
―――
90

- ✓ Por último, Tierra alude al elemento tierra, pues así lo indica el artículo, es decir, la letra *he* que consta al inicio de la palabra.

הארץ

Éste artículo indica la presencia de un sustantivo, o sea, el elemento tierra.

En tanto, en el segundo versículo del Génesis está escrito: «Cuando la tierra estaba informe y vacía, con oscuridad sobre la superficie del abismo, y el espíritu –*ruaj*– de Dios sobrevolaba sobre la superficie de las aguas» (Génesis 1:2).

La oscuridad mencionada se refiere al fuego, pues el núcleo

de este elemento es oscuro.

El espíritu, en hebreo ruaj, se refiere al aire. Pues la expresión *ruaj* define tanto al espíritu como al aire. Como está escrito: «Moshé extendió su vara sobre la tierra de Egipto y El Eterno guió un viento –*ruaj*– solano por toda la tierra en aquel día y en toda aquella noche» (Éxodo 10:13).

«Agua» y «tierra» son términos que se encuentran explícitos en el pasaje señalado.

Surge de lo expuesto que las nociones de los elementos básicos que forman todo lo existente constan expresamente en la Biblia (Rabeino Bejaie; Tov Taam).

CONTROL SOBRE LO TERRENAL

Los elementos básicos mencionados se encuentran en todo lo existente en la Tierra en forma equilibrada. Por ejemplo, en un cuerpo humano, cuando existe una irregularidad severa, el calor comienza a desaparecer. Este fenómeno ocasionará que la temperatura disminuya progresivamente, enfriando al cuerpo, hasta que se produzca la muerte.

Ahora bien, dominando los misterios de la creación, y rectificándose adecuadamente, es posible salvar incluso a una persona que se encuentra en estado crítico, como el mencionado.

EL DOMINIO DE LOS SECRETOS RECÓNDITOS

Observad lo que está escrito en el Talmud: en el tratado de Berajot se cuenta que Rabí Jía el hijo de Aba, enfermó. Rabí Iojanán se enteró y fue a visitarlo. Cuando estuvo frente al enfermo, Rabí Iojanán le dijo:

—¿Deseas los flagelos —para hacerte acreedor de un buen pago por parte de El Eterno al soportarlos—?

Rabí Jía bar Aba le respondió:
—No deseo a los flagelos, ni al pago que sobreviene por ellos —pues no me permiten estudiar Torá.

Rabí Iojanán tras escuchar le dijo:
—Dame la mano.

El sabio le dijo: «dame la mano», en arameo, que era la lengua hablada por ellos en esa época, es decir, le dijo: ab li iedaj.

Rabí Jía, el hijo de Aba, le dio la mano —*hab leih iadeh*—.

Rabí Iojanán asió su mano, lo ayudó a reincorporarse, y Rabí Jía, el hijo de Aba, sanó.

UNA ANSIADA VISITA

En otra ocasión, el que enfermó fue Rabí Iojanán. Rabí Janina se enteró y fue a visitarlo. Cuando estuvo frente al enfermo, Rabí Janina le dijo:

—¿Deseas los flagelos —para hacerte acreedor de un buen pago por parte del Eterno al soportarlos—?.

Rabí Iojanán le respondió:
—No deseo a los flagelos, ni al pago que sobreviene por ellos —pues no me permiten estudiar Torá.

Rabí Janina tras escuchar le dijo:
—Dame la mano —*ab li iedaj*—.
Rabí Iojanán le dio la mano —*hab leih iadeh*—.
Rabí Janina asió su mano, lo ayudó a reincorporarse, y Rabí

Iojanán sanó.

Después de narrarse este suceso, en el Talmud se pregunta: ¿Por qué Rabí Iojanán no se curó solo, tal como hizo con Rabí Jía el hijo de Aba, cuando éste enfermó?

Se responde: un preso no se puede liberar a sí mismo.

UNA NUEVA CURACIÓN

Posteriormente se narra un tercer caso de similares características: Rabí Eleazar enfermó. Rabí Iojanán se enteró y fue a visitarlo. Cuando estuvo frente al enfermo, Rabí Iojanán dialogó con él, y le dijo:
—¿Deseas los flagelos —para hacerte acreedor de un buen pago por parte del Eterno al soportarlos?

Rabí Eleazar le respondió:
—No deseo a los flagelos, ni al pago que sobreviene por ellos —pues no me permiten estudiar Torá—.

Rabí Iojanán tras escuchar le dijo:
—Dame la mano —*ab li iedaj*.

Rabí Eleazar le dio la mano —*hab leih iadeh*—.

Rabí Iojanán asió su mano, lo ayudó a reincorporarse, y Rabí Eleazar sanó (Talmud, tratado de Berajot 5a).

Estos sucesos narrados en el Talmud despiertan curiosidad, pues, ¿cómo es posible que por el solo hecho de darle la mano, el enfermo sanó?

La respuesta es ésta: tanto Rabí Iojanán, como Rabí Janina, que fueron quienes curaron a los enfermos, conocían los misterios de las propiedades de las letras, y las combinaciones de los cuatro elementos, asociadas a cada una de las mismas.

RELACIÓN DE LAS LETRAS CON LA MATERIA

A partir de las 22 letras del alfabeto hebreo, con las que Dios creó el mundo, es posible crear y hacer cosas sorprendentes con las creaciones. Por ejemplo, si llegado el caso, se necesitan realizar acciones que afecten las situaciones de los cuerpos físicos –constituidos por los cuatro elementos básicos–, se puede lograr esto, mediante el empleo de las 22 letras citadas.

Para saber como acontece este maravilloso fenómeno, apreciaremos la relación existente entre las letras y los cuatro elementos básicos que conforman todo lo concreto que hay en el mundo.

Este es el detalle completo de la relación de las letras con los entes físicos:

Las letras *alef, he, tet, mem, pei, shin, nun* final, están vinculadas con el elemento fuego.

Las letras *guimel, zain, samej, caf, kof, caf* final, *pei* final, están vinculadas con el elemento aire.

Las letras *dalet, jet, lamed, ain, reish, mem* final, están vinculadas con el elemento agua.

Las letras *bet, vav, iud, nun, tzadik, tav, tzadik* final, están vinculadas con el elemento tierra (Midrash Talpiot).

El hecho de que existan diversas letras que están vinculadas con la esencia de cada uno de los elementos, torna posible que exista variedad y disimilitud en lo existente. O sea, distintos colores, superficies, tersuras, aspectos, y demás características derivadas de los cuatro fundamentos.

Por ejemplo, si tomamos un poco de tierra y la calentamos a determinada temperatura, la misma adoptará cierto color. Pero si le aplicamos una temperatura más elevada, tomará un color diferente. Vemos que los colores generados dependen de la temperatura aplicada.

Esto mismo sucede con todos los elementos, los cuales disminuyendo o incrementando su intensidad, permitirán la creación de una amplia gama de variantes.

Para que este proceso sea posible y funcione a la perfección, El Eterno dispuso en cada una de las letras, 28 niveles diferentes de intensidad del elemento que la identifica.

Por ejemplo, *alef*, la primera de las letras del alfabeto, que se vincula con la esencia del elemento fuego, posee en su interior 28 niveles distintos de fuego. Los mismos se encuentran en orden decreciente, por lo que el nivel 28 presenta un grado de fuego atenuado. Sin embargo, pese a la reducción de fogosidad en el último nivel de la letra *alef*, el mismo es considerado «la cabeza» del primer nivel de la letra *he*, que es la letra que sigue a alef en este orden mencionado.

Asimismo la letra *he* contiene en su interior 28 niveles distintos de fuego. Los mismos se encuentran en orden decreciente, por lo que el nivel 28 presenta un grado de fuego atenuado, de acuerdo a su categoría. Sin embargo, pese a tratarse de un fuego bastante debilitado, el nivel 28 de la letra *he* es considerado «la cabeza» del primer nivel de la letra *tet*, que es la que sigue a la *he*.

Este proceso se repite en todas las letras asociadas al fundamento fuego, hasta llegar al último nivel, el 28, de la letra *nun* final, que contiene un grado de fuego más reducido que todas las demás letras del grupo.

Este mismo proceso ocurre con las letras que se vinculan con la esencia de los demás elementos básicos: aire, agua y tierra.

LA ENERGÍA DE LAS LETRAS

Los sabios que conocen las propiedades de cada letra y las diversas combinaciones, tienen la posibilidad de realizar hechos grandiosos a través de las mismas. Por eso, cuando Rabí Iojanán advirtió que el cuerpo del enfermo estaba frío, supo que estaba por morir. Ya que ese síntoma se produce cuando los elementos agua y tierra, predominan sobre el elemento fuego, que se manifiesta a través de la temperatura corporal.

Esta reacción era un claro indicio de que la muerte estaba cerca, pues si la temperatura es vencida por completo, se produce automáticamente el deceso. Ésta es la razón por la cual los cuerpos de los fallecidos están totalmente fríos. Y por eso el sabio que vio esto se abocó a darle calor al moribundo, sin demorarse. Hizo esto con el objetivo de aumentar la temperatura de su cuerpo, para que recobrara estabilidad.

¿Cómo lo hizo? Le dijo:
—Dame la mano –*ab li iedaj*–.

La expresión *ab li iedaj*, se escribe así con letras hebreas:

הב לי ידך

Las letras iniciales de estas palabras son estas: *he, lamed,* y *iud.*

Las letras *he, lamed,* y *iud,* que son las iniciales de *ab li iedaj*, son las mismas letras con las que se escribe uno de los 72 nombres de El Eterno.

Ahora bien, ¿por qué el erudito utilizó precisamente ese Nombre? Porque la letra *he* se vincula con la esencia del elemento fuego, la letra lamed se vincula con la esencia del elemento agua, y la letra *iud,* se vincula con la esencia del elemento tierra.

$$\text{י} = \text{tierra}$$
$$\text{ל} = \text{agua}$$
$$\text{ה} = \text{fuego}$$

Resulta que al pronunciar el nombre de El Eterno, el erudito procuró inyectarle calor –la letra *he* contiene el elemento fuego–, para que el fuego de la letra *he* se introduzca en las letras *lamed* –agua–, y *iud* –tierra–. Y así le salvó la vida.

De la misma manera actuó Rabí Janina cuando salvó a Rabí Iojanán.

EL MISTERIO DE LA CONCENTRACIÓN

Además de lo mencionado, los sabios hicieron algo más para curar. Pues cada uno dijo al enfermo:
—Dame la mano.
Y el enfermo le dio la mano.

La expresión: «Le dio la mano –*hab leih iadeh*–», se escribe así en hebreo:

$$\text{הב ליה ידיה}$$

Estas tres palabras también comienzan con las letras *he, lamed,* y *iud*. Y esas letras son las mismas letras con las que se escribe el Nombre de El Eterno antes mencionado. Enseña, que el enfermo mismo ayudó a recobrar el hálito de vida, concentrándose en ese Nombre de El Eterno.

LA NECESIDAD DE AYUDA

Ahora bien, cuando Rabí Iojanán enfermó, después de que él mismo había curado a otra persona, necesitó de alguien que lo curara a él. En ese momento en el Talmud se preguntó:

¿Por qué Rabí Iojanán no se curó solo, tal como hizo con Rabí Jía, el hijo de Aba, cuando éste enfermó?

Se respondió: un preso no se puede liberar a sí mismo.

Se aprende de aquí, que si bien es cierto que el erudito contaba con los medios para curar a otros a través del conocimiento de las propiedades de las letras, y la pronunciación de los nombres de El Eterno, no obstante, en él mismo no lo podía aplicar. Pues se encontraba «preso» de la enfermedad, la cual no le permitía concentrarse debidamente. Pero si viene otro que sí está en condiciones de concentrarse en el Nombre de El Eterno, y lo hace con todos los detalles y pormenores requeridos, eso permite que la tenue concentración del enfermo sea de ayuda para que el enfermo pueda recobrarse (Midrash Talpiot).

Se aprecia que a través del conocimiento de los misterios de la Torá se puede captar la irradiación de luminosidad de la Luz Primordial, y aprovecharla incluso para sanar enfermedades graves. Y lo mismo sucede con las demás necesidades y deseos de un ser humano *(véase* Numerología y Cábala, capítulos XIX y X).

Parashá Noé

II

LA COSMOVISIÓN DEL DILUVIO UNIVERSAL

En la sección de la Torá denominada Noé se narra la situación en la que se encontraba el mundo en la época previa al Diluvio universal, como está escrito: «La Tierra se había vuelto corrupta delante de Dios; y la tierra se había llenado de hurto. Y Dios contempló la tierra y he aquí que estaba corrupta, pues toda la carne había corrompido su camino sobre la tierra» (Génesis 6:11–12).

Tal situación provocó un desenlace fatal, como está escrito a continuación: «Dios le dijo a Noé: "Ha llegado ante Mí el fin de toda la carne; pues la tierra está llena de hurto por causa de ellos; y he aquí que estoy por destruirlos de la tierra"» (Génesis 6: 13).

Observamos que la causa mencionada en el versículo que provocó el Diluvio Universal fue el hurto. Y en el Talmud se menciona el modo de actuar de esas personas que vivían en aquella época y provocaron el desastre. Fue enseñado: Uno de ellos sacaba su caja llena de legumbres para venderlas, y entonces se acercaba un individuo y tomaba de la mercancía una cantidad pequeña, de un valor insignificante, menor al mínimo imputable. Después venía otro y tomaba de la mercancía una cantidad pequeña. A continuación venía otro, y hacía lo mismo.

Las personas de aquella época hurtaban en forma astuta. Controlaban minuciosamente que lo que se llevaban llegara únicamente hasta la medida límite imputable. Cuando hacían esto calculaban que el dueño de la mercancía no podría sacarles nada en caso de llevarlos a juicio. Actuando de este modo acababan quitándole toda la mercancía al vendedor, sin pagarle absolutamente nada.

Dios advirtió esa perversidad, y les dijo: «Vosotros habéis actuado fuera de la raya, también Yo procederé con vosotros fuera de la raya de la misericordia, y os juzgaré aplicando la ley en forma severa y estricta» (Midrash Rabá, Génesis 31:5).

EL PRINCIPIO DEL FIN

Debido a lo enunciado, Dios ordenó a Noé: «Hazte un Arca de madera de ciprés; hazle compartimentos y cúbrela por afuera y por dentro con brea. Así es como deberás hacerla: trescientos codos de longitud; cincuenta codos de ancho y treinta codos de altura. Le harás una ventana al arca, y la terminarás arriba con un codo. Coloca la entrada del Arca al costado; hazle un primer piso, un segundo piso y un tercer piso. En cuanto a Mí, he aquí que estoy por traer el Diluvio sobre la tierra para destruir toda la carne en la que hay aliento de vida bajo los Cielos; todo lo que hay sobre la tierra expirará. Pero he de establecer contigo Mi pacto y entrarás al Arca, tú, tus hijos, tu mujer, y las mujeres de tus hijos junto a ti. Y de todo lo que vive, de toda la carne, dos de cada uno llevarás al Arca para que sobrevivan contigo; serán macho y hembra. De cada ave, según su especie, y de cada animal, según su especie, y de cada ser que repta sobre el suelo, según su especie, dos de cada uno vendrán hacia ti, para que sobrevivan. En cuanto a ti, toma todos los alimentos que sean comestibles y reúnelos, para que les sirvan de comida a ti y a ellos. Noé hizo según todo lo que Dios le había mandado; así lo hizo» (Génesis 6:14–22).

Observando la declaración bíblica se llega a la conclusión de que los parámetros del Arca eran insuficientes para contener la carga descrita. Pues un Arca de trescientos codos de longitud, es una medida grande para una embarcación, pero pequeña para contener a todas las especies animales que poblaban la Tierra. Pues un codo mide medio metro (48 centímetros según el cálculo del sabio Jaim Naé). ¿Cómo es posible que en 150 metros de longitud por veinticinco de ancho y una altura de 15 metros entren todas las especies, y los alimentos para sustentarlos un año entero?

Advertimos que la realidad natural no concuerda con lo expresado en los versículos. ¿Y cuál era la causa por la cual Dios le había ordenado a Noé esforzarse físicamente durante ciento veinte años construyendo el Arca y almacenando alimento cuándo evidentemente iba a hacer con ellos un milagro?

La respuesta es ésta: Dios ordenó a Noé construir el Arca para llamar la atención de los pobladores. Ellos preguntarían a Noé qué está haciendo, y él les respondería que construye un Arca por el Diluvio universal que se aproxima. Siendo así, ellos podrían reconsiderar su conducta, rectificarse, y ser perdonados por Dios.

Pero pese a la gran misericordia y paciencia de El Eterno, los pobladores siguieron por la senda del mal. Nadie se unió a Noé en el camino del bien. Por eso Dios se dispuso a traer el Diluvio concretamente.

EL ABORDAJE DEL ARCA

A continuación está escrito: «Entonces El Eterno le dijo a Noé: "Ven al Arca, tú y todos los integrantes de tu casa, pues a ti te he considerado justo ante Mí en esta generación. De todo animal puro toma siete pares, el macho con su hembra, y de todo animal que no es puro, dos, el macho con su hembra, de las aves de los Cielos también, siete pares, macho y hembra, para mantener viva la simiente sobre la faz de toda la tierra. Porque dentro de siete días enviaré lluvia sobre la tierra, cuarenta días y cuarenta noches, y borraré de la faz de la tierra toda la existencia que he hecho"» (Génesis 1:7–4).

Observamos aquí, en medio de este penoso suceso, una enseñanza muy peculiar, está escrito: «De todo animal puro toma siete pares, el macho con su hembra, y de todo animal que no es puro [...]».

¿Por qué Dios le dijo: «de todo animal que no es puro»? ¿Acaso no era más simple decirle: «de todo animal impuro [...]»? ¿Por qué se agregaron más palabras en forma aparentemente innecesaria?

La respuesta es ésta: enseña que siempre se debe hablar limpiamente y con pureza. En toda oportunidad que sea posible se deben evitar las palabras que puedan resultar degradantes o vergonzantes. Ciertamente es ésta una gran regla de vida. Dios le entregaba a Noé la clave para salvarse del Diluvio universal, y de cualquier otro tipo de diluvio: la clemencia y la misericordia.

EL ABORDAJE CONTINÚA

A continuación está escrito: «Y Noé hizo según todo lo que El Eterno le había mandado. Noé tenía seiscientos años cuando cayó el Diluvio sobre la tierra. Noé, con sus hijos, su mujer y las mujeres de sus hijos, vinieron al Arca a causa de las aguas del Diluvio. Del animal puro, del animal que no es puro, de las aves, y de cada ser que repta sobre la tierra, de dos en dos se dirigieron hacia Noé al Arca, macho y hembra, tal como Dios le había ordenado a Noé. Y sucedió que transcurridos siete días las aguas del Diluvio llegaron a la tierra» (Génesis 7:5–10).

¿Qué significan esos siete días? Se aprende de esa declaración que El Santo, Bendito Sea, suspendió la ejecución del juicio durante los siete días del duelo de Matusalén el justo, quien murió precisamente en ese tiempo. Y El Santo, Bendito Sea, hizo esto esperando que retornasen a la senda del bien, pero ellos no lo hicieron (Midrash Bereshit Raba 32:7).

Eso está aludido en el versículo citado, pues la declaración: «transcurridos siete días», en el original hebreo está escrita así:

לשבעת הימים

Éste es el valor numérico:

ל = 30
ש = 300
ב = 2
ע = 70
ת = 400

ה = 5
י = 10
מ = 40
י = 10
ם = 40

907

«En el transcurso de los días del duelo de Matusalén», se escribe así en hebreo:

לימי אבל מתושלח

Éste es el valor numérico:

ל	=	30
י	=	10
מ	=	40
י	=	10
א	=	1
ב	=	2
ל	=	30
מ	=	40
ת	=	400
ו	=	6
ש	=	300
ל	=	30
ח	=	8
		907

Se aprecia que los días del duelo de Matusalén estaban aludidos en los siete días mencionados en el versículo (Baal Haturim).

Pero además, El Santo, Bendito Sea, hizo duelo por el mundo en ese tiempo, tal como dijo Rabí Iehoshúa, hijo de Levi: Durante esos siete días mencionados, El Santo, Bendito Sea, guardó duelo por su mundo, y esto ocurrió antes de que sobrevenga el Diluvio. ¿Cuál era la razón? Como está dicho: «Y Se consoló El Eterno por haber hecho al hombre sobre la tierra y Su corazón se entristeció» (Génesis 6:6). La expresión «se entristeció», alude al duelo, como está dicho acerca del duelo que guardó el rey David por su hijo Absalón: «El rey se entristeció en su corazón» (II Samuel 19:3) (Midrash Bereshit

Raba 32:7).

EL CAOS

Después de esos siete días de duelo, se desató el caos, como está escrito: «En el año seiscientos de la vida de Noé, en el segundo mes, el diecisiete del mes, ese día, se partieron todas las fuentes del gran abismo y se abrieron las ventanas de los Cielos. Y cayó lluvia sobre la tierra durante cuarenta días y cuarenta noches. Ese mismo día, entraron al Arca Noé, con Sem, Jam y Iefet –los hijos de Noé–, la mujer de Noé y las tres mujeres de sus hijos, junto a ellos; ellos y cada animal salvaje según su especie, cada animal doméstico según su especie, cada ser que repta sobre la tierra según su especie, y cada ave según su especie, y todo lo que vuela de todos los tipos de alas» (Génesis 7:11–15).

La declaración: «Ese mismo día, entraron al Arca Noé, con Sem, Jam y Iefet [...]», indica que Noé entró al Arca de día. ¿Por qué razón? Dijo Rabí Iojanán: Enseña que El Santo, Bendito Sea, dijo: Si Noé entraba al Arca por la noche, a escondidas, todos los habitantes de su generación hubieran dicho: ¿Así procedió? No supimos de él ni de lo que hacía, pues si hubiésemos sabido de él, y de lo que hacía, no lo hubiésemos dejado entrar. Pero debido a que se dijo: «Ese mismo día, entraron al Arca Noé [...]», quién le importe hablará y tratará de impedir que Noé lleve a cabo su plan.

LA LLEGADA DE LOS ANIMALES

A continuación está escrito: «Todos se presentaron ante Noé en el Arca; de dos en dos, de toda la carne en la que había aliento de vida. Los que llegaron, llegaron macho y hembra, de toda la carne, tal como Dios le había mandado, y El Eterno cerró el Arca por él» (Génesis 7:16).

Se aprecia que está escrito: «Llegaron macho y hembra». Enseña que Noé le dijo a El Santo, Bendito Sea:

—¿Acaso yo soy un cazador?

Y El Santo, Bendito Sea, le respondió:

—¿Por qué te preocupas? ¡Ellos vendrán a ti solos!

Considérese que no está escrito: «serán traídos», sino «llegaron», pues llegaron solos (Midrash Bereshit Raba 32:8).

Seguidamente se declara: «Cuando llegó el Diluvio sobre la tierra, durante cuarenta días las aguas aumentaron y elevaron el Arca, que se levantó por encima de la tierra. Las aguas crecieron y aumentaron enormemente sobre la tierra y el Arca flotaba sobre la superficie de las aguas. Las aguas crecieron muchísimo sobre la tierra, y fueron cubiertas todas las altas montañas que están bajo todos los Cielos. Quince codos hacia arriba crecieron las aguas, y se cubrieron las montañas» (Génesis 7:17–20).

Lo que está escrito: «Quince codos hacia arriba crecieron las aguas, y se cubrieron las montañas», requiere explicación. Rabí Yehuda y Rabí Nejemia divergieron al respecto: Rabí Yehuda dijo: No se era una situación común, sino que ocurrió un milagro y las aguas cubrieron quince codos en el monte, y del mismo modo quince codos en la llanura, quedando todo cubierto por quince codos de agua.

Rabí Nejemia dijo: Las aguas cubrieron quince codos en el monte, y en la llanura se acumularon acorde a su capacidad de recepción, dependiendo de su profundidad (Midrash Bereshit Raba 32:11).

A través de esta declaración se sabe que no quedó ningún lugar sobre la faz de la Tierra sin ser cubierto por las aguas (véase Najmánides Génesis 8:11). Antes bien, en el Midrash se narra un suceso ocurrido con un samaritano que quiso refutar eso y confundir a un sabio de Israel, pero El Santo, Bendito Sea, lo ayudó y el asunto fue esclarecido: Rabí Ionatán ascendió a Jerusalén para orar. Pasó por el sitio habitado por los samaritanos, llamado Pelataneis, y un samaritano lo vio.

—¿Hacia dónde te diriges? –le dijo el samaritano.

—Asciendo a Jerusalén para orar –respondió Rabí Ionatán.

El hombre le sugirió:

—Es mejor que ores en este monte bendito, y no en aquel lugar donde se encontraba el Templo, y que ahora se halla en ruinas. Rabí Ionatán le dijo:

—¿Por qué dices que este monte es bendito?

—Porque no fue invadido por las aguas del Diluvio –le dijo el samaritano.

En ese momento Rabí Ionatán no recordaba los detalles de ese asunto, y por eso no le respondió inmediatamente. El hombre que conducía el burro de Rabí Ionatán, le dijo al erudito:

—Rabí: ¡concédeme permiso y le responderé!

—¡Está bien! –le dijo Rabí Ionatán.

El hombre que conducía el burro de Rabí Ionatán le dijo al samaritano:

—¿Cómo calificas tú a este monte? Ciertamente que no es de los montes altos, pues si piensas que es así, y por eso estuvo resguardado durante el Diluvio, no es posible suponerlo. Pues he aquí que está escrito: «Fueron cubiertas todas las altas montañas que están bajo todos los Cielos». Asimismo, no es de los montes bajos considerados importantes, pues el texto bíblico no repara en él, ni lo considera en absoluto, aclarando que también éste fue cubierto por las aguas del Diluvio.

El samaritano oyó esa reflexión, y se mantuvo en silencio forzosamente, porque no tenía ninguna respuesta para defender su argumento. Después de este suceso, inmediatamente Rabí

Ionatán bajó del burro, e hizo montar en él a su conductor.

El hombre que conducía el burro había dicho tres palabras con las cuales enseñó a Rabí Ionatán algo que no sabía, siendo suficientes como para tornarse merecedor de recibir honor. Además, Rabí Ionatán recitó acerca de él tres versículos:

El primer versículo: «Serás el más bendito de todos los pueblos; no habrá hombre estéril ni mujer estéril entre vosotros ni entre vuestros animales –behemteja–» (Deuteronomio 7: 14). Es decir: no habrá hombre ni mujer estéril entre vosotros, ni entre los simples del pueblo –baham–, tales como los que conducen vuestros animales.

El segundo versículo: «Tus labios, como hilo de grana, y tu habla hermosa, tus pómulos –rakatej, como granos de granada en el interior de tu velo» (Cantar de los Cantares 4: 3). Enseña que incluso los reikim de entre vosotros, es decir, aquellos que no son grandes sabios, están repletos de respuestas, tal como la granada de semillas.

El tercer versículo, tal como está escrito: «Todo instrumento forjado contra ti no prosperará, y reprobarás toda lengua que se levante contra ti en juicio; esta es la herencia de los siervos de El Eterno, y su justicia de Mí provendrá, dijo El Eterno» (Isaías 54:17) (Midrash Bereshit Raba 32:10).

Este monte mencionado, con el que el samaritano quiso confundir al sabio de Israel, también estaba indicado en la declaración bíblica que enunció que todo fue cubierto por las aguas, como está escrito: «y fueron cubiertas todas las altas montañas» (Génesis 7:17–19). Esta declaración, en el original hebreo está escrita así:

ויכסו כל ההרים הגבהים

Éste es el valor numérico:

ו = 6	ה = 5	ה = 5
י = 10	ה = 5	ג = 3
כ = 20	ר = 200	ב = 2
ס = 60	י = 10	ה = 5
ו = 6	מ = 40	י = 10
		מ = 40
כ = 20		
ל = 30		
——	——	——
152	260	65

$$152 + 260 + 65 = 477$$

La expresión: «y bajaron al Pelataneis», en hebreo se escribe así:

והורידו פלטאניס

Éste es el valor numérico:

ו = 6	פ = 80
ה = 5	ל = 30
ו = 6	ט = 9
ר = 200	א = 1
י = 10	נ = 50
ד = 4	י = 10
ו = 6	ס = 60
——	——
237	240

$$237 + 240 = 477$$

Se aprecia que también ese monte estaba indicado en la declaración bíblica que se refirió al poder de las aguas del

Diluvio, que cubrió incluso todos los montes altos.

EL FENECIMIENTO TOTAL

El Diluvio fue devastador, como se declara a continuación: «Y toda la carne que se mueve sobre la tierra expiró: las aves, los animales, los animales salvajes y todos los seres que reptan sobre la tierra, y toda la humanidad. Todos aquellos en cuyas fosas nasales había aliento de vida, todo lo que había sobre la tierra seca, murió. Y borró toda la existencia que había sobre la faz de la tierra: desde el hombre hasta el animal, hasta el reptil, y hasta el ave de los Cielos; y fueron borrados de la tierra. Únicamente Noé sobrevivió y aquellos que estaban junto con él en el Arca. Y las aguas prevalecieron sobre la tierra durante ciento cincuenta días» (Génesis 7:21–24).

LA VUELTA A LA VIDA

Después de borrarse todo lo existente de sobre la faz de la Tierra se debía volver a comenzar. Era necesario edificar un mundo nuevo con la vida que llevaba Noé en el Arca. Por eso está escrito a continuación: «Dios recordó a Noé y a todos los animales salvajes y a todos los animales que estaban junto con él en el Arca, y Dios hizo que pasara un espíritu de consuelo sobre la tierra y las aguas se calmaron. Y se cerraron las fuentes del abismo y las ventanas de los Cielos, y se contuvo la lluvia de los Cielos» (Génesis 8:1–2).

Se aprecia que está escrito: «Y se cerraron las fuentes del abismo y las ventanas de los Cielos», y no dice: «Todas las fuentes del abismo [...]». ¿Cuál es la razón? Dijo Rabí Eleazar: Cuando las fuentes fueron abiertas con el fin de provocar el Diluvio, esto fue para mal y para castigo, como está dicho: «En el año seiscientos de la vida de Noé, en el segundo mes, el diecisiete del mes, ese día, se partieron todas las fuentes del gran abismo y se abrieron las ventanas de los Cielos» (Génesis 7:11). Pero aquí, en el caso del recuerdo de Noé, cuando Dios cerró las fuentes, fue para bien. Pues está dicho: «Y se cerraron las fuentes del abismo [...]»; pero no, «todas las fuentes». Ya que todas las fuentes se cerraron al culminar el Diluvio con excepción de las fuentes termales de Tiberiades, Ablonis y Mearat Pamias (Midrash Bereshit Raba 33:4).

También esto está aludido en el versículo, como está escrito: «Y se cerraron las fuentes del abismo y las ventanas». En el original hebreo, está declaración está escrita así:

ויסכרו מעינת תהום וארבת

Éste es el valor numérico:

ו	=	6	מ	=	40	ו	=	6
י	=	10	ע	=	70	א	=	1
ס	=	60	י	=	10	ר	=	200
כ	=	20	נ	=	50	ב	=	2
ר	=	200	ת	=	400	ת	=	400
ו	=	6						
			ת	=	400			
			ה	=	5			
			ו	=	6			
			ם	=	40			

302   1021   609

302 + 1021 + 609 = 1932

La expresión: «Como estas palabras, con excepción de las fuentes termales de Tiberiades, Ablonis y Mearat Pamias», se escribe así en hebreo:

כדברים האלה חוץ ממעין טבריה אבלונים ומערת פמייס

Éste es el valor numérico:

כ = 20	ח = 8	ט = 9	ו = 6
ד = 4	ו = 6	ב = 2	מ = 40
ב = 2	צ = 90	ר = 200	ע = 70
ר = 200		י = 10	ר = 200
י = 10	מ = 40	ה = 5	ת = 400
ם = 40	מ = 40		
	ע = 70	א = 1	פ = 80
ה = 5	י = 10	ב = 2	מ = 40
א = 1	ן = 50	ל = 30	י = 10
ל = 30		ו = 6	י = 10
ה = 5		נ = 50	ס = 60
		י = 10	
		ס = 60	
317	314	385	916

317 + 314 + 385 + 916 = 1932

EL DECRECIMIENTO DE LAS AGUAS

A continuación se describe el decrecimiento de las aguas, como está escrito: «Entonces las aguas se retiraron de la tierra, retrocediendo continuamente, y las aguas disminuyeron al cabo de ciento cincuenta días. Y en el séptimo mes, el día diecisiete del mes, el Arca se posó sobre las montañas de Ararat. Las aguas continuaron disminuyendo hasta el décimo mes. El décimo mes, el primero del mes, se hicieron visibles los picos de las montañas. Y al cabo de cuarenta días, Noé abrió la ventana del Arca que había construido. Y envió al cuervo, que iba y volvía, hasta que las aguas de los picos de las montañas se secaron sobre la tierra» (Génesis 8:3–7).

EL MISTERIO DEL CUERVO

Lo que está escrito: «Y envió al cuervo, que iba y volvía», encierra un misterio intrínseco, observad:

La expresión «el cuervo», en el texto original hebreo está escrita así:

הערב

Éste es el valor numérico:

$$\begin{aligned} ה &= 5 \\ ע &= 70 \\ ר &= 200 \\ ב &= 2 \\ \hline &277 \end{aligned}$$

Y está escrito: «Con estos os impurificaréis; todo el que toque sus cadáveres será impuro hasta el anochecer» (Levítico 11:24) *(véase* explicación de Iben Ezra).

La expresión: «el anochecer», en el texto original hebreo está escrita así:

הערב

Éste es el valor numérico:

ה	=	5
ע	=	70
ר	=	200
ב	=	2

		277

Se observa que hay una coincidencia en el valor numérico de la expresión «el cuervo» y «el anochecer». En el Midrash se enseñó acerca de esta relación: Está escrito: «Y envió al cuervo, que iba y volvía, hasta que las aguas de los picos de las montañas se secaron sobre la tierra» (Génesis 8:7). Es decir, esta acción no produjo ningún beneficio. A esto se refiere lo que está escrito: «Envió la noche y oscureció» (Salmos 105:28). Se alude al enviado que no produce ningún beneficio. Es decir, no ha de designarse para una misión a un enviado oscuro e inadecuado.

Rabí Iudán en nombre de Rabí Iudah, el hijo de Rabí Simón, explicó más detalles importantes de esta declaración bíblica: En el original hebreo la declaración «que iba y volvía», está escrita así: vaietzé iatzó vashov.

ויצא יצוא ושוב

Indica que el cuervo comenzó a otorgar respuestas –teshuvot–, y pretextos, a Noé, negándose a salir nuevamente en una nueva misión (considérese que las expresiones vashov y teshuvot comparten la misma raíz, por lo que hay relación entre ambas). Y hacía esto cada ocasión en que era convocado por Noé para ser enviado.

El cuervo le dijo:
—¿De todos los animales domésticos, los animales salvajes, y las aves que hay aquí, tú no me envías sino a mí?
Noé le dijo:

—¿Qué utilidad hay en el mundo de ti; pues no eres permitido para ser comido, ni tampoco para ser ofrecido como ofrenda?

A esto se refiere lo que está escrito: «Estos abominarás entre las aves, no podrán comerse; son una abominación: el águila, el quebrantahuesos, el águila pescadora, el milano negro, y los buitres, según su especie; todo cuervo según su especie [...]» (Levítico 11:13–15).

Rabí Berejia dijo en el nombre de Rabí Aba, hijo de Kahana: Está escrito: «Y envió al cuervo, que iba y volvía, hasta que las aguas de los picos de las montañas se secaran sobre la tierra». A través de esta declaración se aprecia que Noé debía recibir nuevamente al cuervo en el Arca hasta que se secara la tierra. Es decir: El Santo, Bendito Sea, le dijo a Noé:
—Recíbelo nuevamente y no digas que en el mundo no existirá necesidad del cuervo, pues en el futuro se lo necesitará en el mundo.

Noé le dijo a El Santo, Bendito Sea:
—¿Cuándo?

El Santo, Bendito Sea, le respondió:
—«Hasta que las aguas de los picos de las montañas se secaren sobre la tierra». Ya que en el futuro un justo se pondrá de pie y jurará que no habrá rocío y lluvia en el mundo, y se secará la tierra del mundo. Y Yo le requeriré al cuervo para que provea de alimento a ese hombre justo, el profeta Elías, todo el tiempo que deba ocultarse del rey Ajav, y de Yzevel, su esposa.

A esto se refiere lo que está escrito: «Elías tishbita, que era de los moradores de Guilad, dijo a Ajav: "Vive El Eterno Dios de Israel, que estuve de pie –orando– ante Él, que no habrá lluvia ni rocío en estos años, sino por mi palabra". Y vino a él palabra de El Eterno, diciendo: "Vete de aquí, y dirígete al oriente, y ocúltate en el arroyo de Querit, que está frente al Jordán. Beberás del arroyo; y Yo he ordenado a los cuervos darte de comer allí". Y él fue e hizo conforme a la palabra de El Eterno; pues se fue y moró junto al arroyo de Querit, que está frente al Jordán. Y los cuervos –orbim– le traían pan y carne por la mañana, y pan y carne por la tarde; y bebía del arroyo» (I Reyes 17:1–6).

Acerca de la interpretación de este versículo discreparon Rabí Yehuda y Rabí Nejemia. Rabí Yehuda dijo que se refiere a una ciudad que se encuentra en el límite de Beit Shaan, y su nombre es Arabi, y los moradores de la misma se denominan orbim.

Y Rabí Nejemia dijo: eran cuervos concretamente.

Ahora bien: ¿y de dónde le traían el alimento? De la mesa de Yehoshafat, el rey de Yehuda, que era un hombre justo (Midrash Bereshit Raba 33:5).

EL SECRETO DE LA PALOMA

A continuación está escrito: «Entonces envió a la paloma de junto a él, para ver si las aguas habían mermado sobre la faz de la tierra. Mas la paloma no pudo hallar un lugar para descansar sus patas, y regresó a él al Arca, pues había agua sobre la superficie de toda la tierra; extendió la mano, la tomó y la hizo entrar al Arca» (Génesis 8:8–9).

La declaración: «a la paloma de junto a él», en el texto original hebreo está escrita así:

את היונה מאתו

Éste es el valor numérico:

$$
\begin{align*}
\text{א} &= 1 \\
\text{ת} &= 400 \\
\\
\text{ה} &= 5 \\
\text{י} &= 10 \\
\text{ו} &= 6 \\
\text{נ} &= 50 \\
\text{ה} &= 5 \\
\\
\text{מ} &= 40 \\
\text{א} &= 1 \\
\text{ת} &= 400 \\
\text{ו} &= 6 \\
\hline
&924
\end{align*}
$$

En tanto la declaración: «las tribus de Israel» *(véase* Números 36:3), en el texto original hebreo está escrita así:

שבטי בני ישראל

Éste es el valor numérico:

ש = 300	ב = 2	י = 10
ב = 2	נ = 50	ש = 300
ט = 9	י = 10	ר = 200
י = 10		א = 1
		ל = 30
321	62	541

Ésta es la suma total de esos valores:

$$321 + 62 + 541 = 924$$

¿Qué indica esta relación de la paloma con las tribus de

Israel? En el Midrash se lo explica:

Está escrito: «Entonces envió a la paloma de junto a él, para ver si las aguas habían mermado sobre la faz de la tierra. Mas la paloma no pudo hallar un lugar para descansar –manoaj– sus patas, y regresó a él al Arca, pues había agua sobre la superficie de toda la tierra; extendió la mano, la tomó y la hizo entrar al Arca» (Génesis 8:8–9). Rabí Ychuda, hijo de Najman, dijo en el nombre de Rabí Shimón: Si hubiese hallado un lugar para descansar sus patas solamente, aunque el mismo no fuese suficiente para anidar, de todos modos no hubiera regresado. Y así como esta disertación se refiere a la paloma, también es posible decir que va dirigida al pueblo de Israel, que se encuentra disperso en el exilio. Como está escrito: «Judá ha ido al exilio a causa de la aflicción y de la dura servidumbre; ella habitó entre las naciones, y no halló descanso –manoaj–» (Lamentaciones 1:3). (Se aprecia que la expresión manoaj está escrita acerca de la paloma enviada por Noé, y también acerca de Israel).

Ahora bien, al expresarse que el pueblo estaba exiliado y residiendo entre las naciones, se entiende que no tenía descanso. Siendo así, ¿para qué se lo aclara? Enseña que si los miembros del pueblo hubiesen hallado descanso entre las naciones, no hubieran regresado a la Tierra de Israel. Esta es la razón por la cual El Santo, Bendito Sea impide que hubiera descanso y sosiego para los hijos de Israel en el exilio, para que anhelen volver a la Tierra de Israel.

Y tal como esta disertación mencionada, hallamos en el Biblia un versículo que manifiesta que El Santo, Bendito Sea, mismo, lo dijo, como está escrito: «Y no estarás tranquilo entre esas naciones, no habrá descanso para la planta de tu pie; allí El Eterno te dará un corazón tembloroso, ansiedad en los ojos y sufrimiento en el alma» (Deuteronomio 28:65). Enseña que si los miembros del pueblo hubiesen hallado descanso entre las naciones, no hubieran regresado a la Tierra de Israel (Midrash Bereshit Raba 33:5).

AL CABO DE UNA SEMANA

Seguidamente se declara: «Volvió a esperar otros siete días y nuevamente envió a la paloma fuera del Arca. La paloma regresó a él al anochecer, y he aquí que llevaba en su pico una hoja de olivo arrancada. Entonces Noé supo que las aguas habían mermado de la superficie de la tierra. Después esperó otros siete días y volvió a enviar a la paloma; y esta ya no regresó. Y sucedió en el año seiscientos uno, en el primer mes, el primero del mes, que las aguas se secaron sobre la tierra; Noé quitó la cubierta del Arca, y observó. Y he aquí que la superficie del terreno se había secado. Y el segundo mes, el veintisiete del mes, la tierra se había secado por completo. Dios le habló a Noé, diciendo: "Sal del Arca; tú y tu mujer, tus hijos y las mujeres de tus hijos contigo. Todo ser vivo que está a tu lado, de toda la carne, de las aves, de los animales, y de todos los seres que reptan sobre la tierra, haz que salgan contigo y que se reproduzcan en la tierra y fructifiquen y se multipliquen en la tierra". Noé salió y sus hijos, su mujer y las mujeres de sus hijos con él. Todo ser vivo, todo reptil y toda ave, todo lo que repta sobre la tierra salió del Arca con sus familias. Entonces Noé construyó un altar a El Eterno y tomó de cada animal puro y de cada ave pura, y ofreció ofrendas ígneas en el altar. El Eterno aspiró la deleitable fragancia, y El Eterno dijo en Su corazón: "Ya no volveré a maldecir a la tierra por culpa del hombre, pues los pensamientos del corazón del hombre son malos desde su juventud; ni tampoco volveré a golpear a todos los seres vivos, tal como he hecho. Continuamente no cesarán, todos los días de la tierra, la época de la siembra y la de la cosecha, el frío y el calor, el verano y el invierno, el día y la noche"» (Génesis 8:9–22).

LOS BENEFICIOS DE LA MISERICORDIA

¿Cuál fue la causa por la cuál se salvó Noé, y todos los que estaban con él en el Arca?

En el Midrash se revela que Abraham le formuló esta pregunta a Sem, el hijo de Noé. Le dijo:
—Cómo os habéis salvado del Diluvio Universal?
Y Sem le respondió:
—Porque fuimos bondadosos con los animales, por eso El Eterno fue bondadoso con nosotros (Midrash Shojar Tov, Salmos XXXVII).

Esto está indicado en el versículo que relata la salida triunfal de Noé y su familia, como está escrito: «Noé salió y sus hijos, su mujer y las mujeres de sus hijos con él» (Génesis 8:18).

En el texto original hebreo este versículo está escrito así:

ויצא נח ובניו ואשתו ונשי בניו אתו

Observemos las iniciales de esas palabras:

ויצא
נח
ובניו
ואשתו
ונשי
בניו
אתו

Se aprecia que éstas son las iniciales de esas palabras:

ונוובא

Sumemos ahora los valores numéricos:

ו	=	6
נ	=	50
ו	=	6
ו	=	6
ו	=	6
ב	=	2
א	=	1

77

La expresión: «la bondad», en hebreo se escribe así:

החסד

Éste es el valor numérico:

ה	=	5
ח	=	8
ס	=	60
ד	=	4

77

He aquí una clara alusión de que Noé, y los que con él estaban en el Arca, se salvaron por la bondad que hicieron con los que estaban con ellos.

EL SECRETO DE LA SUPERVIVENCIA DE NOÉ

Este asunto es ampliado en el Midrash: Rabí Tanjuma y Rabí Aba, el hijo de Avín, habían aprendido de Rav Aja lo concerniente al secreto de la supervivencia de Noé, y los que estaban con él en el Arca durante el Diluvio Universal. Esto es lo que aprendieron: Está escrito: «El Eterno es benevolente con todos, y sus misericordias son sobre todas sus obras» (Salmos

145:9). Esta cita indica que El Eterno implanta y otorga de sus misericordias a sus criaturas, para que ellas sean misericordiosas con sus semejantes, y se ameriten recibir recíprocamente la misericordia de El Eterno.

Esto es así, porque el día de mañana puede sobrevenir un año de sequía y hambruna. Entonces, las criaturas afligidas probablemente se arrepientan de su mal proceder y retornen a la senda del bien, siendo misericordiosos los unos con los otros. Esta actitud originará que El Santo, Bendito Sea, los colme de misericordia.

En los días de Rabí Tanjuma aconteció un suceso que ilustra maravillosamente este asunto: los miembros de Israel se vieron necesitados de ayunar por causa de la falta de lluvias. Se dirigieron hacia el erudito y le dijeron:
—¡Rabí, decreta ayuno público!

Rabí Tanjuma atendió el pedido, y decretó ayuno público. Los pobladores se abstuvieron de probar alimento en los tres días decretados, como lo estipula la ley. Ya que la ley indica que ante la falta de lluvias deben decretarse tres ayunos públicos, el primero el día segundo de la semana –Lunes–, el segundo el día quinto de la semana –Jueves– y el tercero el día segundo de la semana siguiente –Lunes–.

Sin embargo, pese a todos los esfuerzos realizados, no descendió lluvia. Al contemplar lo que sucedía, Rabí Tanjuma entró a la casa de estudios y disertó ante los integrantes de la congregación. Les dijo:
—¡Hijos míos: colmaos de misericordia los unos con los otros, y El Santo, Bendito Sea, se colmará de misericordia con vosotros!

Luego de la disertación, mientras repartían dinero entre los pobres, los presentes distinguieron a un hombre que daba dinero a su ex esposa, de la cual se había divorciado. Los miembros de la congregación que avistaron el hecho pensaron que estaba profanando la ley que prohíbe a un individuo realizar operaciones comerciales con la ex mujer, y no sabían que se trataba de un acto meramente caritativo. Por eso se acercaron al rabino y le dijeron:

—¡Rabí! ¿Nosotros estamos haciendo aquí ayuno, y en este mismo sitio se encuentra el pecado?

—¿Qué habéis visto? –les preguntó el erudito.

—¡Hemos visto a Zutano que otorgaba dinero a su ex mujer! –le contestaron.

Rabí Tanjuma envió hombres tras ellos para llamarlos y hacerlos venir ante la congregación. Entonces dijo al hombre:
—¿Qué es ella de ti?
—¡Mi ex mujer! –le contestó.

El sabio le preguntó:
—¿Por qué le has dado dinero?
—¡Rabí, la vi sumida en aflicción, y me colmé de misericordia ante ella! –respondió el hombre con sinceridad.

En ese momento Rabí Tanjuma alzó su rostro hacia lo Alto y dijo:

—Amo de todos los mundos: este hombre, que ella no posee ningún derecho de reclamo hacia él por alimentos, aun así, la vio sumida en aflicción y se colmó de misericordia ante ella, Tú, que está escrito acerca de Ti: «Misericordioso y compasivo» (Salmos 145:8), y nosotros somos hijos de tus amados: hijos de Abraham, Ytzjak y Jacob, cuánto más que debes colmarte de misericordia sobre nosotros.

Inmediatamente descendieron lluvias y se nutrió la tierra.

LA SÚPLICA DE UN BECERRO

En el Midrash se menciona otro ejemplo ilustrativo: El maestro Yehuda Hanasí —Rabí—, se encontraba sentado, profundizando en el estudio de la Torá frente a la sinagoga de los babilonios en la ciudad de Tzipori. Pasó un becerro frente a él, que era llevado para ser sacrificado ritualmente, y comenzó a clamar, emitiendo una súplica que daba la impresión como si estuviese diciendo:
—¡Sálvame!
El maestro le dijo:
—¿Qué puedo hacer por ti? ¡Para eso has sido creado!

Ya que no se apiadó del animal, le sobrevinieron al erudito aflicciones.

Rabí sufrió de dolor de dientes durante trece años. Rabí Iosei el hijo de Rabí Avín dijo: Todos esos trece años que Rabí sufrió dolor de dientes, ninguna mujer encinta perdió su embarazo en la Tierra de Israel. Además, las que daban a luz no sufrían al alumbrar. Todo por el mérito de este hombre justo que las protegía con sus flagelos que soportaba.

Al cabo de un tiempo, pasó, un roedor delante de su hija, y ella quiso matarlo. Entonces el padre le dijo:
—¡Hija mía, déjalo! Pues está escrito: «El Eterno es bueno con todos, y sus misericordias, sobre todas sus obras» (Salmos 145:9)».

En ese momento los miembros de la Corte Celestial dijeron:
—¿Él se apiada? ¡Apiadémonos de él!» (Midrash Bereshit Raba; Talmud, tratado de Babá Metzía 85a).

Este es el misterio que permitió a Noé y su familia, salvarse del Diluvio, y es un fundamento que también funciona en la actualidad. Actuando con misericordia es posible salvarse de cualquier tipo de diluvio, de todo sinsabor, flagelo, y angustia. ¡Bienaventurados los que hacen misericordia y bondad en este mundo!

Parashá Lej Lejá

III

LA BÚSQUEDA DE LA PAZ

En el comienzo de la sección denominada: «Vete para ti –*Lej Leja*–», se describe la ordenanza impartida por El Eterno a Abraham, de irse del lugar donde residía, como está escrito: «El Eterno le dijo a Abram: "Vete para ti de tu tierra, de tus familiares y de la casa de tu padre, a la tierra que he de mostrarte. Y Yo te convertiré en una gran nación; te bendeciré y engrandeceré tu nombre, y tú serás una bendición. Bendeciré a aquellos que te bendigan, y al que te maldiga, lo maldeciré; y todas las familias de la tierra se bendecirán en ti"» (Génesis 12:1–3). Estas instrucciones eran para su propio beneficio, como está escrito: «vete para ti», es decir, para tu propio beneficio y provecho (Rashi).

LA PERCEPCIÓN DE ABRAHAM

Rabí Ytzjak abrió su disertación para explicar este asunto mencionando el versículo que declara: «Oye, hija, y observa, e inclina tu oído; y olvida tu pueblo, y la casa de tu padre» (Salmos 45:11). Lo que está escrito: «Oye, hija, y observa [...]», se refiere al alma de Abraham. Ya que El Santo, Bendito Sea, habló al alma de Abraham, y le explicó lo que ella había comenzado a captar.

A continuación Rabí Ytzjak mencionó una parábola alusiva, dijo: Se asemeja al caso de uno que iba de lugar en lugar, y vio una edificación esplendorosa envuelta en llamas, quemándose, y dijo:
—¿Es posible que esta edificación esplendorosa no tenga quién la controle para impedir que se queme?

Entonces el dueño de la edificación esplendorosa sacó su cabeza desde el refugio en el que se encontraba oculto, observó al individuo, y le dijo:
—Yo soy el dueño de la edificación esplendorosa; y la misma no se quema por falta de control, sino porque yo lo deseo, por una razón especifica. Por eso no impido a los malvados que la han encendido seguir con su plan.

LA REVELACIÓN

Así también sucedió con nuestro caso, pues el patriarca Abraham veía que el mundo era destruido por los malvados en distintas ocasiones. Tal como aconteció con la generación de Enosh, la generación del Diluvio, la generación de la División. Entonces estaba sorprendido, y decía:
—¿¿Es posible que este mundo no cuente con Quién lo controle e impida que sea destruido cada vez que sobrevienen malvados y a través de sus perversas acciones atentan contra la existencia del mundo?

El Santo, Bendito Sea lo observó y le dijo:
—Yo soy el dueño del mundo; y si permito que el mundo sea destruido en ciertas ocasiones, es por una razón determinada y específica.

Y a continuación está escrito en el Salmo citado: «Y el rey

deseará tu hermosura, porque es tu amo». Ésta es la explicación: «Y el rey deseará tu hermosura», se refiere al Santo, Bendito Sea, quien desea apreciar tu belleza en el mundo, es decir, tanto en este mundo como en el Mundo Venidero. Y después está escrito: «Y prostérnate a él», significa que has de aceptar su soberanía. A esto se refiere lo que está escrito: «El Eterno le dijo a Abram: «Vete de tu tierra, de tus familiares y de la casa de tu padre, a la tierra que he de mostrarte» (Midrash Bereshit Raba 39:1; véase Midrash Tanjuma).

EL ESPARCIDO DE LA FRAGANCIA AROMÁTICA

Rabí Berejia explicó la razón por la que El Santo, Bendito Sea, envió a Abraham, citando este versículo: «El aroma de tus buenos óleos, es como el óleo perfumado que se esparce» (Cantar de los Cantares 1:3).

A continuación Rabí Berejia dijo: nuestro patriarca Abraham, cuando El Santo, Bendito Sea, le dijo: «vete de tu tierra [...]», se asemejaba a una vasija de óleo de *afarsemón*, perfectamente tapada y sellada. Y por eso su deleitable aroma no se esparcía, y consecuentemente nadie podía percibirlo, ni conocer sus bondades. Pero cuando era llevado de lugar en lugar, su aroma se esparcía a lo lejos, y las personas percibían la grata fragancia. Así también ocurría con nuestro patriarca Abraham, que moraba en medio de los idólatras, y ellos le impedían difundir el nombre de El Santo, Bendito Sea, por el mundo. Entonces, El Santo, Bendito Sea, le dijo:

—Tú cumples muchos preceptos, y emiten un deleitable aroma, pero el mismo no es esparcido por el mundo.

Por eso: «El Eterno le dijo a Abram: "Vete de tu tierra, de tus familiares y de la casa de tu padre, a la tierra que he de mostrarte"». Es decir, trasládate por el mundo, yendo de lugar en lugar, para esparcir tu deleitable fragancia. A esto se refiere lo que está escrito: «Y Yo te convertiré en una gran nación; te bendeciré y engrandeceré tu nombre, y tú serás una bendición» (Génesis 12:2). Entonces, tu nombre será engrandecido en el mundo (Midrash Bereshit Raba 39:2).

ALUSIÓN INDICADA EN EL VERSÍCULO

Esto está indicado en el versículo a modo de insinuación, pues, la expresión: «vete de tu tierra», en el texto original hebreo está escrita así:

לך לך מארצך

Éste es el valor numérico:

ל = 30	ל = 30	מ = 40
ך = 20	ך = 20	א = 1
		ר = 200
		צ = 90
		ך = 20
50	50	351

Sumamos los valores parciales y resulta:

$$50 + 50 + 351 = 451$$

La expresión: «porque su aroma no se propagaba», en hebreo se escribe así:

הא כי לא היה ריחו נודף

Éste es el valor numérico:

ה = 5	ה = 5	נ = 50
א = 1	י = 10	ו = 6
	ה = 5	ד = 4
כ = 20		ף = 80
י = 10	ר = 200	
	י = 10	
ל = 30	ח = 8	
א = 1	ו = 6	
——	——	——
67	244	140

Sumamos los valores parciales y resulta:

$$67 + 244 + 140 = 451$$

UN HOMBRE MERITORIO

Un hecho sorprendente es que Abraham consiguió todos los logros mencionados, y los méritos aludidos, absolutamente solo; ya que nació en una familia que practicaba la idolatría, y estaban totalmente alejados de la fe en El Santo, Bendito Sea.

Rabí Berejia abrió su explicación acerca de este asunto mencionando el versículo que declara: «Tenemos una pequeña hermana, que no tiene pechos; ¿Qué haremos a nuestra hermana el día que se hablare de ella?» (Cantar de los Cantares 8:8).

Dijo Rabí Berejia: Lo que está escrito: «Tenemos una pequeña hermana», se refiere a Abraham, pues él unió en hermandad a todos los moradores del mundo, ante la presencia de El Santo, Bendito Sea. Ya que demostró públicamente su fe en El Santo, Bendito Sea, arriesgando su vida en aras de su Nombre, y enseñó a las personas a creer en Él.

¿Cómo ocurrió esto? Abraham se dio cuenta de que los dioses que su padre adoraba no tenían ningún tipo de poder, y por eso los destruyó. Al enterarse, el progenitor se encolerizó con Abraham por haberse rebelado contra sus dioses, y lo entregó al rey Nimrod. El poderoso y temible rey, ordenó a Abraham rendir culto idolátrico, y él se negó. Entonces construyeron una enorme hoguera, y todos se reunieron para observar como era arrojado y quemado vivo. Así fue como echaron a Abraham al fuego ardiente ante la mirada de todos. Pero como Abraham no sufría ningún daño, el rey le ordenó salir. Entonces las personas comenzaron a prosternarse a Abraham, que había vencido al fuego, y él les dijo:

—Prosternaos a mi Dios que me salvó; rendid honores a Quién os creó.

Bar Kapará dijo al respecto: los unió como aquel que une dos partes que estaban unidas y se desunieron por una rotura –a causa de Nimrod, quien hizo que los hombres se revelasen contra El Eterno–, y no como aquel que une dos partes por primera vez.

BUENAS ACCIONES EN LA INFANCIA

A continuación está escrito en el versículo: «pequeña». Revela que siendo Abraham aún pequeño, de muy corta edad, atesoraba preceptos y buenas acciones. Y seguidamente está escrito: «que no tiene pechos», enseña que sus padres no le hicieron mamar los preceptos y las buenas acciones para que los aprendiera y siguiera el camino de El Santo, Bendito Sea. Seguidamente se declara: «¿Qué haremos a nuestra hermana el día que se hablare de ella?». Se alude a la dura sentencia impartida sobre Abraham, en el día en que Nimrod decretó sobre él que descendiese al interior de un horno encendido por destruir los ídolos de su padre.

En el versículo siguiente también hay indicadas revelaciones vinculadas con Abraham, como está escrito: «Si ella fuere muralla, edificaremos sobre la misma un palacio de plata; y si fuere puerta, la guarneceremos con tablas de cedro» (Cantar de los Cantares 8:9). La declaración: «Si ella fuere muralla»; se refiere a Abraham. Pues El Santo, Bendito Sea, y su Corte de ángeles, dijeron acerca de él: Si él pusiera por obra y estableciera las palabras que ha recibido sobre él con una fe íntegra, fuerte como una muralla, «edificaremos sobre la misma», haciéndolo prosperar en el mundo a él, y a sus descendientes. A esto se refiere lo que está escrito a continuación: «un palacio de plata». Se refiere a los hijos de Israel, que fueron comparados con la plata, como está escrito: «Seréis como alas de paloma cubiertas de plata» (Salmos 68:14).

Antes bien: «y si fuere puerta, la guarneceremos con tablas de cedro», es decir, si flaqueara en los preceptos, y las buenas acciones, «la guarneceremos —natzur— con tablas de cedro». La palabra natzur comparte raíz con la expresión netzaier, que significa: «hacer una forma —un dibujo—». Significa que así como esa forma que ilustra la puerta puede ser quitada con facilidad, y no se mantiene sino momentáneamente, así sucederá con Abraham, no repararé en él para hacerlo existir por siempre protegido y a salvo, sino momentáneamente. Pero Abraham dijo ante Él Santo, Bendito Sea: ¡Amo de todos los mundos! «Yo seré una muralla» (Cantar de los Cantares 8:10). Es decir, estableceré mis palabras con una fe firme e íntegra, y daré mi vida por ello. Y no sólo eso, sino: «y mis pechos serán como torres». Es decir, estableceré huestes de hombres que sean como yo; en referencia a los justos que se levantarían en el futuro, como Janania, Misheal y Azariá, y la generación de Rabí Janania hijo de Teradión y sus compañeros, quienes entregarían su alma por resguardar la fe en Dios. Y a continuación está escrito: «Entonces fui en sus ojos como la que halla paz», porque entró en paz al horno ardiente, y salió en paz. Y entonces, El Santo, Bendito Sea, le dijo: «Vete de tu tierra, de tus familiares y de la casa de tu padre, a la tierra que he de mostrarte» (Midrash Bereshit Raba 39:3).

LA ALUSIÓN BÍBLICA

Lo mencionado está indicado en el versículo con el que se abre la sección de la Torá: Lej Leja, como está escrito: «El Eterno le dijo a Abram» (Génesis 12:1).

Esta declaración en el original hebreo está escrita así:

ויאמר י–ה–ו–ה אל אברם

Éste es el valor numérico:

ו = 6	י = 10	א = 1
י = 10	ה = 5	ב = 2
א = 1	ו = 6	ר = 200
מ = 40	ה = 5	ם = 40
ר = 200		
	א = 1	
	ל = 30	
257	57	243

Sumamos los valores parciales y resulta:

$$257 + 57 + 243 = 557$$

Ahora añadimos el valor 4 correspondiente a la pronunciación de las cuatro palabras (ya que el valor correspondiente a la pronunciación de cada palabra es 1; *véase* Las Claves de la Numerología Cabalística cáp. IV), y resulta:

$$557 + 4 = 561$$

Ahora bien, la expresión: «Yo seré una muralla; yo estableceré mis palabras», en el texto original hebreo del Midrash está escrita así:

אני חומה מעמיד אני דברי

Éste es el valor numérico:

א = 1	מ = 40	א = 1
נ = 50	ע = 70	נ = 50
י = 10	מ = 40	י = 10
	י = 10	
ח = 8	ד = 4	ד = 4
ו = 6		ב = 2
מ = 40		ר = 200
ה = 5		י = 10
120	164	277

Sumamos los valores parciales y resulta:

$$120 + 164 + 277 = 561$$

EL ORIGEN DE LA ASIGNACIÓN DE LA TIERRA

Después de lo mencionado, El Eterno le dijo a Abram: «Vete para ti de tu tierra [...]», y él cumplió con la ordenanza de El Eterno sin dudarlo, y en forma íntegra, como está escrito a continuación: «Y Abram se fue, como El Eterno le había mandado, y Lot fue con él; Abram tenía setenta y cinco años cuando se fue de Jarán. Abram tomó a su mujer Sarai y a Lot, el hijo de su hermano, y todas las riquezas que habían acumulado y las personas que habían logrado congregar en Jarán; y se fueron en dirección a la tierra de Canaán y llegaron a la tierra de Canaán. Abram atravesó la tierra hasta llegar a Shejem, hasta la planicie de Moré. En ese entonces, el cananeo habitaba la tierra» (Génesis 12:4-6).

Dijo Rabí Levi: Cuando Abraham marchaba por Aram Naraim, y Aram Najor, en su camino desde Ur Kasdim, hacia la tierra de Canaán, vio a los moradores del lugar que comían y bebían, y se burlaban sin respetar ningún código moral. Y esa conducta de ellos se debía a la gran abundancia que poseían. Entonces Abraham dijo:
—Ojalá que yo no tenga parte en esta tierra.

Cuando entró a la tierra de Canaán, y llegó a Sulama de Tzor, vio a los moradores del lugar que sacaban los espinos y las malezas de la tierra para limpiar el campo y prepararlo para el sembrado, y también vio que hacían canaletas alrededor de los árboles, y estaban siempre ocupados trabajando la tierra, entonces dijo:
—Ojalá que yo tenga parte en esta tierra.
En ese momento El Santo, Bendito Sea le dijo: «A tu descendencia daré esta tierra» (Génesis 12:7) (Midrash Bereshit Raba 39:8).

HAMBRE EN LA TIERRA

Después el patriarca tuvo que emigrar a Egipto, a causa de una severa hambruna que afectaba la tierra, como está escrito: «Había hambre en la tierra, y Abram descendió a Egipto para habitar allí, pues el hambre era grave en la tierra» (Génesis 12:10)

En Egipto debería superar una nueva dura prueba, como está escrito a continuación: «Y sucedió que al llegar Abram a Egipto, que los egipcios vieron que la mujer era muy hermosa" (Génesis 12:14).

¿Por qué se menciona únicamente la llegada de Abram a Egipto? ¿Dónde estaba Sara cuando llegaron a la ciudad? Se aprende que Abram la colocó en un cofre, y cerró la abertura. Y cuando llegaron al control fronterizo, los hombres que estaban a cargo del lugar, le dijeron a Abram:

—Entréganos la paga correspondiente por los impuestos aduaneros.

Y él les dijo:

—Estoy dispuesto a pagaros los impuestos.

Pero ellos quisieron saber qué llevaba en el cofre para determinar la suma que debía pagar, y le dijeron:

—Tú llevas vestidos.

Y él les dijo:

—Estoy dispuesto a entregaros la paga por los impuestos aduaneros correspondientes por ingresar vestidos.

Entonces los hombres le dijeron:

—Tú llevas oro.

Y él les dijo:

—Estoy dispuesto a entregaros la paga por los impuestos aduaneros correspondientes por ingresar oro.

Entonces los hombres le dijeron:

—Tú llevas delicadas prendas de vestir de seda.

Y él les dijo:

—Estoy dispuesto a entregaros la paga por los impuestos aduaneros correspondientes por ingresar delicadas prendas de vestir de seda.

Los hombres le dijeron:

—Tú llevas perlas.

Y él les dijo:

—Estoy dispuesto a entregaros la paga por los impuestos aduaneros correspondientes por ingresar perlas.

Ellos le dijeron:

—Es imposible saber qué llevas si no nos lo muestras. Por tanto, para que lo sepamos, abre el cofre y muéstranos qué hay en su interior.

Cuando lo abrió, se iluminó toda la tierra de Egipto por el resplandor de Sara. Pues ella era muy hermosa, como está escrito: «Y sucedió que al llegar Abram a Egipto, que los egipcios vieron que la mujer era muy hermosa» (Génesis 12:14).

Por eso: «Cuando la vieron los oficiales del Faraón, la elogiaron ante el Faraón y fue conducida –vatukaj– a la casa del Faraón» (Génesis 12:15). Dijo Rabí Iojanán: La expresión vatukaj se aplica a las mercancías que son transportadas, y no a un ser humano que se traslada por sus propios medios. Se aprende que Sara se convirtió en una valiosa mercancía ante los ojos de los egipcios, y su cotización subía mucho. Pues uno de ellos decía:
—Entregaré cien dinares para quedarme con ella, y llevarla ante el rey.
Y otro decía:
—Entregaré cien dinares para quedarme con ella, y llevarla ante el rey.

A esto se refiere la expresión vatukaj, que significa: «fue tomada como mercancía». Pues todos se precipitaban para tomarla como una valiosa mercancía y llevarla a la casa del Faraón (Midrash Bereshit Raba 40:4–5).

BENEFICIADO POR CAUSA DE SU MUJER

A continuación está escrito: «Y el Faraón trató bien a Abram gracias a ella y él obtuvo ovejas, ganado vacuno, burros, esclavos y esclavas, burras y camellos. Mas El Eterno afligió al Faraón y a su familia con grandes plagas a causa de Sarai, la mujer de Abram» (Génesis 12:16).

La expresión: «A causa –al dbar– de Sarai, la mujer de Abram», revela un asunto esencial. Pues la expresión al dbar, significa también: «por las palabras». Dijo Rabí Levi: Toda esa noche el ángel que había descendido del Cielo estaba junto a ella, con un palo en su mano. Y cada vez que el Faraón intentaba aproximarse a ella para tocarla, el ángel se aconsejaba con Sara, y lo golpeaba con el palo. Le decía a Sara:

—Si dices: ¡golpea!, yo lo golpearé, y si dices: ¡déjalo!, lo dejaré".

¿Y todo esto que le había sucedido al Faraón, cuál era la razón? Ya que en verdad él la había tomado creyendo que era soltera. La respuesta se encuentra indicada en la declaración: «la mujer de Abram». Porque Sara le decía:

—Soy una mujer casada.

Y él no se apartaba de ella.

Por eso fue castigado (Midrash Bereshit Raba 40:6).

Entonces: «El Faraón convocó a Abram y le dijo: ¿Qué es lo que me has hecho? ¿Por qué no me dijiste que era tu mujer? ¿Por qué dijiste: "es mi hermana", para que yo la tomara como mujer? Ahora, aquí está tu mujer; ¡tómala y vete! El Faraón dio órdenes de que lo escoltaran a él y a su mujer, y a todo lo suyo (Génesis 12:18–20).

ABRAHAM CON SU SOBRINO LOT

Después de salir de Egipto Abram se separó de su sobrino Lot, como está escrito: «Y Abram ascendió de Egipto, él y su mujer y todo lo que era suyo, y Lot con él, y se dirigió hacia el sur. Abram iba muy cargado de ganado, plata y oro. Y continuó su recorrido desde el sur hacia Bet–El, hacia el sitio donde había colocado su tienda por primera vez, entre Bet–El y Ai, hacia el sitio del altar que había erigido al principio; y allí Abram invocó a El Eterno por Su Nombre. Lot, quien se fue con Abram, también poseía ovejas, ganado vacuno y tiendas. Y la tierra no pudo mantenerlos habitando juntos, pues sus posesiones eran muy abundantes y no podían habitar juntos. Y hubo una disputa entre los pastores del ganado de Abram y los pastores del ganado de Lot, y en ese entonces, el cananeo y el perizeo habitaban la tierra. Y Abram le dijo a Lot: "Por favor, que no haya disputa entre nosotros, ni entre mis pastores y los tuyos, pues somos hermanos. ¿Acaso no tienes toda la tierra delante de ti? Por favor, sepárate de mí: si tú vas a la izquierda, yo iré a la derecha, y si tú vas a la derecha, yo iré a la izquierda". Lot levantó sus ojos y vio toda la planicie del Jordán, que, antes de que El Eterno destruyera a Sodoma y Gomorra era una zona muy bien regada en todas partes, como el jardín de El Eterno, como la tierra de Egipto, yendo hacia Tzoar. Y Lot escogió para sí toda la planicie del Jordán y Lot viajó desde el este; y cada uno se separó de su hermano. Abram habitó en la tierra de Canaán, mientras que Lot habitó en las tiendas de la planicie hasta Sodoma. Y la gente de Sodoma era malvada y cometía grandes pecados ante El Eterno. El Eterno le dijo a Abram, después de que Lot se hubo separado de él: "Por favor levanta tus ojos y mira desde donde estás ubicado al norte, al sur, al este y al oeste. Pues toda la tierra que ves, a ti te la daré, y a tu simiente por siempre. Haré que tus descendientes sean como el polvo de la tierra, de modo que si hay alguien capaz de contar el polvo de la tierra, también tu descendencia podrá contarse. Levántate y anda la tierra a su largo y su ancho. Pues a ti te la daré". Y Abram trasladó su tienda y fue a habitar en la planicie de Mamre, que se encuentra en Jebron; y allí Le construyó un altar a El Eterno» (Génesis 13:1–18).

Observamos en este fragmento un pasaje conmovedor. Ya que Abram se separó de su sobrino Lot, al que había criado con tanto amor y dedicación. Pero esto era necesario para que hubiese paz, como está escrito: «y cada uno se separó de su hermano" (Génesis 13:11); y el versículo siguiente comienza diciendo: «Abram [...]», señalándose que Abram ya se encontraba solo, como lo revela lo que está escrito a continuación: «Abram habitó en la tierra de Canaán, mientras que Lot habitó en las tiendas de la planicie hasta Sodoma» (Génesis 13:12). Cada uno se hallaba en un sitio diferente, y ya no había entre ellos ningún tipo de disputa.

SEPARACIÓN PACÍFICA

Esta separación que conllevó a la paz, se encuentra aludida en la cita bíblica que describe el aislamiento, como está escrito: «Y cada uno se separó de su hermano. Abram [...]».

En el texto original hebreo esta declaración está escrita así:

ויפרדו איש מעל אחיו

Observemos las letras finales de estas palabras:

ויפרדו איש מעל אחיו

Se aprecia que las letras finales de: «Y cada uno se separó de su hermano. Abram», forman la palabra Shalom, que significa «paz» (Baal Haturim).

שלום

Se aprende de aquí, que en ciertas ocasiones es necesario separarse para que hubiera paz. Por eso en la Torá se determina que en casos insostenibles, las personas tomen un rumbo diferente. Por ejemplo cuando los miembros de un matrimonio están en discordia, como está escrito: «Si un hombre se casa con una mujer y yace con ella, y acontaciere que ella no halla gracia a los ojos de él, pues él halló en ella algo abominable y le escribió una declaración de divorcio [...]» (Deuteronomio 24:1).

La Torá permite el divorcio de una pareja pese a que está escrito que el Altar llora cuando se produce el divorcio de un hombre con su primera mujer (véase Talmud, tratado de Guitín 90b). Pero incluso así, por la paz, el divorcio se concreta con el consentimiento de la Torá.

PAZ Y VERDAD

Obsérvese que la paz es tan importante que desplaza incluso a la verdad. Pues si bien es cierto que está dicho: «de la mentira te alejarás» (Éxodo 23:7), y pese a que Dios selló la creación con la verdad, con todo eso, para que hubiera paz es permitido mentir en caso de ser necesario.

¿Y de dónde se aprende que Dios selló la creación con la verdad? De lo que está escrito: «En el principio creó Dios». En el original hebreo esta declaración se escribe así:

בראשית ברא א"להים

Observemos las letras finales:

בראשית ברא א"להים

Éstas son las letras finales:

תאם

Esas letras son las mismas que las de la palabra *emet,* que significa «verdad».

אמת

Resulta que en el principio del Génesis está indicada la verdad. Enseña que Dios selló la creación con la verdad *(véase* Las Claves de la Numerología Cabalística cáp. XIII). Sin embargo, más adelante Dios mismo enseñó que en caso de tratarse de una cuestión en la que está en juego la paz, esa verdad debe modificarse en caso de ser necesario.

Obsérvese que está escrito: «Y Sara se rió en su interior, diciendo: "¿Ahora que ya he marchitado volveré a ser radiante? ¡Si mi marido es anciano!"» (Génesis 18:12). Y a continuación está escrito: «Entonces El Eterno le dijo a Abraham: "¿Por qué Sara se ha reído, diciendo: ¿De verdad tendré un hijo, a pesar de ser ya anciana?"» (Génesis 18:13).

Por qué modificó aquí Dios las palabras y dijo: «¿Por qué Sara se ha reído, diciendo: ¿De verdad tendré un hijo, a pesar de ser ya anciana?», cuándo en realidad había dicho: «¡Si mi marido es anciano!». Lo hizo por Abraham, para que no se sintiese agraviado por las palabras de su esposa. Para que hubiera paz. Vemos que Dios mismo enseñó que por una cuestión en la que está en juego la paz es posible modificar la verdad (Rashi).

Parashá Vaierá

IV

EL TRIUNFO DE LA PIEDAD Y LA CORTESÍA

En el comienzo de la sección de la Torá denominada Vaierá está escrito: «El Eterno se le reveló en la planicie de Mamre estando él sentado en la entrada de la tienda, con el calor del día. Levantó sus ojos y observó, y he aquí que había tres hombres de pie frente a él. Él los vio y corrió hacia ellos desde la entrada de la tienda, y se postró sobre el suelo. Y dijo: "Señores míos, si he hallado gracia en tus ojos, te ruego que no pases de tu siervo. Que se traiga ahora un poco de agua, y lavad vuestros pies; y recostaos debajo del árbol. Iré a buscar un bocado de pan y saciaréis vuestros corazones; después continuaréis, pues por eso habéis pasado por –el sitio donde reside– vuestro sirviente"» (Génesis 18:1–5).

Este pasaje bíblico contiene enseñanzas esenciales vinculadas con los fundamentos de la cordialidad y la cortesía, como así también la esencia del amor por hacer el bien, y el deseo de compartir. Veamos: esta sección de la Torá está escrita a continuación de la sección denominada Lej Leja, en cuyo epílogo se dijo: «Entonces Abraham tomó a su hijo Ismael y a todos los nacidos en su casa, y a todos los que había comprado con dinero, a todos los varones de la casa de Abraham, y cortó la carne de su prepucio aquel mismo día, tal como Dios le había ordenado. Abraham tenía noventa y nueve años cuando fue circuncidado. Y su hijo Ismael tenía trece años cuando fue circuncidado. Aquel mismo día fue circuncidado Abraham, y su hijo Ismael, y todos los varones de su casa; tanto los nacidos en su casa como los comprados con dinero a un extranjero, fueron circuncidados junto con él» (Génesis 17:23–27). Y a continuación, tal como dijimos, está escrito: «El Eterno se le apareció en la planicie de Mamre estando él sentado en la entrada de la tienda, con el calor del día» (Génesis 18:1). Esta sucesión de temas revela que Dios se le apareció a Abraham por causa de la circuncisión, con el fin de visitarlo (Baal Haturim).

Esta actitud de Dios, de visitar a un ser humano que se restablecía, enseña la gran importancia de visitar a un enfermo. E incluso si se trata de alguien importante y distinguido, aún así, es correcto que lo haga.

UN MAESTRO EJEMPLAR

En Talmud hallamos un suceso que ilustra perfectamente lo que hemos mencionado, ocurrido con Rabí Akiva, que era el dirigente de una gran academia. Ese maestro tenía 24.000 alumnos, todos ellos eruditos. Un día, uno de los discípulos de Rabí Akiva había enfermado, y ninguno de los sabios fue a visitarlo.

Rabí Akiva se enteró y decidió ir él mismo a visitar a su alumno. Al llegar, se ocupó de que el sitio donde se encontraba el discípulo enfermo sea barrido, limpiado y ordenado. También se preocupó de tender la cama del enfermo.

El alumno se fortaleció, y dijo a su maestro:
—Rabí, me habéis hecho vivir.

Rabí Akiva salió de allí, y proclamó:
—Quién no visita a un enfermo, es como si derramara sangre (Talmud, tratado de Nedarim 40a).

LA VISITA DE LOS ENFERMOS

Esta gran obra de visitar a los enfermos, está indicada en el comienzo de nuestra sección de la Torá, como está escrito: «El Eterno se le reveló en la planicie». Esta declaración, en el original hebreo está escrita así:

וירא אליו י–ה–ו–ה באלני

Éste es su valor numérico:

ו = 6	י = 10	ב = 2
י = 10	ה = 5	א = 1
ר = 200	ו = 6	ל = 30
א = 1	ה = 5	נ = 50
		י = 10
א = 1		
ל = 30		
י = 10		
ו = 6		
264	26	93

Sumamos los valores parciales y resulta:

264 + 26 + 93 = 383

La expresión: «Para visitar al enfermo», en hebreo se escribe así:

לבקר בחולה

Éste es su valor numérico:

ל = 30
ב = 2
ק = 100
ר = 200

ב = 2
ח = 8
ו = 6
ל = 30
ה = 5
―――
383

(Baal Haturim en Génesis 18:1; *véase* Talmud, tratado de Babá Metzía 86b).

UN SUCESO INÉDITO

Abraham gozaba de una visita suprema y gloriosa, y lo más lógico sería que no se distrajera un sólo instante de tan magnánimo acontecimiento. Sin embargo, en el versículo siguiente se narra un suceso asombroso, como está escrito: «Levantó sus ojos y observó, y he aquí que había tres hombres de pie frente a él; él los vio y corrió hacia ellos desde la entrada de la tienda, y se postró sobre el suelo» (Génesis 18:2).

¡Es algo que sorprende! Abraham era un hombre anciano y se recuperaba de la herida de la circuncisión. Y no sólo eso, sino que además se hallaba frente a la presencia de El Eterno, como está escrito: «El Eterno se le reveló en la planicie de Mamre [...]». Pero aún así, dejó todo de lado, y corrió en dirección de los hombres que habían llegado, para invitarlos a entrar a su morada y atenderlos.

Surge de aquí, que Abraham estaba sentado en la entrada de la tienda, con el calor del día, para ver si pasaba alguien, e invitarlo a su morada. Y eso está indicado en el versículo, como está escrito: «estando él sentado en la entrada de la tienda».

En el texto original hebreo, esa declaración está escrita así:

יושב פתח האהל

Éste es su valor numérico:

י = 10	פ = 80	ה = 5
ו = 6	ת = 400	א = 1
ש = 300	ח = 8	ה = 5
ב = 2		ל = 30
318	488	41

Sumamos los valores parciales y resulta:

318 + 488 + 41 = 847

La expresión: «para recibir a los invitados», en hebreo se escribe así:

להכניס את האורחים

Éste es su valor numérico:

ל = 30	א = 1	ה = 5
ה = 5	ת = 400	א = 1
כ = 20		ו = 6
נ = 50		ר = 200
י = 10		ח = 8
ס = 60		י = 10
		ם = 40
175	401	270

Sumamos los valores parciales y resulta:

175 + 401 + 270 = 846

Le sumamos el valor intrínseco 1 *(véase* Las Claves de la Numerología Cabalística cáp. III), y resulta:

846 + 1 = 847

(Baal Haturim en Génesis 18:1).

Se aprende que recibir invitados es más importante que estar frente a la Presencia Divina. Tal como enseñó Rav Yehuda en el nombre de Rav: Es más importante recibir invitados que estar frente a la Presencia Divina, como está escrito: «Y dijo: "Señores míos, si he hallado gracia en tus ojos, te ruego que no pases de tu siervo"» (Génesis 18:3) (Talmud, tratado de Shabat 127a).

UNA ENSEÑANZA PARA LAS GENERACIONES

En esta actitud de Abraham hallamos un indicio de su gran amor y bondad por las demás personas. Pues en un momento tan difícil como el que atravesaba, dolorido por la herida de la circuncisión, dejó de lado todo su sufrimiento, y sólo le importaba traer invitados a su morada para atenderlos. Y cuando vio personas con posibilidades de invitar, actuó con una cortesía ejemplar. Observó a los hombres y les dijo: «Señores míos, si he hallado gracia en tus ojos, te ruego que no pases de tu siervo».

¿Por qué comenzó hablando en plural, y culminó en singular? Pues comenzó diciendo: «Señores míos», en plural, y siguió hablando en singular, como está escrito a continuación: «si he hallado gracia en tus ojos, te ruego que no pases de tu siervo». ¿Cómo se explica?

La respuesta es ésta: observó a los hombres y distinguió cuál era el más importante. Ya que vio que uno iba en el medio y los otros dos a sus flancos, uno a su derecha y otro a su izquierda. Entonces se dirigió al del centro, y le dijo: «señores míos, si he hallado gracia en tus ojos [...]». Hizo esto para respetar el honor de todos los presentes y no ofender ni menospreciar a nadie *(véase* Rashi).

LA CONSIDERACIÓN DEL PATRIARCA

Actuó de ese modo porque consideró:

—Si saludo a todos en general, y les digo: "señores míos, si he hallado gracia en vuestros ojos, os ruego que no paséis de vuestro siervo», en ese caso no otorgaré el honor distinguido que merece el más importante. Y si le hablo sólo al más importante, invitándolo para que pase a mi tienda con sus discípulos, en ese caso no otorgaré el honor distinguido que merecen los discípulos, ya que también son merecedores de honor.

Por eso se dirigió a ellos de la manera enunciada. Actuó tal como se enseña en el tratado de ética y moral, denominado Derej Eretz. Allí se narra el siguiente suceso: Cuatro sabios de Israel se dirigieron a tratar un asunto con los dirigentes del reino. Allí había un distinguido filósofo. Los sabios eran: Rabán Gamliel, Rabí Iehoshúa, Rabí Elazar el hijo de Azariá, y Rabí Akiva.

Cuando llegaron, Rabí Iehoshúa, el director del Tribunal Supremo denominado Sanhedrín, le dijo a Rabán Gamliel, que era el dirigente máximo de todo Israel:
—Rabí, ¿es tu voluntad que vayamos a ver al filósofo?
—¡No! –le contestó Rabán Gamliel.

Por la mañana, Rabí Iehoshúa le dijo a Rabán Gamliel:
—Rabí, ¿es tu voluntad que vayamos a ver al filósofo?
—¡Sí! –le contestó Rabán Gamliel.

Rabí Iehoshúa se adelantó y golpeó a la puerta. El filósofo observó, y después de reflexionar unos instantes, sentenció:
—Esta actitud de buenos modales ciertamente es de un

sabio.

LA PRUDENCIA DEL FILÓSOFO

Cuando fue llamado por segunda vez, el filósofo se levantó y lavó su rostro, sus manos, y sus pies.

A la tercera vez que fue llamado, se puso de pie, y abrió la puerta. Contempló a los sabios de Israel, y advirtió que venían en forma ordenada, unos de un lado, y otros del otro lado. Eran Rabán Gamliel, que caminaba en el centro, y a su diestra Rabí Iehoshúa, en tanto que por los flancos venían Rabí Elazar hijo de Azariá, por la derecha, y Rabí Akiva, por la izquierda.

El filósofo ya había distinguido los rangos de cada uno, de acuerdo a la posición en la que marchaban, y ahora pensaba:
—¿Cómo haré para saludar a los sabios de Israel? Si dijese: «La paz sea contigo, Rabán Gamliel», al hacerlo, estaré despreciando a los sabios de Israel. Si dijese: «La paz sea con vosotros, sabios de Israel», al hacerlo, estaré despreciando a Rabán Gamliel. Al llegar, cuando estuvo frente a ellos, se dirigió a Rabán Gamliel, y le dijo a él a la cabeza: «La paz esté con vosotros, sabios de Israel» (Tratado de Derej Eretz Raba, Cáp. V).

LA ACTITUD DE ABRAHAM

Y Abraham actuó precisamente de ése modo. Observó a los visitantes, distinguió cuál era el más distinguido, y a él le dijo: «Señores míos, si he hallado gracia en tus ojos [...]». Tal como se explica en el Midrash: estudió Rabí Jía: Abraham dijo ésas palabras al más importante de ellos. Y ése era el ángel Mijael, que estaba ubicado en el medio de los otros dos.

CORDIALIDAD Y SUTILEZA

En los versículos que siguen se indican otros detalles importantes de la conducta de Abraham al recibir a los huéspedes, como está escrito: «Que se traiga ahora un poco de agua, y lavad vuestros pies; y recostaos debajo del árbol» (Génesis 18:4). Se especifica cada detalle de la acción de Abraham al recibir a los huéspedes para enseñar lo referente a la norma «medida por medida». Ya que El Santo, Bendito Sea, paga medida por medida las acciones realizadas por una persona. Como fue enseñado en el Talmud: «De acuerdo a la medida con la que la persona mide, con ella se lo mide a él» (Talmud, tratado de Meguilá 12b). Es decir: del mismo modo como una persona se comporta con los demás, también con él se comportan del mismo modo.

Por eso, todo lo que Abraham hizo con los ángeles que habían pasado por su casa asumiendo aspecto de hombres, El Santo, Bendito Sea, le pagó en retribución, y a sus descendientes, medida por medida.

Obsérvese que inmediatamente después de que Abraham atendió a los ángeles, éstos le informaron que le nacería un hijo, como está escrito: «Tomó crema y leche y el ternero que había preparado, y los colocó delante de ellos; y se ubicó frente a ellos, debajo del árbol, y ellos comieron. Ellos le dijeron: "¿Dónde está Sara tu mujer?". Y él dijo: "¡Está en la tienda!". Y dijo: "Ciertamente, regresaré a ti el próximo año en esta época, y he aquí que tu mujer Sara tendrá un hijo"» (Génesis 18:8–10). Y a partir de este hijo que le nació, Ytzjak, se fundó el pueblo de Israel. Ya que Ytzjak tuvo a Jacob, y a éste le nacieron doce hijos, que se convirtieron en la base de Israel, las doce tribus. Y El Santo, Bendito Sea, pagó a los hijos de Israel por el mérito de Abraham, medida por medida, cuando salieron de Egipto, y ocurrirá en el futuro venidero, donde les pagará también por la acción de Abraham.

ENSEÑANZA ALUDIDA

Eso está indicado en la declaración que revela el nacimiento de su hijo: «regresaré a ti», que en el original hebreo está escrita así:

שוב אשוב

Éste es el valor numérico:

ש = 300	א = 1
ו = 6	ש = 300
ב = 2	ו = 6
	ב = 2
308	309

Sumamos los valores parciales y resulta:

308 + 309 = 617

La expresión: «de acuerdo a la medida con que la persona mide, con ella se lo mide a él», en hebreo se escribe así:

במידה שאדם מודד בה מודדין לו

Éste es el valor numérico:

ב = 2	מ = 40	מ = 40
מ = 40	ו = 6	ו = 6
י = 10	ד = 4	ד = 4
ד = 4	ד = 4	ד = 4
ה = 5		י = 10
	ב = 2	ן = 50
ש = 300	ה = 5	
א = 1		ל = 30
ד = 4		ו = 6
ם = 40		
406	61	150

Sumamos los valores parciales y resulta:

$$406 + 61 + 150 = 617$$

He aquí que en la declaración que consta a continuación de la atención de Abraham a los ángeles, se indica que El Santo, Bendito Sea, pagaría a su descendencia medida por medida, por lo qué él hizo con ellos.

MEDIDA POR MEDIDA

En el Midrash se lo explica: Dijo Rabí Elazar en el nombre de Rabí Simai: El Santo, Bendito Sea, le dijo a Abraham:

—Tú has dicho: «Que se traiga ahora un poco de agua». ¡Por tu vida; Yo les pagaré a tus hijos por lo que has hecho en el desierto, y en la región habitada, y en el futuro venidero!

¿De dónde se aprende que El Santo, Bendito Sea, les pagó a los hijos de Israel en el desierto con agua. A esto se refiere lo que está escrito: «Entonces Israel cantó esta canción: "Asciende manantial, ¡Cantadle! Pozo que cavaron los señores, que los príncipes del pueblo abrieron a través de un legislador, con sus báculos; y les fue otorgado por presente del Desierto"» (Números 21:17–18). He aquí que en el desierto les fue otorgada agua por el mérito del agua entregada generosamente por su ancestro Abraham.

¿De dónde se aprende lo referente a la región habitada? Como está escrito: «Pues El Eterno, tu Dios, te trae a una buena Tierra; una Tierra con corrientes de agua, de fuentes y agua subterránea que emana del valle y de la montaña» (Deuteronomio 8:7). Esto también fue por el mérito de Abraham, el cuál es denominado «montaña –har–», al igual que los demás patriarcas: Ytzjak y Jacob. Pero Abraham es comparado a la cima de la montaña.

Y lo concerniente al futuro venidero, ¿de dónde se aprende? Tal como está dicho: «Acontecerá en aquel día que saldrán aguas vivas de Jerusalén, la mitad de ellas hacia el mar oriental, y la otra mitad hacia el mar occidental, será en verano y en invierno; y El Eterno será rey sobre toda la Tierra» (Zacarías 14:8).

UN HOMBRE MERITORIO

Asimilismo El Santo, Bendito Sea le dijo a Abraham:
—Tú les has dicho a los ángeles: «y lavad vuestros pies»,

pensando que eran hombres comunes, con la intención de que se quitaran la suciedad de la idolatría que supuestamente tenían adherida. ¡Por tu vida que Yo les pagaré a tus hijos por lo que has hecho en el desierto, y en la región habitada, y en el futuro venidero!

¿De dónde se aprende que El Santo, Bendito Sea, les pagó a los hijos de Israel con agua en el desierto para limpiarse de las impurezas que tuvieran adheridas? Como está dicho: «Te lavé con agua –para limpiarte de la impureza de Egipto y entregarte la Torá–» (Ezequiel 16:9). He aquí que en el desierto les fue dada agua para purificarse por el mérito del agua entregada generosamente por su ancestro Abraham.

¿De dónde se aprende lo referente a la región habitada? Como está dicho: «Lavaos, purificaos; quitad la maldad de vuestras obras de delante de mis ojos» (Isaías 1:16).

¿Y lo concerniente al futuro venidero, de dónde se lo aprende? Como está dicho: «Cuando El Eterno lave la suciedad de las hijas de Tzion –en referencia al pecado–» (Isaías 4:4). Entonces todos estarán puros, y serán santos.

Del mismo modo, El Santo, Bendito Sea le dijo a Abraham:
—Tú les has dicho a los ángeles: «y recostaos debajo del árbol», para que estuvieran resguardados de los rayos del Sol. ¡Por tu vida que Yo les pagaré a tus hijos por lo que has hecho, en el desierto, y en la región habitada, y en el futuro venidero!

¿De dónde se aprende que El Santo, Bendito Sea, les pagó a los hijos de Israel con resguardo en el desierto? Como está dicho: «Tendió una nube por cubierta» (Salmos 105:39). He aquí que en el desierto les fue otorgado resguardo por el mérito del resguardo otorgado generosamente por su ancestro Abraham.

¿De dónde se aprende lo referente a la región habitada? Como está dicho: «Habitaréis en cabañas durante siete días; todo nativo de Israel habitará en cabañas; para que vuestras generaciones sepan que Yo hice que los hijos de Israel habitaran en cabañas cuando los saqué de la tierra de Egipto; Yo soy El Eterno, vuestro Dios» (Levítico 23:42–43).

¿Y lo concerniente al futuro venidero, de dónde se lo aprende? Como está dicho: «Y –el techado de– la cabaña –constituido por las nubes de honor– será para sombra durante el día contra el calor, y para refugio y resguardo contra el turbión y contra la lluvia» (Isaías 4:6).

Asimilismo El Santo, Bendito Sea le dijo a Abraham:
—Tú les has dicho a los ángeles: «Iré a buscar un bocado de pan y saciaréis vuestros corazones». ¡Por tu vida que Yo les pagaré a tus hijos por lo que has hecho en el desierto, y en la región habitada, y en el futuro venidero!

¿De dónde se aprende que El Santo, Bendito Sea, les pagó a los hijos de Israel con pan en el desierto? Como está dicho: «El Eterno le dijo a Moshé: "He aquí que haré llover pan para vosotros desde el Cielo; que el pueblo salga y recoja la porción de cada día ese día, para que lo pruebe y observe si sigue mis enseñanzas o no» (Éxodo 16:4). He aquí que en el desierto les fue otorgado pan por el mérito del pan entregado generosamente por su ancestro Abraham.

¿De dónde se aprende lo referente a la región habitada? Como está dicho: «Pues El Eterno, tu Dios, te trae a una buena Tierra; una Tierra con corrientes de agua, de fuentes y agua subterránea que emana del valle y de la montaña; una Tierra de trigo, cebada, vid, higueras y granados, Tierra de olivos de aceite y miel de dátiles» (Deuteronomio 8:7–8).

¿Y lo concerniente al futuro venidero, de dónde se lo aprende? Como está dicho: «Habrá abundancia de grano –pisat bar– en la tierra» (Salmos 72:16). La palabra pisat, alude a la palma de la mano –pas–, indicándose que el producto de la tierra será tan grande como la palma de la mano, como un pan preparado y listo para comer *(véase* Talmud, tratado de Ketuvot 111).

Asimismo, está escrito acerca de Abraham y la atención que brindó a los huéspedes: «Y Abraham fue corriendo al ganado vacuno, tomó un ternero, tierno y bueno, y se lo dio al joven, quien lo preparó enseguida» (Génesis 18:7). Al contemplar esta actitud, El Santo, Bendito Sea le dijo a Abraham:

—¡Por tu vida que Yo les pagaré a tus hijos por lo que has hecho en el desierto, y en la región habitada, y en el futuro venidero!

¿De dónde se aprende que El Santo, Bendito Sea, les pagó a los hijos de Israel con carne en el desierto? Como está dicho: «Un viento salió de El Eterno y sopló codornices desde el mar, y las extendió sobre el campamento, como un camino de un día de este lado y como un camino de un día de ese lado, en el contorno del campamento, y como dos codos por encima de la faz de la tierra» (Números 11:31). He aquí que en el desierto les fue otorgada carne por el mérito de la carne entregada generosamente por su ancestro Abraham.

¿De dónde se aprende lo referente a la región habitada? Como está dicho: «Los hijos de Rubén y los hijos de Gad poseían un ganado abundante, muy grande. Vieron la tierra de Iazer y la tierra de Guilad, y he aquí que el lugar era un lugar para ganado» (Números 32:1).

¿Y lo concerniente al futuro venidero, de dónde se lo aprende? Como está dicho: «Acontecerá en aquel día, que un hombre criará una vaca y dos ovinos –una oveja y una cabra–» (Isaías 7:21). Y ello será suficiente para generar abundancia: –animales que le den– carne, leche y lana; sin necesidad de poseer grandes rebaños.

Asimismo, está escrito acerca de la atención que el patriarca Abraham brindó a los huéspedes: «Tomó crema y leche y el ternero que había preparado, y los colocó delante de ellos; y se ubicó frente a ellos, debajo del árbol, y ellos comieron» (Génesis 18:8). Y Abraham aún estaba ubicado delante de ellos para servirles y atenderles. Al contemplar esa actitud, El Santo, Bendito Sea le dijo a Abraham:
—Por tu vida que Yo les pagaré a tus hijos por lo que has hecho en el desierto, y en la región habitada, y en el futuro venidero!

¿De dónde se aprende que El Santo, Bendito Sea, les pagó a los hijos de Israel, del mismo modo que Abraham hizo con los huéspedes, en el desierto? Como está dicho: «El Eterno iba delante de ellos, de día en una columna de nube, para guiarlos por el camino, y de noche en una columna de fuego, para iluminarlos, para que pudieran marchar de día y de noche» (Éxodo 13:21). He aquí que en el desierto les fue otorgada atención de El Santo, Bendito Sea, por el mérito de la atención brindada generosamente por su ancestro Abraham.

¿De dónde se aprende lo referente a la región habitada?

Como está dicho: «Dios está ubicado –de pie– ante la congregación de Dios» (Salmos 82:1).

¿Y lo concerniente al futuro venidero, de dónde se lo aprende? Como está dicho: «Ascenderá quién abre caminos delante de ellos; abrirán camino y pasarán el portal, y saldrán por él; y su rey pasará delante de ellos, y a la cabeza de ellos El Eterno» (Miqueas 2:13) (Midrash Bereshit Raba 48:10).

EL GRAN DEFENSOR

Hemos apreciado que Abraham era una persona inmensamente piadosa, y además, sabio y cortés. Y por eso se ameritó tan importantes promesas de El Santo, Bendito Sea, y Sus bendiciones.

Tan inmensa era su piedad por las personas, que intentó defender ante Dios a los malvados moradores de Sodoma y Gomorra, como está escrito: «Y El Eterno dijo:

—Como ha crecido tanto el clamor de Sodoma y Gomorra, y como su pecado es muy grave, descenderé ahora y veré, si actúan según el clamor que me ha llegado, los destruiré; y si no, lo sabré.

Los hombres se marcharon de allí en dirección a Sodoma, mientras que Abraham siguió de pie ante El Eterno. Abraham se adelantó y dijo:

—¿Acaso destruirás también a los justos, junto con los malvados? Suponiendo que existan cincuenta justos en la ciudad, ¿acaso destruirías el lugar, en vez de salvarlo por los cincuenta justos que hay en su interior? Sería un sacrilegio que Tú hicieras tal cosa, matando al justo junto con los malvados;

pues así el justo serán como los malvados. ¡Sería un sacrilegio! ¿Acaso el Juez de toda la tierra no hará justicia?

Dijo El Eterno:
—Si encuentro en Sodoma cincuenta justos en toda la ciudad, perdonaré a todo el lugar por ellos.

Abraham respondió y dijo:
—He aquí que me permití hablar con mi Señor, si bien no soy más que polvo y ceniza. ¿Qué ocurrirá si a los cincuenta justos les faltan cinco? ¿Destruirías la ciudad a causa de los cinco?

Y Él dijo:
—No la destruiré si encuentro cuarenta y cinco.

Y continuó hablando con Él, y le dijo:
—¿Tal vez se encuentren cuarenta?

—Y Él dijo:
No actuaré por los cuarenta.

Y él dijo:
—Que mi Señor no se enoje y hablaré: "¿Qué ocurrirá si se hallan treinta?".

Y Él dijo:
—No actuaré si encuentro treinta.

Y él dijo:
—He aquí que me he permitido hablar con mi Señor: "¿Qué ocurrirá si se hallan veinte?".

Y Él dijo:

—No destruiré por los veinte.

Y él dijo:

—Que mi Señor no se enoje, y hablaré una sola vez más: "¿Qué ocurrirá si se hallan diez?".

Y Él dijo:

—No destruiré por los diez.

Cuando El Eterno terminó de hablar con Abraham, se alejó, y Abraham regresó a su lugar» (Génesis 18:20–33).

UN HOMBRE PIADOSO

Se aprecia la gran piedad de Abraham. Siendo así, surge una pregunta muy fuerte contra él. ¿Cómo es posible que defendió encarnizadamente a individuos perversos que ni siquiera eran parientes suyos, y a no actuó así con sus propios descendientes cuando le tocó hacerlo? Pues en el Talmud se cita una enseñanza que revela que en el futuro Dios convocaría a Abraham para decirle:

—Tus hijos han pecado.

Y la respuesta de Abraham, sería:

—Amo del universo: "¡Bórralos para santificar tu nombre!" (Talmud, tratado de Shabat 89b

¿Cómo es posible que Abraham, el hombre más piadoso de toda la Tierra actúe de ese modo? Pereciera algo impensable en él.

¡Es algo que sorprende! Para esclarecerlo, observemos la

respuesta de Abraham, que dijo: «Bórralos». Esta expresión en hebreo se escribe así:

ימחו

Éste es el valor numérico:

$$\begin{aligned} \text{י} &= 10 \\ \text{מ} &= 40 \\ \text{ח} &= 8 \\ \text{ו} &= 6 \\ \hline &64 \end{aligned}$$

Le sumamos las cuatro letras de la palabra *(véase* Las Claves de la Numerología Cabalística cáp. IV), y resulta:

64 + 4 = 68

Veamos ahora lo relacionado con la expresión «pecados», que en hebreo se escribe así:

חטאים

Éste es el valor numérico:

$$\begin{aligned} \text{ח} &= 8 \\ \text{ט} &= 9 \\ \text{א} &= 1 \\ \text{י} &= 10 \\ \text{ם} &= 40 \\ \hline &68 \end{aligned}$$

Apreciamos que el valor numérico de «bórralos», coincide con el valor numérico de «pecados». Quiere decir que si bien es cierto que se puede suponer que Abraham respondió que los hijos de Israel sean borrados para santificar el nombre de Dios, existe también la posibilidad de afirmar que se refirió a los pecados. Por lo tanto, según esta interpretación, resulta que Abraham respondió a Dios:

—Amo del universo: ¡Borra los pecados de ellos para santificar tu Nombre!

Surge de aquí, que Abraham defendió a su pueblo con más fuerza que a los reinos de Sodoma y Gomorra. Pues solicitó a Dios que borrara sus pecados en forma directa y terminante (véase Maarshá, en el tratado talmúdico de Shabat 89b).

Ciertamente que Abraham fue un hombre con una piedad única, plena, absoluta, digna de ser imitada, como está escrito: "Otorgas verdad a Jacob, y a Abraham piedad" (Miqueas 7:20).

UN HOMBRE QUE DEJÓ UNA MARCA

Abraham es sin lugar a dudas el ejemplo a seguir. Observemos lo que se revela en el Midrash: está escrito «El que marcha en justicia y habla lo recto; el que aborrece la ganancia de los despojos, el que agita sus manos para no recibir soborno, el que tapa sus oídos para no oír propuestas sanguinarias; el que cierra sus ojos para no ver lo malo» (Isaías 33:15). Lo que está escrito: «El que marcha en justicia», se refiere a Abraham, como está dicho: «Pues lo he amado, porque él ordena a sus hijos y a su familia que sigan el camino de El Eterno, haciendo caridad y justicia, para que El Eterno traiga sobre Abraham aquello de lo que le había hablado» (Génesis 18:19).

A continuación está escrito: «Y habla lo recto», se refiere a Abraham, como está dicho: «Con rectitud te han amado a Ti – Abraham, y sus hijos Ytzjak y Jacob–» (Cantar de los Cantares 1:4).

Seguidamente se declara: «El que detesta la ganancia de los despojos», se refiere a Abraham, quien detestó tomar el botín de los cuatro reyes que habían despojado a Sodoma, a los cuáles después él venció, como está dicho: «Ni un hilo ni un cordón de zapatos, ni nada que sea tuyo tomaré, para que no digas: ¡Yo enriquecí a Abram!» (Génesis 14:23).

Asimismo está escrito: «El que agita sus manos para no recibir soborno», se refiere a Abraham, como está dicho: «El rey de Sodoma le dijo a Abram: "Dame la gente, y quédate con los bienes". Abram le dijo al rey de Sodoma: "Levanto mi mano hacia El Eterno, Dios supremo, hacedor de los Cielos y de la Tierra"» (Génesis 14:22).

PREMIO AL ESFUERZO Y LA DEDICACIÓN

Por ser una persona ejemplar, El Santo, Bendito Sea, se le reveló, y lo convirtió en la piedra fundamental de los hijos de Israel, y por su mérito, ellos fueron atendidos por El Santo, Bendito Sea, de modo especial, como se indica a continuación, en el versículo siguiente, como está escrito: «Él morará en las alturas; fortaleza de rocas será su lugar de refugio; se le dará su pan, y sus aguas le serán fieles» (Isaías 33:16).

Lo que está escrito: «Él morará en las alturas», se refiere a Abraham, tal como enseñó Rabí Yehuda hijo de Rabí Simón en el nombre de Rabí Janín, en el nombre de Rabí Iojanán, quien para explicar esta declaración citó el versículo que declara: «Y Él lo llevó fuera, diciendo: "Contempla, ahora, en dirección al Cielo, y cuenta las estrellas, si puedes contarlas". Y Él le dijo: "¡Así será tu descendencia!"» (Génesis 15:5).

Enseña que en ese momento El Santo, Bendito Sea, elevó a Abraham hacia lo Alto, por encima de la cúpula celeste. A esto se refiere lo que está dicho: «Contempla *–abet–*, ahora, en dirección al Cielo [...]». Y considérese que no corresponde decir: «contempla *–abet–*», sino cuando se indica una observación de arriba hacia abajo.

EL GRAN REFUGIO

A continuación está escrito: «Fortaleza de rocas *–selaim–* será su lugar de refugio». Se refiere a las nubes de Gloria de lo Alto, las cuáles son denominadas *selaim*, y a través de las mismas El Santo, Bendito Sea, se reveló a Abraham cuando iba a ofrecer a su hijo Ytzjak en el Monte Moriah. Y por el mérito de él El Santo, Bendito Sea, se reveló a Israel en el desierto a través de esas nubes, y también en la Tierra de Israel, y lo mismo sucederá en el futuro, cuando sobrevenga la Redención Final.

Seguidamente se declara: «Se le dará su pan», y se refiere a Abraham, pues Abraham había dado de su pan a los huéspedes, como está escrito: «Iré a buscar un bocado de pan y saciaréis vuestros corazones; después continuaréis, pues por eso habéis pasado por –el sitio donde reside– vuestro sirviente". Ellos dijeron: "Haz como dices, tal como has dicho"» (Génesis 18:5). Por tal razón y en mérito de ello, les fue dado a sus descendientes, los hijos de Israel, el maná en el desierto que caía del Cielo.

A continuación está escrito: «Y sus aguas le serán fieles», y se refiere a Abraham. Pues Abraham había dado fidedignamente agua a los huéspedes, como está escrito: «Que se traiga ahora un poco de agua, y lavad vuestros pies; y recostaos debajo del árbol» (Génesis 18:4).

Por esa razón, y ese mérito de Abraham, sus descendientes los hijos de Israel, merecieron bañarse con las aguas de lo Alto, provenientes de El Santo, Bendito Sea.

LA REVELACIÓN

En el versículo siguiente de Isaías se declara: «Tus ojos verán al Rey en su excelsitud» (Isaías 33:17). Y se refiere a Abraham, pues El Santo, Bendito Sea, se le reveló después de que se circuncidó. A esto se refiere lo que está escrito: «El Eterno se le reveló en la planicie de Mamre estando él sentado en la entrada de la tienda, con el calor del día» (Midrash Bereshit Raba 48:6).

UNA GRAN DESCENDENCIA

Estas enseñanzas del Midrash, que manifiestan que Abraham tendría una gran descendencia, y por su mérito, El Santo, Bendito Sea, los protegería, tal como lo protegió a él, y sería el Dios de ellos, es algo que también se encuentra indicado en esa misma declaración, como está escrito: «El Eterno se le reveló en la planicie de Mamre» (Génesis 18:1), y como ya dijimos arriba,

Éste es su valor numérico:

ו = 6	י = 10	ב = 2
י = 10	ה = 5	א = 1
ר = 200	ו = 6	ל = 30
א = 1	ה = 5	נ = 50
		י = 10

א = 1
ל = 30
י = 10
ו = 6

264	26	93

Sumamos los valores parciales y resulta:

$$264 + 26 + 93 = 383$$

La expresión: «para ti y para tu simiente», en el texto original hebreo está escrita así:

לך ולזרעך

Éste es el valor numérico:

ל = 30	ו = 6
ך = 20	ל = 30
	ז = 7
	ר = 200
	ע = 70
	ך = 20
50	333

Sumamos los valores parciales y resulta:

50 + 333 = 383

A esto se refiere lo que está escrito: «Te multiplicaré extraordinariamente y haré de ti naciones; y de ti descenderán reyes. Ratificaré Mi pacto contigo y con tu futura descendencia, por todas sus generaciones, como pacto eterno, de ser un Dios para ti y para tu futura descendencia. Y te daré a ti y a tu descendencia la tierra en la que habitas: toda la tierra de Canaán, en posesión eterna; y seré un Dios para ellos» (Génesis 17:6–8).

A nosotros corresponde seguir el camino de Abraham y ser piadosos como él, obedeciendo la palabra de El Eterno. De ese modo obtendremos todas las bendiciones dispuestas por El Santo, Bendito Sea, como está escrito: «Y ocurrirá que si obedeces la voz de El Eterno, tu Dios, observando y cumpliendo todos Sus preceptos que te ordeno este día, entonces El Eterno, tu Dios, te dará supremacía sobre todas las naciones de la Tierra. Todas estas bendiciones vendrán sobre ti y te darán alcance, si obedeces la voz de El Eterno, tu Dios» (Deuteronomio 28:1–2).

Así conseguiremos la rectificación del mundo y nos uniremos al patriarca Abraham que nos espera en la puerta del Jardín del Edén, para recibir a todos los que seguimos su camino, y llevamos el pacto de Dios (véase Baal Haturim Génesis 18:1).

Parashá Jaie Sara

V

EL SECRETO DEL SOL NACIENTE

Al comienzo de la sección de la Torá denominada «La Vida de Sara», se narra lo relacionado con su muerte y entierro, como está escrito: «La vida de Sara fueron cien años, y veinte años y siete años; estos fueron los años de la vida de Sara. Sara murió en Kiriat Arba, que es Jebrón, en la tierra de Canaán; y Abraham fue a panegirizar a Sara y a llorarla» (Génesis 23:1–2).

Esta declaración requiere explicación, pues, ¿por qué no dice que Sara vivió ciento veintisiete años? ¿Cuál es la razón por la que está escrito: «cien años, y veinte años y siete años»

La respuesta es ésta: Sara era una mujer muy especial, y El Santo, Bendito Sea, quiso que quedara registrado en el Pentateuco. Por eso fue incluido este dato tan peculiar, para despertar la curiosidad y necesidad de investigar lo vinculado con la vida de esta formidable mujer.

En el Midrash se explica: obsérvese que a continuación de cada dato parcial está escrito el término «años», como está dicho: «cien años, y veinte años y siete años». Y además, al final del versículo vuelve a mencionarse: «estos fueron los años de la vida de Sara». ¿Qué indica esta aparente redundancia?

A esto refiere lo que está escrito en el libro de los Salmos: «El Eterno conoce los días de los íntegros, y la heredad de ellos será por siempre» (Salmos 37:18). Resulta que El Eterno conoce y anhela los días de los seres humanos íntegros. Pues esos días están repletos de buenas obras, colmados de bondad y piedad. Y la recompensa por haber actuado de ese modo ejemplar en el mundo, les está reservada para que la hereden en el Mundo Venidero.

Surge de lo mencionado que cuando los justos son completos e íntegros, también sus años son completos e íntegros. De este modo, todos los días de sus años son iguales en completitud e integridad, rebosantes de obras de bien y piedad.

Eso está indicado en el versículo a través de la mención del término «años», en cada lapso de tiempo señalado en la vida de Sara. Es decir, se indica que a los veinte años era como cuando tenía siete años en lo referente a la hermosura y gracia, que no se había deteriorado en lo más mínimo. Y a su vez a los cien años era como cuando tenía veinte años en lo referente al pecado. Ya que hasta los veinte años una persona se encuentra en el periodo de instrucción y permanece limpia de pecado, tal como hallamos en la generación que salió de Egipto. Ya que los hijos de Israel habían sido condenados a morir por cometer un acto idólatra, después de hacer el becerro de oro, y se especificó claramente que los que morirían eran únicamente los mayores de veinte años, como está escrito: «En este Desierto caerán vuestros cadáveres; todos vosotros que fuisteis censados en cualquiera de vuestros censos, a partir de veinte años de edad en adelante [...]» (Números 14:29). Resulta que hasta los veinte años Dios los perdona y es compasivo. Y en este caso Sara se había conservado pura y limpia de pecado durante todo el tiempo, incluso cuando era de cien años, ya que era como de veinte años en este aspecto.

SUMISA COMO UNA TERNERA

Rabí Iojanán dilucidó otro importante asunto a partir de la relación de versículos antes mencionada; enseñó: «El Eterno conoce los días de los íntegros», se refiere a Sara, que era íntegra en lo tocante a sus acciones. Ella iba tras la voluntad de su marido como una ternera que va detrás de la voluntad de su madre sin descarriarse en absoluto. Y lo que está escrito a continuación en el versículo: «y la heredad de ellos será por siempre», señala la recompensa de Sara, que heredaría el Mundo Venidero a raíz de su conducta intachable en este mundo.

Esto se aprende de lo que está escrito: «La vida de Sara fueron cien años, y veinte años y siete años; estos fueron los años de la vida de Sara» (Génesis 23:1). ¿Por qué se repite por segunda vez «estos fueron los años de la vida de Sara»? ¿Acaso no se lo dijo al comienzo, en el inicio del versículo?

La respuesta es ésta: enseña que la vida de los justos es preciada para El Santo, Bendito Sea, en este mundo, por causa de las obras de bien que realizan, y también en el Mundo Venidero. Este es la explicación y la razón de la aparente redundancia incluida en el texto bíblico (Midrash Bereshit Raba 58:2).

UNA MUJER ESPECIAL

Ya hemos visto que en el inicio de la sección se destacan las virtudes de Sara, una mujer magnifica y ejemplar. Y también se lo indica más adelante, como está escrito: «Abraham fue a panegirizar a Sara y a llorarla» (Génesis 23:1). Es decir, Abraham fue a disertar sobre la vida de su querida mujer antes de enterrarla; en ese momento se dispuso a destacar parte de las obras de ella, que la habían convertido en una mujer virtuosa y digna de ser alabada.

El sabio Baal Haturim señaló un detalle fundamental vinculado con este asunto, dijo: antes de narrarse el suceso de la muerte de Sara, está escrito: «Y Betuel engendró a Rebeca» (Génesis 22:23). ¿Qué indica esta sucesión de temas, primero el nacimiento de Rebeca, y después la muerte de Sara? Indica que antes de que se pusiera el Sol de Sara, había brillado el Sol de Rebeca, como está indicado a modo de insinuación en el versículo citado, como está escrito: «La vida de Sara fueron cien años». Esta declaración contiene en las letras iniciales de las palabras que están escritas a continuación de la expresión «la vida de», el término shemesh, que significa «Sol».

«La vida de Sara fueron cien años», en el texto original hebreo está escrito así:

ויהיו חיי שרה מאה שנה

Se aprecia que las letras iniciales de las tres palabras que siguen a «la vida de», forman la expresión shemesh.

שמש

Se alude a la cita bíblica que declara: «Brilla el Sol, y se pone el Sol» (Eclesiastés 1:5). O sea, antes de que se pusiera el Sol de Sara, Dios hizo brillar el Sol de Rebeca.

LA IRRADIACIÓN DE UN JUSTO

En el Midrash se amplía este asunto: está escrito: «Brilla el Sol, y se pone el Sol» (Eclesiastés 1:5). Dijo Rabí Aba, el hijo de Kahana: ¿Acaso no sabemos que el Sol brilla al amanecer, después de haberse puesto el día anterior? ¡Es eso algo obvio! Siendo así, ¿qué enseña esta declaración?

Para comprenderlo debemos observar lo que está escrito

previamente, y enlazarlo con nuestro asunto. El versículo previo declara: «Generación va, y generación viene; mas la tierra siempre permanece» (Eclesiastés 1:4) Y a continuación está escrito: «Brilla el Sol, y se pone el Sol». El Sol alude a los justos, como está escrito: «Los que te aman son como el Sol cuando sale con su poder» (Jueces 5:31). Es decir, los justos iluminan el mundo con su resplandor tal como ocurre con el Sol.

Resulta que mientras «generación va, y generación viene», en ese lapso de tiempo brillará el Sol del justo que iluminará a la generación entrante. Y esto ocurrirá antes de que se ponga el Sol del justo que iluminó a la generación saliente. Es decir, antes de que El Santo, Bendito Sea, haga que se ponga el Sol del justo que iluminó a la generación pasada, hace brillar el Sol del justo que nacerá para iluminar a la generación entrante.

HOMBRES QUE BRILLARON COMO EL SOL

Considerad que el día en que murió Rabí Akiva, que fue uno de los sabios más célebres de la historia, nació Rabí Yehuda Hanasí, el compilador de la Torá oral, a la cual reunió en forma resumida en su monumental obra denominada Mishná. En alusión a Rabí Yehuda recitaron el versículo: «Brilla el Sol, y se pone el Sol».

El día en que murió Rabí Yehuda Hanasí, nació Rav Ada, el hijo de Ahava. En alusión a Rav Ada, el hijo de Ahava, los sabios recitaron el versículo: «Brilla el Sol, y se pone el Sol». El día en que murió Rav Ada, el hijo de Ahava, nació Rabí Avún. En alusión a Rabí Avún recitaron el versículo: «Brilla el Sol, y se pone el Sol». El día en que murió Rabí Avún, nació Rabí Avún, su hijo. En alusión a Rabí Avún, el hijo de Rabí Avún padre, los sabios recitaron el versículo: «Brilla el Sol, y se pone el Sol». El día en que murió Rabí Avún hijo, nació Aba Oshaia, hombre de Tria. En alusión a Aba Oshaia, hombre de Tria los sabios recitaron el versículo: «Brilla el Sol, y se pone el Sol». El día en que murió Aba Oshaia, hombre de Tria, nació Rabí Oshaia. En alusión a Rabí Oshaia recitaron el versículo: «Brilla el Sol, y se pone el Sol».

Se aprecia que un justo no muere hasta que se levante otro justo como él. Y como El Santo, Bendito Sea, vio que los justos que nacerían eran pocos, los distribuyó equitativamente en las distintas generaciones, para que todas estuvieran iluminadas por ellos (véase Talmud, tratado de Iomá 38b).

EL TIEMPO DE LOS JUSTOS

Lo mencionado revela que El Santo, Bendito Sea, no se lleva a un justo antes de que nazca otro justo para iluminar al mundo como lo había hecho el primero. Sin embargo, existen casos en que El Santo, Bendito Sea, envía al mundo al justo entrante con mucho tiempo de anticipación, en algunas ocasiones, varios años antes de que abandone el mundo el justo saliente.

Considérese que antes de que El Santo, Bendito Sea, hiciera poner el Sol de Moshé, hizo brillar el Sol de Josué, como está dicho: «El Eterno le dijo a Moshé: "Toma para ti a Josué, hijo de Nun, un hombre en el cuál hay espíritu, y apoya tu mano sobre él. Lo harás ponerse de pie ante Eleazar el sacerdote, y ante toda la asamblea, y lo ordenarás ante sus ojos. Colocarás de tu resplandor sobre él, para que toda la asamblea de los hijos de Israel le obedezca. Se pondrá de pie ante Elazar el sacerdote, quien le consultará acerca del juicio de los Urim ante El Eterno; por su palabra saldrán y por su palabra entrarán, él y todos los hijos de Israel junto con él, y toda la asamblea"» (Números 27:18–21). Esto ocurrió en vida de Moshé, el justo saliente.

Asimismo, antes de que se pusiera el Sol de Josué, brilló el Sol de Otniel, el hijo de Kenaz, el juez que juzgó al pueblo después de morir Josué. Pues en vida de Josué se posó en él el espíritu de santidad, como está escrito acerca de la conquista de Kiriat Sefer, que es el nombre de un lugar, y además representa al estudio exhaustivo de la Torá: «Y la conquistó Otniel, hijo de Kenaz hermano de Kalev; y él le dio a su hija Ajasa por mujer» (Josué 15:17). La conquista de Kiriat Sefer, que literalmente significa: «la lectura del Libro», señala la capacidad de Otniel, hijo de Kenaz, para el estudio, y su gran dedicación. Él, a través de sus conocimientos y capacidad deductiva, recuperó las leyes que habían sido olvidadas en el duelo por la muerte de Moshé (véase Talmud, tratado de Temurá 16a).

Otro ejemplo lo hallamos en Eli el sacerdote. Antes de que se pusiera el Sol de Eli, brilló el Sol de Samuel, que en vida de Eli se posó en él el espíritu de santidad, como está escrito: «Samuel estaba durmiendo en el templo de El Eterno, donde estaba el Arca de Dios; y antes de que la lámpara de Dios se apagase, El Eterno llamó a Samuel; y él respondió: ¡Heme aquí!» (I Samuel 3:3–4).

Lo mismo sucedió con el caso mencionado en la sección de la Torá denominada Jaie Sara: antes de que se pusiera el Sol de Sara, brilló el sol de Rebeca, como está escrito: «Y Betuel engendró a Rebeca» (Génesis 22:23). Y a continuación está escrito: «La vida de Sara fueron cien años, y veinte años y siete años; estos fueron los años de la vida de Sara. Sara murió en Kiriat Arba, que es Jebrón, en la tierra de Canaán; y Abraham fue a panegirizar a Sara y a llorarla» (Génesis 23:1–2) (Midrash Bereshit Raba 58:2).

LAS VIRTUDES DE REBECA

Respecto a las virtudes de Sara, es algo que ya hemos mencionado, pero, ¿cuáles eran los méritos de Rebeca para que se la denominara también a ella Sol, al igual que Sara?

La respuesta es ésta: en la misma sección de la Torá que se refirió a la vida de Sara está escrito: «E Ytzjak la llevó a la tienda de Sara, su madre; tomó a Rebeca y ella se convirtió en su mujer, y él la amó; e Ytzjak se consoló tras su madre» (Génesis 24:67). ¿Por qué razón la llevó a la tienda de su madre? Porque se comportaba como ella, e irradiaba luminosidad como ella.

En el Midrash se destacan algunas de las virtudes de Rebeca, que se aprenden a partir del versículo citado, como está escrito: «E Ytzjak la llevó a la tienda de Sara [...]». La expresión «tienda», en el texto original hebreo está escrita así:

האהלה

Se aprecia que al comienzo de la palabra hay una letra *he;* y los sabios enseñaron que cuando una letra he adicional es incluida antes de la palabra, alude a una enseñanza adicional.

¿Cuál es esa enseñanza? La respuesta es ésta: todos los días que Sara vivía, había junto a su tienda una nube. La misma representaba la manifestación de la Presencia Divina. Esa nube estaba unida, como si estuviese atada a la entrada de la tienda. Y cuando Sara murió, la nube cesó de cubrir el lugar, y ya no se la volvió a ver. Pero cuando llegó Rebeca, la nube regresó.

Además, todos los días que Sara vivía, las puertas de su tienda estaban completamente abiertas hacia los cuatro puntos cardinales, para que los huéspedes entraran por las cuatro direcciones. Cuando Sara murió, la plenitud dejó de existir. Pero cuando llegó Rebeca, la plenitud volvió a la tienda.

Además, todos los días que Sara vivía, la masa de ella era bendecida. Y cuando Sara murió, la bendición dejó de manifestarse en la masa. Pero cuando llegó Rebeca, la masa volvió a gozar de bendición.

Otra situación atípica que sucedía con Sara se manifestaba en las velas que ella encendía en la víspera de Shabat. Las luminarias permanecían encendidas e irradiaban una magnífica luz durante todos los días de la semana, hasta la víspera del Shabat siguiente, cuando encendía nuevamente velas en honor del Shabat. Cuando Sara murió, la magnífica luminosidad irradiada por las velas dejó de existir. Pero cuando llegó Rebeca, las velas volvieron a permanecer encendidas e irradiaban una magnífica luz durante todos los días de la semana, hasta la víspera del Shabat siguiente, cuando encendía nuevamente velas en honor del Shabat. La bendición había retornado a la casa.

Cuando Ytzjak vio que Rebeca se conducía del mismo modo como su madre Sara, separando la ofrenda de la masa con pureza y cortando la masa para preparar el pan con pureza, inmediatamente: «Ytzjak la llevó a la tienda de Sara, su madre, y tomó a Rebeca y ella se convirtió en su mujer, y él la amó; e Ytzjak se consoló tras su madre» (Génesis 24:67). (Midrash Bereshit Raba 60:16).

Hemos apreciado que Rebeca era el Sol naciente que ocupaba el lugar del Sol que se había puesto, Sara. A través de este mensaje, comprendemos que El Eterno jamás nos deja sin luz. Siempre nos envía un mensajero apropiado que irradia la luz de lo Alto en el mundo, para que la percibamos y nos orientemos a través de ella.

Otra Enseñanza

EL SECRETO DE UN LUGAR ESPECIAL

Veremos ahora otra enseñanza importante de la sección de la Torá denominada Jaie Sara: está escrito: «Sara murió en Kiriat Arba, que es Jebrón, en la tierra de Canaán; y Abraham vino a panegirizar a Sara y a llorarla» (Génesis 23:2). Esta ciudad, en la que fue enterrada Sara, tiene cuatro nombres: Eshkol, Mamre, Kiriat Arba y Jebrón.

¿Por qué se la llamaba Kiriat Arba –la ciudad de cuatro–? Las razones son muchas, una de ellas es porque habían morado en ella cuatro justos: Aner, Eshkol, Mamre, y Abraham. Asimismo, porque se circuncidaron en ella cuatro justos: Abraham, Aner, Eshkol y Mamre.

También se llamaba Kiriat Arba porque habían sido enterrados en ella cuatro hombres justos que fueron considerados los padres del mundo: Adán, el primer hombre, Abraham, Ytzjak, y Jacob.

Asimismo se llama Kiriat Arba porque habían sido enterradas en ella cuatro mujeres que fueron consideradas las matriarcas del mundo: Eva, Sara, Rebeca, y Lea.

También se llamaba Kiriat Arba por sus amos, es decir, sus reyes, que eran cuatro: Anak y sus tres hijos: Ajimán, Sheshai y Talmai (véase Números 13:22).

Rabí Azaria dijo que se llamaba Kiriat Arba porque de allí salió nuestro patriarca Abraham para perseguir a cuatro reinos imperiales, como está escrito: «Y sucedió en los días de Amrafel, rey de Shinar; Arioj, rey de Elasar; Kedorlaomer, rey de Elam, y Tidal, rey de Goím, que ellos hicieron guerra contra Bera, rey de Sodoma; Birsha, rey de Gomorra; Shinav, rey de Admá; Shemeber, rey de Tzeboím; y el rey de Bela, que es Tzoar. Todos ellos se habían reunido en el Valle de Sidim; es el Mar Muerto [...] Se apoderaron de todas las riquezas de Sodoma y Gomorra y de todo su alimento, y partieron. Y capturaron a Lot, sobrino de Abram, y a sus bienes, y se fueron; pues él residía en Sodoma. Entonces llegó el fugitivo y le dijo a Abram, el hebreo, quien habitaba en la planicie de Mamre, el amorreo, el hermano de Eshkol y el hermano de Aner, que eran aliados de Abram. Y cuando Abram se enteró de que su hermano había sido tomado cautivo, armó a sus discípulos que habían nacido en su casa, trescientos dieciocho, y los persiguió hasta Dan. Y él, junto con sus siervos, se dividió contra ellos de noche y los atacó; los persiguió hasta Jova, que está a la izquierda de Damasco. Retornó todos los bienes; y también retornó a su hermano, Lot, con sus bienes, así como también a las mujeres y la gente» (Génesis 14:1–16).

Además, se llamaba Kiriat Arba porque en ella cayó la suerte de la heredad de cuatro personas: en un comienzo, en la suerte echada por Josué, la suerte de la heredad cayó en poder de Yehuda. Después, cuando las tierras fueron repartidas entre las familias de las tribus, la suerte de la heredad cayó en poder de Kalev. Después, cuando cada tribu dio de su territorio ciudades para los levitas, la suerte de la heredad cayó en poder de los levitas. Después, cuando los levitas repartieron las ciudades recibidas entre ellos, la suerte de la heredad de Kiriat Arba cayó en poder de los sacerdotes, ya que eran de la tribu de Levi.

Asimismo, se llamaba Kiriat Arba porque estaba edificada sobre el monte Jebrón, que es uno de los cuatro lugares citados en los Escritos Sagrados como los más despreciables de la Tierra de Israel, ya que no son propicios para los sembrados. Y estos son esos lugares: Rabí Ytzjak dijo: Dor, Nafat Dor, Timant Seraj y Jebrón. En tanto que los sabios dijeron que esos lugares eran: Dana, Kiriat Sana, Timant Seraj y Jebrón (Midrash Bereshit Raba 58:4).

LA CUEVA DE MAJPELA

En esa ciudad, Kiriat Arba, había una cueva especial, llamada Majpela, y Abraham se esforzó en adquirirla para enterrar allí a Sara, como está escrito: «Abraham se levantó de ante su muerta y habló a los hijos de Jet, diciendo: "Extranjero y forastero soy entre vosotros; dadme propiedad para sepultura entre vosotros, y sepultaré mi muerta de delante de mí". Y los hijos de Jet le respondieron a Abraham, diciendo: "Óyenos, señor nuestro, eres un príncipe de Dios entre nosotros; en lo mejor de nuestros sepulcros sepulta a tu muerta, ninguno de nosotros te negará su sepulcro, ni te impedirá que entierres tu muerta". Y Abraham se levantó y se inclinó ante los principales de la tierra, los hijos de Jet. Y habló con ellos, diciendo: "Si tenéis voluntad de que yo sepulte mi muerta de delante de mí, oídme, e interceded por mí ante Efrón hijo de Tzojar. Que él me conceda la Cueva de Majpela, que es de su propiedad, que está al extremo de su campo; que me la venda por su precio total, para posesión de sepultura en medio de vosotros [...]". Y Efrón respondió a Abraham, diciéndole: "Señor mío, escúchame: la tierra vale cuatrocientos siclos de plata; ¿qué es esto entre tú y yo? Entierra, pues, a tu muerta". Abraham oyó lo dicho por

Efrón y Abraham pesó ante Efrón la plata que había mencionado a oídos de los hijos de Jet, cuatrocientos siclos de plata en moneda corriente. Y el campo de Efrón, que estaba en Majpela, frente a Mamre, el campo y la cueva que contiene y todos los árboles del campo, dentro de todos sus límites, fueron confirmados como posesión de Abraham, a la vista de los hijos de Jet, entre todos los que fueron a la puerta de su ciudad. Después de esto sepultó Abraham a Sara su mujer en la cueva de la heredad de Majpela, frente a Mamre, que es Jebrón, en la tierra de Canaán. Y así el campo de los hijos de Jet con la cueva que contenía, fue confirmado como posesión de Abraham, como propiedad para lugar de sepultura» (Génesis 23:3–20).

EL MISTERIO DE LA CUEVA

¿Por qué Abraham se esforzó tanto en conseguir la cueva de Majpela?

Los sabios explicaron que ese lugar comunica con el Jardín del Edén. Como fue enseñado: en el Génesis se describe el hermoso Jardín que Dios había plantado en la Tierra para que el hombre disfrutara, como está escrito: «El Eterno Dios plantó un Jardín en el Edén, hacia el este, y allí colocó al hombre que había formado. Y El Eterno Dios hizo que brotaran de la tierra todos los árboles que eran agradables a la vista y buenos como alimento; y el Árbol de la Vida, en medio del Jardín, y el Árbol del Conocimiento del Bien y del Mal. Del Edén surge un río que riega el Jardín, y de allí se divide y se transforma en cuatro cursos de agua» (Génesis 2:8–10).

Este Jardín era maravilloso. Todo lo que le hacía falta al hombre para vivir plácidamente lo encontraba en ese lugar. Adán, mientras conservó su santidad y pureza moraba en el Jardín del Edén y se deleitaba con todos los placeres que allí había dispuestos para que los disfrutase. Los ángeles acudían a servirle, preparaban para él carne asada, y le colaban vino (Tratado de Abot de Rabí Natán 1:8).

Pero ocurrió que el hombre incumplió el mandamiento de Dios y fue expulsado de ese sitio maravilloso, como está escrito: «Y la mujer percibió que el árbol era bueno como alimento, y que era un deleite para los ojos, y que el árbol era deseable como un medio para alcanzar la sabiduría, y ella tomó de su fruto y comió; y también le dio a su marido junto con ella, y él comió» (Génesis 3:6). Y más adelante está escrito: «El Eterno Dios lo depuso del Jardín del Edén, para que trabajara la tierra de la que había sido tomado» (Génesis 3:23).

Aún así, es posible rectificar la falta de Adán, el primer hombre, y ameritarse entrar al Jardín del Edén, como está dicho: «Se saciarán de la abundancia de Tu casa; y beberán del torrente de Tus delicias» (Salmos 36:9). La expresión delicias en el original hebreo está escrita mediante la locución adaneija, que proviene del término edén. Dijo Rabí Eleazar el hijo de Rabí Menajem: considérese que no está escrito adaneja en singular, sino adaneija, en plural. Se aprende que cada justo posee un Edén independiente dentro del Jardín, de acuerdo con su honor, en mérito de las obras que hizo en este mundo (Midrash Vaikrá Rabá 27a; Reshit Jojmá Ahavá 6:64).

Ahora bien, ¿cómo se llega al Jardín del Edén en caso de merecerlo?

Esto se enseña en el Midrash Talpiot: Siete días después de morir, su alma ingresará al sitio que le corresponda por el camino de la Cueva de Majpela. Allí verá maravillosas visiones y será conducido al Jardín del Edén. En el trayecto se encontrará con los querubines y el filo de la espada giratoria que protege al Árbol de la Vida, como está escrito: «Y al expulsar al hombre, Él colocó al este del Jardín del Edén los querubines y el filo de la espada giratoria para custodiar el camino que conduce al

Árbol de la Vida» (Génesis 3:24). Al llegar, si lo mereciera, le abrirán las puertas y entrará.

En ese lugar hay cuatro ángeles dispuestos para recibir al alma que llega. Ellos son: Mijael, Gabriel, Uriel, y Rafael, quienes poseen en sus manos la forma del cuerpo que la persona se ha ameritado y ha formado a través de sus obras que realizó en su estadía en el mundo. Y el alma se inviste en el mismo con alegría. Después residirá en la morada del Jardín del Edén inferior el tiempo que le sea asignado. Posteriormente un heraldo proclamará y anunciará que esa alma está lista para ascender al Jardín del Edén superior.

UNA CREACIÓN FASCINANTE

El Jardín del Edén inferior fue creado dos milenios antes que el mundo de lo bajo en el que moramos; la dimensión de este mundo equivale a un sesentavo del Jardín. Ése Jardín se encuentra en el flanco derecho, en el extremo sureste. Y este mundo se asemeja a un niño de un día frente a su madre en comparación con el Jardín del Edén.

El suelo de este mundo está a un puño de distancia del suelo del Jardín. Y al norte de este mundo de lo bajo se encuentra el Gueinom, la morada de los destructores y los ángeles dañadores, siendo la forma de este mundo semejante al aspecto de la letra bet.

ב

Ahora bien, es realmente difícil, tanto para los vivos como para los muertos, llegar al Jardín del Edén, por el temor a los dañadores del Gueinom, que se encuentran en el flanco norte del mundo. Por tal razón El Santo, Bendito Sea, decretó a través de su inmensa sabiduría, que se formaran pasadizos en la Cueva de Majpela. Los mismos llegan hasta fuera de este mundo de lo bajo, alcanzando las proximidades del Jardín, para que las almas de los justos pasen por allí transitando por un camino directo, sin ser dañadas por los destructores.

Adán y Eva conocían ese secreto, y se esforzaron en que su sepultura fuese en ese lugar. Y desde el día en que Adán y Eva fueron enterrados allí, se cerró la entrada de la cueva por causa de los que no conocen el grado del lugar.

Pero llegó el día en que Abraham cumplió con el precepto de circuncidarse. Y cuando aún se estaba restableciendo, El Eterno se le reveló en la planicie de Mamre mientras se encontraba sentado en la entrada de la tienda, con el calor del día, como está escrito: «El Eterno se le reveló en la planicie de Mamre estando él sentado en la entrada de la tienda, con el calor del día. Levantó sus ojos y observó, y he aquí que había tres hombres de pie frente a él. Él los vio y corrió hacia ellos [...]. Y Abraham se apresuró a la tienda, a Sara, y dijo: ¡Pronto! ¡Tres medidas de harina, de sémola! ¡Amásalas y haz tortas! Y Abraham fue corriendo al ganado vacuno [...]» (Génesis 18:1-7).

Cuando Abraham fue con su hijo Ismael al ganado vacuno para tomar tres terneros de su vacada, el ángel Rafael fue con ellos en forma encubierta. Y después que Abraham tomó dos terneros, y los entregó al joven para que los llevase, se esforzó en tomar un tercer ternero. En ese momento el ángel Rafael se le apareció con el aspecto de un magnífico y sustancial ternero.

Eso está indicado en su nombre, Rafael. Pues sus letras forman las palabras: *par el*, que significa «ternero magnífico».

Veámoslo gráficamente:

Refael en el texto original hebreo está escrito así:

רפאל

Sus letras forman las palabras *par el*:

פר אל

Cuando Abraham se dispuso a tomarlo, el ternero se escabullía y escapaba ligeramente. Hasta que lo condujo a la entrada de la cueva, y la cueva se abrió ante él.

Todo esto fue por una misión encomendada por el Omnipresente. Y sucedió que cuando Abraham vio a Adán y Eva enterrados allí, y al percibir el aroma del Jardín del Edén, en ese momento supo del grado del lugar. Entonces deseó ser enterrado allí; e inmediatamente el ternero se entregó en las manos de Abraham.

Pero cuando llegó a su tienda no halló más que dos terneros, y tuvo que crear un tercer ternero a través –de una combinación de letras– del Sefer Ietzirá, para no afligirse con la comida de los huéspedes. Pues deseaba servir una lengua a cada uno, y si volvía al ganado, pasaría el tiempo de la comida. A esto se refiere lo que está escrito: «Tomó crema y leche y el ternero que había hecho, y los colocó delante de ellos; y se ubicó frente a ellos, debajo del árbol, y ellos comieron» (Génesis 18:8). Lo que está escrito: «y el ternero que había hecho», se refiere al que había hecho concretamente.

Esta cueva, es como un patio del Jardín del Edén. A esto se refiere lo que está escrito acerca de Abraham cuando adquirió la cueva de Majpela para enterrar allí a su esposa Sara: «Y Abraham se levantó y se inclinó ante los principales de la tierra, los hijos de Jet [...] Que él me conceda la Cueva de Majpela [...] Abraham oyó lo dicho por Efrón y Abraham pesó ante Efrón la plata que había mencionado a oídos de los hijos de Jet, cuatrocientos siclos de plata en moneda corriente» (Génesis

23:10–16).

La expresión «moneda corriente» en el original hebreo está escrita mediante la locución: over lasojer:

לסחר עובר

Este es el valor numérico de la expresión lasojer:

ל = 30
ס = 60
ח = 8
ר = 200
―――
298

Veamos ahora el valor de oraj lagan, que significa «camino al Jardín». Esta expresión en hebreo se escribe así:

אורח לגן

Éste es su valor numérico:

א = 1
ו = 6
ר = 200
ח = 8

ל = 30
ג = 3
ן = 50

298

Como se aprecia, existe una igualdad numérica entre lasojer y oraj lagan. Se aprende que está indicado en esa declaración el camino al Jardín. Pero aún hay otra enseñanza encerrada en esta declaración. Pues «patio» en hebreo se expresa mediante la locución jatzer, y se escribe así con letras hebreas:

חצר

Éste es su valor numérico:

$$\begin{aligned} ח &= 08 \\ צ &= 90 \\ ר &= 200 \\ \hline &298 \end{aligned}$$

Resulta que estaba indicado también que la cueva de Majpela es el patio del Jardín del Edén.

Por tal razón Abraham se esforzó en adquirir precisamente ese sitio y pagó mucho dinero por el mismo. Y cada uno de nosotros también puede adquirir el derecho de entrar al patio del Jardín del Edén, cuyo portal conduce al interior del Jardín. Ese derecho se consigue a través de las buenas obras realizadas en este mundo, aferrándose firmemente a los preceptos de El Eterno y cumpliéndolos.

Parashá Toledot

VI

EL SECRETO DE LA EXTRACCIÓN DEL BIEN DEL INTERIOR DEL MAL

En el comienzo de la sección de la Torá denominada Toldot está escrito: «Y estas son las crónicas de Ytzjak, hijo de Abraham; Abraham engendró a Ytzjak» (Génesis 25:19).

Esta cita requiere explicación, pues al comienzo está escrito: «Y estas son las crónicas de Ytzjak, hijo de Abraham», y en vez de mencionarse sus crónicas, a continuación se declara: «Abraham engendró a Ytzjak». ¿Por qué se cambia repentinamente de tema? Y además, ¿acaso no se reveló ya ese dato en la primera parte del versículo? ¡Es algo que sorprende! ¿Cómo se explica?

Para comprenderlo observaremos un versículo en el que se utiliza un lenguaje similar. En el inicio de la sección de la Torá denominada Noé, está escrito: «Estas son las crónicas de Noé; Noé fue un hombre justo, íntegro entre los de sus generaciones, Noé anduvo con El Eterno» (Génesis 6:9). El exegeta Rashi halló en esta cita el mismo problema que encontramos en el asunto de Ytzjak, y dijo que lo que está escrito «Noé fue un hombre justo [...]», después de enunciarse: «Estas son las crónicas de Noé», enseña que lo principal de las crónicas de los justos son sus buenas acciones.

Por lo tanto, podría suponerse que aplicando esta enseñanza a nuestro caso, el problema quedaría resuelto. Sin embargo, en esta cita no se habla de las crónicas genealógicas de Ytzjak, ni tampoco de sus buenas acciones.

Entonces, ¿cómo se explica? La respuesta es ésta: todas las buenas acciones de Ytzjak se debían a que: «Abraham engendró a Ytzjak». Es decir, Ytzjak reconoció haber tenido un padre ejemplar, al cual le debía todo lo que él había conseguido en la vida. No se atribuyó ningún merito personal, considerando que todo lo logró porque: «Abraham engendró a Ytzjak».

UN PROGENITOR EJEMPLAR

Resulta que Ytzjak poseía un padre ejemplar y único, considerado por él mismo como tal. Asimismo, se observa que Ytzjak mismo era un hombre ejemplar, quién además de realizar buenas acciones, sabía aceptar y reconocer. Siendo así, sería lógico que a Ytzjak le nacieran hijos tan buenos como él, y su padre. Sin embargo no fue así, tal como se lo describe en la Torá. ¿Cuál fue la razón?

EL MATRIMONIO DE YTZJAK

Para comprenderlo, observemos lo que se narra a continuación: «Ytzjak tenía cuarenta años cuando tomó por mujer a Rebeca, hija de Betuel el arameo de Padán Aram, hermana de Labán el arameo. E Ytzjak oró ante El Eterno ante su mujer, pues ella era estéril. El Eterno aceptó su plegaria y su mujer Rebeca concibió. Los hijos contendían en sus entrañas y ella dijo: "Si es así, ¿por qué me sucede esto?". Y fue a consultar a El Eterno. Y El Eterno le dijo: "Dos pueblos hay en tu vientre; dos naciones de tus entrañas se separarán; el poder pasará de una nación a otra y la mayor servirá a la menor". Cuando se cumplieron los días de su preñez, he aquí que había gemelos en su vientre. El primero salió bermejo, velludo como una pelliza; y lo llamaron Esaú. Después salió su hermano, con su mano aferrada al talón de Esaú; y lo llamaron Jacob; Ytzjak tenía sesenta años cuando ella los dio a luz» (Génesis 25:20–26).

Esos hijos, cuando crecieron, tomaron un camino dispar, como está escrito: «Los jóvenes crecieron y Esaú se hizo cazador, hombre de campo; pero Jacob era un hombre íntegro que moraba en tiendas» (Génesis 25:27).

El exegeta Rashi explicó en relación con este versículo: Todo el tiempo que eran pequeños, no se notaba la diferencia que había entre ellos por sus acciones, y las personas no distinguían entre las características particulares de uno y otro. Pero cuando crecieron y tuvieron trece años de edad, éste se apartó a las casas de estudio, y esto otro se apartó al culto idólatra.

UN EMBARAZO SINGULAR

Ahora analizaremos detenidamente los hechos mencionados en los versículos para comprenderlos apropiadamente. Observemos en primer lugar lo concerniente al embarazo de Rebeca tras la súplica de su marido para que ella fuese fértil y concibiera, como esta escrito: «El Eterno aceptó su plegaria y su mujer Rebeca concibió» (Génesis 25:21).

En el texto original hebreo la declaración: «su mujer» está escrita de este modo:

אשתו

Éste es el valor numérico:

$$\begin{aligned} \aleph &= 1 \\ \text{ש} &= 300 \\ \text{ת} &= 400 \\ \text{ו} &= 6 \\ \hline &707 \end{aligned}$$

Este valor coincide exactamente con el de las expresiones: «hojarasca y fuego» (Baal Haturim).

La expresión: «hojarasca y fuego», en hebreo se escribe así:

קש ואש

Éste es el valor numérico:

$$\begin{aligned} \text{ק} &= 100 \\ \text{ש} &= 300 \\ \text{ו} &= 6 \\ \aleph &= 1 \\ \text{ש} &= 300 \\ \hline &707 \end{aligned}$$

¿Qué indica esta coincidencia? Rebeca llevaba en su vientre dos hijos que iban a ser importantes, proyectándose su simiente hasta el final de los tiempos. Pero uno de los hijos iba a ser malo, y engendrador de una simiente malvada, y el otro hijo iba a ser bueno, y engendrador de una simiente benévola. Finalmente, la casa de uno de los hijos iba a ser hojarasca, y la del otro, fuego, como se declara en la profecía de Abdías, acerca de lo que ocurrirá en el final de los tiempos, como está escrito: «La casa de Jacob será fuego, y la casa de José será llama, y la casa de Esaú hojarasca, y los quemarán y los consumirán; y no quedará remanente de la casa de Esaú, porque El Eterno lo ha dicho» (Abdías 1:18).

Obsérvese que se menciona el fuego de la casa de Jacob, y en especial a uno de sus hijos, José, cuya llama quemará a la hojarasca, en referencia a la casa de Esaú. Esto es así porque la simiente de Esaú ha de caer en manos de José, o sus descendientes (Radak).

Resulta que esta cita se refiere al Mesías proveniente de la casa de José, que se levantará en los tiempos postreros para derrotar a Esaú. Este Mesías que derrotará a la casa de Esaú, vendrá antes que el Mesías de la casa de David. Y este último redimirá definitivamente a Israel, y traerá la paz al mundo.

ENSEÑANZA TALMÚDICA SOBRE EL MESÍAS

Lo relacionado con estos dos Mesías fue estudiado en el Talmud. En el tratado de Sucá se aprende de lo que está escrito: «La tierra llorará, cada linaje aparte; los descendientes de la casa de David aparte, y sus mujeres aparte; los descendientes de la casa de Natán aparte, y sus mujeres aparte» (Zacarías 12:12).

Este llanto será por el Mesías del linaje de José, que morirá en la batalla, como está escrito: «Y derramaré sobre la casa de David, y sobre los moradores de Jerusalén, espíritu de gracia y ruego, y me mirarán por quien ha sido traspasado, y lo llorarán como se llora por el hijo unigénito, afligiéndose por él como quien se aflige por el primogénito» (Zacarías 12:9).

Después, el Mesías del linaje de David, antes de revelarse, será convocado por Dios, que le propondrá:
—¡Pídeme un deseo y te lo concederé!

Al ver al Mesías del linaje de José que murió, el Mesías del linaje de David solicitará:

—Amo del universo, no solicito de Ti sino vida.

Dios le responderá:

—Vida, antes de que la solicitaras, ya la profetizó para ti David, tu ancestro, como está escrito: «Vida te solicitó, y se la diste» (Salmos 21:5)» (Talmud, tratado de Sucá 52a, Mefarshei Hatalmud).

ESPERA DEMASIADO LARGA

Ahora bien, ¿por qué era necesario esperar tanto tiempo para qué esto se cumpliera? Pues el nacimiento de Jacob y Esaú se produjo en el primer milenio de existencia del mundo, y ahora está en curso el sexto milenio, y aún siguen habiendo guerras, y los hijos de Israel se encuentran esparcidos por las naciones. ¿Por qué tanta espera?

La respuesta es que en el periodo intermedio se debía realizar una rectificación, la de todas las almas. Además, si el Mesías proveniente de la casa de José, vencía inmediatamente a la casa de Esaú, no podrían haber nacido los hombres buenos que surgieron de la casa de Esaú.

ESPERA FRUCTÍFERA

Observemos lo que se declara en la Torá después de que Rebeca supo que estaba embarazada. Está escrito: «Los hijos contendían en sus entrañas y ella dijo: "Si es así, ¿por qué me sucede esto?". Y fue a consultar a El Eterno. Y El Eterno le dijo: "Dos pueblos hay en tu vientre; dos naciones de tus entrañas se separarán; el poder pasará de una nación a otra y la mayor servirá a la menor"» (Génesis 25:23–24).

Se aprecia que está escrito: «Rebeca fue a consultar a El Eterno».

Podría suponerse que esta expresión indica que ella oró a El Eterno. Sin embargo, si fuese así, no necesitaba moverse de su casa para hacerlo. ¿Por qué dice: «fue»? Revela que se dirigió a un lugar específico. Ella fue a la academia de Shem, el hijo de Noé, y Ever, para consultarles a los sabios por lo que sucedía en su vientre.

LA ALUSIÓN DE LA CONSULTA

Esto está aludido en la expresión: «a consultar», que en el texto original hebreo está escrita así:

לדרוש

Éste es el valor numérico:

$$\begin{align} ל &= 30 \\ ד &= 4 \\ ר &= 200 \\ ו &= 6 \\ ש &= 300 \\ \hline &540 \end{align}$$

La expresión: «de Shem, el hijo de Noé», en hebreo se escribe así:

מן שם בן נח

Éste es el valor numérico:

$$\mathtt{מ} = 40$$
$$\mathtt{ן} = 50$$

$$\mathtt{ש} = 300$$
$$\mathtt{ם} = 40$$

$$\mathtt{ב} = 2$$
$$\mathtt{ן} = 50$$

$$\mathtt{נ} = 50$$
$$\mathtt{ח} = 8$$
$$\overline{540}$$

He aquí, una indicación clara y evidente de que Rebeca fue a consultar a Shem, el hijo de Noé (Baal Haturim).

UNA RIÑA PECULIAR

Asimismo está escrito: «los hijos contendían en sus entrañas». ¿Qué misterio encierra esta declaración? En el Midrash se lo dilucida:

Reish Lakish explicó ese asunto a partir de la expresión «contendían –vaitrotzazu–», que es un acrónimo compuesto por las letras de estas dos palabras: heter tzivui, cuyo significado es: «deshacer las órdenes».

Surge de aquí que éste, Esaú, deshacía las ordenes de éste, Jacob, y éste, Jacob, deshacía las ordenes de éste, Esaú. Es decir, cada uno de los hijos tenía creencias y principios totalmente diferentes. Lo que uno consideraba prohibido, el otro lo consideraba permitido, y viceversa (Midrash Bereshit Raba 63:6; Baal Haturim, Génesis 25:22).

Rabí Berejia también disertó a partir de la palabra vaitrotzatzu, considerando que comparte raíz con la palabra ritzá, que significa correr. Se aprende de aquí, que cuando Rebeca se detenía en una sinagoga, o en una casa de estudio, Jacob se agitaba y quería salir para entrar a esos lugares sagrados, como está escrito: «Antes de que te formase en el vientre, te conocí» (Jeremías 1:5). Y cuando Rebeca pasaba frente a un templo donde practicaban culto idólatra, Esaú se agitaba y quería salir para entrar en ese lugar, como está escrito: «Los malvados se apartaron desde la matriz» (Salmos 58:4) (Midrash Bereshit Raba 63:6).

DOS NACIONES EN UN MISMO VIENTRE

Asimismo está escrito: «Dos pueblos hay en tu vientre». Esas dos naciones eran Israel y Edom, que iban a surgir a partir de los dos hijos que Rebeca llevaba en su vientre: Jacob y Esaú.

Ahora bien, la palabra «pueblos», en el texto original hebreo está escrita mediante la locución goim. Así se lee, tal como fue enseñado por tradición. Sin embargo, si se leyera textualmente, se leería gueim, que significa «hombres magnos». Se alude al emperador Marco Aurelio –Antoninus–, y Rabí Yehuda, el compilador de la Mishná (Talmud, tratado de Berajot 57b).

Rabí Yehuda fue un hombre santo. Desde los tiempos de Moshé, hasta la época de Rabí Yehuda, no se realizó un compendio escrito para enseñar a partir del mismo la Torá oral al pueblo. La manera de proceder era, que en cada generación, el presidente del tribunal, o el profeta de esa época, escribía para sí mismo resúmenes de lo que aprendió de sus maestros, los cuales le servían de ayuda memoria. Pero cuando enseñaba a la multitud, lo hacía de memoria.

De este mismo modo, cada uno escribía para sí mismo, de

acuerdo a su capacidad, un resumen de lo que escuchaba acerca de la explicación de la Torá, y las leyes que de ella se aprendían. También tomaban nota de las cosas que se innovaban de generación en generación. Esto era posible por causa de las nuevas preguntas formuladas, a las cuales se daba solución aplicándoles las 13 reglas mediante las cuales la Torá es interpretada, y el tribunal supremo aprobaba la interpretación.

Este sistema se mantuvo inamovible hasta que surgió Rabí Yehuda, quien se encargó de realizar un compendio completo de la Torá oral.

Los exegetas preguntaron: ¿Qué tenía de especial Rabí Yehuda para merecer ser el hombre que compilara la Torá oral en forma completa?

La respuesta fue que Rabí Yehuda era una persona especial y única en su generación. Reunía la totalidad de las buenas cualidades y virtudes. Se destacaba de tal manera en su conducta y modales, que las personas de su generación lo llamaban «Rabeino Hakadosh —nuestro santo maestro—».

Rabí Yehuda era una persona completa e íntegra, por eso dijeron de él: «desde los días de Moshé hasta Rabí, no vimos la Torá y la grandeza en un mismo lugar» (Talmud, tratado de Guitín 59a).

Además, Rabí Yehuda era un hombre bondadoso y generoso, extremadamente humilde y alejado de los placeres mundanos. Por eso después de su muerte dijeron acerca de él: «Desde que murió Rabí, se perdió la humildad y el temor al pecado» (Talmud, tratado de Sotá 49a). En relación con eso se dijo: En el momento previo a su muerte, Rabí extendió sus diez dedos hacia las alturas y dijo: «¡Amo del universo! Es manifiesto y sabido delante de Ti que me esforcé con estos diez dedos en la Torá, y no tuve provecho —de este mundo— incluso con el dedo pequeño» (Talmud, tratado de Ketubot 104a).

Rabí Yehuda hablaba la lengua santa, o sea, el hebreo, de una manera clara y nítida, más que cualquier otra persona. Por eso los sabios estudiaban la explicación de las palabras de las escrituras que estaban confusas para ellos, de los sirvientes y sirvientas de Rabí Yehuda.

Un ejemplo lo encontramos en el tratado talmúdico de Meguilá (17a). Allí se narra, que los discípulos de Rabí Yehuda no sabían qué significa la expresión seruguim. Esa duda surgió porque está escrito acerca de la lectura del libro —meguilá— de Ester, que se lleva a cabo indefectiblemente y por ordenanza de los sabios en la celebración de Purim: «Si leyó en seruguim, no cumplió con el precepto». Y estudiaron la explicación de la sirvienta de Rabí Yehuda, tras lo cual aprendieron, que leer en seruguim significa no respetar el orden en el que el texto está escrito.

Otro detalle destacado es que Rabí Yehuda era muy acaudalado, y pagaba muy bien a sus empleados (Talmud, tratado de Babá Metzía 85a). Además, hizo mucho bien a las personas que deseaban y buscaban sabiduría, y enseñó abundante Torá en Israel.

Rabí Yehuda reunió todas las enseñanzas y todas las leyes sentenciadas, desde la época de Moshé, hasta los sabios de la última generación. Además atesoró todas las explicaciones de los eruditos, y las palabras de los debates que fueron escuchadas de Moshé, y también las que fueron enseñadas por los tribunales rabínicos de cada generación. Además, él mismo recibió la Torá en su generación, pues como dijimos, en cada generación había un receptor de toda la Torá, y él lo fue en la suya, recibiéndola de su padre, Shimón. Con todo este material en su poder, se dispuso a compilar la Mishná, que fue el nombre elegido para denominar al libro que iba a contener las enseñanzas de la Torá oral.

Hemos visto, en resumen, quién era Rabí Yehuda, ¿y quién era Marco Aurelio −Antoninus−, el descendiente de Esaú mencionado? Era un conocido emperador, pero asimismo era el compañero de estudio de Torá de Rabí Yehuda.

Marco Aurelio y Rabí Yehuda mantenían una estrecha relación y compartían muchas vivencias. En relación con Marco Aurelio está dicho que en el futuro heredará el Mundo Venidero, tal como consta en el libro Tana Dbei Eliahu: En el libro de los Salmos está escrito: «Tus sacerdotes se visten de justicia, y tus piadosos alaban» (Salmos 132:9). Lo que está escrito: «tus sacerdotes», se refiere a los justos de las naciones, pues son ellos sacerdotes de El Santo, Bendito Sea en este mundo, tal como el caso de Antoninos y sus compañeros. Y lo que está escrito a continuación: «y tus piadosos», se refiere a los inicuos de Israel, que son denominados piadosos, como está dicho: «Convocará a los Cielos de arriba y a la tierra, para juzgar a su pueblo. Reunidme a mis piadosos, los que hicieron conmigo pacto con sacrificio» (Salmos 50:4−5).

Hemos apreciado que de Esaú también salieron buenos frutos, como Marco Aurelio. Ahora bien, previamente habíamos preguntado: ¿por qué era necesario esperar tanto tiempo para qué se cumpliera lo que está escrito: «La casa de Jacob será fuego, y la casa de José será llama, y la casa de Esaú hojarasca, y los quemarán y los consumirán; y no quedará remanente de la casa de Esaú, porque El Eterno lo ha dicho» (Abdías 1:18)?

Y la respuesta que habíamos dado es que en el periodo intermedio debía realizarse una rectificación, la de todas las almas. Además, si el Mesías proveniente de la casa de José vencía inmediatamente a la casa de Esaú, no hubiesen nacido los hombres buenos que surgieron de la casa de Esaú. Y eso está aludido en el versículo de nuestra sección que hemos mencionado anteriormente, como está escrito: «Y El Eterno le dijo: "Dos pueblos hay en tu vientre; dos naciones de tus entrañas se separarán; el poder pasará de una nación a otra y la mayor servirá a la menor"».

«Dos pueblos hay en tu vientre», en el texto original hebreo está escrito así:

שני גוים בבטנך

Éste es el valor numérico:

ש = 300
נ = 50
י = 10

ג = 3
ו = 6
י = 10
ם = 40

ב = 2
ב = 2
ט = 9
נ = 50
ך = 20
―――――
502

Veamos ahora lo referente a Rabí Yehuda y Marco Aurelio – Antoninus: la expresión «estos eran Rabí Yehuda y Antoninos», en hebreo se escribe así:

זה רבי יהודה ואנטונינוס

Éste es el valor numérico:

$$
\begin{align}
ז &= 7 \\
ה &= 5 \\
\\
ר &= 200 \\
ב &= 2 \\
י &= 10 \\
\\
י &= 10 \\
ה &= 5 \\
ו &= 6 \\
ד &= 4 \\
ה &= 5 \\
\\
ו &= 6 \\
א &= 1 \\
נ &= 50 \\
ט &= 9 \\
ו &= 6 \\
נ &= 50 \\
י &= 10 \\
נ &= 50 \\
ו &= 6 \\
ס &= 60 \\
\hline
&\;502
\end{align}
$$

Resulta que incluso lo relacionado con Rabí Yehuda y Antoninos, está aludido en la Torá, desde el momento de ser engendrados los padres de las naciones que los harían nacer (Baal Haturim).

EL ÚLTIMO PASO

Hemos apreciado la razón esencial por la cual aún no se ha producido la Redención Final, y todavía estamos en medio del exilio. Es un acto misericordioso de El Santo, Bendito Sea, para permitir que se depuren todos los destellos de santidad que han caído en la impureza. Y ahora nos encontramos en el final de los tiempos, en la época denominada: «la era de los talones mesiánicos» (véase Talmud, tratado de Sotá 49b, Daat Utebuna, Ykveta Demeshija). Y en el Talmud se manifiesta que en la época de los talones mesiánicos sobrevendrán aflicciones muy duras. Se las comparó con los dolores que experimenta una mujer embarazada antes de dar a luz.

En el tratado de Sanhedrín se menciona lo que está escrito en el libro del profeta Amós: «En aquel día yo levantaré la Tienda caída de David» (Amós 9:11). Rabí Iojanán explicó esta profecía del siguiente modo: En el futuro los eruditos serán disminuidos —es decir, morirán, para no soportar los dolores previos al parto—, y las demás personas, sus ojos desfallecerán de abatimiento y desasosiego. Además, numerosas aflicciones y severos decretos se renovarán permanentemente en el mundo; antes de acabarse el efecto de la primera consternación, ya vendrá la próxima (Talmud, tratado de Sanedrín 96b).

Rabí Nehurai reveló estas señales: En la generación previa a la llegada del Mesías, los jóvenes harán palidecer de vergüenza a los ancianos. Y los ancianos se pondrán de pie ante los jóvenes, para rendirles honor, pues el descaro aumentará considerablemente. La hija se levantará contra la madre. La nuera se levantará contra su suegra. El rostro de la generación será como el rostro de un perro, pues no se avergonzarán en absoluto uno del otro por ninguna razón. Y el hijo no se avergonzará ante su padre.

Rabí Nejemia dijo: En la generación previa a la llegada del Mesías, la desfachatez aumentará; se deteriorará completamente el tratamiento honorable por el prójimo. La vid producirá uvas, y habrá vino, pero se venderá a un precio muy elevado. Todo el gobierno se torcerá hacia la incredulidad. Y no habrá reproche, pues el reprochado dirá al reprochador: «¡Tú haces lo mismo que yo hago!».

Además en la época previa a la venida del Mesías se cumplirá lo que está escrito: «Cuando El Eterno juzgue a su pueblo, se apiadará de sus servidores, cuando vea que el poder del enemigo avanza, y a nadie lo salvan ni lo ayudan» (Deuteronomio 32:36). De este versículo se aprende que el hijo de David no vendrá hasta que los entregadores aumenten; otra cosa: hasta que se disminuyan los estudiosos; otra cosa: hasta que se acabe la moneda del bolsillo» (Talmud, tratado de Sanedrín 97a).

Todas señales que ocurrieron en los últimos años. Por lo tanto, la Redención Final es inminente y su pronta llegada depende de nosotros, que debemos rectificar los últimos destellos de santidad que restan ser depurados. A esto se refiere lo que está escrito: «Yo El Eterno, a su tiempo haré que esto sea cumplido pronto» (Isaías 60:1–22).

Si fue dicho «a su tiempo», ¿por qué se dijo: «pronto»? Enseña que si lo merecemos, El Eterno hará que «esto sea cumplido pronto», y si no, «a su tiempo» (Sodot Hatora).

Por tal razón es necesario aumentar en hacer obras de bien, y con ellas abrir el camino para la pronta llegada del Mesías, descendiente de David, hijo de Isaí. Entonces el mundo no será más como lo conocemos, dejarán de existir riñas, guerras, sufrimientos y enfermedades, y sólo habrá paz, amor, y felicidad, como está escrito: «Una vara saldrá del tronco de Isaí, y un vástago surgirá de sus raíces. Y reposará sobre él el espíritu de El Eterno; espíritu de sabiduría y de entendimiento, espíritu de consejo y de poder, espíritu de conocimiento y de temor de El Eterno. Y discernirá con el temor de El Eterno; no juzgará según la vista de sus ojos, ni argüirá por lo que oigan sus oídos, sino que juzgará con justicia a los pobres [...] El lobo morará con el cordero, y el tigre se echará con el cabrito; el becerro y el león y el animal doméstico andarán juntos, y un niño pequeño los pastoreará. La vaca y la osa pacerán, sus crías se echarán juntas; y el león como el toro comerá paja. Y el niño de pecho jugará sobre el hoyo de la serpiente, y el recién destetado extenderá su mano sobre la cueva de la víbora. No harán mal ni dañarán en todo Mi santo monte; porque la tierra será llena del conocimiento de El Eterno, como las aguas cubren el mar. Acontecerá en aquel tiempo que la raíz de Isaí, la cual estará puesta por estandarte a los pueblos, será buscada por las personas; y su morada será gloriosa. También acontecerá en aquel tiempo, que El Señor alzará otra vez su mano para recobrar el remanente de su pueblo [...] Y juntará los desterrados de Israel, y reunirá los esparcidos de Judá de los cuatro confines de la tierra» (Isaías 11:1–12).

Parashá Vaietzé

VII

LOS CUATRO MUNDOS

La sección de la Torá denominada «Salió –Vaietzé–», contiene valiosas enseñanzas vinculadas con los aspectos de la creación. Una de esas enseñanzas está relacionada con las dimensiones del mundo, y la proyección de los grados, hasta alcanzarse el nivel supremo de los Cielos.

Asimismo se encuentra aludido el misterio de la plegaria, y el gran efecto que la misma produce. Ya que después de emanar del corazón de la persona, y salir por su boca, atraviesa todos los mundos de la creación, hasta llegar a la cúspide, a lo Alto en el Cielo. Y si se la pronuncia con la debida concentración, servirá de ascensor incluso a los ángeles celestiales.

Todos estos asuntos serán estudiados, y debidamente abiertos. Veamos lo que está escrito en el comienzo de la sección: «Salió Jacob de Beer Sheba, y se dirigió a Jarán. Se topó con el lugar y pernoctó allí, pues el Sol ya se había puesto; y tomó de las piedras de aquel lugar y puso a su cabecera, y se acostó en aquel lugar. Y soñó, y he aquí una escalera que estaba apoyada en tierra y su extremo llegaba hasta los Cielos; y he aquí que ángeles de Dios subían y bajaban por ella. Y he aquí que El Eterno estaba situado sobre él y dijo: "Yo soy El Eterno, Dios de Abraham, tu padre, y Dios de Ytzjak; la tierra sobre la cual estás acostado a ti la daré, y a tus descendientes. Tu simiente será como el polvo de la tierra y te extenderás hacia el oeste, el este, el norte, y el sur; y todas las familias de la tierra se bendecirán en ti y en tu descendencia. He aquí que Yo estoy contigo; y te guardaré por dondequiera que fueres, y volveré a traerte a esta tierra; porque no te dejaré hasta que haya hecho lo que te he dicho". Jacob se despertó de su sueño y dijo: "Ciertamente El Eterno está presente en este lugar ¡Y yo no lo sabía!". Y tuvo miedo, y dijo: "¡Cuán terrible es este lugar! Esta no es sino Casa de Dios, y esta la puerta de los Cielos". Jacob se levantó temprano a la mañana y tomó la piedra que había puesto a su cabecera y la puso como pilar; y vertió aceite en su cumbre, y llamó al lugar Bet El; pero el nombre original de la ciudad era Luz. Jacob hizo un voto, diciendo: "Si Dios estuviere conmigo, me guardare por este camino que voy, dándome pan que comer y ropa que vestir; y si volviere en paz a la casa de mi padre, El Eterno será Dios para mí, y esta piedra que he puesto como pilar será la casa de Dios y de todo lo que me dieres, el diezmo apartaré para Ti"» (Génesis 28:10:22).

EL ENIGMA DEL ENCUENTRO

Apreciamos que está escrito: «Salió Jacob de Beer Sheba, y se dirigió a Jarán. Se topó con el lugar y pernoctó allí [...]». Pero no dice con qué lugar se topó. ¿Cuál era ese lugar?

Este misterio está indicado en la vocalización de la preposición «con» de la expresión hebrea *bamakom*, que significa «con el lugar».

בַּמָּקוֹם

Se aprecia que la primera letra de la palabra, *bet*, que define a la preposición «con», está vocalizada con una vocal denominada pataj.

בּ

Esta puntualización tiene un significado lingüístico particular. Ya que es semejante a la letra he, cuando se la incluye al inicio de la palabra, que alude a una información adicional.

Por lo tanto, a través de esta vocal, se indica un lugar especial y conocido.

Antes bien, en la Torá hay muchos lugares especiales y conocidos. Siendo así, debemos decir que se refiere a un sitio conocido, mencionado en la Torá, y que se sabe es apropiado para que la Presencia Divina se revele en él. Y ese lugar es el Monte Moriah, en el cual Dios le había ordenado a Abraham presentar a su hijo Ytzjak, como está escrito: «Y aconteció después de estos hechos que Dios probó a Abraham, y le dijo: "¡Abraham!". Y él le dijo: "¡Heme aquí!" Y dijo: "Toma ahora tu hijo, tu único, Ytzjak, a quien amas, y vete a tierra de Moriah, y ofrécelo allí por ofrenda sobre uno de los montes que Yo te diré". Y Abraham se levantó muy de mañana, y ensilló su asno, y tomó consigo dos siervos suyos, y a Ytzjak su hijo; partió leña para la ofrenda y se levantó y fue al lugar que Dios le dijo. Al tercer día, Abraham levantó sus ojos y vio el lugar desde lejos» (Génesis 22:1-4) (Gur Arie en Génesis 28:11).

REVELACIÓN TRAS REVELACIÓN

Ya sabemos que la declaración «con el lugar», alude al Monte Moriah. Veamos ahora qué significa «se topó».

Este concepto en el texto original hebreo está escrito mediante la locución: vaifgá. Y tiene dos connotaciones: una es toparse, tal como consta en el libro de Josué: «se topó –ufagá–

con Davasheb» (Josué 19:11). Y también significa «orar». Tal como consta en el libro del profeta Jeremías: «No te dirijas a mi en oración –tifgá–» (Jeremías 7:16).

De acuerdo con la segunda connotación, se aprende que Jacob oró en ese momento, estableciendo, por tanto, la plegaria nocturna (Talmud, tratado de Berajot 26b).

Ahora bien, si el término vaifgá tiene dos connotaciones, y una de ellas es «orar», que es la que se aplica en este caso, ¿por qué no está escrito vaitpalel, que significa únicamente «orar», y no tiene una doble connotación? Enseña que fue intención indicar también una enseñanza respecto a la otra connotación de la palabra vaifgá, que es toparse.

Esta enseñanza se refiere al trayecto recorrido. Indica que se le acortó el camino, y la tierra se comprimió, y fue hacia él. Es decir, Jacob se dirigió hacia allí, y la tierra –del Monte Moriah– fue hacia él, y él se topó con ella (Rashi; Lebush Haorá).

EL DÍA QUE EL SOL SE PUSO ANTES

A continuación está escrito: «pues el Sol ya se había puesto». Leyendo esta declaración en forma llana aparentemente indica que la puesta del Sol fue la causa por la cual Jacob se acostó en ese lugar. Sin embargo, no es posible decir que la intención del versículo sea esa, pues es natural en los caminantes proceder de ese modo cuando cae la tarde. Siendo así, ni siquiera era necesario escribirlo. Y más aún, si en realidad esa hubiese sido la intención de la cita, debería estar escrito: «se puso el Sol y durmió allí». Entonces, ¿qué indica en realidad esta declaración? Se aprende que el hecho de que el Sol se puso fue la causa por la cual Jacob durmió allí; pero no se puso del modo habitual, sino repentinamente, antes de su tiempo habitual, para que Jacob pasase la noche allí (Rashi, Mizraji).

LA FUSIÓN DE LAS PIEDRAS

Seguidamente está escrito: «Y tomó de las piedras de aquel lugar y puso a su cabecera, y se acostó en aquel lugar» (Génesis 28:11). Y más adelante está escrito: «Jacob se levantó temprano a la mañana y tomó la piedra que había puesto a su cabecera y la puso como pilar; y vertió aceite en su cumbre» (Génesis 28:18).

Se observa que en el primer versículo citado está escrito: «tomó de las piedras» en plural; y después está escrito: «tomó la piedra», en singular. ¿Qué significa esta aparente incoherencia?

Enseña que dispuso varias piedras en su derredor para protegerse de las fieras salvajes. Pero en medio de la noche, estas contendieron entre sí. Una decía:

—Que este justo coloque su cabeza sobre mí.

Y la otra decía:

—Que este justo coloque su cabeza sobre mí.

Esto causó que inmediatamente El Santo, Bendito Sea, las convirtiera en una sola piedra (Rashi; Midrash Tanjuma: Vaietzé).

DEDICACIÓN PLENA AL ESTUDIO

A continuación está escrito: «y se acostó en aquel lugar» (Génesis 28:11). Se indica una disminución. Es decir, en aquel lugar sí se acostó, pero los catorce años que estuvo en casa de Ever, no durmió por la noche, porque se ocupaba de la Torá (Rashi). Es decir, jamás se acostaba a dormir en una cama, sino solamente dormitaba un poco, y seguía estudiando (véase Maskil LeDavid).

¿Y de dónde se sabe que estuvo en la casa de Ever estudiando Torá? A ese dato los sabios lo recibieron por tradición, como fue estudiado en el Talmud: Nuestro patriarca

Jacob estuvo oculto en la casa de estudios de Ever catorce años (Talmud, tratado de Meguilá 17a). Pero también está aludido en nuestra sección. Observad lo que está escrito al comienzo: «Salió Jacob de Beer Sheba, y se dirigió a Jarán [...]».

La declaración: «Jacob de Beer Sheba», está escrita así en el texto original hebreo:

יעקב מבאר שבע

Observando las letras finales de esas palabras, vemos que son éstas:

ברע

Esas letras son las mismas que las del nombre Ever.

עבר

Se indica que Jacob estuvo oculto en casa de Ever (Baal Haturim).

Además, en la declaración: «Salió Jacob de Beer Sheba», está indicado que permaneció en casa de Ever 14 años.

Pues esa expresión en el texto original hebreo está escrita así:

ויצא יעקב מבאר שבע

Éstas son las letras finales:

אברע

Esas letras son las mismas que las de la palabra *arba,* que significa 4.

ארבע

Veamos ahora la expresión «de Beer Sheba»:

מבאר שבע

Las letras finales de estas palabras son: *reish* y *ain,* y la inicial de *sheva* es la letra *shin.*

מבא**ר ש**ב**ע**

Se forma la palabra *eser,* que significa 10.

עשר

Resulta que en la expresión: «salió Jacob de Beer Sheba», estaba indicado el valor 14:

ארבע עשר

Se enseña que Jacob estuvo en casa de Ever 14 años (Baal Haturim en Génesis 28:10).

EL SUEÑO DE JACOB

Seguidamente se describe en la Torá lo acontecido durante el tiempo que Jacob estuvo acostado en el lugar: «Y soñó, y he aquí una escalera que estaba apoyada en tierra y su extremo llegaba hasta los Cielos; y he aquí que ángeles de Dios subían y bajaban por ella» (Génesis 28:12).

Esa escena de la escalera avistada por Jacob revela secretos trascendentales. Observad: la expresión «ángeles», está en plural. O sea que se trataba de al menos dos. Y como había ángeles que subían y ángeles que bajaban, significa que eran por lo menos cuatro (Talmud, tratado de Julín 91b).

Ahora bien, considerando que el ancho que abarca un ángel equivale a 2.000 medidas parsá, resulta que el ancho de la escalera era igual a 8.0000 medidas parsá. Y una medida parsá equivale en medidas actuales a 3,84 kilómetros (Rabí Jaim Naé), por lo que 8.000 medidas parsá equivalen a 30.720 kilómetros. Ese era el ancho de la escalera. O sea el diámetro total del mundo en el que vivimos, incluyéndose el espacio de la atmósfera de la Tierra, hasta la frontera donde se expande el aire terrestre. Resulta que esa escalera revela el ancho del mundo.

LA ALTURA DE LA ESCALERA

Además, tal como se declara en el versículo, la escalera llegaba desde la Tierra hasta el Cielo. Es decir, se revela aquí la altura de la escalera, y paralelamente, la de la creación.

Observemos lo que se enseña en el Talmud acerca de este asunto: El rey Nabucodonosor no se conformaba con reinar sobre el mundo y decidió ascender a los Cielos. Dijo: «Subiré sobre las alturas de la nube, y seré semejante al Altísimo» (Isaías 14:14). Rabán Iojanán, el hijo de Zakai, señaló: cuando dijo eso surgió un eco celestial que le respondió: «Malvado, hijo de un malvado, descendiente del perverso Nimrod: ¿Cuánto vive una persona? ¡Setenta años! Como está escrito: "Los días de nuestra vida son setenta años, y si son fuertes ochenta años" (Salmos 90:10). ¿En ese breve lapso de tiempo pretendes llegar hasta lo Alto?».

Y a continuación se describe en el Talmud cómo del Cielo le comunicaron la distancia que debería recorrer para llegar a destino, lo cual es imposible para una persona común: desde la Tierra hasta el Cielo –inferior– hay una distancia de quinientos años. En tanto que el espesor del Cielo es también igual a una distancia de quinientos años. Y lo mismo sucede con cada uno de los Cielos, hay entre ellos una distancia igual a quinientos años (Talmud, tratado de Jaguigá 13a).

Esta distancia mencionada se considera tomando en cuenta lo que una persona común camina diariamente. Es decir, diez medidas parsá (Talmud, tratado de Pesajim 94a). Siendo así, quinientos años equivalen a 1.825.000 medidas parsá. Y una medidas parsá, como dijimos equivale a 3,65 kilómetros. Resulta que en quinientos años una persona común podría recorrer 6.661.250 kilómetros.

Ahora bien, dado que existen siete Cielos, y hay ocho espacios entre ellos, cuyas distancias son equidistantes, resulta que en total hay desde la Tierra hasta el final del último espacio del último Cielo, quince espacios de quinientos años (Tosafot).

UN MUNDO EXTRAORDINARIO

Seguidamente se prosigue en el Talmud con la descripción de las distancias que hay en el universo después de atravesar todos esos Cielos. Se comienza con el detalle de los seres vivientes avistados por Ezequiel en la maravillosa visión Divina que le había sobrevenido, como está escrito: «Aconteció en el año treinta, en el mes cuarto, a los cinco días del mes, en momentos en que estaba yo en medio del exilio junto al río Kevar, que los Cielos se abrieron, y vi visiones de Dios. A los cinco días del mes, durante el quinto año de la deportación del rey Joaquín, sobrevino la palabra de El Eterno a Ezequiel hijo de Buzi, el sacerdote, en la tierra de los caldeos, junto al río Kevar y sobrevino sobre él el poder de El Eterno. Observé, y he aquí que un viento tempestuoso venía del norte, y una gran nube con un fuego calcinante, y alrededor un brillo resplandeciente, y en su interior una deflagración de fuego refulgente. Y en su interior el aspecto de cuatro seres vivientes. Y esta era su apariencia:

poseían semejanza de hombre. Cada uno poseía cuatro caras y cada uno poseía cuatro alas. Sus pies eran un pie alineado, y la planta de sus pies como planta de pie de becerro; y centelleaban como cobre resplandeciente. Poseían manos de hombre debajo de sus alas a sus cuatro flancos, y sus caras y sus alas por los cuatro flancos. Sus alas se juntaban una con la otra –para cubrirse el rostro–. No giraban cuando marchaban, sino que cada uno caminaba en dirección de su rostro –pues poseían un rostro en cada flanco, y no necesitaban girar para marchar en cualquier dirección–» (Ezequiel 1:1–28).

Estas son las medidas de los seres vivientes avistados por Ezequiel: por encima de los Cielos se encuentran los seres vivientes sagrados. Sus pies poseen una medida equivalente a todos los Cielos. Los tobillos de los seres vivientes poseen una medida equivalente a todos. Las piernas de los seres vivientes poseen una medida equivalente a todos. Los muslos de los seres vivientes poseen una medida equivalente a todos. Las caderas de los seres vivientes poseen una medida equivalente a todos. Los troncos de los seres vivientes poseen una medida equivalente a todos. Los cuellos de los seres vivientes poseen una medida equivalente a todos. Las cabezas de los seres vivientes poseen una medida equivalente a todos. Los cuernos de los seres vivientes poseen una medida equivalente a todos (Talmud Ibíd.).

Lo declarado en el Talmud indica que cada parte del cuerpo de los seres vivientes sagrados se duplica íntegramente. Es decir, dobla completamente la distancia que hay hasta la parte precedente. En otras palabras, la medida de los pies de los seres vivientes sagrados equivale a las medidas de los siete Cielos, más los ocho espacios que hay entre ellos. Los tobillos de los seres vivientes sagrados equivalen a las medidas de los siete Cielos, más los ocho espacios que hay entre ellos, y la medida de los pies. Y del mismo modo, cada una de las partes subsiguientes dobla a todo lo anterior (véase Mijtav Mieliahu III).

UNA IMAGEN REALISTA DE UN ASPECTO ABSTRACTO

Si se intentara imaginar el aspecto de esos seres vivientes según lo mencionado, podría suponerse que se trata de seres deformes. Pues los tobillos miden el doble que los pies, las piernas el doble que los tobillos, los muslos el doble que las piernas, las caderas el doble que los muslos, el tronco el doble que las caderas, la cabeza el doble que el tronco, y los cuernos el doble que la cabeza. Sin embargo, esto que se podría imaginar disiente de la realidad. Ya que en verdad los seres mencionados se tornan cada vez más espirituales. Por eso las distancias se duplican constantemente durante el ascenso. Se trata de la visualización esquemática de lo material en proyección gradual, orientando hacia un plano netamente espiritual.

LA CONVERSIÓN ABSOLUTA DE LO MATERIAL

Seguidamente se prosigue en el Talmud con lo que hay sobre los cuernos de los seres vivientes: Por encima de ellos se encuentra el Trono de Gloria. Las patas del Trono de Gloria poseen una medida equivalente a todos –los espacios anteriormente mencionados–. El Trono de Gloria mismo posee una medida equivalente a todos. La manifestación del Altísimo Rey viviente, ensalzado y encumbrado mora sobre todos ellos. «¿Y tú –Nabucodonosor– dices: "Subiré sobre las alturas de la nube, y seré semejante al Altísimo"? Al sepulcro descenderás, a los confines del pozo» (Isaías 14:15). (Talmud, tratado de Jaguigá 13a).

REVELACIONES INSÓLITAS

Hemos apreciado la altura que hay desde la Tierra hasta la cúspide de lo Alto. Y este asunto está aludido en la escalera del sueño de Jacob. Y también estaba incluida la dimensión de toda la Tierra. Y si analizamos un poco más profundamente el asunto, hallamos un dato más que es sumamente relevante: Dios plegó debajo de Jacob toda la Tierra de Israel. Esto se aprende del versículo que narra el sueño de Jacob en el que aparecía esa maravillosa escalera, como está escrito: «Y he aquí que El Eterno estaba situado sobre él, y dijo: "Yo soy El Eterno, Dios de Abraham, tu padre, y Dios de Ytzjak; la tierra sobre la cual estás acostado a ti la daré, y a tus descendientes"» (Génesis 28:13).

Se aprecia que está escrito: «la tierra sobre la cual estás acostado». Indica que Dios plegó toda la Tierra que le daría debajo de Jacob (Talmud, tratado de Julín 91b).

LOS SECRETOS DE LA ESCALERA

Evidentemente el sueño era extraordinario y la visión de la escalera contenía secretos magníficos y trascendentales. Y esas enseñanzas fueron incluidas para que aprendamos de ellas, y sepamos cómo se puede ascender hasta el nivel supremo.

Veamos: en el versículo se indicó la presencia de cuatro ángeles, por lo que en la escalera que llegaba al Cielo había cuatro peldaños, uno para cada ángel. Y también sabemos que previamente, antes de mencionarse el sueño de Jacob, se habló de la instauración de la plegaria nocturna, que completaba las tres plegarias diarias. Pues sus ancestros habían instaurado dos, ya que Abraham había instaurado la plegaria matutina, y Ytzjak la vespertina; y ahora Jacob había completado la serie con la plegaria nocturna (véase Talmud, tratado de Berajot 26b).

En otras palabras, se alude aquí a la escalera mediante la cual se puede subir al Cielo a través de la plegaria. Para ello deben atravesarse los cuatro peldaños, que aluden a cuatro mundos espirituales. Entonces, a través de la plegaria emitida por nuestras bocas, podrán subir los peldaños incluso los ángeles celestiales. Pues la voz de los justos conforma una escalera para que suban por ella los ángeles celestiales (Baal Haturim Génesis 28:12; Sodot Hatora).

Veamos lo relacionado con los cuatro mundos espirituales, y el modo mediante el cual la plegaria emitida por nosotros asciende a lo Alto.

LOS CUATRO MUNDOS

Estos son los cuatro mundos creados por El Santo, Bendito Sea:

- ✓ El mundo de la emanación denominado Atzilut.
- ✓ El mundo de la creación denominado Briá.
- ✓ El mundo de la formación denominado Ietzirá.
- ✓ El mundo de la acción denominado Asiá.

En el mundo de la emanación, denominado Atzilut, hay únicamente santidad y pureza. No hay allí ninguna mezcla de bien o mal, sólo bien. Acerca de ese mundo está dicho: «No morará contigo el mal» (Salmos 5:5).

El mundo de la creación, denominado Briá, es considerado el mundo del Trono. Pues en el mismo se encuentra el Trono de Gloria. Además, en ese mundo hay serafines, que son ángeles de seis alas. En ese sitio comienza la existencia de las cortezas que obstruyen al bien. De todos modos, hay allí supremacía de bien y santidad, e inferioridad de mal, y cortezas dañinas.

El mundo de la formación, denominado Ietzirá, es considerado el mundo de los ángeles. Pues en el mismo se encuentran los ángeles denominados: «seres vivientes sagrados –

jaiot hakodesh—». En ese lugar el mal y el bien, que se representan mediante la santidad y las cortezas dañinas, se encuentran en una proporción equilibrada. Están entremezclados uno con el otro.

El mundo de la acción, denominado Asiá, es considerado el mundo de los ángeles denominados «ruedas *—ofanim—»*. En ese lugar el mal excede al bien, es decir, las cortezas dañinas se encuentran en una proporción mayor que la santidad. De ese mundo espiritual de la acción –Asiá–, deriva el mundo de la acción terrenal. El mismo está integrado de cuatro elementos fundamentales: agua, fuego, aire y tierra.

Tanto los cuatro mundos espirituales, como los cuatro elementos fundamentales del mundo de la acción de lo Bajo, están aludidos en las cuatro letras que conforman el Tetragrama *(véase* Otzrot Jaim, Petijá).

EL ASCENSO DE LOS MUNDOS

Un ser humano que mora en la Tierra, es decir, en el mundo de la acción, denominado Asiá, puede proyectarse hasta el mundo supremo de la emanación, denominado Atzilut. ¿De qué manera? A través de la plegaria, en especial la matutina.

Pues los sabios dispusieron, y ordenaron, la plegaria matutina de modo tal que sea posible ascender paso por paso desde este mundo terrenal, hasta el mundo supremo, y después, descender gradualmente.

Para iniciar el ascenso se recita la sección denominada «Ofrendas –korbanot–», tal como consta en los libros de oraciones –Sidurim–. En esta sección se pronuncian fragmentos de la Torá, salmos, himnos y alabanzas, y las trece reglas de interpretación de la Torá. Durante el recitado de esta primera parte de la plegaria, la persona se encuentra en el mundo de la acción –Asiá–.

Después se pasa al Mundo siguiente, que es el Mundo de la Formación –Ietzirá–. Y si hay un quórum de por lo menos diez hombres, para realizar el paso de mundo a mundo, es decir, del Mundo de la Acción –Asiá– al Mundo de la Formación –Ietzirá–, se recita la alabanza denominada Kadish.

Las letras de esa alabanza fueron calculadas estrictamente, y en su composición hay grandes secretos ocultos. Por tanto, debido a que el Kadish es una alabanza tan sublime, cuando el representante de la congregación la recita, todos deben interrumpir lo que están haciendo, atender con devoción, y responder amén.

A través del recitado del Kadish se pasa al Mundo de la Formación –Ietzirá–, y se recita la oración denominada Baruj Sheamar, que significa: «Bendito sea Él, que emitió pronunciación –y el mundo existió–». Seguidamente se pronuncian todos los salmos y alabanzas que constan en los libros de oraciones a continuación. Y se concluye esta etapa de la plegaria con la bendición denominada «Yshtabaj», que significa «Sea alabado», la cual comienza con estas palabras: «Sea alabado Tu Nombre por siempre, nuestro Rey, El Poderoso, El Rey grande y santo en los Cielos y en la Tierra [...]».

Después, si hay un quórum de por lo menos diez hombres, para realizar el paso de mundo a mundo, se recita nuevamente el Kadish.

Una vez terminado el Kadish, el representante de la congregación proclama: «Bendecid a El Eterno, El Bendito», y todos responden: «Bendito sea El Eterno, El Bendito, por siempre jamás». Entonces se pasa al Mundo de la Creación –Bria–, recitándose la bendición denominada Iotzer or, que significa: «El Formador de la luz». Esta bendición comienza con estas palabras: «Bendito eres Tú, El Eterno, Dios nuestro, Rey del universo, Formador de la luz [...]».

Después de culminarse la bendición denominada Iotzer or, se prosigue la plegaria, recitándose el Shemá Israel. O sea, el reconocimiento de la unicidad de Dios: «Oye Israel, El Eterno es nuestro Dios, El Eterno es Uno [...]» (Deuteronomio 6:4-9).

Después de recitar el Shemá Israel, se pronuncia la bendición denominada Emet Veiatziv, que comienza con estas palabras: «Verdad, y firme [...]», y culmina con estas palabras: «Los redimidos alabaron tu gran Nombre con una nueva canción junto a la orilla del mar. Todos juntos alabaron y declararon tu reinado, y dijeron: "El Eterno reinará por siempre jamás" (Éxodo 15:18). Y está dicho: "El Nombre de nuestro redentor es El Eterno de las legiones, el Santo de Israel" (Isaías 47:4). Bendito eres Tú, El Eterno, que redimió a Israel».

Hasta aquí la persona se encuentra en el Mundo de la Creación —Briá—, y entonces se pasa directamente al Mundo de la Emanación —Atzilut—, recitando la plegaria de las dieciocho bendiciones denominada Amidá. En ese momento la persona está frente a El Eterno, y le habla directamente.

Tras hablar con El Eterno, se comienza el descenso gradual. Se recita una plegaria denominada tajanun, y después el Kadish. Se desciende entonces al Mundo de la Creación —Briá—, hasta llegar a «la plegaria de David —Tefila le David—», y el salmo del día. Seguidamente se recita el Kadish, y se pasa al Mundo de la Formación —Ietzirá—. En ese tramo se recita una alabanza que declara la santidad de El Santo, Bendito Sea, y se lee lo concerniente al incienso. Durante todo este trayecto la persona se encuentra en el Mundo de la Formación —Ietzirá—.

Después de culminada esa alabanza, se recita el Kadish, y se desciende al Mundo de la Acción –Asiá–, hasta la alabanza denominada Aleinu, con la que se culmina la plegaria *(véase* Ben Ish Jai: sección Vaiji).

Hemos apreciado cómo mediante la plegaria es posible ascender por la escalera del sueño de Jacob, hasta llegar a El Santo, Bendito Sea.

Parashá Vaishlaj

VIII

EL ESLABÓN DE LA TORÁ QUE NO SE PERDIÓ

En el comienzo de la sección de la Torá denominada «Envió –Vaishlaj–», se describe el viaje emprendido por Jacob después de salir de casa de su suegro Labán. El patriarca se dirigía ahora a la casa de su padre. Mas la travesía no era para nada fácil, pues debía enfrentar a su hermano Esaú, quién deseaba matarlo. Por eso: «Jacob envió mensajeros delante de él a su hermano Esaú, a la tierra de Seir, al campo de Edom. Y les ordenó, diciendo: "Así diréis a mi señor Esaú: 'Así dice tu siervo Jacob: Con Labán he morado, –garti– y he permanecido hasta ahora. Poseo toro y asno, oveja, sirviente y sirvienta, y envío a decir esto a mi señor para hallar gracia en tus ojos'". Y los mensajeros volvieron a Jacob, diciendo: "Vinimos a tu hermano Esaú, y él también viene a recibirte, y cuatrocientos hombres con él"» (Génesis 32:4–7).

Como hemos visto, uno de los argumentos que Jacob envió decir a su hermano, para aplacarlo, es este: «Con Labán he morado, –garti– y he permanecido hasta ahora». A través de esas palabras, le comunicaba que solamente permaneció allí como peregrino, sin establecerse. Ya que la palabra garti, utilizada en el texto original hebreo, significa morar transitoriamente, como peregrino. Por eso no había razón para que lo odiase. Pues su progenitor le había dicho a Jacob: «Te sirvan pueblos, y naciones se inclinen a ti; sé amo de tus hermanos y los hijos de tu madre se inclinen ante ti; malditos los que te maldijeren, y benditos los que te bendijeren» (Génesis 27:29). Y esta bendición no se había cumplido.

Asimismo, al relatarle a Esaú lo relativo a sus posesiones, Jacob robusteció su argumento. Pues su padre le había dicho: «Y te dé Dios del rocío de los Cielos y de la selecto de la tierra, y granos y mosto en abundancia» (Génesis 27:28). Y esos bienes que poseía no provenían de los Cielos ni de la tierra. Pues los animales únicamente se alimentan de lo que crece en la tierra, mas no son producto de la misma (Rashi, Mizraji).

LO OCULTO DE LA DECLARACIÓN

Esto que hemos dicho es lo que Jacob mandó decir a Esaú de acuerdo con la interpretación llana. Antes bien, en el Midrash se señala que además era su intención comunicarle su fidelidad a El Eterno durante su estadía en ese lugar. Y eso también se aprende de la declaración: «he morado –*garti*– junto a Labán».

Pues como hemos dicho, la palabra garti, indica morar transitoriamente, como peregrino, pero además del sentido llano, hay indicado un mensaje esencial. Ya que la palabra garti, tiene las mismas letras que la expresión tariag, y por ende, el mismo valor numérico.

La palabra *garti,* en el texto original hebreo está escrita así:

גרתי

La expresión *tariag,* en hebreo se escribe así:

תריג

Se aprecia que ambas palabras están formadas con las mismas letras.

Éste es el valor numérico de *tariag*:

ת = 400
ר = 200
י = 10
ג = 3
───
613

La expresión *tariag* representa los 613 preceptos que constan en la Torá, y deben ser cumplidos (Rashi, Baal Haturim).

DIVISIÓN DE LOS PRECEPTOS

Los 613 preceptos se dividen en 248 preceptos activos y 365 preceptos pasivos. Los preceptos pasivos requieren abstención de realizar una acción determinada. Por ejemplo: «No matarás» (Éxodo 20:13); o «no desearás la casa de tu prójimo» (Éxodo 20:14). Y Jacob, a través de su mensaje, le comunicaba a Esaú que había cumplido todos esos preceptos pasivos.

Ahora bien, hay un dato en la historia de Jacob que despierta una pregunta clave: ¿en verdad Jacob cumplió todos los preceptos pasivos cuándo estuvo en casa de Labán? ¿Cómo es posible decir algo así después de que se casó con dos hermanas, y la Torá lo prohíbe? Como está escrito: «La desnudez de la mujer de tu hermano no descubrirás; es la desnudez de tu hermano» (Levítico 18:16). Y está escrito: «Jacob le dijo a Labán: "Entrégame a mi mujer, pues se ha cumplido mi término, y me allegaré a ella". Y Labán reunió a toda la gente del lugar e hizo un banquete. Y al anochecer tomó a su hija Lea y se la llevó; y él se allegó a ella» (Génesis 29:21-23). Y a continuación está escrito: «Y a la mañana he aquí que era Lea. Y le dijo a Labán: "¿Qué es esto que me has hecho? ¿Acaso no fue por Raquel que trabajé para ti? ¿Por qué me has engañado?". Dijo Labán: "Eso no se acostumbra en nuestro lugar, entregar a la menor antes que a la mayor. Completa la semana de esta, y te será dada también la otra por el trabajo que habrás de hacer para mí siete años más". Jacob así lo hizo y completó la semana de ella; y él le dio a su hija Raquel por mujer» (Génesis 29:25-28).

Se aprecia claramente que Jacob se casó con dos hermanas en vida, y, ¿cómo le comunicó a su hermano Esaú que cumplió los 613 preceptos de la Torá?

La respuesta es ésta: esas dos hermanas eran gentiles, y si deseaban casarse con Jacob debían convertirse previamente al judaísmo y quedar sujetas a todos los preceptos.

Por lo tanto, siguiendo el orden de los sucesos narrados en la Biblia, surge que en primer lugar Lea se convirtió al judaísmo, y después Jacob se casó con ella. Y se enseña en el Talmud: «quién se convierte al judaísmo se asemeja a una criatura que ha nacido» (Talmud, tratado de Ievamot 22a). O sea, según esta enseñanza, se considera que Lea había nacido nuevamente con la conversión al judaísmo.

Después se convirtió Raquel, y también se considera respecto a ella este mismo principio, es decir, a través de la conversión nació nuevamente. Resulta que desde este punto de vista no eran consideradas hermanas (Lebush Haorá a Génesis 32:5). Resulta que Jacob no incumplió este precepto.

LOS PRECEPTOS ACTIVOS

Ya hemos visto que la única objeción que podíamos presentar contra Jacob en el cumplimiento de los preceptos pasivos fue desplazada. Sin embargo, aún es posible cuestionar lo tocante a los preceptos activos. ¿Cómo pudo cumplirlos a todos? Pues entre los 248 preceptos activos hay preceptos que fueron ordenados a toda la congregación de Israel. Tales como designar un rey, o la construcción del Templo Sagrado. ¿Y cómo mandó sugerir a Esaú que los había cumplido todos?

La respuesta es que los cumplió a través del estudio. Ya que cuando no es posible cumplir los preceptos físicamente, por razones de fuerza mayor, se lo puede hacer mediante el estudio. Como consta en el Talmud: Todo el que se ocupa de la Torá, en el asunto de las ofrendas, se le considera como si las hubiera presentado (Talmud, tratado de Menajot 110a) (véase explicación de Dibrei David a Rashi en Génesis 32:5).

UN GRAN ESTUDIOSO

Resulta que Jacob estudiaba la Torá, es decir, lo concerniente a los 613 preceptos. Y al no poderlos llevar a la práctica en su totalidad por razones de fuerza mayor, igualmente se le consideraba como que los cumplía a todos. Se aprecia a partir de esta cita, la trascendental importancia de estudiar la Torá. Pues a través de ello es posible cumplir los 613 preceptos, por más que uno se vea imposibilitado de llevar a la práctica algunos de los mismos por una razón de fuerza mayor. Por ejemplo, el cumplimiento del precepto de llevar ofrendas al Templo Sagrado, ya que el mismo está destruido.

REQUISITOS PARA EL ESTUDIO CORRECTO

Ahora bien, para llevar a cabo el estudio de la Torá en forma apropiada, hace falta un libro de la Torá correcto, sin errores, y un maestro, que la explique. Ya que la Torá oral es la explicación de la Torá escrita, y para comprender esas explicaciones se requiere de un maestro. Así las enseñanzas pasan de generación en generación a través de los maestros, considerados los eslabones de la cadena. Y los alumnos aprenden, y muchas veces también se convierten en maestros. Y si faltara un eslabón, la cadena se interrumpiría.

Ahora bien, ¿por qué se necesita una Torá sin ningún error? Porque como dijimos, la Torá oral es la explicación de la Torá escrita, y una pequeña falla en la Torá, ocasionaría la mala interpretación de un asunto, la consecuente legislación errónea de las leyes que deriven del mismo, y la deficiente interpretación de todos los estudios que estén basados en esa cita.

Por tal razón, para escribir un rollo de la Torá, es necesario poseer muchos conocimientos. Además, debe serse una persona temerosa de Dios, y observante de Sus mandamientos.

Cuando se observa un rollo de la Torá, quizá no se imagine todo lo que hay que saber para escribir cada una de las letras que allí se aprecian. Considerad que el escriba que reúne las condiciones antes descritas, y se dispone a escribir un rollo de Torá, primeramente deberá proveerse de los pergaminos en los cuáles escribirá. Los mismos deben estar elaborados con cueros de animales aptos según la ley, y procesados adecuadamente. También será necesario que construya o se provea de la pluma que utilizará. Y recién cuando disponga de la pluma y todos los elementos preparados, comenzará a escribir.

Aunque para hacerlo será necesario que despeje su mente de todo pensamiento extraño. Pues para cada letra de todas las que ha de dibujar existen leyes específicas. Y el escriba deberá conocerlas exactamente y aplicarlas como es debido.

LA ESCRITURA PERFECTA

Veamos un ejemplo: la más pequeña de todas las letras, y aparentemente la más fácil de dibujar, es la iud. Sin embargo, para realizarla hay que conocer una gran cantidad de pormenores. Asimismo, ha de serse extremadamente precavido en que no se parezca a otra letra. Pues si eso sucede, el rollo de la Torá quedará invalidado.

Para apreciar más profundamente los recaudos que un escriba deberá tomar al escribir un rollo de la Torá, observemos esta enseñanza talmúdica: fue estudiado en una Baraita, – enseñanza oral que se impartía por tradición–: Dijo Rabí Meir: cuando yo estudiaba en la academia de Rabí Ishmael, colocaba dentro de la tinta con la que escribía los textos sagrados un producto denominado kankantum, y él no me decía nada –me lo permitía–. Sin embargo, cuando estudiaba en la academia de Rabí Akiva, ese erudito me lo prohibió.

Sin embargo, en otra Baraita este asunto fue estudiado de modo diferente: dijo Rav Yehuda en el nombre de Shmúel: así dijo Rabí Meir: cuando yo estudiaba en la academia de Rabí Akiva, colocaba dentro de la tinta con la que escribía los textos sagrados un producto denominado kankantum, y él no me decía nada –me lo permitía–. Sin embargo, cuando fui a estudiar a la academia de Rabí Ishmael, ese erudito me dijo:
—Hijo mío, ¿cuál es tu ocupación?
Le respondí:
—Soy escriba.
Y él me dijo:
—Hijo mío, habéis de ser muy cuidadoso en tu labor, pues es una labor Celestial. Y si hicieres faltar o sobrar una letra, destruirías el mundo entero.
Le dije:
—Poseo un producto denominado kankantum, al cual echo en la tinta.
El erudito me dijo:
—¿Pero acaso se echa kankantum en la tinta? ¿Y esto que

está escrito en la Torá, respecto al texto que debe escribirse para darle de beber a la mujer descarriada, en el caso en que esta hubiese sido denunciada por su marido?: «El sacerdote escribirá estas maldiciones en un libro» (Números 5:23). Y a continuación está escrito: «y las borrará con las aguas amargas» (Ibíd.). Se aprecia que debe escribirse con una tinta que pudiera borrarse.

¡Esto es algo que sorprende! Pues si bien ese cierto que en el final de la Baraita se concluye brillantemente que un texto de la Torá debe escribirse con tinta deleble, aún existe una evidente falta de coherencia entre la advertencia del maestro, y la respuesta de Rabí Meir. Pues: ¿qué le dijo el maestro, y qué le respondió Rabí Meir?

Rabí Ishmael le advirtió que no debe hacer faltar o sobrar una letra de los textos sagrados de la Torá, cuando los escribiera. Y Rabí Meir le respondió que él echaba en la tinta un producto denominado kankantum. Son dos asuntos que parecen ser totalmente incoherentes.

Antes bien, los sabios talmudistas investigaron ese estudio muy minuciosamente, e interpretaron la respuesta de Rabí Meir. Dedujeron que la misma fue muy aguda, y requiere explicación: así dijo Rabí Meir:

—No sólo en las letras sobrantes y faltantes soy cuidadoso, y no me equivoco, pues soy experto en eso, sino también en el error que pudiese causar una mosca en caso de que se posase sobre la tinta fresca de una letra. Pues es posible que se posase sobre el vértice superior de la letra dalet, y borrase de allí –una parte de la letra–. Por lo tanto, esa tinta faltante provocaría que ese sitio que termina en ángulo parezca redondeado; y la letra dalet se asemejaría a una letra reish. Y yo impido que se altere una letra, tornándose sobrante o faltante por esa causa, pues poseo un producto denominado kankantum. Lo echo en la tinta, y la misma adopta consistencia, volviéndola prácticamente indeleble. Y aunque sea quitada la tinta de allí, aun quedará la marca.

UNA DIFERENCIA EVIDENTE

Ahora bien, los sabios talmudistas estudiaron ambas enseñanzas correspondientes a las Baraitas citadas, y se percataron de la existencia de dos dificultades: en la primera Baraita se menciona que Rabí Meir estudiaba en la academia de Rabí Ishmael, y éste le permitía echar *kankantum* en la tinta. Después estudió en la academia de Rabí Akiva, y éste le prohibió el kankantum. Sin embargo, en la segunda Baraita ocurrió al revés: se menciona que Rabí Meir estudiaba en la academia de Rabí Akiva, y éste le permitía echar *kankantum* en la tinta. Después estudió en la academia de Rabí Ishmael, y éste le prohibió el *kankantum*.

No obstante, tras un análisis minucioso de ambas citas, se deduce que en verdad no hay aquí una contradicción en lo referente al orden cronológico de estudio de Rabí Meir. Pues primero se dirigió a la academia de Rabí Akiva para estudiar en ese lugar. Sin embargo no pudo comprender la profundidad de los asuntos que eran enseñados por el maestro, y fue a estudiar a la academia de Rabí Ishmael, donde aprendió la base de la Torá oral. Una vez que había atesorado esos conocimientos, fue a estudiar nuevamente a la academia de Rabí Akiva.

Y en lo que concierne al maestro que le había prohibido el kankantum, en ese asunto sí hay una discrepancia sin esclarecerse.

Seguidamente, se menciona en el Talmud una tercera Baraita que resulta concluyente para la determinación de la ley respecto al *kankantum*. Fue estudiado en una Baraita: Rabí Yehuda dijo: Rabí Meir solía decir: para todo texto sagrado se echa *kankantum* en la tinta, con excepción de la sección de la mujer descarriada. Y Rabí Yakov dijo en nombre de Rabí Meir: no se echaba *kankantum* en la tinta, sino únicamente en el caso de la sección de la mujer descarriada en el Templo Sagrado. Es decir, cuando se le daba de beber a la mujer descarriada, agua con las letras borradas de ese fragmento de la Torá escrito en un pergamino. Pero en la tinta con la que se escribe el rollo de la Torá, incluso en la sección de la mujer descarriada que consta en el mismo, es permitido echar *kankantún* (Talmud, tratado de Erubín 13a).

Se observa que en todo caso, Rabí Meir concuerda en que se le puede echar kankantun a la tinta con la que se escribe el rollo de la Torá, con excepción de la sección de la mujer descarriada.

Finalmente se establece que está permitido echar fijador, como *kankantum,* a la tinta con la que se escriben los pergaminos que conformarán el rollo de la Torá (véase Shulján Aruj Ioré Deá 271:6; Oraj Jaim 32:4, Mishná Brurá).

UN HOMBRE DESTACADO

Se ha apreciado la enorme relevancia de los aportes de Rabí Meir en el campo de la Torá, y en los argumentos que determinarían la legislación de la ley. Seguidamente mencionaremos más detalles de la trascendencia de este erudito, y su gran importancia en el estudio de la Torá.

Enseñó Rabí Aja bar Janina: es manifiesto y sabido ante Dios, quien pronunció y el mundo existió, que en la generación de Rabí Meir no había nadie como él.

Los sabios preguntaron: siendo así, ¿por qué razón no fue establecida la ley de acuerdo con lo que él opinaba en todo asunto?

La respuesta es que no se procedió de este modo porque los otros sabios, sus compañeros, no podían comprender la profundidad de sus palabras. Ellos no lograban descifrar cuáles resoluciones eran certeras, y cuáles tenían el objetivo de demostrar la posibilidad de permisión de un asunto, cuando en realidad se trataba de algo prohibido de acuerdo con la Torá. Pues Rabí Meir tomaba un caso de un objeto impuro, y proponía que era puro, presentando pruebas concretas al respecto. Y lo mismo hacía a la inversa, tomaba un caso de un objeto puro, y proponía que era impuro, presentando pruebas concretas al respecto.

Eso hacía que los sabios se confundieran y no sepan cuándo en realidad el asunto abordado estaba permitido, y cuándo estaba prohibido (Talmud, tratado de Erubín 13b).

EL NOMBRE DE UNA EMINENCIA

De todos modos, la amplia visión de Rabí Meir era fundamental para comprender el asunto en forma plena. Por eso los sabios se veían enormemente beneficiados por su aporte. Tal como se enseña en el Talmud:

El nombre auténtico de Rabí Meir no era este, sino que se llamaba Rabí Neurai.

Los sabios preguntaron: ¿Y por qué se lo llamaba Rabí Meir?

La respuesta otorgada fue: porque alumbraba los ojos de los sabios en lo referente a la legislación de una ley. Meir proviene de la raíz hebrea que significa «alumbrar».

UNA PECULIARIDAD MUY INTERESANTE

Dijo Rabí: ¿Sabéis por qué yo soy más agudo que mis compañeros? Porque tuve el mérito de ver a Rabí Meir por la espalda durante los estudios que él impartía. Pues yo me sentaba en la fila que se ubicaba detrás de él. Pero si lo hubiese visto de frente, sería más agudo aún, como está escrito: «Tus ojos han de ver a tu maestro» (Isaías 30:20) (Talmud, tratado de Erubín 13b).

Una de las razones por las que Rabí dijo esto es porque cuando un alumno ve a su maestro de frente, puede observar todas sus gesticulaciones y señales. Eso le permite comprender con mayor claridad la intención de su maestro al explicar. Y Rabí lo podía observar sólo por detrás, debido a su ubicación en la sala.

UN HOMBRE SIN IGUAL

En otra cita del Talmud se revelan más virtudes de Rabí Meir. En el inicio del capítulo V del tratado de Erubín constan estas anécdotas: Dijo Rabí Iojanán: Yo permanecí dieciocho días junto al célebre Rabí Oshaia, y no aprendí de él más que un solo asunto concerniente a nuestra Mishná.

Esto es lo que aprendí: Hay una enseñanza que consta en el compendio de la Torá oral denominado Mishná, que se refiere al ensanchamiento de los limites de la ciudad. Esta ley es necesaria para permitir a una persona apartarse de la zona habitada, en Shabat y las festividades, más allá del límite original de la frontera. Pues está prohibido alejarse más de 2.000 codos desde el límite de la ciudad. Pero a través de esta regla, es posible ampliar ese límite y permitirle a un individuo recorrer un trayecto mayor.

En el estudio de la Mishná que se refiere a este asunto está escrito: ¿Cómo se ensanchan los límites de una ciudad? Si las casas no estuviesen exactamente alineadas, y una casa ingresara hacia el interior, y una casa saliera hacia el exterior del límite de la ciudad, se considera un saliente apto para ensanchar la ciudad, y se delimita proporcionalmente hacia afuera (Mishná, tratado de Eirubín 5:1; mefarshei Hamishná).

Es decir, supongamos que el saliente se encontraba ubicado en el extremo noreste. Se considera como si un saliente como ese se encontrara en el extremo sudeste. Entonces se tiende una línea recta a lo largo de todo el flanco oriental de la ciudad. Y a partir del mismo se miden los 2.000 codos que marcarán el límite permitido para alejarse en Shabat, o días festivos. Y el mismo procedimiento se realiza con los demás flancos de la frontera de la ciudad. Se concluye en la enseñanza de la Mishná, que la frontera debe realizarse en forma cuadrada –o rectangular–, para considerar sus ángulos y calcular los limites de la ciudad.

LA LETRA MISTERIOSA

Ahora bien, la palabra hebrea que está escrita para designar el concepto «ensanchan» es meavrin. Este término puede escribirse con la letra alef, o con la letra ain. Si se escribiera con alef, la connotación del termino meavrin es «miembro –ever–». Como un miembro del cuerpo humano. Entonces, en el caso en que sobresaliera una casa por un extremo –un miembro–, se vería como si del otro lado también sobresaliera un miembro similar, y se ensancha paralelamente el límite de la ciudad.

En cambio, si se escribiese con la letra ain, la connotación del termino meavrin sería «embarazo». Como una mujer que está embarazada –meuveret–. Entonces, en el caso en que sobresaliera una casa por un extremo, se considerará que la ciudad se ha embarazado, y se ensancharán sus limites por esa causa.

Y Rabí Oshaia enseñó –narra Rabí Iojanán– que la palabra meavrin, que consta en la Mishná debe leerse con la letra alef. Esto era lo que había aprendido durante su estadía en la academia de Rabí Iojanán.

UN INDICIO MARAVILLOSO

Los sabios talmudistas preguntaron: ¿Pero esto es realmente así? Considerad que Rabí Iojanán en otra oportunidad dijo: Rabí Oshaia tenía doce discípulos, y yo permanecí dieciocho días junto a ellos. En ese tiempo aprendí cuál era la capacidad cognitiva y la sabiduría de cada uno de ellos.

Ahora bien, se ve de aquí que Rabí Iojanán había aprendido mucha Torá en la academia de Rabí Ioshaia. ¿Y por qué antes se dijo que no aprendió allí más que una sola Mishná?

Los sabios talmudistas respondieron que esta controversia no representa una prueba concreta que desvirtúe lo anteriormente mencionado. Es decir, que aprendió de Rabí Oshaia sólo una Mishná. Pues es posible responder que la capacidad cognitiva y la sabiduría de cada uno de los alumnos sí aprendió. Pero análisis concretos de la Mishná, no aprendió más que uno solo, el que le había enseñado Rabí Oshaia. También es posible decir, que de los alumnos aprendió mucho, pero del maestro mismo, sólo una Mishná. Y también es posible decir, que enseñanzas de la Mishná aprendió sólo una de Rabí Oshaia. Pero otros estudios de la Torá oral, aprendió muchos. Vemos que las citas mencionadas en nombre de Rabí Iojanán concuerdan perfectamente.

SED DE APRENDER

Además, Rabí Iojanán dijo: cuando estudiábamos Torá de

Rabí Oshaia, estábamos tan sedientos de beber sus enseñanzas que nos estrechábamos para oír y prácticamente no había ningún lugar libre. Nos sentábamos cuatro en el área de un sólo codo.

A continuación se menciona una situación similar experimentada por otro sabio, donde le tocó observar cómo los discípulos debían estrecharse para oír las palabras del maestro. Dijo Rabí: cuando estudiábamos Torá de Rabí Eleazar el hijo de Shamúa, nos sentábamos seis en el área de un sólo codo.

Y se vuelve a citar una enseñanza de Rabí Iojanán. Rabí Iojanán dijo: Rabí Oshaia en su generación era como Rabí Meir en su generación. Así como los sabios de la generación de Rabí Meir no podían comprender la profundidad de sus enseñanzas, lo mismo sucedía con Rabí Oshaia en su generación (Talmud, tratado Erubín 53a).

UNA VERDADERA EMINENCIA

De lo mencionado se aprecia la enorme capacidad de Rabí Meir y la gran sabiduría que había atesorado. Se trata de uno de los sabios más renombrados de toda la historia. Con seguridad era un estandarte de la Torá en su generación. Sin él, era muy difícil que las enseñanzas de la Torá se transmitieran a la generación siguiente con tanta profundidad y sapiencia. Pues si bien es cierto que los sabios no podían comprender la profundidad de sus pensamientos y reflexiones, de todos modos, las enseñanzas que impartía les resultaban vitales. Pues podían observar el asunto desde varios ángulos, como lo presentaba Rabí Meir, y establecían la ley acertadamente. Si Rabí Meir no hubiese existido, faltaría un eslabón de la cadena de sabios que transmitieron la Torá a lo largo de las generaciones.

Esto está aludido en nuestra sección de la Torá. Observad:

Jacob había enviado mensajeros a su hermano Esaú, como está escrito: «Jacob envió mensajeros delante de él a su hermano Esaú, a la tierra de Seir, al campo de Edom. Y les ordenó, diciendo: "Así diréis a mi señor Esaú: 'Así dice tu siervo Jacob: Con Labán he morado, –garti– y he permanecido hasta ahora. Poseo toro y asno, oveja, sirviente y sirvienta, y envío a decir esto a mi señor para hallar gracia en tus ojos'"» (Génesis 32:4–6).

Los enviados cumplieron su misión, y posteriormente regresaron para presentar el informe de lo avistado, como está escrito: «Y los mensajeros volvieron a Jacob, diciendo: "Vinimos a tu hermano Esaú, y él también viene a recibirte, y cuatrocientos hombres con él". Entonces Jacob tuvo gran temor, y se angustió; y dividió el pueblo que tenía consigo, y las ovejas y las vacas y los camellos, en dos campamentos. Pues dijo: "Si Esaú viniese a un campamento y lo atacara, el otro campamento se podrá salvar» (Génesis 32:7–8).

El exegeta Rashi explicó: está escrito: «tuvo gran temor, y se angustió». ¡Parece una redundancia! La explicación es esta: «tuvo gran temor», por si él mismo muriese. «Y se angustió», por si debiera matar a otros –ajerim–.

La expresión: «otros», en el texto original hebreo está escrita mediante la locución ajerim, que significa literalmente «otros». Sin embargo, en el tratado talmúdico de Oraiot se señala: ¿Quién es Ajerim? Rabí Meir (Tratado de Oraiot 13).

Es decir, Ajerim es el seudónimo de Rabí Meir. Y toda vez que aparece en el Talmud la expresión: «Ajerim dicen», se refiere a Rabí Meir.

En otras palabras, Jacob temía que él debiera morir, matado por Esaú, y se perdiera de ese modo el eslabón que entregaría la Torá a la generación siguiente. O que él debiera matar a Esaú. Y en ese caso no nacería Nerón, el emperador romano que se convirtió al judaísmo, y nació de su descendencia Rabí Meir (véase Talmud, tratado de Guitín 57).

Este era el gran temor de Jacob, que muriese uno de los eslabones que entregarían las enseñanzas de la Torá a la generación siguiente *(véase* Maianá shel Torá: Vaishlaj; Pninim Iekarim).

Parashá Vaieshev

IX

LA MÍSTICA DEL HABLA Y LA CONSIDERACIÓN

En el comienzo de la sección denominada: «Residió – *Vaieshev–*», se mencionan las crónicas de Jacob, como está escrito: «Jacob residió en la tierra donde había morado su padre, en la tierra de Canaán. Estas son las crónicas de Jacob: José, siendo de edad de diecisiete años, apacentaba las ovejas con sus hermanos; y el joven estaba con los hijos de Bilha y con los hijos de Zilpa, mujeres de su padre; y José traía a su padre malos informes de ellos. Y amaba Israel a José más que a todos sus hijos, porque era hijo de su ancianidad; y le hizo una túnica de listones. Y viendo sus hermanos que su padre lo amaba más que a todos sus hermanos, lo aborrecían, y no podían hablarle pacíficamente» (Génesis 37:1–4).

Observamos que se denomina a José como lo principal de las crónicas de Jacob. Pues está escrito: «Estas son las crónicas de Jacob», e inmediatamente a continuación: «José». ¿A qué se debe esa mención especial? La razón es porque era su fiel discípulo. Jacob le había entregado a José todo lo que había aprendido en las academias de sus ancestros Shem y Ever (Midrash Bereshit Raba 84:8; Baal Haturim).

Lo que se declara a continuación revela mayores detalles, descubriéndose la razón por la que lo amaba tanto, como está escrito: «porque era hijo de su ancianidad».

La expresión «de su ancianidad», en el texto original hebreo está escrita así:

זקנים

Las letras de esa palabra coinciden con las letras iniciales de los nombres de los tratados de la Mishná: Zeraim –sembrados–, Kadashim –santidades–, Nashim –mujeres–, Ieshuot –conocido popularmente como el tratado de Nezikim, que significa «daños»–, y Moed –plazos festivos–.

$$
\begin{array}{rl}
\text{ז} = \text{זראים} & \text{Zeraim} \\
\text{ק} = \text{קדשים} & \text{Kadashim} \\
\text{נ} = \text{נשים} & \text{Nashim} \\
\text{י} \text{ישועות} & \text{Ieshuot} \\
\text{ם} = \text{מועד} & \text{Moed}
\end{array}
$$

Se aprecia que Jacob amaba a José porque era su fiel discípulo, y a él le entregaba el estudio de los tratados de la Mishná (Baal Haturim). Aunque esto no era todo lo que Jacob le transmitía a José, ya que también le transmitía los secretos de la Torá, tal como se indica en el valor numérico del concepto «de su ancianidad»:

$$
\begin{array}{rl}
\text{ז} &= 7 \\
\text{ק} &= 100 \\
\text{נ} &= 50 \\
\text{י} & 10 \\
\text{ם} &= 40 \\
\hline
& 207
\end{array}
$$

Se aprecia que el valor numérico de zekunim es igual a 207, veamos ahora el valor de raz, que significa «secreto».

ר   200
ז = 7
─────
     207

Apreciamos que raz, tiene el mismo valor numérico que zekunim. Enseña que Jacob le enseñaba a José los misterios de la Torá, y no sólo la parte llana (Baal Haturim, Najmánides).

Eso puede apreciarse también observando las letras finales de la declaración: «era hijo de su ancianidad». Esta declaración en el texto original hebreo está escrita así:

בן זקנים הוא לו

Ahora observaremos las letras finales:

בן
זקנים
הוא
לו

Apreciamos que las letras finales de esas palabras son: *nun, mem, alef, vav*

נ–מ–א–ו

Y con esas mismas letras se escribe la palabra *amón*.

אמון

Se alude a lo que está escrito en el libro de los Proverbios: «Yo –la Torá– fui un *amón* junto a Él, y era su regodeo día a día, jugaba junto a Él en todo momento» (Proverbios 8:30) (Baal Haturim).

En el Midrash se dilucida: ¿Qué significa amón? La respuesta es ésta: *Amón* significa «oculto», tal como está dicho: «Y ocultaba –*omen*– a Hadasa» (Ester 2: 7) (Midrash Bereshit Raba 1:1).

He aquí se indica en el texto bíblico que Jacob le enseñaba a José los secretos de la Torá.

UNA ACCIÓN DE JUSTICIA POR AMOR

Ahora bien, en el versículo anterior al que describe la afinidad de Jacob y José, se dijo: «José, siendo de edad de diecisiete años, apacentaba las ovejas con sus hermanos; y el joven estaba con los hijos de Bilha y con los hijos de Zilpa, mujeres de su padre; y José traía a su padre malos informes de ellos» (Génesis 37:2).

¿Qué enseña esta declaración? La respuesta es ésta: José quería que hubiese justicia, tal había aprendido de su padre. Es decir, que se debe hacer bondad y caridad con el prójimo, otorgándole lo que le faltase, lo cuál es considerado un acto de justicia.

Por eso estaba con los hijos de Bilha y con los hijos de Zilpa, que eran las siervas de Lea y Rajel, las mujeres con las que Jacob estaba casado bajo el palio nupcial. José trataba de llamar la atención de ellos para entablar amistad e intentar acercarlos a la elite de la familia. Y por eso difamaba a sus otros hermanos, los hijos de Lea.

¿Y qué era lo que veía mal en sus hermanos para hablar mal

de ellos? En la exégesis de Rashi se lo dilucida: todo lo malo que veía en los hijos de Lea, lo contaba a su padre; es decir: le decía que ellos comían miembros de animales vivos; despreciaban a los hijos de las siervas, llamándolos esclavos; y sospechaba de que mantuvieran relaciones con mujeres prohibidas (Rashi en Génesis 37:2).

Sin embargo, José se equivocaba al juzgarlos de esa manera. Pues él veía que cortaban carne del sitio donde se había degollado al animal mientras éste aún se movía, y dejaban esa carne hasta que el animal moría, y después la comían. Y eso era considerado por José como comer miembros de animales vivos.

Pues está escrito: «Pero de la carne, con su alma, su sangre, no comeréis» (Génesis 9:5). De este versículo se aprende que está prohibido comer la carne, o la sangre, de un animal mientras el alma esté en él; o sea, se prohíbe arrancar un miembro de un animal vivo y comer (Rashi). Pero José se equivocaba al emitir ese juicio, y no sabía que lo que ellos hacían era permitido, como fue enseñado en el Talmud: quién desea comer la carne de un animal degollado ritualmente antes de que muera, corta un trozo de carne del tamaño de una aceituna del lugar donde se realiza el degollado ritual, antes de que salga el alma del animal, y lo sala debidamente, y lo lava apropiadamente, y lo deja hasta que salga su alma, y después lo puede comer. Y eso es permitido tanto para un gentil, como para los hijos de Israel (véase Talmud, tratado de Julín 33a). Y la razón de querer comer la carne inmediatamente después del matado del animal se debe a que eso es bueno para la salud. Y como José pensaba que infringían la ley, lo contaba a su padre.

En cuanto a la segunda sospecha contra sus hermanos, los hijos de Lea, es cierto que llamaban a los hijos de las concubinas «esclavos». Pero no era su intención decir que ellos eran verdaderamente esclavos; sino que las madres de ellos habían sido en un principio esclavas de las madres de estos. Y José pensaba que los consideraban esclavos a ellos concretamente.

En lo concerniente a la sospecha de que mantuviesen relaciones con mujeres prohibidas, era porque los veía comerciar con las mujeres de otros pueblos. Pues ellas venían para adquirir corderos, leche y queso, y también para venderles fruta. Y José consideraba que eso era prohibido. Pero en realidad la ley establece que si se lo hace con buenas intenciones, es permitido (Talmud, tratado de Kidushín 81b) *(véase* Eliahu Mizraji a Rashi en Génesis 37:2).

Por esas tres habladurías de sospechas infundadas, José fue castigado. Por sospechar de ellos que comían miembros de animales vivos, degollaron ritualmente un animal al venderlo, como está escrito: «Y cuando pasaban los madianitas mercaderes, ellos subieron a José y lo sacaron del pozo y vendieron a José a los ismaelitas por veinte piezas de plata; y llevaron a José a Egipto [...] Ellos tomaron la túnica de José, degollaron ritualmente un macho cabrío y sumergieron la túnica en la sangre» (Génesis 37:28–31). Por haber contado que parte de sus hermanos llamaban a los otros esclavos, fue vendido por esclavo, como está dicho: «José fue vendido por esclavo» (Salmos 105:17). Y por la sospecha de que mantuvieran relaciones con mujeres prohibidas, ocurrió con él lo que está escrito en el versículo: «Y aconteció después de estas cosas, la mujer de su señor puso sus ojos en José, y dijo: "¡Acuéstate conmigo!"» (Génesis 39:7) (Rashi).

SABIA MORALEJA

Se aprende que debe serse muy cuidadoso en no hablar mal de los demás, y difamarlos. Es una falta grave que perjudica a mucha gente, tal como se indica en el versículo que revela este asunto: «y José traía a su padre malos informes de ellos».

La palabra «informes», en el texto original hebreo está escrita así:

דבתם

Éste es su valor numérico:

ד = 4
ב = 2
ת = 400
ם = 40

446

Observemos ahora la palabra *mavet*, que significa «muerte»:

מות

Éste es su valor numérico:

מ = 40
ו = 6
ת = 400

446

La coincidencia es evidente. Resulta que difamando al prójimo se provoca la muerte. Y como la palabra *mavet*, que significa «muerte», en el texto original hebreo tiene tres letras, enseña que el que difama mata a tres: al difamador, al difamado, y al que escucha la difamación (Baal Haturim; Talmud, tratado de Arajin 15b).

LOS SUEÑOS DE JOSÉ

Después se narran los sueños de José, que despertaron en ellos más odio hacia él, como está escrito: «Y soñó José un sueño, y lo contó a sus hermanos; y ellos lo aborrecieron más todavía. Les dijo: "Oíd, por favor, este sueño que he soñado: He aquí que atábamos manojos en medio del campo, y he aquí que mi manojo se levantaba y además se erguía, y que vuestros manojos estaban alrededor y se inclinaban al mío". Sus hermanos le dijeron: "¿Acaso reinarás sobre nosotros? ¿Acaso nos dominarás?". Y lo aborrecieron más aún, por sus sueños y por sus palabras. Soñó otro sueño y lo contó a sus hermanos. Y dijo: "He aquí soñé otro sueño: He aquí que el Sol, la Luna, y once estrellas se inclinaban ante mí". Y se lo contó a su padre y a sus hermanos; su padre lo regañó, y le dijo: "¿Qué es este sueño que has soñado? ¿Acaso yo y tu madre y tus hermanos nos hemos de inclinar en tierra ante ti?". Y sus hermanos lo envidiaron, mas su padre conservó el asunto. Y fueron sus hermanos a apacentar las ovejas de su padre en Shejem. E Israel le dijo a José: "Tus hermanos apacientan las ovejas en Shejem; ven y te enviaré a ellos". Y le dijo: ¡Heme aquí! Y le dijo: "Ve ahora, mira cómo están tus hermanos y cómo están las ovejas, y tráeme la respuesta, y vuelve a informarme". Y lo envió del valle de Hebrón y llegó a Shejem» (Génesis 37:5–14).

La expresión «valle», en el texto original hebreo está escrita así:

עמק

Éste es su valor numérico:

$$\begin{aligned}
ע &= 70 \\
מ &= 40 \\
ק &= 100 \\
\hline
&210
\end{aligned}$$

Y más adelante hallamos la indicación de Jacob a sus hijos para que descendieran a Egipto, como está escrito: «Jacob vio que en Egipto había provisiones y dijo a sus hijos: "¿Por qué os estáis mirando?". Y dijo: "He aquí que he oído que hay provisiones en Egipto; bajad allí y comprad para nosotros de allí, para que podamos vivir, y no muramos"» (Génesis 42:1–2).

La expresión: «bajad», en el texto original hebreo está escrita así:

רדו

Éste es el valor numérico:

$$\begin{array}{rcl} ר &=& 200 \\ ד &=& 4 \\ ו &=& 6 \\ \hline && 210 \end{array}$$

Se indica la cantidad de años que los hijos de Israel estarían en Egipto en el futuro, sometidos (Rashi). Y como este valor coincide con el de «valle –*emek*–», el lugar desde el cuál fue enviado José, se aprende que por lo ocurrido con ese asunto los hijos de Israel fueron sometidos 210 años (Baal Haturim).

Pues José fue vendido por sus hermanos a Egipto, y años más tarde, toda su familia debió descender allí, a causa del hambre. Y permanecieron en ese lugar 210 años, donde estuvieron sometidos, hasta que El Santo, Bendito Sea, se acordó de ellos y los sacó de Egipto.

EL COMIENZO DEL EXILIO

Esto es lo que ocurrió después de que José fuera enviado

desde la planicie de Hebrón y llegó a Shejem: «Y aconteció cuando José llegó con sus hermanos, que ellos lo despojaron de su túnica, la túnica de listones –pasim– que llevaba puesta» (Génesis 37:23).

La expresión pasim encierra muchos secretos. Veamos, en el texto original hebreo esta palabra está escrita así:

פסים

Es el acrónimo de las personas a las que José sería vendido en el futuro:

פ	=	פוטיפר	Potifar
ס	=	סוחרים	Sojarim
י	=	ישמעאלים	Ishmaelim
ם	=	מדינים	Midianim

Ya que fue vendido varias veces, como se aprende del versículo: «Y cuando pasaban los madianitas mercaderes –sojarim–, ellos subieron a José y lo sacaron del pozo y vendieron a José a los ismaelitas por veinte piezas de plata; y llevaron a José a Egipto» (Génesis 37:28). Y en Egipto fue vendido a Potifar, como está escrito: «Y José fue bajado a Egipto. Potifar, oficial del Faraón, jefe de matarifes, varón egipcio, lo compró de los ismaelitas que lo habían llevado allá» (Génesis 39:1).

Se mencionan cuatro tipos de personas: mercaderes –*sojarim*–, madianitas, ismaelitas, y Egipto; pues José paso de mano en mano, hasta llegar a Egipto, donde fue vendido a Potifar. Es decir, en su túnica de pasim, estaban indicados todos los que lo comprarían y lo harían sufrir.

Además, en la túnica de pasim había indicados más misterios. Y para descubrirlos observaremos el valor numérico de pasim:

$$\begin{aligned} \text{פ} &= 80 \\ \text{ס} &= 60 \\ \text{י} &= 10 \\ \text{ם} &= 40 \\ \hline &190 \end{aligned}$$

En tanto que la expresión «final», en hebreo es *ketz*, y se escribe así:

$$\text{קץ}$$

Éste es el valor numérico:

$$\begin{aligned} \text{ק} &= 100 \\ \text{ץ} &= 90 \\ \hline &190 \end{aligned}$$

La relación indica que en la túnica de listones –*pasim*–, que llevaba José, estaba indicado que sus hermanos descenderían a Egipto por causa de él, y serían sometidos allí *(véase* Talmud, tratado de Shabat 10b). Pues El Santo, Bendito Sea, ya había dicho a Abraham, que su simiente sería exiliada y esclavizada, como está escrito: «Y Él le dijo a Abram: "Ciertamente sabrás que tus descendientes serán extraños en una tierra que no es la de ellos y los esclavizarán y los afligirán cuatrocientos años» (Génesis 15:13). Sin embargo, El Santo, Bendito Sea, restaría 190 años, trayendo el final del exilio de ellos 190 años antes *(véase* Midrash Bereshit Raba 91:2). Y eso estaba indicado en la túnica de José.

Además, en la túnica de pasim, estaban indicados sus años y el tiempo que reinaría en Egipto. Pues la expresión pasim, tal como dijimos, en el texto original hebreo está escrita así:

פסים

Este es el valor numérico de la letra inicial de pasim:

פ = 80

Se indican los años de reinado de José en Egipto, que fueron 80, como está escrito: «El Faraón le dijo a José: "Yo soy el Faraón y sin ti ningún hombre puede levantar su mano o su pie en toda la tierra de Egipto. El Faraón llamó a José Tzafenat Paneaj y le dio por mujer a Asenat, hija de Potifera, sacerdote de On. Así fue como José salió como gobernante a la tierra de Egipto. José tenía treinta años cuando se presentó ante el Faraón, rey de Egipto» (Génesis 41:44-46).

Y está escrito: «José se estableció en Egipto, él y la casa de su padre, y José vivió ciento diez años» (Génesis 50:22). Se aprecia que comenzó a gobernar a los 30 años, y falleció a los 110 años, resultando que gobernó durante 80 años.

Y su muerte a los 110 años, después de gobernar durante 80 años, está indicada a continuación en la palabra *pasim*. Pues las letras que siguen a la letra *pe*, cuyo valor numérico es 80, son éstas:

סים

Éste es el valor numérico:

ס = 60
י = 10
ם = 40
―――
110

He aquí que en la túnica de pasim también estaba indicado

cuánto iba a gobernar, y cuánto viviría (Baal Haturim)

Y todo esto que estaba indicado en la túnica de pasim se cumplió, como está escrito a continuación: «Lo tomaron y lo arrojaron al pozo; el pozo estaba vacío, y no había agua en su interior. Se sentaron a comer pan; levantaron sus ojos, y he aquí que vieron una caravana de ismaelitas que venía de Gilad, con los camellos transportando cera, bálsamo y loto, para bajarlos a Egipto. Judá le dijo a sus hermanos: "¿Qué provecho hay en que matemos a nuestro hermano y cubramos su sangre? Venid, y vendámoslo a los ismaelitas, y no sea nuestra mano sobre él; porque él es nuestro hermano, nuestra propia carne, y sus hermanos convinieron con él". Pasaron por allí mercaderes madianitas; ellos subieron a José y lo sacaron del pozo y vendieron a José a los ismaelitas por veinte piezas de plata [...] Y los madianitas lo vendieron a Egipto, a Potifar, oficial del Faraón, jefe de matarifes [...]» (Génesis 37:15–36).

LA ESTADÍA EN EGIPTO

En Egipto a José le fue bien al principio, pues su amo lo nombró encargado de toda su casa, como está dicho: «José fue bajado a Egipto, y Potifar, oficial del Faraón, jefe de matarifes, varón egipcio, lo compró de los ismaelitas que lo habían llevado allá. Mas El Eterno estaba con José, y fue varón próspero; y estaba en la casa de su amo el egipcio. Y su amo vio que El Eterno estaba con él, y que todo lo que él hacía, El Eterno lo hacía prosperar en su mano. Y José halló gracia en sus ojos, y le servía; y él lo designó mayordomo de su casa y entregó en su poder todo lo que tenía» (Génesis 39:1–4).

Sin embargo, sucedió algo inesperado, como está escrito a continuación: «Aconteció después de esto, que la mujer de su amo puso sus ojos en José, y dijo: "¡Acuéstate conmigo!". Y él se negó, y dijo a la mujer de su amo: "He aquí que mi amo no se preocupa conmigo de lo que hay en casa, y ha puesto en mi mano todo lo que tiene. No hay nadie más grande en toda la casa que yo y nada me ha negado, excepto a ti, pues tú eres su mujer; ¿cómo, pues, haría yo este grande mal, y pecaría contra Dios?". Y acontecía que cuando ella lo instaba día tras día, él no escuchaba su solicitud de acostarse con ella, para estar con ella. Aconteció que un día él entró en la casa para realizar su labor, y no se encontraba allí ninguno de los hombres de casa. Y ella lo cogió por su ropa, diciendo: "¡Acuéstate conmigo!". Mas él dejó su ropa en la mano de ella y huyó, y salió fuera. Al ver ella que él había dejado su ropa en su mano y había huido fuera, llamó a los hombres de su casa y les habló diciendo: "¡Observad! ¡Nos trajo un hebreo para que se ría de nosotros! Él vino a acostarse conmigo, pero yo di grandes voces. Y cuando oyó que yo alcé la voz y grité, abandonó su ropa junto a mí, huyó y salió fuera". Ella puso su ropa junto a ella hasta que vino el amo de él a su casa. Y le habló las mismas palabras, diciendo: "El siervo hebreo que nos trajiste vino a reírse de mí. Mas ocurrió que cuando alcé la voz y grité, él abandonó su ropa junto a mí y huyó fuera". Y cuando el amo de José oyó las palabras que su mujer le hablaba, diciendo: "Tu siervo me ha hecho conforme a estas palabras", se encendió su furor. Entonces el amo de José lo tomó y lo puso en prisión, en el lugar donde estaban los presos del rey y allí permaneció en prisión» (Génesis 39:7–20).

DOS AÑOS ADICIONALES

José permaneció diez años en prisión a causa de las habladurías de sus hermanos que había proferido, y le fueron adicionados dos años más por haber confiado en seres humanos en lugar de Dios, como está escrito: «Aconteció después de estas cosas, que el copero del rey de Egipto, y el panadero, pecaron contra el amo de ellos, el rey de Egipto. Y el Faraón enfureció con sus dos ministros, con el ministro copero y con el ministro panadero. Y los puso en prisión en la casa del ministro de la guardia [...] José vino a ellos a la mañana, los observó y he aquí que se hallaban perturbados. Y preguntó a esos ministros del Faraón que estaban con él en la prisión de la casa de su amo, diciendo: "¿Por qué tenéis mala cara hoy?". Ellos le dijeron: "Hemos soñado un sueño, y no hay quien lo interprete". Entonces les dijo José: "¿Acaso las interpretaciones no son de Dios? ¡Contádmelo ahora!". El ministro copero le contó su sueño a José y le dijo: "En mi sueño, he aquí había una vid frente a mí. En la vid había tres sarmientos; y parecía que florecía, y caía su flor, y sus racimos de uvas maduraban. Y la copa del Faraón estaba en mi mano y yo tomé las uvas, las exprimí en la copa del Faraón y coloqué la copa en la palma del Faraón". José le dijo: "Esta es su interpretación: los tres sarmientos son tres días. Al cabo de tres días el Faraón levantará tu cabeza, y te restituirá a tu puesto, y darás la copa al Faraón en su mano, como lo hacías cuando eras su copero. Acuérdate, pues, de mí cuando él te favorezca, y haz por favor conmigo bondad y mencióname ante el Faraón para que me saque de esta casa"» (Génesis 40:1–14).

Estas dos expresiones mencionadas por José: «Acuérdate de mí», y «mencióname», fueron las causantes de esos dos años adicionales que estuvo en prisión. Ya que José siempre puso toda su confianza en El Santo, Bendito Sea. A esto se refiere lo que está escrito: «Bienaventurado el hombre que puso en El Eterno su confianza, y no se dirigió a los soberbios, ni a los que se desvían tras la mentira» (Salmos 40:5) (Rashi en Génesis 40:23).

Es decir, dado el grado de confianza en El Santo, Bendito Sea, que poseía José, no debería haber confiado en que el ministro copero fuese el medio para que Él hiciera el milagro de sacarlo de la cárcel. Debería haber confiado en El Santo, Bendito Sea, sin proponer nada, y dejar que Él decidiera el medio para salvarlo (véase Rabeino Bejaie; Maskil Ledavid).

DIEZ QUE SE CONVIRTIERON EN DOCE

Esos dos años adicionales que le fueron agregados a los diez años que habían sido decretados sobre José por decir: «acuérdate de mí», y «mencióname», están indicados en esas declaraciones.

Considérese que las declaraciones: «acuérdate de mí», y «mencióname», en el texto original hebreo están escritas así:

זכרתני והזכרתני

Éste es el valor numérico:

ז	= 7	ו	= 6
כ	= 20	ה	= 5
ר	= 200	ז	= 7
ת	= 400	כ	= 20
נ	= 50	ר	= 200
י	= 10	ת	= 400
		נ	= 50
		י	= 10
	687		698

Sumamos los valores parciales y resulta:

$$687 + 698 = 1385$$

La expresión: «he aquí doce», en hebreo se escribe así:

הנה שתים עשרה

Éste es el valor numérico:

ה	= 5	ע	= 70
נ	= 50	ש	= 300
ה	= 5	ר	= 200
	=	ה	= 5
ש	= 300		
ת	= 400		
י	= 10		
מ	= 40		
	───		───
	810		575

Sumamos los valores parciales y resulta:

$$810 + 575 = 1385$$

He aquí una clara evidencia de los doce años que José debió soportar en presidio, en lugar de los diez originales, a raíz de lo que había dicho al ministro copero.

DIEZ AÑOS POR HABLAR

Respecto a los diez años que José permaneció en prisión a causa de las habladurías que había proferido de sus hermanos, está indicado en el versículo que revela el lugar en el que fue puesto José, como está escrito: «donde estaban los presos del rey».

En el texto original hebreo la expresión «presos», está escrita mediante la locución *asirei*:

אסירי

Pero se lee *asurei*:

אסורי

¿Por qué esta palabra no está escrita con la letra *iud*? ¿Cuál es la razón por la que está escrita con una letra *vav*, que debe leerse *iud*?

La respuesta es ésta: el valor numérico de la letra *iud* es igual a 10.

$$\text{׳} = 10$$

Enseña que José estuvo preso diez años por hablar mal de sus diez hermanos (Baal Haturim).

Resulta de esta enseñanza un mensaje clave para regir la conducta de evaluación con respecto a los demás. Jamás debe sospecharse cuando se aprecia algo en desorden en nuestros semejantes, hasta que nos cercioremos perfectamente del asunto. E incluso cuando lo hubiésemos hecho, y hubiésemos comprobado que cometió una falta, es correcto ser prudente y no difamarlo. Se debe hablar primeramente con él para advertirle de su error, y procurar que se rectifique.

Parashá Miketz

X

EL SECRETO PARA CONSEGUIR UN MILAGRO

En la sección de la Torá denominada «Al cabo *–miketz–*», se describe la liberación de José de la cárcel donde estuvo preso durante doce años, como está escrito: «Y sucedió al cabo de dos años, que el Faraón soñó y he aquí que estaba de pie sobre el río» (Génesis 41:1).

Se aprecia que fue dicho aquí: «al cabo –miketz–», y en relación con Abraham también fue dicha la misma expresión, como está escrito: «Y Sarai, la mujer de Abram, tomó a la egipcia Hagar, su sirvienta, al cabo –miketz– de diez años de morar Abram en la tierra de Canaán, y la entregó por mujer a Abram, su marido» (Génesis 16:3).

¿Qué se aprende de esta relación? Se deduce que así como en el caso de Abraham se asocia la expresión miketz a diez años, como está escrito: «al cabo –miketz– de diez años», también aquí, en el caso de José, la expresión miketz está asociada a diez años. Por lo tanto, lo que está escrito: «Y sucedió al cabo –miketz– de dos años, que el Faraón soñó [...]», indica que eso ocurrió al cabo de diez años, y otros dos años más.

Eso está aludido en el valor numérico de la declaración: «Y sucedió al cabo de dos años».

En el texto original hebreo, esa declaración está escrita así:

ויהי מקץ שנתים ימים

Éste es el valor numérico:

ו	= 6	ש	= 300	י	= 10
י	= 10	נ	= 50	מ	= 40
ה	= 5	ת	= 400	י	= 10
י	= 10	י	= 10	ם	= 40
		ם	= 40		
מ	= 40				
ק	= 100				
ץ	90				
	261		800		100

Sumamos los valores parciales y resulta:

$$261 + 800 + 100 = 1161$$

Le sumamos el valor intrínseco 1 y resulta:

$$1161 + 1 = 1162$$

(Para comprender el fundamento de la adición del valor intrínseco 1 al valor numérico de una palabra, que en el lenguaje de los sabios se denomina «kolel», *véase* Las Claves de la Numerología Cabalística cáp. III).

La expresión: «al cabo de diez años», se escribe así en hebreo:

בקץ עשר שנים

Éste es el valor numérico:

ב	= 2	ש	= 300
ק	= 100	נ	= 50
ץ	= 90	י	= 10
		ם	= 40
ע	= 70		
ש	= 300		
ר	= 200		
	762		400

Sumamos los valores parciales y resulta:

$$762 + 400 = 1162$$

He aquí que lo que está escrito: «y sucedió al cabo de dos años», indica que esos dos años sucedieron «al cabo de diez años» (Baal Haturim).

EL SUEÑO DEL FARAÓN

Y a continuación se narra el medio que provocó la liberación de José, el sueño del Faraón, como está escrito: «Y he aquí subían del río siete vacas de buena apariencia y carne firme, que pacían en el prado. Y subían del río otras siete vacas, de mala apariencia y de pocas carnes; y se situaban cerca de las vacas junto a la orilla del río. Las vacas de mala apariencia y de pocas carnes devoraban a las siete vacas de hermosa apariencia y carne firme; y despertó el Faraón. Se durmió de nuevo, y soñó por segunda vez que siete espigas surgían de una misma caña, fuertes y buenas. Y después de ellas surgían otras siete espigas cenceñas y abatidas por el viento solano. Y las siete espigas exiguas devoraban a las siete espigas fuertes y buenas; y el Faraón despertó y he aquí era un sueño. Y a la mañana su espíritu se hallaba turbado, y envió e hizo llamar a todos los ocultistas de Egipto, y a todos sus sabios; el Faraón les contó su sueño, mas nadie logró interpretárselo al Faraón» (Génesis 41:2–8).

Entonces, al no haber quién interpretara el sueño del Faraón, uno de los ministros del Faraón recordó a José, como está escrito: «El ministro copero habló ante el Faraón, diciendo: "Hoy recuerdo mis faltas. El Faraón se había enojado con sus siervos y me puso bajo custodia en la casa del ministro de la guardia, a mí y al ministro panadero. Soñamos un sueño la misma noche, yo y él; cada hombre soñó según la interpretación de su sueño. Y allí, con nosotros, había un joven hebreo, siervo del ministro panadero, se lo contamos y él interpretó nuestros sueños; interpretando a cada hombre conforme a su sueño. Y aconteció que como él nos los interpretó, así fue; a mí me restituyó en mi puesto, y a él lo colgó". Por tanto el Faraón envió y convocó a José, y rápidamente lo sacaron de la prisión. Se rasuró y mudó sus vestidos, y vino al Faraón. Y el Faraón le dijo a José: "He soñado un sueño, mas nadie puede interpretarlo. Oí decir que eres capaz de escuchar e interpretar los sueños". José le respondió al Faraón diciendo: "Eso no está en mi poder; es Dios Quien responderá por el bienestar del Faraón"» (Génesis 41:9–16).

Entonces el Faraón contó a José el sueño que había tenido, y éste se lo interpretó, como está escrito: «José le dijo al Faraón: "El sueño del Faraón es uno mismo; Dios ha mostrado al Faraón lo que va a hacer. Las siete vacas buenas son siete años y las siete espigas buenas son siete años; el sueño es uno mismo. Las siete vacas delgadas y malas que subían tras ellas, son siete años, y asimismo las siete espigas cenceñas abatidas por el viento solano; habrá siete años de hambre. Es lo que he dicho al Faraón; lo que Dios va a hacer, lo ha mostrado al Faraón. He aquí que vienen siete años de gran abundancia en toda la tierra de Egipto. Y tras ellos habrá siete años de hambre; y toda la abundancia será olvidada en la tierra de Egipto, y el hambre consumirá la tierra"» (Génesis 41:25–30).

El Faraón aceptó la interpretación, y nombró a José virrey de Egipto, para que se encargara de administrar la economía del país. Entonces José se dispuso a acopiar el grano de los siete años de abundancia, y guardar para los años de hambruna. Y tal como José lo había dicho, sobrevinieron siete años fructíferos, en los cuales hubo mucha abundancia, como está escrito: «Durante los siete años de abundancia la tierra produjo montones. Y él reunió todo el alimento de los siete años de abundancia que hubo en la tierra de Egipto, y guardó alimento en las ciudades, poniendo en cada ciudad el alimento del campo de sus alrededores. José reunió granos como la arena del mar, una cantidad enorme, hasta que dejó de contar, porque no tenía número» (Génesis 41:47–49).

Al acabarse los siete años de abundancia, sobrevino la escasez, como está escrito: «Y los siete años de abundancia que hubo en la tierra de Egipto culminaron. Y comenzaron a venir los siete años de hambre, tal como había dicho José. Hubo hambre en todas las tierras –de los países adyacentes–, pero en toda la tierra de Egipto había pan» (Génesis 41:53–54).

Pero después esa hambruna se expandió por toda la tierra, también en Egipto, como está escrito: «Y el hambre se expandió por toda la faz de la tierra, José abrió todo granero y vendió provisiones a Egipto; porque el hambre se había intensificado en la tierra de Egipto. Y de toda la tierra venían a egipto, a José, para adquirir, porque el hambre se había intensificado en toda la tierra» (Génesis 41:56–57).

Todos fueron afectados por ese flagelo, también los moradores de la tierra de Canaán, como está escrito: «Jacob vio que en Egipto había provisiones y dijo a sus hijos: "¿Por qué os estáis mirando?". Y dijo: "He aquí que he oído que hay provisiones en Egipto; bajad allí y comprad para nosotros de allí, para que podamos vivir, y no muramos"». Y los diez hermanos de José descendieron a comprar grano en Egipto. Mas Jacob no envió a Benjamín, hermano de José, con sus hermanos; porque dijo: "Que no le suceda una desgracia". Y los hijos de Israel vinieron a comprar entre los que venían; porque el hambre se había propagado en la tierra de Canaán» (42:1–5).

LA RUEDA GIRATORIA

La rueda del destino comenzaba a girar. José, que antes estaba abajo, ahora se encontraba arriba; y sus hermanos, que estaban arriba, ahora se encontraban abajo. Ellos necesitaban ahora de la ayuda de José, a quien habían maltratado, humillado y vendido como esclavo. ¿Quién podía suponer que algo así acontecería cuando lo vendieron?

Esta era la realidad, y ellos no lo sabían. Pues desconocían que el virrey de Egipto era su propio hermano. Así fue como: «Y José era el amo de la tierra, quien proveía a todo el pueblo de la tierra; y los hermanos de José vinieron y se inclinaron a él con el rostro a tierra. José vio a sus hermanos y los reconoció, mas se comportó como un desconocido con ellos y les habló con dureza, y les dijo: "¿De dónde habéis venido?". Y ellos dijeron: "De la tierra de Canaán, a comprar alimento". José reconoció a sus hermanos; pero ellos no lo reconocieron» (Génesis 42:6–8).

LEJOS DE LA VENGANZA

Al observarse esta declaración en forma superficial, podría suponerse que José deseaba vengarse de sus hermanos por lo que le habían hecho en el pasado. Sin embargo, no era así. José no guardaba rencor. Sólo deseaba que ellos expiasen su pecado y se reuniesen todos con él para morar juntos y en paz.

Antes bien, ¿cómo era posible lograr este objetivo tan complicado? Debe considerarse que Jacob no permitía a Benjamín ir a Egipto, como se dijo anteriormente. Por eso, José debía conseguir primeramente que sus hermanos confesasen que tenían un hermano más en Canaán, y después, idear la manera de hacerlo venir.

LA COPA DE JOSÉ

Evidentemente era necesario elaborar un plan certero, y valerse de estratagemas debidamente planeadas. Por eso José utilizó en muchas oportunidades su copa, como se explica en el Midrash: está escrito: «Y los diez hermanos de José descendieron a comprar grano en Egipto». ¿Por qué esta declaración está escrita de ese modo? Debería decir: «Los hijos de Israel [...]», y no: «Los hermanos de José [...]. Pues el linaje se atribuye al padre, y no a un hermano.

Esta irregularidad revela que en un principio no demostraron hermandad con José, y lo vendieron. Pero finalmente se arrepintieron de eso, y decían:
—¿Cuándo descenderemos a Egipto para que encontremos a José y lo rescatemos para devolverlo a nuestro padre?
Y ahora, cuando su padre les dijo que descendiesen a Egipto, todos concordaron en que buscarían a su hermano para restituirlo a su hogar (Midrash Bereshit Raba 91:6).

UNA IDEA PRÓSPERA

La idea de José estaba comenzando a cumplirse. Sus hermanos se arrepentían de lo que habían hecho y pretendían rectificarse. Su plan marchaba sobre rieles. Ahora debía provocar que ellos confesaran tener un hermano más, para después requerirles que lo trajeran.

En el Midrash se revelan los pormenores de este nuevo paso dado por José: Dijo Rabí Yehuda, hijo de Simón: También José sabía que sus hermanos descenderían a Egipto en busca de provisiones. Pero deseaba que vinieran todos para descubrirse. Pues tenía presente el sueño que había tenido cuando vivía con ellos, antes de que lo vendiesen. Y en el mismo, José había visto que todos se prosternarían ante él.

¿Qué hizo José para provocar que todos viniesen a él? Emitió decretos en Egipto, los cuales fueron astutamente planeados. Además, dispuso guardias en todos los accesos de entrada a la nación, y les ordenó:

—Observad a todo el que entre en busca de alimentos. Apuntad su nombre, y también el nombre de su padre. Y por la tarde me traeréis todos los listados con esos datos.

Esta estrategia aparentemente demostraba intención de ser equitativo y justo en el reparto de las provisiones. Para eso requería los datos de todo el que entrara, con el fin de comprobar que ninguno llevara más de lo debido, ni especulase entrando varias veces a Egipto. Mas interiormente José pensaba a través de ese plan descubrir a sus hermanos cuando viniesen.

LOS LISTADOS REVELADORES

Los hombres acataron la ordenanza al pie de la letra. Y cuando los hermanos de José llegaron a Egipto, entraron cada uno por una entrada diferente, tal les había ordenado su propio padre, para cuidarse del mal de ojo, debido a su hermosura y esbeltez (véase Rashi).

Los hombres de la guardia registraron los datos de todos, y

por la tarde fueron enviados al Virrey. Los encargados comenzaron a pasar el parte. El guardia de una entrada, leyó en su listado:

—Rubén, hijo de Jacob.

Otro guardia, que estaba a cargo de otra entrada, leyó en su listado:

—Shimón, hijo de Jacob.

Otro guardia leyó en su listado:

—Levi, hijo de Jacob.

Y así ocurrió con los demás guardias que a través de sus apuntes revelaban la entrada de sus hermanos.

José tras escuchar esto ordenó:

—¡Cerrad los depósitos!

Pues si varios depósitos permanecieran abiertos, sus hermanos podrían esparcirse y dirigirse cada uno a otro sitio, como les había encomendado su padre. Por eso hizo abrir un solo depósito, y le entregó los nombres de sus hermanos al encargado de esa boca de expendio, le ordenó:

—Pon atención, cuando vengan estos hombres atrápalos y envíamelos.

Transcurrieron tres días, y ellos no venían al depósito. Pues se ocupaban de la principal causa por la que habían venido a ese lugar, buscar a su hermano José para rescatarlo y devolverlo a su padre.

El virrey inmediatamente mandó llamar setenta guerreros selectos de la casa real, y envió por ellos. Ordenó a los legionarios que los buscaran por las calles de Egipto hasta encontrarlos.

Los hombres cumplieron su misión y los hallaron en una

feria de meretrices. Ellos estaban allí porque habían considerado:

—Nuestro hermano tiene un aspecto hermoso, y bella semblante, tal vez su amo lo puso aquí para que preste servicio.

Los guerreros enviados por el virrey al encontrarlos allí los detuvieron y los llevaron ante el mandatario.

Cuando los hombres de la guardia real los trajeron ante el virrey, aconteció que él los reconoció, como está escrito: «José vio a sus hermanos y los reconoció, mas se comportó como un desconocido con ellos y les habló con dureza» (Génesis 42:7). Se mostró ante ellos como un adivino, y no como un hijo de Jacob. Tomó su copa y la golpeó con su dedo, simulando que así sabría los secretos de esos hombres. Les dijo:

—Yo veo en mi copa que sois espías. Por eso habéis entrado cada uno por una entrada diferente. Para no despertar sospechas. Y además, para averiguar la seguridad de cada entrada.

Ellos le respondieron:
—«¡No, mi señor! Tus siervos han venido a comprar alimentos. Somos todos hijos de un hombre; somos correctos; tus siervos nunca fueron espías» (Génesis 42:10–11). Y agregaron:
—Entramos por entradas diferentes por ordenanza de nuestro padre, quien nos dijo: "¡No entréis por una misma entrada!".

El virrey les dijo: «¡No! Para ver lo descubierto del país habéis venido» (Génesis 42:12). Y agregó:
—Si fuese como decís, ¿qué hacías en un antro de meretrices? Allí fuisteis hallados todos juntos. ¿Acaso en ese lugar no temíais del mal de ojo? ¿Y cómo puede ser, si habéis dicho que vuestro padre os ordenó no deteneros en un lugar por temor al mal de ojo?

A través de esa estrategia los obligaba a revelar que tenían otro hermano. Ellos dijeron al virrey:

—Se nos ha extraviado algo, y lo buscábamos en ese lugar, donde suelen frecuentar los delincuentes.

El virrey les dijo:
—¿Qué habéis perdido exactamente? ¡Un momento! Veo en mi copa que dos de vosotros habéis destruido una gran ciudad, Shjem.

A través de eso les recordaba lo que había acontecido cuando dos hijos de Jacob vengaron la violación de su hermana, como está escrito: «Y sucedió al tercer día, estando ellos doloridos, que dos de los hijos de Jacob, Shimón y Leví, hermanos de Dina, tomaron cada uno su espada, y vinieron seguros contra la ciudad, y mataron a todo varón. Y a Jamor, y a Shejem su hijo, los mataron a filo de espada; y tomaron a Dina de casa Shejem, y se fueron» (Génesis 34:25–26).

Además, el virrey dijo:
—Y después vendisteis a vuestro hermano a árabes. Por eso lo buscáis aquí, pues pensáis que ha sido atrapado y se encuentra en este sitio, y deseáis hacer lo mismo que en Shejem, por la misma causa.

Ellos vieron que conocía muchos de sus secretos, entonces se atemorizaron y confesaron que tenían otro hermano, como está escrito: «Y ellos dijeron: "Nosotros, tus sirvientes, somos doce hermanos, hijos de un hombre de la tierra de Canáan"» (Génesis 42:13).

El virrey les dijo:
—¿Dónde están esos dos restantes?

Ellos le respondieron:
—«Uno falta» (Ibíd.). Pues no lo encontramos ni oímos nada

de él. Suponemos que está muerto. «Y he aquí que el más pequeño está hoy con nuestro padre» (Ibíd.).

EL PLAN PERFECTO

José había logrado su objetivo, que le revelaran esos datos. Por eso les dijo: «Es lo que os he dicho, cuando dije que sois espías. En esto seréis probados: vive el Faraón, que no saldréis de aquí a menos que venga aquí vuestro hermano menor. Enviad a uno de vosotros y que él traiga a vuestro hermano, y vosotros quedad presos, y vuestras palabras serán probadas, si hay verdad en vosotros; y si no, vive el Faraón, que sois espías. Y los reunió y puso bajo custodia por un lapso de tres días» (Génesis 42:14–17).

Después de eso envió a los hijos de Israel para que trajeran a su hermano menor, pero tomó un recaudo, como está escrito: «Tomó a Shimón de entre ellos y lo puso en prisión ante sus ojos» (Génesis 42:24). La razón era porque Shimón había arrojado a José al pozo antes de que lo vendiesen, y ahora le hacía pagar por eso, para que expiara por esa falta. Además, aún debía temer de que quién se había fortificado más en su odio contra él. Por eso lo apartó de Levi, para que no tramaran un plan contra él, y pretendieran matarlo, como había sucedido el día que lo vendieron.

UNA NUEVA FACETA DEL PLAN

Después de recluir a Shimón: «José ordenó que llenaran sus sacos con granos y que devolviesen su dinero al saco de cada uno, y que les dieran provisiones para el camino; y así se hizo con ellos» (Génesis 42:25). Los hermanos volvieron a su tierra y se dirigieron a su padre, y le contaron todo lo que había acontecido. Jacob les preguntó:

—¿Y dónde está Shimón?

Ellos le respondieron:

—El mandatario lo tomó en garantía por nuestro hermano menor. En ese momento: «Su padre Jacob les dijo: "Me habéis privado de mis hijos; José no está, Shimón no está, y a Benjamín lo llevaréis ¡Sobre mí ha caído todo! Entonces Rubén le dijo a su padre, diciendo: "Harás morir a mis dos hijos, si no te lo devuelvo; entrégalo en mi mano, y yo lo devolveré"» (Génesis 42:37–38).

Jacob le dijo a Rubén:

—¿Acaso tus hijos no son mis hijos? ¿Por qué pretendes ponerlos como garantía? La muerte de ellos no aplacaría mi dolor, sino que lo incrementaría.

Yehuda les dijo a sus hermanos:

—Dejad al anciano hasta que se acabe el pan, —y él mismo nos enviará—.

Y efectivamente eso sucedió, como está escrito: «El hambre era grave en la tierra. Cuando terminaron de comer las provisiones que habían traído de Egipto, su padre les dijo: "¡Volved, comprad para nosotros un poco de alimento!"» (Génesis 43:1–2).

Yehuda le dijo a su progenitor:

—Padre, si Benjamín viene con nosotros, hay posibilidad de que lo atrapen. Pero eso es algo dudoso, y no, certero. Pero si no viene con nosotros, seguro que todos seremos atrapados por el hambre y pereceremos. Es mejor que dejes la duda y tomes lo seguro.

Con eso le dijo que es preferible que una vida sea expuesta al peligro, y no, que todos mueran con seguridad.

Jacob le dijo:
—¿Quién será el garante?

Y Yehuda dijo:

—¡Yo!

A esto se refiere lo que está escrito: «Yo seré garante; a mí me pedirás cuenta. Si no lo traigo de regreso contigo y lo presento ante ti, entonces habré pecado contra ti para siempre» (Génesis 43:9) (Midrash Bereshit Raba 91:6).

UNA ESTRATEGIA CORRECTA Y DIFÍCIL

El plan de José funcionaba tal como él lo había planeado. Ya estaba en camino su hermano menor, y faltaba traer sólo al padre. Pero además de cumplirse ese objetivo, había otro asunto en curso que beneficiaba a sus hermanos, ya que todo ese doloroso proceso permitía que ellos expiasen por las faltas que habían cometido en el pasado. Así todos podrían reunirse y vivir juntos, en paz y hermandad, venciendo todas las sombras del pasado, cuando existía entre ellos distanciamiento y enemistad. Y no debe suponerse que era fácil para José hacer lo que estaba haciendo, por el contrario, le era muy duro, y era para él muy difícil contenerse. A esto se refiere lo que está escrito: «José ya no se pudo contener delante de todos los que estaban junto a él, y clamó: "Haced salir de mi presencia a todos los hombres". Y no quedó ningún hombre con él, al darse a conocer José a sus hermanos. Elevó su voz en llanto, y oyeron los egipcios, y también oyó la casa de Faraón. Y José les dijo a sus hermanos: "¡Yo soy José! ¿Acaso mi padre sigue con vida?". Y sus hermanos no pudieron responderle, porque estaban turbados ante de él. Entonces José dijo a sus hermanos: "¡Por favor, acercaos a mí!". Y ellos se acercaron. Y él dijo: "Yo soy José, vuestro hermano, que vendisteis a Egipto. Y ahora, no os entristezcáis, no os reprochéis por haberme vendido aquí, pues para preservación de vida me envió Dios antes que a vosotros. Pues estos han sido dos de los años de hambre de la tierra y aún faltan cinco años, en los que no habrá arada ni siega. Y Dios me envió antes que a vosotros, para preservar vuestra superviviencia en la tierra y para sustentaros para una gran salvación» (Génesis 45:1–7).

UNA REFLEXIÓN FAVORABLE

Hemos apreciado en todo este suceso la oscuridad del enfrentamiento y la enemistad, y la luz de la esperanza y la hermandad. Mientras había desentendimiento y odio, no eran felices. Por el contrario, esa falta de amor mutuo les provocó a todos sufrimiento y aflicción. Sin embargo, finalmente hubo rectificación y llegó la luz. Cuando vino Jacob, y los hijos de Israel se reunieron y estuvieron en paz, se interrumpió la hambruna y comenzó a surgir la abundancia.

¿Y de dónde se aprende que cuándo vino Jacob y estuvieron todos juntos se interrumpió la hambruna? Como está escrito: «Adquiérenos a nosotros y a nuestra tierra por alimento, y seremos nosotros y nuestra tierra siervos del Faraón; y danos pan para que vivamos y no muramos, y la tierra no sea asolada» (Génesis 47:19). Se aprecia que pidieron semilla además de pan. Y esa semilla era para sembrar la tierra (Rashi). Tal como se aprecia en la respuesta de José, quién dijo al pueblo: «He aquí que os he adquirido este día junto con vuestra tierra para el Faraón; aquí tenéis semillas; sembrad la tierra» (Génesis 47:23).

Resulta que José les dio semillas para sembrar la tierra, porque la hambruna pronosticada se había interrumpido. Y esto fue así aunque el mismo José había pronosticado otros cinco años de hambruna en los que no habría siembra ni cosecha, como está escrito: «Pues estos han sido dos de los años de hambre de la tierra y aún faltan cinco años, en los que no habrá arada ni siega» (Génesis 45:6). Sin embargo, ya que Jacob llegó a Egipto, la bendición vino a sus pies. Entonces comenzaron a sembrar, y la hambruna terminó (Génesis 47:19, Rashi).

Esta bendición que vino con Jacob y anuló el pronóstico de

hambruna por otros cinco años, llegó cuando estuvieron todos unidos. Pero mientras Jacob y sus once hijos estaban en Canaán, y José en Egipto, la hambruna no se interrumpió.

EL MISTERIO DE LA UNIÓN

Este que hemos visto es el misterio de la unión, que puede vencer cualquier adversidad. Y un ejemplo claro lo hallamos en el suceso de Jánuca. Ya que en esa oportunidad también hubo oscuridad, y después volvió la luz a raíz de la unión. Y no por casualidad el acontecimiento de Jánuca se celebra exactamente en los días en que se lee en las sinagogas de todo el mundo la sección de la Torá denominada Miketz. Ya que siempre en el Shabat que cae durante esa celebración se lee esa sección de la Torá.

EL VÍNCULO DE JANUCA

Considerese que en aquella época de Jánuca, la luz de la Menorá, que era el candelabro del Templo Sagrado, había dejado de iluminar. El aceite fue impurificado por personas que pretendieron apartar la fe del pueblo. Pero la hermandad y la unión pudo más que la fuerza, e Israel venció al enemigo que lo superaba varias veces en número. Como se indica a modo de insinuación en el sueño del Faraón, donde las vacas flacas engullían a las robustas, y las espigas débiles devoraban a las voluminosas. En Jánuca se celebra el triunfo de la fe y la hermandad, sobre la crueldad y la arrogancia.

A continuación observaremos detalles de la relación de lo descrito en la sección Miketz, con el candelabro del Templo Sagrado, y Jánuca.

Como hemos dicho, José estuvo preso en la cárcel durante

doce años. Después de ese lapso de tiempo, el Faraón tuvo un sueño que nadie le podía interpretar correctamente. Por eso fue convocado José, para que se lo interpretara. Y éste lo hizo correctamente, tras los cuál fue nombrado virrey de Egipto.

Ahora bien, en este sueño del Faraón, que fue un sueño doble, aparecían primeramente vacas, y posteriormente, espigas. Respecto a las mismas está dicho: «Se durmió de nuevo, y soñó por segunda vez que siete espigas surgían de una misma caña, fuertes y buenas» (Génesis 41:5).

Se aprecia en la declaración bíblica mencionada, que las siete espigas surgían de una misma caña. Ahora bien, ¿dónde hallamos en la Torá este mismo concepto? En el candelabro del Templo Sagrado, denominado Menorá, que tenía siete brazos que salían de una misma caña, como está escrito: «Tres cálices labrados como almendras de una caña, una esfera y una flor; y tres cálices labrados como almendras de una caña, una esfera y una flor, y así con las seis cañas que emergen de la Menorá» (Éxodo 37:19).

Esta relación de las espigas con la Menorá enseña que la abundancia representa luz para el mundo (Baal Haturim en Génesis 41:5).

Y la luz de la Menorá traerá la abundancia definitiva al mundo. Observad: el candelabro de Jánuca, que se enciende en memoria de la Menorá del Templo Sagrado, que había sido impurificado y encendido milagrosamente durante ocho días, tiene relación directa no sólo con el sueño del Faraón, que significó la luz para José, sino con la luz de todo el pueblo. Pues la victoria de Jánuca va más allá de un triunfo físico contra el enemigo. Es un triunfo que conlleva a la obtención de la paz, y la redención final, que sobrevendrá con la llegada del Mesías. Tal como se enseña en el Midrash Talpiot: «Mesías», contiene las iniciales de la expresión: «se encienden las luminarias los ocho días de Jánuca».

Veámoslo gráficamente:

«Mesías», se escribe así en hebreo:

משיח

La expresión: «se encienden las luminarias los ocho días de Jánuca», se escribe así en hebreo:

מדליקין שמונה ימי חנוכה

Ahora veremos estas palabras indicadas en las iniciales de Mesías:

מדליקין = מ
שמונה = ש
ימי = י
חנוכה = ח

Se observa que las letras iniciales de esas cuatro palabras forman la palabra Mashiaj. Resulta que mediante el secreto del encendido de las luminarias de Jánuca, se producirá la llegada del Mesías, y a través de eso sobrevendrá la abundancia y la paz definitiva al mundo.

Asimismo, en la misma cita del Midrash Talpiot, se señala otra enseñanza trascendental relacionada con Jánuca. Las letras de la expresión Jánuca corresponden con las iniciales de las palabras que forman la frase: «ocho luminarias, y la ley es como la academia de Hilel».

Veámoslo gráficamente:

«Jánuca», se escribe así en hebreo:

חנוכה

La expresión: «ocho luminarias, y la ley es como la academia de Hilel», se escribe así en hebreo:

ח נרות והלכה כבית הלל

Ahora veremos estas palabras indicadas en las iniciales de Jánuca:

ח = ח
נרות = נ
והלכה = ו
כבית = כ
הלל = ה

UNA ENSEÑANZA PROFUNDA

A continuación examinaremos estos dos conceptos citados en el Midrash. Comenzaremos por la ley de encendido de las velas de Jánuca, de acuerdo a lo estipulado por la academia de Hilel. En el Talmud consta un estudio que fue llevado a cabo por los sabios con el fin de establecer cómo cumplir adecuadamente el precepto de encender las luminarias de Jánuca. Esto dijeron: el dueño de casa enciende una luminaria, y así todos los habitantes de la morada cumplen con el precepto.

Existe además un segundo modo, apropiado para aquellas personas que deseen cumplir el precepto de manera sobresaliente –mehadrín–. En ese caso, el dueño de la casa encenderá cada noche, una luminaria por cada uno de los miembros de la casa.

Y existe otro modo, propicio para aquellos que deseen cumplir el precepto de modo óptimo. ¿Cómo se lleva a cabo? Al respecto existe discrepancia entre las academias de Shamai e Hilel.

Los sabios de la academia de Shamai sostienen que el primer día de Jánuca se encienden ocho luminarias. El segundo día se encienden siete luminarias. Y así sucesivamente. Se disminuye en orden gradual, hasta que el octavo día de Jánuca se enciende una sola luminaria.

Los sabios de la academia de Hilel sostienen que el primer día de Jánuca se enciende una luminaria. El segundo día se encienden dos luminarias. Y así sucesivamente. Se aumenta en orden gradual, hasta que el octavo día de Jánuca se encienden ocho luminarias.

EL CUMPLIMIENTO DEL PRECEPTO

Es lógico que se desee cumplir el precepto de encender las luminarias de Jánuca de la mejor manera posible. Por eso, se lo hace conforme al modo óptimo señalado. Y como la ley se establece siempre —salvo ciertas excepciones— según lo establecido por la academia de Hilel, hay que encender las luminarias de acuerdo con el orden indicado por ellos.

Aunque no será tan sencillo. Pues no sabemos si los sabios de esa academia tomaron en cuenta el nivel intermedio, y sobre el mismo aumentaron. Es decir, el nivel de encendido de manera sobresaliente —mehadrín—, de acuerdo con el cuál el dueño de la casa encenderá cada noche una luminaria por cada uno de los miembros de la morada.

Ahora bien, si la academia de Hilel determinó que cada noche de Jánuca se ha de incrementar una luminaria, en el caso de tomarse en cuenta el modo sobresaliente —mehadrín—, acontecerá lo siguiente: si la familia está integrada de tres personas, el primer día se encenderán en esa casa tres luminarias. El segundo día seis luminarias, el tercero, nueve luminarias. Hasta que en el octavo día serán encendidas allí veinticuatro luminarias.

Aunque existe la posibilidad de interpretar el dictamen de la academia de Hilel de modo independiente. Es decir, no tomando en cuenta la manera sobresaliente –mehadrín–. Pues si fuese así, como hemos dicho, y cada día se incrementara una luminaria por cada miembro de la familia, no se sabrá qué día de Jánuca se celebra. Mas bien, ha de encenderse en el orden establecido por la academia de Hilel, pero un solo candelabro, independientemente de la cantidad de miembros que hubiese en la familia.

Conclusión de las posibilidades de encendido de las luminarias de Jánuca de acuerdo con lo establecido por la academia de Hilel:

1. Se incrementa una luminaria por cada día de Jánuca, sumando a esa cantidad, de acuerdo a los miembros que hubiese en la casa.
2. Se incrementa una luminaria cada día de Jánuca, en un único candelabro.

¿Qué hacer? ¿Ha de procederse cómo la primera opción, o cómo la segunda? Para resolver este asunto, ha de tenerse en cuenta el modo de interpretar la ley de acuerdo con los legisladores del lugar de origen de cada uno. Pues en el pueblo de Israel existen dos grandes grupos, divididos de acuerdo con el lugar de origen ancestral: los sefaraditas y los ashkenzitas. Esta división comenzó a originarse con la destrucción del Segundo Templo de Jerusalén en el año 70 de la era común.

Los sefaraditas son descendientes de judíos que emigraron a la península Ibérica y Portugal, hasta que se produjo la expulsión de 1492. Los descendientes de los judíos sefaraditas conservan hasta el día de hoy la tradición de sus ancestros. Los ashkenatzitas son descendientes de judíos que emigraron a los países germanos y las ciudades vecinas del este de Europa. Los descendientes de los judíos ashkenatzitas conservan hasta el día de hoy la tradición de sus ancestros.

Los judíos de procedencia sefaradita, se basan en sus leyes principalmente conforme a la interpretación de Maimónides. Y los judíos de procedencia ashkenzita, se basan en sus leyes principalmente conforme a la interpretación de Tosafot.

UN ENFOQUE MÍSTICO

Ahora que contamos con todos estos datos, resulta posible esclarecer la ley para encender las luminarias de Jánuca. Sólo habría que considerar la proveniencia de la persona, y la determinación legal del sabio que corresponde con su tradición. Sin embargo, en Jánuca ocurre algo fuera de lo común. Un hecho que tal vez podría considerarse un nuevo milagro.

Avanzaremos paso por paso para esclarecer este asunto, y su enseñanza. En primer lugar partamos de la base que indica: la ley se establece como la academia de Hilel.

Esa determinación, ¿a qué se debe? ¿Acaso los miembros de la academia de Shamai eran inferiores?

En el Talmud se enseña que no eran inferiores, por el contrario, eran tan eruditos como los miembros de la academia de Hilel. ¿Y por qué la ley se establece como la academia de Hilel? Porque ellos analizaban su punto de vista, y después analizaban minuciosamente el punto de vista de los otros sabios. Cotejaban las conjeturas, y si veían que tenían razón, determinaban la ley como lo habían deducido ellos, pero si se percataban que la razón la llevaban los otros sabios, dejaban de lado su propia resolución, y adoptaban la de los otros. En cambio los de la academia de Shamai se mantenían firmes en la decisión legal que habían tomado.

Hemos apreciado que los miembros de la academia de Hilel poseían una base abierta y amplia; siempre consideraban lo que pensaban los demás antes de tomar una resolución. Por eso se establece la ley de acuerdo con ellos. Y se deja de lado la resolución de la academia de Shamai.

Es ésta una enseñanza fundamental: ha de considerarse el pensamiento de los demás. Obsérvese que es esta una de las bases para conseguir la paz.

¿Qué sucedería si aplicásemos esto mismo a nuestras propias vidas, a nuestras vivencias diarias? Ciertamente que entenderíamos mucho mejor a nuestro prójimo, y podríamos compartir muchas más cosas.

Obsérvese que esto mismo aconteció en lo relacionado con las luminarias de Jánuca. El legislador sefaradita Maimónides, determinó de acuerdo con la interpretación de que se aumenta una luminaria cada día de Jánuca, y se incrementan luminarias de acuerdo a los miembros de la casa. Es decir, si en la vivienda hay tres personas, la primera noche de Jánuca se encienden tres luminarias, la segunda seis, la tercera nueve, y así sucesivamente. El legislador ashkenatzita, o sea, los miembros de la exégesis denominada Tosafot, determinaron que se encienda un solo candelabro, porque si se encienden más, no se distinguiría el día de Jánuca correspondiente.

Observad algo curioso: en la ley de Jánuca se da una situación inédita, completamente diferente a la de los otros preceptos. La comunidad ashkenatzita sigue al legislador sefaradita, y la comunidad sefaradita sigue al legislador ashkenatzita. Es decir, la comunidad sefaradita enciende un solo candelabro, no importando la cantidad de miembros que hubiese en la casa; y la comunidad ashkenatzita enciende candelabros de acuerdo a la cantidad de miembros que hubiesen en la casa, cada uno enciende el suyo propio (Código Legal Shulján Aruj: Oraj Jaim 671:2; Shaj).

Este es un indicio revelador que permite observar por qué encendiendo las luminarias de Jánuca se puede atraer al Mesías. Porque al hacerlo, uno se compenetra con lo del otro. Uno considera lo del otro, y lo toma en cuenta. Es una señal de hermandad, paz, y armonía. La clave para que se produzca la llegada del Mesías, y la paz y la felicidad reinen en el mundo por siempre.

Parashá Vaigash

XI

EL MUNDO ENRAIZADO EN EL AMOR

En la sección de la Torá denominada: «Se acercó –Vaigash–», se menciona la revelación de José a sus hermanos, como está escrito: «José ya no se pudo contener delante de todos los que estaban junto a él, y clamó: "Haced salir de mi presencia a todos los hombres". Y no quedó ningún hombre con él, al darse a conocer José a sus hermanos» (Génesis 45:1–2).

¿Por qué José se reveló a sus hermanos en ese momento? ¿Qué lo que hizo cambiar su opinión, después de haber conservado el secreto durante tantos días, y tras haber hecho sufrir a sus hermanos en todo este penoso proceso?

La respuesta la obtenemos observando la declaración de Yehuda, mencionada al comienzo de la sección, como está escrito: «Yehuda se le acercó y dijo: "Ay, señor mío, te ruego que permitas que hable tu siervo una palabra en oídos de mi señor, y no se encienda tu ira contra tu siervo, pues tú eres como el Faraón. Mi señor ha interrogado a sus siervos, diciendo: "¿Acaso tenéis un padre o un hermano? [...]» (Génesis 44:18–32). Y después de intentar convencer al mandatario por todos los medios diplomáticos posibles, declaró: «Te ruego ahora que tu siervo quede en lugar del joven por siervo de mi señor, y que el joven vaya con sus hermanos» (Génesis 44:33).

Él mismo se ofrecía a permanecer como esclavo del virrey para que su hermano pequeño fuese liberado. Estaba dispuesto a entregar su propia libertad, y también arriesgar su vida, si fuese necesario, por Benjamín. Significaba que se había retractado de su proceder pasado, cuando vendió a José. Ahora luchaba por Benjamín por amor a él. Y esa era también la posición de sus otros hermanos, quienes estaban de acuerdo con Yehuda, y lo apoyaban plenamente. Por eso José decidió revelarse en ese momento, después de oír que sus hermanos se habían rectificado absolutamente, por amor, y no sólo por temor.

Pues anteriormente ellos habían reflexionado y se habían retractado de su mal proceder por temor, como está escrito: «Y dijeron el uno al otro: "Ciertamente somos culpables en lo tocante a nuestro hermano, pues vimos la angustia de su alma cuando nos rogaba, y no lo escuchamos; por eso ha venido sobre nosotros esta angustia"» (Génesis 42:21). Y Yehuda había dicho: «Aquí estamos, dispuestos a ser siervos de mi señor, tanto nosotros como aquel en cuya mano fue hallada la copa» (Génesis 44:16). Pero eso era por temor, como se observa explícitamente en la cita. Mas ahora, José comprobaba que actuaban por amor. Eso significaba que la rectificación alcanzada por sus hermanos era óptima, y por eso decidió revelárseles.

Eso está indicado en el mensaje transmitido por José a sus hermanos al descubrirse ante ellos, como está escrito: «He aquí que vuestros ojos ven, igual que los ojos de mi hermano Benjamín, que es mi boca la que os habla» (Génesis 45:12).

La expresión: «que os habla», en el texto original hebreo está escrita así:

המדבר

Ésta palabra puede separarse en dos partes:

ה מדבר

Resulta que la expresión *hamedaver*, está integrada por estas dos palabras: *he medaver*, que significan: «por –la letra hebrea– *he* os he hablado».

¿Qué indica la letra he? Alude al arrepentimiento y la rectificación absolutos, como se enseñó en el Talmud, que la letra he, corresponde con el arrepentimiento y la rectificación. ¿Y por qué el pie de la letra he está colgando? Para que entren por esa abertura los arrepentidos (Talmud, tratado de Menajot 29).

La puerta pequeña que queda formada en el vértice superior de la letra he permite a los arrepentidos entrar por allí. Es un sitio alto y estrecho, lo que demuestra necesidad de esfuerzo para llegar. Por ese sitio entran los que se arrepienten de obrar mal, pero por temor de ser castigados por lo que han hecho. Sin embargo, en la letra he hay también una puerta grande –en la parte inferior–. Por la misma entran los que se rectifican y obran certeramente, por amor.

ה

Esas dos entradas son necesarias. Pues primeramente una persona se arrepiente y rectifica de su mal proceder por temor a ser castigada. Pero una vez que está dentro, tiene la oportunidad de rectificarse completamente, y obrar por amor. Entonces, utilizará la puerta grande. A esto se refiere lo que se enseñó en el Talmud: siempre la persona debe ocuparse de estudiar la Torá y cumplir los preceptos, aunque sea que lo hiciese sin intención, pues al hacerlo sin intención, llegará a hacerlo con intención

(Talmud, tratado de Pesajim 50b). De lo dicho resulta que la letra he está relacionada principalmente con la rectificación por amor.

Aplicando esta enseñanza a nuestro asunto, se aprende que José había apreciado que sus hermanos se habían arrepentido por temor al castigo, pero él deseaba más, que lo hiciesen por amor. Y cuando eso ocurrió, no pudo contenerse más y se dio a conocer a sus hermanos (véase Od Iosef Jai, Vaigash; Maimónides Hiljot Teshuvá).

EL AMOR, UN FUNDAMENTO UNIVERSAL

Debe considerarse que lo que deseaba José de sus hermanos, el amor, es el fundamento del mundo, y el objetivo a alcanzar por todos. Pues la creación del hombre fue realizada por el Rey supremo, El Santo, Bendito Sea, con amor y generosidad. Ya que es habitual en Él hacer el bien, como lo indica la totalidad de la creación del mundo, que es una manifestación de amor y generosidad para que conozcan Su grandeza. Pues El Santo, Bendito Sea, creó todo para que lo conocieran, como explicó Rabí Shimón, el hijo de Iojai (Sodot Hatora).

Al conocer a El Eterno es posible hacer Su voluntad, uniéndose a Él con un perfecto lazo de amor. ¿Y en qué consiste ese conocimiento? En la aprehensión de sus cualidades que nos transmitió a través de su sagrada Torá, como está escrito: «Y El Eterno dijo a Moshé: "Lábarte dos tablas de piedra como las primeras, y escribiré sobre las tablas las palabras que había en las primeras tablas que has quebrado. Prepárate, pues, para mañana, y sube de mañana al monte de Sinaí, y preséntate ante mí sobre la cumbre del monte. Y no ascienda contigo ningún hombre, y ningún hombre sea visto en toda la montaña; tampoco las ovejas y el ganado vacuno podrán pastar frente a ese monte"» (Éxodo 34:1–3).

Esto sucedía después de que el pueblo había actuado contra la voluntad de Dios haciendo un becerro de oro, un objeto de culto idolatra. Pero cuando Moshé descendió del Monte y vio lo que habían hecho, destruyó ese becerro inmediatamente. Y El Eterno, merced a su gran amor, perdonó al pueblo y les entregó otras Tablas, como está escrito a continuación: «Y Moshé labró dos tablas de piedra como las primeras, y se levantó temprano de mañana y subió al monte Sinaí, tal como le había ordenado El Eterno; y tomó dos tablas de piedra en su mano. Y El Eterno descendió en una nube y se ubicó allí junto a él, y proclamó en el Nombre El Eterno. Y El Eterno pasó ante él y proclamó: "¡El Eterno! ¡El Eterno! Dios, misericordioso y clemente, tardo para la ira y grande en bondad y verdad. Preserva la bondad por miles de generaciones, perdona el pecado, la rebelión, y la falta, limpia –a los que se arrepienten– y no limpia –a los que no se arrepienten–, recuerda el pecado de los padres sobre los hijos e hijos de los hijos, hasta la tercera y cuarta generación"» (Éxodo 34:4–7).

A través de esta declaración El Eterno dio a conocer sus atributos de benevolencia y amor para que los aprendamos e imitemos. A partir de esta manifestación es posible apegarse a El Eterno, y esto se consigue tomando su ejemplo y llevándolo a la práctica. Tal como es el deseo de un padre terrenal respecto a su hijo, y como es propicio para un hijo hacer a partir del buen ejemplo de su padre.

Este es el modo propicio de proyectar el amor entre el creador –en nuestro ejemplo terrenal el padre– y el creado –en nuestro ejemplo los hijos–. Eso mismo existe en el plano Celestial, en la gran familia cósmica que va desde el Padre Celestial hasta los hijos, los entes inferiores que moramos en el mundo terrenal, y aun así, estamos conectados a Él, haciendo su voluntad.

LA COSMOVISIÓN DEL AMOR

Resulta que el objetivo principal de la creación está orientado a que los seres humanos conozcan a El Santo, Bendito Sea. Y ya que El Santo, Bendito Sea, creó al hombre con Su imagen, como es característico en el padre, que otorga de su fisonomía al hijo, recíprocamente, de modo similar a este modelo, se manifiesta en la creación del alma, la cual fue creada con la imagen de Dios, como está escrito: «Y creó Dios al hombre con su imagen, con la imagen de Dios lo creó; varón y hembra los creó (Génesis 1:27). Se aprende que Dios creó una imagen y con esa imagen Suya creó el alma de la persona (Sod Iesharim).

Y la creación del cuerpo consiste en una vestimenta que reviste al alma. Ya que esta es la causa de la existencia del cuerpo; y el cuerpo no es la causa de la existencia del alma. Y ciertamente que el amor de El Santo, Bendito Sea, lo induce a otorgarle emanación de vida, abundancia, bendición, y todo lo bueno. Tal como es característico en un padre que ama a su hijo. Pues toda causa desea otorgar influencia a lo que se originó a partir de la misma, al efecto de la causa, como fue enseñado: «La vaca desea amamantar al becerro más que lo que éste ansía amamantarse» (Talmud, tratado de Pesajim 112a).

Ahora bien, si bien es cierto que la vaca, o una madre humana, en ocasiones se rehúsa a dar el pecho a su hijo, eso se debe a que éste se encuentra enfermo y no puede mamar la leche de su madre. Lo mismo ocurre con El Santo, Bendito Sea. En ocasiones la abundancia de lo Alto es impedida de la persona, pero no por parte de El Santo, Bendito Sea, pues Él siempre otorga Su influencia, como un padre a un hijo, sino por causa del hijo, que no está preparado para recibir. Y cuando la persona se rectifique por el lado del alma, estará preparada como es debido y será un recipiente apto para recibir la luz suprema. Resulta que la esencia del amor se encuentra desde el comienzo de todos los niveles hasta el final (véase Reshit Jojmá

Ahava 6:9).

TODO ES AMOR

Para comprender este asunto, considérese que fue enseñado que toda la creación del Mundo de la Emanación, o sea, el mundo supremo, es denominada amor. Este mundo, denominado Atzilut, fue el punto de partida de toda la creación. Y por el amor que hay entre todos los entes que lo conforman, todos existen. Como está escrito: «Las muchas aguas no podrán apagar el amor» (Cantar de los Cantares 8:7).

Esta declaración del Cantar de los Cantares sigue a lo que fue enunciado en el versículo anterior, donde se comparó al amor con el fuego. Por eso se declara que incluso las muchas aguas arrojadas por los entes dañinos no podrán apagar al amor que vincula a todos los entes, y los mantiene unidos.

Esto sucede también con el nombre sagrado de El Eterno, el Tetragrama. Pues las letras del mismo se mantienen unidas unas a las otras a través del amor (Sodot Hatora).

LA MANIFESTACIÓN DEL AMOR

Resulta que quien ama al Rey Supremo, el Creador, El Santo, Bendito Sea, se vincula con Él a través de este amor señalado. Como está escrito: «Amarás a El Eterno, tu Dios» (Deuteronomio 6:5).

Considérese que el nombre de El Eterno, el Tetragrama, en el texto original hebreo contiene la raíz de la palabra havaia, que significa existencia. Significa que el Tetragrama es el origen de todas las existencias del mundo. Y aunque sea así, Él no se llama: «Dios de los ángeles», o «Dios de los astros»; sino «Dios de Israel», o sea: «tu Dios». Como está escrito: «Yo soy El Eterno, tu Dios, Quien te sacó de la tierra de Egipto, de casa de esclavitud» (Éxodo 20:2). Él se glorifica en ti, y desea ser llamado: «tu Dios».

Siendo así, tal como Él te ama, es propicio que tú lo ames del mismo modo. ¿Y cómo es posible dirigirse a Él para que sea llamado «tu Dios», de modo que Su Divinidad esté vinculada con el hombre? Ciertamente a través del alma, que es la parte de Él que le es otorgada al hombre (Reshit Jojmá Ahava 6:10; Sodot Hatora).

UN FUNDAMENTO ESENCIAL

Indudablemente que el amor es el fundamento esencial de la creación. Y debido a la gran importancia de este asunto, Maimónides tituló su libro en el que recopiló las leyes del recitado de la alabanza denominada Shemá Israel, las plegarias, y las bendiciones: el Libro del Amor.

Además en el Talmud se enseñó: Rabí Simlai disertó y dijo: la Torá comienza con bondad, y finaliza con bondad. Comienza con bondad, como está escrito: «Y El Eterno Dios hizo para Adán y para su esposa vestimentas de piel, y los vistió» (Génesis 3:21). Y finaliza con bondad, como está escrito: «Él lo enterró en el valle, en la tierra de Moab, frente a Beit Peor, y ningún hombre conoce su sepulcro hasta el día de hoy» (Deuteronomio 34:6) (Talmud, tratado de Sotá 14a).

UNA GRAN BONDAD

Los versículos mencionados contienen muchas enseñanzas importantes. Veamos: el primer versículo citado manifiesta que El Eterno hizo para Adán y para su esposa vestimentas de piel, y los vistió. O sea, leyéndolo superficialmente se aprecia que El Eterno hizo con Adán y Eva una gran obra de bondad. Pero no fue sólo eso, pues fue estudiado que cuando Adán fue expulsado junto con su esposa del Jardín del Edén, necesitaba vestimentas apropiadas para entrar en el mundo exterior. Ya que las vestimentas de luz con las que estaba recubierto su cuerpo le servían para vivir en el Jardín del Edén, que era un mundo angelical en el que irradiaba la luz suprema de lo Alto, y sus vestimentas brillantes estaban hechas con esa luz. Pero ahora debía entrar en contacto con los fenómenos terrestres, y necesitaba una vestimenta adecuada, y El Eterno se la proveyó, como está escrito: «Y El Eterno Dios hizo para Adán y para su esposa vestimentas de piel, y los vistió» (Génesis 3:21) (Sodot Hatora).

Esa es la piel que recubre la carne. Pues en un comienzo, cuando estaban en el Jardín del Edén, sus cuerpos tenían una estructura ósea recubierta de carne, y ahora Dios les había colocado piel sobre la carne, para vivir en el mundo terrenal (Iben Ezra; Radak).

Resulta que en vez de volver el mundo al caos inicial, a raíz del pecado que cometieron Adán y Eva, El Santo, Bendito Sea, fue bueno con ellos, y les proveyó de todo lo necesario para vivir en el mundo. Pues el objetivo del mundo era el hombre, como consta en el Midrash: el sistema de combinaciones de letras denominado *At–bash,* consiste en combinar la primera letra con la última, la segunda con la anteúltima, y así sucesivamente. Ahora bien, la primera letra del alfabeto es alef, y la última tav. ¿Qué enseña esta combinación? *Alef* es la inicial de Adam –Adán–, el primer hombre–, y *tav* es la inicial de tejilat, que significa objetivo. Se aprende que Adán, fue el objetivo de la creación del mundo (Midrash Otiot de Rabí Akiva).

Y ahora que Adán, el primer hombre, había pecado existía la posibilidad de que El Santo, Bendito Sea, volviera el mundo al caos inicial. Pero no hizo eso, sino que fue bondadoso con Adán, el primer hombre, y le hizo «vestimentas de piel».

LAS VESTIMENTAS DE PIEL

Considérese que «vestimentas de piel», en el texto original hebreo está escrito así:

כתונת עור

Éste es su valor numérico:

כ	= 20	ע	= 70
ת	= 400	ו	= 6
נ	= 50	ר	= 200
ו	= 6		
ת	= 400		
	876		276

Sumamos los valores parciales y resulta:

$$876 + 276 = 1152$$

Y acerca de la creación está escrito: «En el comienzo creó Dios a los Cielos y a la Tierra. Y la tierra estaba informe y vacía, con oscuridad sobre la superficie del abismo» (Génesis 1:2–2).

La expresión: «Y la tierra estaba informe y vacía», que indicaba el caos inicial, en el texto original hebreo está escrito así:

והארץ היתה תהו ובהו

Éste es su valor numérico:

ו	= 6	ה	= 5	ת	= 400
ה	= 5	י	= 10	ה	= 5
א	= 1	ת	= 400	ו	= 6
ר	= 200	ה	= 5		
צ	= 90			ו	= 6
				ב	= 2
				ה	= 5
				ו	= 6
	302		420		430

Sumamos los valores parciales y resulta:

$$302 + 420 + 430 = 1152$$

La relación numérica indica que El Santo, Bendito Sea, podría haber vuelto el mundo al caos inicial, por el pecado de Adán, el primer hombre, que era el objetivo de la creación, pero actuó con bondad, y le hizo vestimentas de piel.

LA BONDAD EDIFICADORA

Considérese que la expresión: «Si es así, ¿para qué? "Porque dije: el mundo se edifica con bondad"» (Salmos 89:6)», en hebreo se escribe así:

אם כן למה כי אמרתי עולם חסד יבנה

Éste es su valor numérico:

א	= 1	כ	= 20	ע	= 70	י	= 10
ם	= 40	י	= 10	ו	= 6	ב	= 2
				ל	= 30	נ	= 50
כ	= 20	א	= 1	ם	= 40	ה	= 5
ן	= 50	מ	= 40				

ל = 30	ר = 200	ח = 8	
מ = 40	ת = 400	ס = 60	
ה = 5	י = 10	ד = 4	
__186__	__681__	__218__	__67__

Sumamos los valores parciales y resulta:

$$186 + 681 + 218 + 67 = 1152$$

Las coincidencias son evidentes, El Santo, Bendito Sea, hizo bondad con Adán, el primer hombre, y nos dejó un mensaje claro: el mundo se edifica con bondad.

Y este fundamento está aludido en el comienzo de la creación. Pues, como se vio, el valor numérico de: «vestimentas de piel», que tal como vimos aluden al amor y la bondad, coincide con el valor numérico de la declaración: «y la tierra estaba informe y vacía». Resulta que el fundamento del amor y la bondad ya estaba establecido desde el comienzo de la creación.

EXPRESIÓN DE BONDAD Y AMOR

El famoso sabio Jafetz Jaim, compuso un libro que tituló Amor de la Bondad. En esa obra enseñó que El Santo, Bendito Sea, nos ama, y desea que nosotros actuemos con bondad y amor.

En la introducción a su obra el sabio escribió: en primer lugar considerad que toda la Torá está colmada de bondad. Y la razón es para que la persona reflexione, y considere, cuán preciado es el asunto de la bondad en los ojos de El Santo, Bendito Sea.

Obsérvese que está escrito: «El Eterno Dios, con el costado que había tomado del hombre, construyó –vaiven– una mujer y la llevó ante el hombre» (Génesis 2:22). Y los sabios enseñaron a partir de la expresión vaiven, que El Santo, Bendito Sea, trenzó el cabello de Eva (Talmud, tratado de Berajot 61a). Además está escrito en el versículo: «y la llevó ante el hombre», enseñándose que El Santo, Bendito Sea, hizo de casamentero para Adán (Ibíd.).

Asimismo hallamos que está escrito: «Noé comenzó a trabajar la tierra, y plantó un viñedo. Bebió del vino y se embriagó, y se descubrió dentro de su tienda. Jam, padre de Canaán, vio la desnudez de su padre y lo dijo a sus dos hermanos, que estaban fuera. Y Shem y Iefet tomaron la vestimenta y la colocaron sobre sus hombros, y caminando hacia atrás cubrieron la desnudez de su padre; con los rostros mirando en otra dirección, no vieron la desnudez de su padre» (Génesis 9:20–23). Ellos hicieron eso aunque no estaban obligados, ya que no era uno de los siete preceptos universales, que les habían sido ordenados cumplir. Al obrar así, hicieron un acto de bondad.

Asimismo se menciona la bendición con que los bendijo Noé, como está escrito: «Noé se despertó de su embriaguez y supo lo que le había hecho su hijo menor [...] Y dijo: "Bendito es El Eterno, el Dios de Shem; y que Canaán sea siervo de ellos. Dios expanda a Iefet, pero habitará en las tiendas de Shem; y Canaán sea esclavo de ellos» (Génesis 9:24–27). Y la bendición impartida por Noé finalmente se cumplió, revelándose la gran importancia de esta cualidad, indicándose a través de eso que la persona debe hacer bondad con su compañero, y cubrir su deshonra con todas sus fuerzas, tal como él repara en su propio honor.

También se revela en la Torá lo relativo a esta cualidad en la guerra de los cuatro reyes, donde Abraham se abocó a hacer bondad con todas sus fuerzas. Y además llevó con él para ese fin a los otros hombres: Aner, Eshkol y Mamre. Y todo para salvar a Lot de la aflicción, y sus bienes. E hizo esto aunque Lot era culpable de lo que le había sucedido, ya que moraba en Sodoma, una ciudad de gente corrupta y malvada, como está escrito: «Se apoderaron de todas las riquezas de Sodoma y Gomorra y de todo su alimento, y partieron. Y prendieron a Lot, sobrino de Abram, y a sus bienes, y se fueron; pues él residía en Sodoma» (Génesis 14:11-12). Y aún así, Abraham hizo bondad con él, y lo salvó, como está escrito: «Y vino un superviviente, y lo narró a Abram el hebreo, que habitaba en el encinar de Mamre el amorreo, hermano de Eshcol y hermano de Aner, los cuales eran aliados de Abram. Y cuando Abram escuchó que su hermano había sido tomado cautivo, preparó a sus criados, los nacidos en su casa, trescientos dieciocho, y los siguió hasta Dan. Y se dividieron él y sus siervos, y los atacaron de noche, y los persiguió hasta Jova, a la izquierda de Damasco. Y recuperó todos los bienes; y también recuperó a su hermano, Lot, con sus bienes, así como también a las mujeres y al pueblo –que estaba con ellos–» (Génesis 14:13-16).

LA MEJOR MANERA DE EXPRESAR AMOR

Asimismo hallamos que la sección de la Torá denominada Vaiera, está colmada de la cualidad de la bondad. Obsérvese que al comienzo se habla de las visitas a los enfermos, como está escrito: «El Eterno se le apareció en la planicie de Mamre mientras estaba sentado en la entrada de la tienda, en pleno calor del día» (Génesis 18:1). ¿Por qué «El Eterno se le apareció»? Para visitar al enfermo (Rashi). Ya que Abraham se había circuncidado siendo anciano, y se recuperaba, y El Eterno había venido para visitarlo.

A continuación se menciona lo relativo al invitado de

huéspedes, y la presteza de Abraham para hacer bondad en ese asunto, como está escrito: «Levantó sus ojos y miró, y he aquí que había tres hombres de pie frente a él. Él los vio y corrió hacia ellos desde la entrada de la tienda, y se inclinó en tierra. Y dijo: "Señores míos, si he hallado gracia en tus ojos, te ruego que no pases de tu siervo [...]". Y Abraham se apresuró a la tienda, a Sara, y dijo: "Pronto, toma tres medidas de flor de harina, y amasa y haz tortas". Y Abraham fue corriendo al ganado vacuno, tomó un ternero, tierno y bueno, y se lo dio al joven, quien lo preparó enseguida. Tomó crema y leche y el ternero que había hecho, y los colocó delante de ellos; y se ubicó frente a ellos, debajo del árbol, y ellos comieron» (Génesis 18:2–8) (Ahavat Jesed).

Se aprecia que la Torá está colmada de pasajes que revelan la importancia de esta cualidad, hacer bondad. Por eso, ése debe ser el objetivo de cada uno, esmerarse en hacer bondad en forma constante.

Observad lo que descubrió Rabí Eliezer después de que su maestro, Rabí Iojanán, el hijo de Zakai, lo envió a que investigase la virtud más importante a la que la persona debe apegarse para ser un individuo ejemplar.

La respuesta de Rabí Eliezer fue esta: «La persona debe poseer buen ojo» (Mishná, tratado de Pirkei Abot 2:9). Pues a través de ello se contenta con lo que posee, y también se alegra con los logros de los demás.

De esta manera este hombre ama a todos, y es amado por todos. Así estará ligado a la raíz misma de todas las buenas cualidades existentes en el mundo: el amor por todo el mundo (Mefarshei Hamishná).

Parashá Vaiejí

XII

EL SECRETO DE LA ESPERANZA

La sección de la Torá denominada «Vivió –*Vaijí*–», tiene una característica peculiar: no hay ningún signo visible que indique su inicio. Y esto es algo que sorprende, pues todas las restantes secciones de la Torá tienen una indicación clara que enseña su comienzo. Esa señal indica si se trata de una sección abierta, o cerrada.

Pues si la sección es cerrada, comienza en la misma línea en que finalizó la sección anterior. Pero necesariamente debe haber entre el final de la sección anterior, y la nueva, un espacio en blanco de una longitud equivalente a nueve letras. Después de ese espacio, se comienza a escribir la nueva sección, que se denomina: «cerrada». Es decir, está cerrada por la sección precedente. Y la sección abierta no comienza en la misma línea en que finalizó la sección anterior, sino en la línea de abajo.

Antes bien, la sección denominada «Vivió –Vaijí–», es una excepción a la regla. La misma se encuentra cerrada por completo, no existiendo entre la sección anterior, y esta, siquiera una distancia en blanco como la del espacio que ocuparían nueve letras. Sólo hay una distancia como la que se deja libre al finalizar un versículo, antes de comenzar el siguiente. Es decir, no hay manera de identificar esa sección a simple vista. Sólo puede hacérselo conociendo la tradición que revela que en ese lugar comienza una nueva sección (véase Rashi, Gur Arie).

¿Qué enseña este fenómeno tan particular?

El exegeta Rashi señaló dos asuntos:

1. En esta sección se describe la muerte del patriarca Jacob. Cuando eso ocurrió, se cerraron los ojos de los hijos de Israel, y sus corazones, por causa de la esclavitud. Pues los egipcios comenzaron a someterlos (Rashi). Debe considerarse que ese sometimiento mencionado fue gradual y escalonado. Y el primer paso que dieron los egipcios tras la muerte de Jacob, fue seducir a los hijos de Israel mediante palabras solamente. Aún no los presionaban físicamente para que fuesen sus esclavos. Eso lo hicieron años más tarde, cuando murieron todos los hermanos de José. De todos modos, los hijos de Israel ya habían comenzado a sentir la fuerza de la opresión sobre ellos, y vislumbraban cuál sería su futuro. Por eso sus ojos se habían comenzado a cerrar y también sus corazones, pues contemplaban el caos que se precipitaba sobre ellos (véase explicación de Eliahu Mizraji a Rashi).

2. Jacob quiso revelarles a sus hijos el final del exilio, pero ese asunto se ocultó de él. Se le cerró el espíritu de profecía, y no pudo proporcionarles este dato.

DOS PUNTOS ACLARADOS

Lo referente a la primera razón indicada en el comienzo de nuestra sección es comprensible. Pues el acoso psicológico de los egipcios les provocaba a los hijos de Israel aflicción y angustia, por eso sus ojos comenzaban a cerrárseles. Pero respecto a la segunda razón, ¿cuál es su sentido? ¿Qué tiene de malo revelar la fecha del final del exilio? Es más, si la persona sabe cuándo saldrá en libertad, puede soportar con mayor esperanza la aflicción que atraviesa, hasta que llegue ese momento. Siendo así, ¿por qué se le cerró a Jacob el espíritu de profecía y no pudo revelar este dato a sus hijos?

Veamos el misterio que encierra esta enseñanza: inspeccionando el Pentateuco, encontramos un versículo que revela claramente el final del exilio egipcio muchos años antes de que comenzara, como está escrito: «Y Él –Dios– le dijo a Abram: "Ciertamente sábelo, porque peregrina será tu simiente en una tierra que no es la de ellos, y los esclavizarán y los afligirán, cuatrocientos años"» (Génesis 15:13).

Más adelante se describe la esclavización del pueblo de Israel, lo cual aparentemente está ligado a lo mencionado, como está escrito: «Y murió José, y todos sus hermanos, y toda esa generación. Los hijos de Israel se fructificaron, se reprodujeron, aumentaron y se fortalecieron mucho, en gran manera, y la tierra se llenó de ellos. Y se levantó en Egipto un nuevo rey que no conocía a José. Y dijo a su pueblo: "He aquí el pueblo de los hijos de Israel son más numerosos y más fuertes que nosotros. Ahora, pues, seamos sabios para con él, para que no se multiplique, y ocurra que al venir guerra, él también se sume a nuestros enemigos y combata contra nosotros, y ascienda de la tierra". Designaron ministros de tributo sobre él, para afligirlo con sus cargas, y edificaron para el Faraón las ciudades de almacenaje, Pitón y Ramesés» (Éxodo 1:6–11).

UN MENSAJE ENCRIPTADO

Ahora bien, haciendo un recuento del tiempo que duró el proceso de la esclavitud, hasta el momento de la salida de los hijos de Israel de Egipto, resulta que desde que llegaron a Egipto, hasta que salieron, transcurrieron doscientos diez años, y no cuatrocientos, como fue dicho inicialmente (véase Bereshit Rabá 91:2). ¿A qué se debe esta aparente incoherencia?

La respuesta es ésta: los sabios dedujeron que la persona debe reunir méritos y orar a Dios pidiéndole que le ayude incluso después de que fuese sentenciado en lo Alto el decreto en su contra. Esa es la misión que se encomienda realizar, y Dios es capaz de arreglar todo sin alterar la verdad bíblica eterna.

Observad lo que está escrito en el Talmud al respecto: incluso si la persona tuviese una filosa espada sobre su cuello, no deberá abstenerse de pedir piedad a Dios, como está escrito: «Cuando Dios me quitare la vida, confiaré y le rezaré» (Job 13:15). Resulta que aunque la persona se hallara en las puertas mismas de la muerte, no debe abstenerse de orar a El Eterno para que se apiade (véase Talmud, tratado de Berajot 10a).

UNA REVELACIÓN ESENCIAL

Ya vimos que a través de la oración se puede lograr la alteración del decreto aún después de sentenciado. Y esto es así también en el caso de una congregación entera, o un pueblo, tal como ocurrió con Israel, que les fueron restados 190 años de los 400 decretados.

Antes bien, ¿cuál es el misterio de este asunto? Para comprenderlo debe considerarse que Dios crea el remedio antes que la enfermedad. Siendo así, es posible decir que antes de decretar los 400 años que el pueblo de Israel debería permanecer en Egipto, ya había ideado también el antídoto de ese flagelo.

Y eso está indicado en el versículo que revela la sentencia, como está escrito: «Ciertamente sábelo, porque peregrina será tu simiente en una tierra que no es la de ellos, y los esclavizarán y los afligirán cuatrocientos años» (Génesis 15:13). La expresión: «porque peregrina», en el texto original hebreo está escrita así:

כי גר

Éste es el valor numérico de las letras finales de esa expresión:

$$י = 10$$
$$ר = 200$$
$$\overline{210}$$

Se aprecia que las letras finales de la expresión: «porque peregrina», suman 210. Es decir, la misma cifra que indica la cantidad de años que estuvieron en el exilio en lugar de los 400 originales que constan textualmente en el versículo (Baal Haturim).

Surge a partir de aquí que esa reducción se encontraba implícita en la declaración original. Y la misma estaba condicionada a la actitud de los hijos de Israel.

LA LUZ QUE DISIPA LA OSCURIDAD

Para comprenderlo mejor, observemos la cita bíblica que describe el momento en que Dios se dirige al pueblo para sacarlos de la esclavitud egipcia. Está escrito: «Aconteció que durante aquellos muchos días murió el rey de Egipto, y los hijos de Israel gemían a causa de la servidumbre y clamaron; y el clamor de ellos a causa del trabajo subió a Dios. Dios oyó el gemido de ellos y Dios recordó Su pacto con Abraham, con Ytzjak y con Jacob. Dios miró a los hijos de Israel; y Dios supo» (Éxodo 2:23:25).

La declaración bíblica es evidente, cuando el pueblo suplicó, Dios les respondió. Tal como se enseña en la cita talmúdica antes mencionada: incluso que la persona tuviese una filosa espada sobre su cuello, no deberá abstenerse de pedir piedad a Dios.

Queda descubierto que los flagelos que sobrevienen a la persona son condicionales. Y hace falta un despertar de lo bajo, para que se produzca un despertar de lo Alto.

EL ACLARADO DEL SENTIDO LLANO

Ciertamente la enseñanza que surge a partir de esta sección de la Torá, al estar cerrada por completo, es muy interesante. Sin embargo, aún debemos observar cómo se comprende el sentido llano de los versículos citados que aparentemente se contradicen. Ya que también debe cumplirse la regla que declara: «el versículo no sale de su sentido llano» (Talmud, tratado de Shabat 63a). Siendo así: ¿cómo se explica que Dios descontó 190 años, y aún así, los 400 años decretados no se alteraron?

El exegeta Rashi presentó la siguiente reflexión: considérese que no está escrito: «porque peregrina será tu simiente en Egipto», sino que está escrito: «porque peregrina será tu simiente en una tierra que no es la de ellos» (Génesis 15:13). Y se refiere a Ytzjak, que era la simiente de Abraham, y él no estuvo en Egipto.

Esto se aprende de la declaración bíblica mencionada, ya que comienza en singular, y después pasa al plural. Como está escrito: «peregrina será tu simiente», en singular, y a continuación está escrito: «y los esclavizarán y los afligirán», en plural. Resulta que el comienzo se refiere a Ytzjak, que moró en una tierra extraña, que no era la de él; y la segunda parte, que está escrita en plural: «y los esclavizarán y los afligirán», se refiere al pueblo de Israel (Maskil Le David).

Ahora bien, en cuanto a la declaración: «cuatrocientos años», está escrita en forma independiente, separada por un signo denominado etnajta, que divide la oración en dos partes. Y esa especificación recae sobre la primera parte de la declaración. Ya que es un versículo truncado –mesurás–, que deben ordenarse sus palabras para comprenderlo apropiadamente, y es como si estuviera escrito: «Ciertamente sábelo, porque peregrina será tu simiente, en una tierra que no es la de ellos, cuatrocientos años; y los esclavizarán y los afligirán». Y no se especifica el tiempo que los esclavizarán y los afligirán (véase Beer Maim Jaim y Najmánides).

Najmánides dijo asimismo que en la Torá hay varios versículos con esas características, por ejemplo: «Y de toda la tierra venían a egipto, a José, para adquirir, porque el hambre se había intensificado en toda la tierra» (Génesis 49:57). Esta traducción sigue a la explicación de Rashi, pero en el texto original hebreo dice: «Y de toda la tierra venían a Egipto para adquirir a José». Y si se lo quisiera interpretar en el orden en que están escritas esas palabras debería estar escrito: «Y de toda la tierra venían a Egipto para adquirir de José» (Rashi).

LA CUENTA DE LOS 400 AÑOS

Ahora bien, como dijimos previamente, Rashi dedujo que esos cuatrocientos años comienzan a contarse a partir de Ytzjak, y mencionó versículos que apoyan su revelación: considérese que cuando nació Ytzjak, Abraham fue peregrino en la tierra de los filisteos, como está escrito: «Y Abraham fue peregrino en la tierra de los filisteos durante muchos años» (Génesis 21:34). Y más adelante está escrito acerca de Ytzjak: «Ytzjak moró en Guerar» (Génesis 26:6). Y acerca de Jacob está escrito: «Y Jacob fue peregrino en la tierra de Jam» (Salmos 105:23). Y acerca de los hijos de Israel está escrito: «Y le dijeron al Faraón: "Hemos venido para ser peregrinos en la tierra, ya que no hay lugar donde pastar los rebaños de tus siervos, pues el hambre es muy grave en la tierra de Canaán; ahora, os rogamos permitas que tus siervos se asienten en la región de Goshen» (Génesis 47:4) (Rashi).

Resulta que los 400 años de peregrinaje se comienzan a contar a partir del nacimiento de Ytzjak, quien vivió en una tierra que no era la de él. Y esta es la cuenta de esos años, considerando los datos bíblicos: Ytzjak tenía sesenta años cuando nació Jacob, como está escrito: «Después salió su hermano, con su mano aferrada al talón de Esaú, y lo llamaron Jacob; Ytzjak tenía sesenta años cuando ella los dio a luz» (Génesis 25:26). Y cuando Jacob descendió a Egipto, dijo: «Los días de los años de mi peregrinaje han sido ciento treinta años» (Génesis 47:9). He aquí ciento noventa años. Y los hijos de Israel estuvieron en Egipto doscientos diez años, como el valor numérico de la expresión redu, como está escrito: «Y él dijo: he aquí que he oído que hay provisiones en Egipto; descended – redu– allí y comprad para nosotros de allí, para que vivamos y no muramos» (Génesis 42:2).

La expresión redu en el texto original hebreo está escrita así:

רדו

Éste es el valor numérico:

$$\begin{aligned} ר &= 200 \\ ד &= 4 \\ ו &= 6 \\ \hline &210 \end{aligned}$$

Resulta que desde el nacimiento de Ytzjak hasta la llegada de Jacob a Egipto, transcurrieron 190 años, y los hijos de Israel estuvieron allí 210 años, he aquí que se sucedieron cuatrocientos años de peregrinaje de la semiente de Jacob a partir del nacimiento de Ytzjak.

Ahora bien, si supusiereis que los hijos de Israel estuvieron en Egipto cuatrocientos años, no es así. Pues se sabe que Kehat era de los que descendieron a Egipto. Siendo así, considerad los años de Kehat, y los de Amram, su hijo, y los ochenta años de Moshé, que era la edad que tenía cuando los hijos de Israel salieron de Egipto, llegáis en total a 350 años. Y aún debéis restar todos los años que vivió Kehat después del nacimiento de Amram, y también debéis restar todos los años que vivió Amram después del nacimiento de Moshé (Rashi).

Es decir, Kehat, vivió ciento treinta y tres años, como está escrito: «Los hijos de Kehat: Amram, Itzhar, Jebron y Uziel; los años de la vida de Kehat fueron ciento treinta y tres años» (Éxodo 6:18). Y Amram, vivió ciento treinta y siete años, como está escrito: «Amram tomó a su tía Iojeved por mujer, y ella dio a luz a Aarón y Moshé; los años de la vida de Amram fueron ciento treinta y siete años» (Éxodo 6:20). Y Moshé tenía ochenta años cuando salió de Egipto con los hijos de Israel, como está escrito: «Moshé tenía ochenta años y Aarón tenía ochenta y tres años cuando hablaron con el Faraón» (Éxodo 7:7). He aquí en total trescientos cincuenta años.

$$\begin{aligned} \text{Kehat} &= 133 \\ \text{Amram} &= 137 \\ \text{Moshé} &= 80 \\ \hline &350 \end{aligned}$$

Y aún deben restarse los años que Kehat vivió después de nacer Amram, ya que si no se lo hace, se los cuenta doblemente, y el resultado obtenido sería incorrecto. Y también deben restarse los años que Amram vivió después del nacimiento de Moshé, por la misma razón (Rashi). He aquí que no hay lugar a dudas de que los hijos de Israel estuvieron mucho menos de 350 años en Egipto.

Es decir, en el versículo mencionado estaba implícita la posibilidad de explicar el asunto del modo que se lo hizo, en caso de que los hijos de Israel pidiesen piedad a Dios, y rectificasen sus actos, y así ocurrió. Y aún así, la cita conserva el sentido llano.

UNA DEDUCCIÓN ATINADA

Resulta que se enseña a partir de la forma en que está dispuesta nuestra sección, totalmente cerrada, lo relacionado con la esperanza. Y los versículos siguientes, prosiguen enseñando acerca de este tema, como está escrito: «Y vivió Jacob en la tierra de Egipto diecisiete años; y fueron los días de Jacob, los años de su vida, ciento cuarenta y siete años. Y se acercaron los días de morir de Israel, y llamó a su hijo, a José, y le dijo: "Ahora, si he hallado gracia en tus ojos, coloca por favor tu mano bajo mi muslo, y haz conmigo bondad y verdad; no me entierres, por favor, en Egipto. Y yaceré con mis padres, y me trasladarás de Egipto y me enterrarás en la sepultura de ellos". Él dijo: "¡Yo haré tal como has dicho!". Y dijo: "¡Júramelo!". Y le juró; y entonces Israel se inclinó sobre la cabecera de la cama. Y ocurrió después de aquellas cosas, que le fue dicho a José: "¡He aquí que tu padre está enfermo!". Y tomó con él a sus dos hijos, Manasés y Efraim. Y se le comunicó a Jacob, diciendo: "¡He aquí que tu hijo José viene hacia ti!". Y se fortaleció Israel, y se sentó sobre la cama» (47:28–31; 48:1–2).

Se observa claramente que Jacob estaba enfermo, postrado en su lecho. Sin embargo, cuando le avisaron que José llegaba:

«Se fortaleció Israel, y se sentó sobre la cama». ¿Cómo es posible que de un momento a otro pasó de un estado gravísimo, al borde de la muerte, a fortalecerse y sentarse sobre la cama por sus propios medios? ¿Qué fue lo qué le proporcionó esa fuerza? La respuesta surge de lo declarado en el versículo antes de eso: «¡He aquí que tu hijo José viene hacia ti!».

Se aprecia la gran importancia de visitar a los enfermos. La influencia psicológica que eso puede causar es enorme, a tal punto que el enfermo podrá reponerse por esa causa de su enfermedad.

LA VISITA VIVIFICANTE

La enseñanza que surge de aquí es sumamente importante, sin embargo, en esa declaración hay otras instrucciones implícitas que deben conocerse.

Veamos, está escrito: «¡He aquí que tu hijo José viene hacia ti!», y en el texto original hebreo la expresión: «he aquí», está escrita así:

הנה

Éste es su valor numérico:

$$\begin{aligned} ה &= 5 \\ נ &= 50 \\ ה &= 5 \\ \hline &60 \end{aligned}$$

Apreciamos que la expresión: «he aquí», indica que la enfermedad de Jacob estaba compuesta de un total de sesenta partes. Es decir había en la misma sesenta sesentavos. ¿Y por qué se utiliza esta división y no otra? ¿Por qué no se indica, por ejemplo, que la enfermedad de Jacob estaba compuesta de un total de cien partes?

La respuesta es ésta: en el tratado talmúdico de Nedarim se enseñó: Dijo Rabí Aja, el hijo de Janina: Quien visita a un enfermo, toma un sesentavo de su enfermedad (Talmud, tratado de Nedarim 39b).

Se observa que un sesentavo es la cantidad exacta de la enfermedad que tomará quién visite a un enfermo. Siendo así, nuestro asunto podría explicarse de este modo: Jacob supo que José venía a visitarlo, y éste tomó un sesentavo de su malestar. Es decir, a Jacob le quedaron sólo cincuenta y nueve partes de su enfermedad, y esa fue la causa por la cuál pudo fortificarse y sentarse en la cama.

Y esto está indicado en el versículo, como está escrito: «Y se fortaleció Israel, y se sentó sobre la cama».

La expresión: «la cama», en el texto original hebreo está escrita así:

המטה

Éste es su valor numérico:

$$\begin{aligned} ה &= 5 \\ מ &= 40 \\ ט &= 9 \\ ה &= 5 \\ \hline &59 \end{aligned}$$

La enseñanza que surge de aquí es evidente: cuando José fue a visitar a su padre tomó un sesentavo de su enfermedad, y le quedaron sólo cincuenta y nueve partes. Por esa razón pudo fortificarse y sentarse sobre la cama (véase Alshij).

UNA TERAPIA EXCELENTE

Se ha aprendido aquí algo magnífico, una terapia que ayuda al enfermo a recuperarse anímicamente, y eso hace que se fortalezca y pueda recuperase físicamente. Por eso que visitar a un enfermo es considerado un precepto muy importante, cuyo pago por cumplirlo es incalculable (véase Talmud, tratado de Nedarim 39b).

En el Talmud se cita un ejemplo que tuvo como protagonista a Rabí Akiva, uno de los eruditos talmudistas más famosos. Este sabio tenía miles de alumnos que venían desde los lugares más distantes para escuchar sus enseñanzas.

Una vez ocurrió que uno de los alumnos de Rabí Akiva había enfermado. El maestro vio que nadie lo iba a visitar. Entonces decidió ir él en persona. Al llegar vio que la casa estaba en desorden. Reinaba allí la suciedad y el descuido. Sin perder tiempo, el maestro se ocupó de que la vivienda fuese barrida, lavada y ordenada. Y por eso, su alumno se reanimó. Después le dijo al maestro:

—¡Maestro, me habéis revivido!

Rabí Akiva salió y disertó:

—Todo el que visita a un enfermo, le provoca que reviva, y todo el que no visita a un enfermo, es como si derramara sangre (Talmud, tratado de Nedarim 39b).

Además, está escrito a continuación en el Talmud, que el que visita a un enfermo, y tiene afinidad con él, el efecto de su visita es mucho mayor. Es decir, si se trata de un compañero, o un familiar, el enfermo se siente identificado, y ese será para él un gran apoyo psicológico que lo ayudará a reponerse. Como ocurrió con Jacob, cuando lo fue a visitar José.

Esta enseñanza completa lo que dijimos previamente a partir de la señal que consta en nuestra sección, que está completamente cerrada, es necesario tener esperanza en todo momento, y también ayudar a nuestros semejantes a que la tengan. De este modo, será posible llevar adelante nuestras vidas con fe, y esperanza, sin caer en la desesperación y la depresión. Actuando de ese modo, generaremos el clima necesario para que la Redención Final se aproxime, y entonces sí, podamos vivir todos juntos en nuestra Tierra de Israel, con la ciudad de Jerusalén reconstruida, el Templo Sagrado en pie, y la Presencia Divina morando entre nosotros.

Otra Enseñanza

PALABRAS DETERMINANTES

En el comienzo de la sección de la Torá denominada «Vivió –*Vaijí*–*»,* se narra la muerte de Jacob, como está escrito: «Y vivió Jacob en la tierra de Egipto diecisiete años; y fueron los días de Jacob, los años de su vida, ciento cuarenta y siete años [...] Jacob terminó de ordenar a sus hijos, encogió sus pies en la cama, y expiró, y fue reunido con sus padres» (Génesis 47–28 a 49:33).

Debe considerarse que en todo lugar en que consta la declaración: «y fueron los días –*vaihi iemei*–», esas personas acerca de las cuáles se dijo eso, no alcanzaron a vivir la cantidad de días que vivieron sus padres. (Esta regla rige cuando está escrito estrictamente *vaihi iemei;* o sea, toda vez que la expresión hebrea *vaihi* está escrita en singular, pero si está escrito: *vaihu,* en plural, no se indica que esa persona vivió menos que su padre).

UNA SEÑAL DE VIDA

Por ejemplo, está escrito acerca de Janoj: «Y fueron –*vaihi*–, todos los días –*iemei*– de Janoj: trescientos sesenta y cinco años» (Génesis 5:23). Y acerca de su padre está escrito: «Y Iered vivió ochocientos años después de engendrar a Janoj, y engendró hijos e hijas. Y fueron –*vaihu*– todos los días –*iemei*– de Iered novecientos sesenta y dos años; y murió» (Génesis 5:19-20).

Se aprecia que acerca de Janoj está escrito: «y fueron los días –*vaihi iemei*–», y no alcanzó a vivir la cantidad de días que vivió su padre.

EL HIJO DE MATUSALÉN

Otro ejemplo es Lemej, el hijo de Matusalén, como está escrito: «Matusalén vivió ciento ochenta y siete años y engendró a Lemej» (Génesis 5:25). Y está escrito acerca de los días de vida de Lemej: «Y fueron –*vaihi*– todos los días –*iemei*– de Lemej: setecientos setenta y siete años; y murió» (Génesis 5:31). Y con respecto a su padre, Matusalén, está escrito: «Y fueron –vaihu– todos los días –*iemei*– de Matusalén novecientos sesenta y nueve años; y murió» (Génesis 5:27).

Se aprecia que acerca de Lemej está escrito: «y fueron los días –*vaihi iemei*–», y no alcanzó a vivir la cantidad de días que vivió su padre.

Asimismo, con respecto a Jacob está escrito: «Y fueron los días –*vaihi iemei*– de Jacob, los años de su vida, ciento cuarenta y siete años» (Génesis 47:28). Y con respecto a su padre Ytzjak, está escrito: «Y fueron –*vaihu*– los días –*iemei*– de Ytzjak ciento ochenta años» (Génesis 35:28).

Se aprecia que acerca de Jacob está escrito: «y fueron los días –*vaihi iemei*–», y no alcanzó a vivir la cantidad de días que vivió su padre.

Esto es así también cuando se menciona la aproximación de la muerte; ésas personas acerca de las cuáles se dijo eso, no alcanzaron a vivir la cantidad de días que vivieron sus padres (Baal Haturim).

La razón es porque esos días podrían ser lejanos, ya que esa persona podría haber vivido mucho más, pero por una razón determinada se aproximaron, y murió antes. Y con respecto a Jacob está escrito: «Y se acercaron los días de morir de Israel, y llamó a su hijo, a José, y le dijo: "Ahora, si he hallado gracia en tus ojos, coloca por favor tu mano bajo mi muslo, y haz conmigo bondad y verdad; no me entierres, por favor, en Egipto. Y yaceré con mis padres, y me trasladarás de Egipto y me enterrarás en la sepultura de ellos"» (Génesis 47:29–30).

LA RAZÓN DE LA ANTICIPACIÓN

¿Cuál fue la razón por la que la muerte de Jacob se acercó y no llegó a vivir los días de vida de su padre?

Para comprenderlo debemos considerar lo que está escrito: «Como el pájaro en su vagar, y como el gorrión en su vuelo, así ocurrirá con la maldición vana, a él vendrá» (Proverbios 26:2). Es decir, así como el pájaro sale de su nido y vaga en busca de alimento, y tal como el gorrión abandona su nido para volar por el Cielo, y después regresan a su nido, así ocurrirá con las maldiciones vanas, volverán a quién las profirió; de su boca salieron, y a él vendrán (Matzudat David).

¿Y cuándo ocurrió algo así con Jacob, que profirió una maldición? A esto se refiere lo que está escrito: «Jacob observó el rostro de Labán y he aquí que no era para con él como había sido antes. Y El Eterno le dijo a Jacob: "Retorna a la tierra de tus padres y al lugar de tu nacimiento, y Yo estaré contigo". Envió, pues, Jacob, y llamó a Raquel y a Lea al campo donde estaba su rebaño. Y les dijo: "He observado en el rostro de vuestro padre que no es para conmigo como había sido antes; y el Dios de mi padre estuvo conmigo. Vosotras sabéis que serví a vuestro padre con todas mis fuerzas. Y vuestro padre me ha engañado, y me ha cambiado el salario cien veces; y Dios no permitió que me hiciera daño [...] Jacob se levantó y puso a sus hijos y sus mujeres sobre los camellos. Y condujo todo su ganado y todo cuanto había adquirido, el ganado de su ganancia que había obtenido en Padan Aram, para volverse a Ytzjak su padre en la tierra de Canaán. Y Labán había ido a trasquilar su rebaño y Raquel robó los ídolos de su padre [...] Labán alcanzó a Jacob, y Jacob había dispuesto su tienda en el monte; y Labán acampó con sus parientes en el monte Guilad. Y Labán dijo a Jacob: ¿Qué has hecho, que me engañaste, y has traído a mis hijas como cautivas de la espada? ¿Por qué te escondiste para huir, y me engañaste, y no me lo hiciste saber para que yo te enviara con alegría y con cantares, con tamboriles y arpa? Y ni siquiera me dejaste besar a mis hijos e hijas; has actuado en forma sagaz. Hay en mi mano poder para haceros mal, mas el Dios de tu padre me habló anoche, diciendo: "Cuídate de no hablar con Jacob ni bien ni mal". Y ahora, que tú te marchabas porque anhelabas ir a casa de tu padre, ¿por qué robaste mis dioses?". Jacob respondió y le dijo a Labán: "Porque tuve miedo, pues pensé que tal vez me robarías a tus hijas. Aquel en cuyo poder hallares tus dioses, no viva; delante de nuestros hermanos reconoce lo que yo tenga tuyo, y llévatelo". Y Jacob no sabía que Raquel los había robado» (Génesis 31:2–32).

LA MUERTE DE RAQUEL

Y por esa causa Raquel murió en el camino, como está escrito: «Marcharon de Bet El, y aún faltaba un trecho de tierra hasta Efrat, cuando Raquel inició el parto y tuvo dificultades en el alumbramiento. Y aconteció mientras tenía dificultades en el parto, que le dijo la partera: "No temas, que también tendrás este hijo". Y aconteció que cuando salía su alma, pues murió, que llamó a su hijo Ben Oní, mas su padre lo llamó Benjamín.

Murió Raquel y fue sepultada en el camino a Efrat, que es Bet Lejem. Y Jacob levantó un monumento sobre su sepultura; esta es el monumento de la sepultura de Raquel hasta hoy» (Génesis 35:16–20).

Por eso se acortaron los días de vida de Jacob, y eso está indicado en la declaración: «Aquel en cuyo poder hallares tus dioses, no viva». Pues en el texto original hebreo la expresión «viva», está escrita así:

יחיה

Éste es su valor numérico:

י = 10
ח = 8
י = 10
ה = 5
———
33

Resulta que por decir: «Aquel en cuyo poder hallares tus dioses, no viva», Jacob vivió treinta y tres años menos. Ya que debería haber vivido ciento ochenta años, como Ytzjak, su padre. A esto se refiere lo que está escrito: «así ocurrirá con la maldición vana, a él vendrá» (Proverbios 26:2) (Baal Haturim en Génesis 47:28).

LA MALDICIÓN Y LA BENDICIÓN

Dado que las maldiciones son tan dañinas, y las bendiciones, su opuesto, tan beneficiosas, por eso El Santo, Bendito Sea, rechazó a la letra *alef* para comenzar con ella la Torá, por ser la inicial de la palabra arur, que significa maldición, y aceptó a la letra *bet,* por ser la inicial de la palabra *berajá,* que significa bendición. Como se enseñó en el Midrash Otiot de Rabí Akiva:

La letra *bet* se puso de pie ante El Santo, Bendito Sea y dijo:
—Amo del universo: ¿Sería Tu voluntad crear conmigo el mundo? Pues conmigo alaban ante Ti las personas en el mundo cada día. Como está dicho: «Bendito sea El Eterno para siempre. Amén, y Amén» (Salmos 89:53)».

«Bendito», en el texto original hebreo está escrito mediante la locución *baruj*, que comienza con la letra *bet*.

ברוך

Además agregó:
—Y está dicho: «Bendecid a El Eterno, vosotros sus ángeles» (Salmos 103:20).

«Bendecid», en el texto original hebreo está escrito mediante la locución *barjú*, que comienza con la letra *bet*.

ברכו

Además dijo:
—También está escrito: «Bendecid a El Eterno, vosotros todos sus ejércitos; sus siervos, que hacéis Su voluntad. Bendecid a El Eterno, vosotras todas sus obras [...]» (Salmos 103:21–22). Y en el futuro todas las generaciones del mundo dirán ante Ti: «Bendito El Eterno Dios, el Dios de Israel, El único que hace maravillas» (Salmos 72:18). Y está dicho: «Bendito Su nombre glorioso para siempre, y toda la Tierra sea llena de Su gloria. Amén y Amén» (Salmos 72:19).

El Santo, Bendito Sea recibió inmediatamente su propuesta y le dijo a la letra *bet*:
—¡Sí! –Y también le dijo–: «Bienvenida en el Nombre de El Eterno» (Salmos 118:26).

Y creó con ella Su mundo. Como está dicho: «En principio creó Dios a los Cielos y a la Tierra» (Génesis 1:1).

La expresión «en principio», en el texto original hebreo está escrita mediante la locución *bereshit,* que comienza con la letra bet.

בראשית

Parashá Shemot

XIII

LA CLAVE DEL ÉXITO DE MOSHÉ

En el comienzo del libro de Éxodo se menciona la llegada de los hijos de Israel a Egipto, y la muerte de José, como está escrito: «Y estos son los nombres de los hijos de Israel que vinieron a Egipto con Jacob, cada hombre vino con su casa: Rubén, Shimón, Levi, y Yehuda. Ysasjar, Zevulún y Benjamín. Dan, Naftalí, Gad y Asher. Y todas las personas que salieron de Jacob eran setenta almas, y José estaba en Egipto. Y murió José, y todos sus hermanos, y toda esa generación» [...] (Éxodo 1:1–6).

Se aprecia que al comienzo los hijos de Israel eran solamente setenta, y en Egipto se multiplicaron y conformaron un pueblo. Y se menciona en forma especial la muerte de José, porque él los sustentó a todos ellos con sus descendientes, muchos años, todo el tiempo que fue virrey, hasta que murió.

EL REINADO DE JOSÉ

¿Y cuántos años José fue virrey en Egipto? Para saberlo, debe considerarse que en el final del libro de Génesis, que precede a Éxodo, está escrito: «José murió a la edad de ciento diez años» (Génesis 50:26). Este dato es fundamental para saber la cantidad de años que gobernó allí. Pues se sabe que a los 17 años había sido vendido por sus hermanos, y los compradores lo llevaron a Egipto. En este país fue puesto en la cárcel, donde permaneció por espacio de 12 años. Después de ese periodo de tiempo fue sacado de allí para interpretarle al Faraón unos sueños que le habían sobrevenido, y estaba preocupado porque nadie se los podía interpretar correctamente. José lo hizo con éxito y fue nombrado virrey, siendo entonces de 30 años de edad, como está escrito: «Entonces el Faraón quitó su anillo de su mano, y lo puso en la mano de José, y lo hizo vestir de ropas de lino fino, y puso un collar de oro en su cuello. Y lo hizo montar en su segundo carruaje, y pregonaron delante de él: "¡Virrey!". Y lo puso sobre toda la tierra de Egipto [...] José era de edad de treinta años cuando fue presentado delante de Faraón rey de Egipto; y salió José de delante del Faraón, y recorrió toda la tierra de Egipto» (Génesis 41:42–46). Y José ejerció como virrey hasta el día de su muerte, a los 110 años. Resulta, pues, que gobernó en Egipto durante 80 años, y hasta que murió sustentó a su padre y sus hermanos, con todas las familias de ellos.

Entonces los hijos de Israel, se multiplicaron mucho, como está escrito: «Y murió José, y todos sus hermanos, y toda esa generación. Los hijos de Israel se fructificaron, se reprodujeron, aumentaron y se fortalecieron mucho, en gran manera, y la tierra se llenó de ellos» (Éxodo 1:6–7).

EL COMIENZO DE LA ESCLAVITUD

También se sabe que mientras los hermanos de José vivían, hasta que murieron todos, los hijos de Israel eran libres. Pero después fueron sometidos, como está escrito: «Y se levantó en Egipto un nuevo rey que no conocía a José. Y dijo a su pueblo: "He aquí el pueblo de los hijos de Israel son más numerosos y más fuertes que nosotros. Ahora, pues, seamos sabios para con él, para que no se multiplique, y ocurra que al venir guerra, él también se sume a nuestros enemigos y combata contra nosotros, y ascienda de la tierra". Designaron ministros de tributo sobre él, para afligirlo con sus cargas, y edificaron para el Faraón las ciudades de almacenaje, Pitón y Ramesés. Y cuanto más los oprimían, más aumentaban y se multiplicaban, y estaban disgustados ante los hijos de Israel» (Éxodo 1:8–12).

EL BIEN OLVIDADO

La narración bíblica no deja lugar a dudas. Los egipcios olvidaban todo el bien que José les había hecho durante esos 80 años que gobernó allí, y esclavizaban cruelmente a sus descendientes. Ya que José había salvado a Egipto del hambre y de la muerte, como está escrito: «José le dijo al Faraón: el sueño del Faraón es uno mismo; Dios ha mostrado al Faraón lo que va a hacer. Las siete vacas buenas son siete años y las siete espigas buenas son siete años; el sueño es uno mismo. Las siete vacas delgadas y malas que subían tras ellas, son siete años, y las siete espigas cenceñas abatidas por el viento solano; habrá siete años de hambre. Es lo que he dicho al Faraón; lo que Dios va a hacer, lo ha mostrado al Faraón. He aquí que vienen siete años de gran abundancia en toda la tierra de Egipto. Y tras ellos habrá siete años de hambre; y toda la abundancia será olvidada en la tierra de Egipto, y el hambre consumirá la tierra» (Génesis 41:25–30). Y está escrito: «Durante los siete años de abundancia la tierra produjo montones. Y él reunió todo el alimento de los siete años de abundancia que hubo en la tierra de Egipto, y guardó alimento en las ciudades, poniendo en cada ciudad el alimento del campo de sus alrededores. José reunió granos como la arena del mar, una cantidad enorme, hasta que dejó de contar, porque no tenía número» (Génesis 41:47–48). Y más adelante está escrito: «No había pan en toda la tierra, y el hambre era muy grave, por lo que la tierra de Egipto desfalleció de hambre y la tierra de Canaán. Y José reunió todo el dinero que había en la tierra de Egipto y en la tierra de Canaán, por los alimentos que adquirían de él; y José puso el dinero en la casa del Faraón. Y se acabó el dinero de la tierra de Egipto y de la tierra de Canaán, y todos los de Egipto vinieron a José, diciendo: "Danos pan; ¿por qué hemos de morir delante de ti, por no tener más dinero?"» (Génesis 47:13–15). Y José los salvó también esta vez, como está escrito: «Y dijo José: "Traed vuestros ganados y yo os daré por vuestros ganados, si no tenéis dinero". Y ellos trajeron sus ganados a José, y José les dio pan a cambio de los caballos, de los rebaños de ovejas, del ganado vacuno y de los asnos; y los proveyó de pan por todos sus ganados aquel año» (Génesis 47:16–17). Y cuando se les terminó ese alimento, nuevamente vinieron a José y él los sustentó, y los salvó de morir, y ellos lo reconocieron, como está escrito: «Y ellos dijeron: "Has salvado nuestras vidas"» (Génesis 47:25).

Sin embargo, tal como se menciona en la cita bíblica citada previamente, después de la muerte de José y sus hermanos, los egipcios olvidaron todo ese bien que él les había hecho y comenzaron a someter a sus descendientes. Y ciento treinta años después de que los hijos de Israel habían descendido a Egipto, su sufrimiento se acrecentó a causa de un sueño que tuvo el Faraón.

EL NUEVO SUEÑO DEL FARAÓN

Pues el Faraón soñó que estaba sentado sobre el trono de su reinado. De pronto alzó sus ojos, y vio a un hombre anciano que estaba de pie frente a él, el cual tenía en sus manos una balanza; y la dispuso delante del Faraón. Después tomó a todos los ancianos de Egipto, la totalidad de los ministros, y todos los hombres de importancia, a quienes ligó, y colocó en uno de los platillos de la balanza. Asimismo, cogió un cordero tierno y lo puso en el otro platillo. Y el animal desniveló la balanza ante el enorme conjunto de personas que se hallaban en el otro lado.

El Faraón se sorprendió mucho y estaba asombrado por ese increíble suceso observado, donde un pequeño cordero podía contrarrestar a tanta gente junta. Por eso, al despertar, convocó a todos sus siervos, y les relató lo que había soñado. Ellos escucharon, y temieron en gran manera.

El Faraón les dijo:
—Reveladme, por favor, el significado de este sueño que tuve.

Bilam, el hijo de Beor, uno de los principales ministros del Faraón, interpretó el sueño de la siguiente manera:
—Esto no es sino un gran mal que sobrevendrá sobre Egipto en los días postreros. Pues un hijo le nacerá a Israel, el cual destruirá todo Egipto, y aniquilará a sus pobladores, sacando posteriormente a todo Israel con mano fuerte de Egipto (Sefer Haiashar).

LA DECISIÓN NEFASTA

El Faraón escuchó a Bilam y mandó matar a todos los varones que les nacieran a los hijos de Israel, como está escrito: «Y habló el rey de Egipto a las parteras hebreas, una de las cuales se llamaba Shifra, y la segunda Pua, y dijo: "Cuando asistáis a las hebreas en sus partos y las veáis sobre el reclinatorio de dar a luz, si es hijo, matadlo, y si es hija, ha de vivir". Mas las parteras temieron a Dios, y no hicieron tal como les dijo el rey de Egipto, sino que preservaron la vida a los niños. El Rey de Egipto convocó a las parteras y les dijo: "¿Por qué habéis hecho esto y habéis preservado la vida de los niños?". Las parteras dijeron al Faraón: "Pues las mujeres hebreas no son como las mujeres egipcias, pues son expertas;

antes que la partera venga a ellas, ya han dado a luz". Dios benefició a las parteras; y el pueblo se multiplicó, y se fortalecieron en gran manera. Y debido a que las parteras temieron a Dios, Él les hizo casas. Y el Faraón ordenó a todo su pueblo, diciendo: "Arrojad al río a todo hijo que nazca, y a toda hija, preservadle la vida"» (Éxodo 1:15–22).

LAS PARTERAS HEROICAS

Los verdaderos nombres de las heroicas parteras que salvaron a los niños hebreos, Shifra, y Pua, eran estos: Yojeved y Miriam. Y la razón por la que a Yojeved se la llama Shifra es porque embellecía al bebé, limpiándolo de la sangre del parto y acondicionándolo; lo que en hebreo se define como: *meshaperet*, palabra esta que da origen al denominativo Shifra. Y Miriam, que era la hija de Yojeved, se la llamaba Puá, porque calmaba con su voz al recién nacido que lloraba, acto que en hebreo se denomina: *poá*. Y de ésa palabra surge el denominativo Puá (Rashi en Génesis 1:15).

Resulta que Yojeved –Shifra– era la partera, y Miriam –Puá–, su hija, era su asistente. Ahora que conocemos estos datos, es posible comprender más precisamente lo declarado en la cita que expresa: «Mas las parteras temieron a Dios, y no hicieron tal como les dijo el rey de Egipto, sino que preservaron la vida a los niños».

Observando el texto original, apreciamos que existe un detalle que llama la atención en la palabra hebrea que define a las parteras. Pues esa palabra, que es *hamialdot*, está escrita en forma carente. Ya que le falta una letra *vav*. Por eso es posible leer *hamialedet*, que significa partera. Deduciéndose que era una sola partera, y la segunda era su asistente.

Veámoslo gráficamente:

En forma completa, esta palabra se escribe así:

המילדות

Pero está escrita sin la letra *vav:*

המילדת

Se puede leer *hamialedet:*

המילדת

ALUSIÓN NUMÉRICA

Este dato está indicado también en el valor numérico de esa palabra:

$$\begin{aligned} ה &= 5 \\ מ &= 40 \\ י &= 10 \\ ל &= 30 \\ ד &= 4 \\ ת &= 400 \\ \hline &489 \end{aligned}$$

Le sumamos el valor intrínseco 1, y resulta:

$$489 + 1 = 490$$

Veamos ahora el valor numérico de Yojeved bat Levi, es decir, Yojeved, hija de Levi:

$$
\begin{array}{ll}
\text{י} = 10 & \text{ב} = 2 \\
\text{ו} = 6 & \text{ת} = 400 \\
\text{כ} = 20 & \\
\text{ב} = 2 & \text{ל} = 30 \\
\text{ד} = 4 & \text{ו} = 6 \\
& \text{י} = 10
\end{array}
$$

$$\overline{42} \qquad \overline{448}$$

Sumamos los valores parciales y resulta:

$$42 + 448 = 490$$

Surge, pues, que el valor numérico de *hamialedet,* coincide con el del nombre de la partera citada, Yojeved, que le había nacido a Levi al llegar a Egipto, cuando cruzaban la frontera *(véase* Rashi).

UN ALUMBRAMIENTO ATÍPICO

Después de lo mencionado, está escrito: «Un hombre de la Casa de Leví fue y tomó por mujer a una descendiente de Levi. La mujer concibió y dio a luz un hijo; y viendo ella que era radiante, lo ocultó durante tres meses. Y no pudiendo ocultarlo más tiempo, tomó un cestillo de juncos y lo untó con arcilla y brea; colocó en él al niño, y lo dejó entre las cañas, a la orilla del río. Y su hermana se situó a distancia, para saber qué sería de él» (Éxodo 2:1–4).

Esa mujer que había dado a luz era Yojeved, y tenía 130 años de edad. Pero milagrosamente le había vuelto el periodo catamenial, recuperando así su fertilidad.

LA EDAD DE LA MADRE

¿Cómo se sabe que Yojeved tenía 130 años de edad?

Debe considerarse que cuando ella nació, el pueblo de Israel entraba a Egipto, como está escrito: «Estos son los nombres de los hijos de Israel que vinieron a Egipto: Jacob y sus hijos: el primogénito de Jacob, Rubén. Los hijos de Rubén: Janoj, Palú, Jetzrón y Carmí. Los hijos de Shimón: Iemuel, Yamin, Ohad, Yajim, Tzojar y Shaúl, hijo de la cananea. Los hijos de Leví: Gershón, Kehat y Merarí. Los hijos de Yehuda: Er, Onán, Shela, Peretz y Zeraj; y Er y Onán habían muerto en la tierra de Canaán y los hijos de Peretz eran Jetzrón y Jamul. Los hijos de Ysajar: Tola, Puvá, Job y Shimrón. Los hijos de Zevulún: Sered, Elón, y Yajleel. Estos son los hijos de Lea que le dio a Jacob en Padán Aram, además de su hija Dina. Todas las personas, sus hijos e hijas, eran treinta y tres. Los hijos de Gad: Tzifión, Jagui, Shuni, Etzbón, Eri, Arodi y Areli. Los hijos de Asher: Imná, Ishvá, Ishvi, Beriá y su hermana Seraj; y los hijos de Beriá: Jever y Maljiel. Estos son los hijos de Zilpá, que Labán dio —como sierva— a su hija Lea. Estos le nacieron de Jacob, dieciséis personas».

«Los hijos de Raquel, esposa de Jacob: José y Benjamín. A José le nacieron en la tierra de Egipto, de Asenat, hija de Potifera, sacerdote de On, Menashé y Efraim. Los hijos de Benjamín: Bela, Bejer, Ashbel, Guera, Naamán, Eji, Rosh, Mupim, Jupim, y Ard. Estos son los hijos que le nacieron a Jacob de Raquel: catorce personas. Los hijos de Dan: Jushim. Los hijos de Naftalí: Yajtzel, Guni, Yetzer, y Shilem. Estos son los hijos de Bilah, que Labán dio —por sierva— a su hija Raquel. A ella le nacieron estos de Jacob: siete personas. Todas las personas que vinieron con Jacob a Egipto, sus descendientes, además de las mujeres de los hijos de Jacob, eran sesenta y seis personas. Y los hijos de José que le nacieron en Egipto eran dos personas. Todas las personas de la casa de Jacob que vinieron a

Egipto eran setenta» (Génesis 46:8–27).

Antes bien, sumando todos los nombres que fueron mencionados en esos versículos, más José, y sus dos hijos, que habían nacido antes de la venida de Jacob a Egipto con sus hijos y familias, son en total 69. Siendo así, ¿por qué dice que eran setenta?

La respuesta es esta: porque Yojeved había nacido entre las murallas, cuando entraban a Egipto. Como está escrito: «La mujer de Amram se llamó Yojeved, hija de Leví, que le nació a Leví en Egipto» (Números 46:59). Surge de esta cita que Yojeved nació en Egipto, entre las murallas de allí, y fue concebida fuera de Egipto. Ya que si hubiese nacido en Egipto no podría ser contada con los que entraron a esa nación, sino con los que nacieron después. Y tampoco puede decirse que nació en el camino, antes de que entraran a Egipto, porque está escrito: «que le nació a Leví en Egipto». Resulta pues, que en Egipto había dos murallas, y Yojeved nació entre ellas, después de atravesar la primera, y antes de pasar la segunda (Rashi en Génesis 46:15; Maskil Ledavid).

También sabemos que los hijos de Israel permanecieron en Egipto 210 años. Y cuando salieron, Moshé tenía 80 años de edad. Siendo así, cuando Yojeved lo dio a luz, tenía 130 años de edad (Rashi en Éxodo 2:1).

EL HIJO LUMINOSO

El hijo que le había nacido a Yojeved era sensacional. Toda la casa se había llenado de luz con su venida al mundo. Y como había nacido al sexto mes de embarazo, su madre lo pudo ocultar durante tres meses de las autoridades egipcias. Ya que ellos calculaban la fecha de gestación, y al cumplirse el tiempo, enviaban legionarios para buscar al recién nacido, y matarlo, en caso de ser varón.

Aconteció, pues, que después de los tres meses que completaban los nueve de gestación común: «no pudiendo ocultarlo más tiempo, tomó un cestillo de juncos y lo untó con arcilla y brea; colocó en él al niño, y lo dejó entre las cañas, a la orilla del río» (Éxodo 2:3).

Aquí tuvo lugar otro milagro: la hija del Faraón había tomado la decisión de convertirse al judaísmo, y por eso se encontraba en el río Nilo, para purificarse (Talmud, tratado de Sotá 12b). Ese dato está aludido en el versículo que declara: «Y la hija del Faraón descendió a sumergirse en el río, y sus criadas caminaban junto al río» (Éxodo 2:5).

La expresión: «La hija del Faraón descendió», en el texto original hebreo está escrita así:

פרעה בת ותרד

Observemos las letras finales:

התד

Las letras finales de esas palabras son las mismas que las de la expresión: *datá,* que significa: «su fe».

דתה

La revelación es evidente: había descendido al río Nilo para purificarse de la idolatría, y convertirse al judaísmo. Por eso fue llamada Batia, que significa: «hija de Dios» (Rokeaj). Y en esos momentos: «Ella vio el cestillo de juncos entre las cañas, y envió a su criada y lo tomó» (Ibíd.).

EL BRAZO PROYECTADO

Ahora bien, debe considerarse que la palabra utilizada en el texto original hebreo para referirse a su criada, es *amatá,* que puede interpretarse como: «mano». Resulta, pues, que ella extendió su mano intentando tomar el cestillo de las aguas. Es decir, según esta interpretación, no fue su criada la que lo hizo, sino la hija del Faraón misma. ¿Y cuánto debió alargar su brazo para tomar el cestillo? A ese dato lo obtenemos también observando la expresión *amatá,* que deriva de *amá,* que significa «codo». Se revela que su mano se extendió en forma milagrosa varios codos para que pudiera tomar el cestillo. Ya que ella tuvo la voluntad de hacerlo, y Dios la ayudó (Rashi, Beer Maim Jaim).

En el Talmud consta la medida que se proyectó el brazo de la hija del Faraón: El brazo de la hija del Faraón, se extendió una distancia de sesenta codos para que pudiese tomar el cestillo en el que se encontraba Moshé (Talmud, tratado de Meguilá 15b).

LA APERTURA DEL CESTILLO

Después de sacar el cestillo de las aguas, la hija del Faraón lo abrió, como está escrito: «Lo abrió y vio al niño, y he aquí que el joven lloraba; y se apiadó de él, y dijo: "Este es de los niños de los hebreos". Y su hermana dijo a la hija del Faraón: "¿Iré a llamarte una nodriza de las hebreas, para que te amamante al niño?". La hija del Faraón dijo: "¡Ve!". Fue la joven y llamó a la madre del niño. La hija del Faraón le dijo: "¡Toma este niño y amamántalo para mí, y yo te daré tu paga!". La mujer tomó al niño y lo amamantó. Y el niño creció y le fue traído a la hija del Faraón, y ella lo prohijó. Y le puso por nombre Moshé, pues dijo: "Porque de las aguas lo he sacado"» (Éxodo 2:6–10).

Ella lo llamó Moshé debido al acontecimiento que había tenido lugar; ya que eligió ese nombre basándose en el término arameo *meshitihu,* que significa «sacar».

EL NIÑO CRECIDO

A continuación está escrito: «Aconteció en aquellos días, que Moshé creció y salió a sus hermanos, y los vio en su duro trabajo, y observó a un hombre egipcio que golpeaba a un hombre hebreo, uno de sus hermanos» (Éxodo 2:11).

Debe considerarse que previamente ya fue dicho: «El niño creció» (Éxodo 2:9), y nuevamente fue dicho aquí: «Aconteció en aquellos días, que Moshé creció [...]». ¿Qué enseña esta aparente redundancia? Rabí Yehuda en el nombre de Rabí Eleazar enseñó: La primera vez se refiere a la estatura de Moshé, y la segunda vez, a su grandeza, ya que el Faraón lo había designado encargado de su casa.

LA GLORIA DE MOSHÉ

En el Midrash se narra: mientras residía en casa del Faraón, Moshé vestía ropas color púrpura, y crecía junto a los hijos del monarca. Moshé se hizo grande en el palacio, y Batia, la hija del Faraón, lo consideraba como a su propio hijo. Toda la casa del Faraón lo honraba, y todos los hombres de Egipto le respetaban.

Cada día Moshé iba a la tierra de Goshen, donde se hallaban sus hermanos, los hijos de Israel. Al recorrer los puestos de trabajo apreciaba que la respiración de ellos era entrecortada. Eso demostraba un estado de agotamiento total. Además, vio el trabajo forzado al que eran sometidos día tras día, como está escrito: «y los vio en su duro trabajo» (Éxodo 2:11).

Moshé les preguntó:

—¿Por qué fueron dispuestas estas labores tan duras sobre vosotros, para que las realicéis día tras día?

Los hijos de Israel le contaron todos los decretos que había establecido sobre ellos el Faraón, incluso antes de que el hubiese nacido. Además, le relataron todos los consejos impartidos por Bilam, el hijo de Beor, que había propuesto matar a todos lo niños que naciesen, e incluso al mismo Moshé, cuando este era pequeño, y había tomado la corona de sobre la cabeza del monarca egipcio.

Moshé escuchó las declaraciones y enfureció mucho con Bilam. Desde ese día comenzó a acosarlo jornada tras jornada, pues deseaba matarlo.

Un día, le fue dicho a Bilam:
—El hijo de Batia te quiere matar, y te acosa jornada tras jornada.

Bilam temió mucho de Moshé. Por eso tomó a sus dos hijos, y con ellos salió de Egipto. Huyeron a la tierra de Kush, y acudieron al rey Kikanos, que reinaba en ese lugar. En tanto Moshé era amado por todos, tanto por el Faraón, como por sus siervos, y los demás egipcios, pues El Eterno puso gracia sobre él, para hallar la simpatía de la gente.

MOSHÉ SOLICITA EL DÍA DE REPOSO

Un día, Moshé fue a Goshen, tal como era habitual en él, para ver a sus hermanos. Contempló los terribles trabajos forzados a los que eran sometidos, y se sintió muy apesadumbrado.

Después de observar eso, regresó a la capital de Egipto, entró al palacio real, avanzó hacia donde se encontraba el rey, se prosternó, y le dijo:

—Mi señor, he venido a solicitarte algo muy pequeño, no me hagas tornar, por favor, con las manos vacías.

El Faraón le dijo:
—¡Habla!

Entonces, Moshé pidió:
—Otorga, por favor, a tus siervos, los hijos de Israel, que residen en Goshen, un día para que descansen de su trabajo.

El mandatario contestó:
—Haré conforme a tu solicitud.

Entonces el Faraón ordenó hacer correr la voz por Egipto, y Goshen, diciendo:
—A vosotros, todos los hijos de Israel, así dijo el rey: "Haced vuestra labor y servidumbre durante seis días, y el día séptimo descansad; no hagáis trabajo en él. Así se hará con vosotros todos los días, conforme a la ordenanza del rey, y Moshé, el hijo de Batia".

Moshé se alegró por este beneficio logrado para sus hermanos, y los hijos de Israel hicieron como lo indicaba la nueva disposición. Pues eso era algo que provenía de El Eterno, ya que comenzaba a recordarlos para salvarlos por causa de sus ancestros. En tanto El Eterno permanecía con Moshé, quien era un hombre grande en los ojos de los egipcios, y en los de todo Israel, quién hablaba bien de ellos frente al Faraón, y procuraba permanentemente mejorar el bienestar de sus hermanos (Sefer Haiashar).

UN SUCESO EMBARAZOSO

Cuando Moshé tenía dieciocho años de edad, quiso ver a sus

padres, y fue a Goshen, el lugar donde los hijos de Israel eran obligados a realizar los trabajos forzados, y la servidumbre. Allí vio a un egipcio que maltrataba a uno de sus hermanos, como está escrito: «Y observó a un hombre egipcio que golpeaba a un hombre hebreo, uno de sus hermanos» (Éxodo 2:11).

Cuando el hebreo vio a Moshé, huyó hacia él, para que lo ayudase, pues era un hombre muy honrado y grande en la casa del Faraón. Le dijo:
—Mi señor, este egipcio fue a mi casa por la noche, me maniató, y violó a mi mujer frente a mi presencia, y ahora procura matarme (Sefer Haiashar; Rashi).

Cuando Moshé escuchó esa atrocidad, enfureció sobremanera con el egipcio, por eso: «Miró hacia aquí y hacia allí, y vio que no había nadie, y mató al egipcio y lo ocultó en la arena» (Éxodo 2:12).

La declaración: «Miró hacia aquí y hacia allí», es difícil de entender. Pues al manifestarse: «vio que no había nadie», se sobreentiende que Moshé lo constató mirando hacia uno y otro lado. ¿Siendo así, qué viene a enseñar esta aparente redundancia?

La respuesta es esta: Moshé vio mediante su espíritu de santidad –Ruaj Hakodesh–, lo que el egipcio le había hecho en la casa, y también vio lo concerniente al campo, pues en la mente del egipcio ya estaba concebida la idea de matar al esclavo hebreo en el campo (Rashi, Eliahu Mizraji; Midrash Bereshit Raba).

RECURSOS SUPREMOS

Asimismo, la expresión «vio que no había nadie», enseña que Moshé se proyectó al futuro, y vio que no saldría de él ningún descendiente que se uniría a la fe de Dios, acoplándose a los hijos de Israel (Rashi).

También debemos saber que Moshé mató a ese hombre malvado a través de un nombre sagrado de Dios que él conocía. Y esto es posible deducirlo a partir de lo que está escrito a continuación: «Al día siguiente salió y vio a dos hombres hebreos riñendo, y dijo al malvado: "¿Por qué golpeas a tu compañero?". Y le respondió: ¿Quién te ha puesto a ti por ministro y juez sobre nosotros? ¿Acaso dices que me matarás, como has matado al egipcio?» (Éxodo 2:13–14).

Se aprecia que no está escrito: «¿Acaso tú pretendes matarme [...]?», sino que está escrito: «¿Acaso dices que me matarás?». Se aprende de aquí, que mató al egipcio con una pronunciación emitida con su boca. Es decir, con el Nombre sagrado de Dios (Midrash Tanjuma: Shemot X).

Después de este suceso: «Moshé temió y pensó: "Ciertamente el asunto es sabido". El Faraón oyó acerca de este hecho y procuró matar a Moshé; pero Moshé huyó de delante del Faraón, y se asentó en la tierra de Midián, y se sentó junto a un manantial» (Éxodo 2:14–15).

LA INTERPRETACIÓN CORRECTA

Esta cita pareciera revelar que Moshé huyó de Egipto a Midián, e inmediatamente se asentó allí, y se casó con la hija de Ytró. Pues a continuación de la huída de Moshé de Egipto, está escrito: «El sacerdote de Midián tenía siete hijas; ellas vinieron a sacar agua para llenar los abrevaderos y dar de beber a las ovejas de su padre. Y vinieron los pastores y las echaron; pero Moshé se levantó y las salvó, y dio de beber a sus ovejas [...] Y Moshé acordó morar junto al hombre; y él dio a Moshé a su hija Tzipora. Y ella le dio a luz un hijo; y él le puso por nombre

Gershom, pues dijo: "He sido extranjero –guer– en una tierra extraña"» (Éxodo 2:15–22). Y a continuación se menciona el llamado de Dios a Moshé, para que guíe al pueblo de Israel a la libertad, como está dicho: «Moshé estaba apacentando las ovejas de su suegro Ytró, el sacerdote de Midián; el condujo a las ovejas detrás del desierto y llegó a Jorev, el Monte de Dios. Y se le apareció el ángel de El Eterno en una llama de fuego en medio de la zarza; y él observó, y he aquí que la zarza ardía en fuego, y la zarza no se quemaba. Y dijo Moshé: "Me apartaré ahora y observaré esta gran visión, por qué no se quema la zarza". El Eterno vio que se había apartado para observar; y lo llamó Dios del interior de la zarza, y dijo: "¡Moshé, Moshé!". Y dijo: "¡Heme aquí!"» (Éxodo 3:1–4).

Al leer estos versículos superficialmente, se podría conjeturar que todo ocurrió en un breve lapso de tiempo. Pero ha de considerarse que más adelante está escrito: «Moshé tenía ochenta años y Aarón tenía ochenta y tres años cuando hablaron con el Faraón» (Éxodo 7:7).

A través de éste último dato mencionado se indica que desde que Moshé huyó de Egipto, hasta que guió a Israel a la libertad, transcurrieron 62 años. Pues recordemos que se había marchado cuando tenía 18 años.

EN TIERRAS LEJANAS

Ahora bien, ¿qué hizo Moshé en todo ese tiempo? En el Midrash se lo dilucida: en aquellos días aconteció que los moradores de oriente y Aram, se habían rebelado a Kikanos, el rey de Kush. El mandatario designó a Bilam en su lugar para que cuidase la ciudad en su ausencia y se encargara de todo lo relacionado con el reino. Después, salió inmediatamente con todas sus huestes para enfrentar a los pueblos de oriente y Aram, con el fin de restablecer el orden y someterlos nuevamente bajo su reinado.

El rey entabló batalla, y tras vencer en la contienda, regresó a su ciudad triunfante. Pero se halló con una gran sorpresa: Bilam se había rebelado contra él, tomando el poder y cerrando todos los accesos. Al no hallar otra alternativa, Kikanos con todos sus hombres sitiaron la ciudad.

En esos días, llegaba Moshé procedente de Egipto, y se unió al ejercito de Kikanos. En poco tiempo obtuvo la confianza del rey, pues demostró aptitudes para el combate, entrega y arrojo, como así sabiduría. Y fue nombrado consejero del rey.

EL NOMBRAMIENTO DE MOSHÉ

Tras nueve años de sitiar la ciudad, Kikanos falleció, y los hombres de su legión decidieron designar a Moshé nuevo rey de ellos. Él aceptó la propuesta y se puso al frente del ejército. En muy poco tiempo Moshé organizó un ataque a la ciudad, y la victoria fue absoluta. Vencieron completamente la resistencia de Bilam y sus hombres, y los legionarios recuperaron a sus familias y posesiones.

Moshé fue rey de Kush durante cuarenta años. Era un mandatario honesto y ejemplar, muy apreciado por el pueblo. Pero después de ese periodo de tiempo, la esposa de Kikanos, Adoniá, que le había sido dada a Moshé por mujer, se quejó de él. Pues en todo el tiempo que fue rey no se allegó a ella, y tampoco practicaba el culto idolátrico de esos lugares. A raíz de esa queja, Moshé fue depuesto de su cargo.

UN NUEVO EXILIO

Así fue como tras permanecer en Kush durante 49 años, 9

sitiando la ciudad, y 40 siendo rey, debió salir de allí y buscar un nuevo destino. Aunque ya no era el mismo que cuando llegó, pues se había convertido en un gran guerrero, y había adquirido mucha experiencia como rey de un gran pueblo.

Moshé salió de la tierra de Kush y tomó su camino. Cuando salió de allí, tenía sesenta y siete años de edad. Y también esto provenía de El Eterno, al aproximarse el tiempo de sacar a los hijos de Israel de Egipto.

Moshé se dirigió a Midián, pues temía regresar a Egipto, por causa del Faraón. Cuando llegó, se sentó junto a un manantial de aguas, cuando salían las siete hijas de Reuel —llamado también Ytró—, a apacentar el rebaño de su padre. Ellas se acercaron al manantial, y extrajeron agua para dar de beber a las ovejas. Entretanto, vinieron los pastores de Midián y las echaron. Pero Moshé se levantó, las salvó de manos de los pastores, y dio de beber a sus animales.

Ellas fueron hacia su padre y le dijeron:
—Un hombre egipcio nos salvó de ante los pastores, y también extrajo agua para nosotras y dio de beber a las ovejas.

Reuel dijo a sus hijas:
—¿Dónde está? ¿Por qué abandonasteis al varón?

Reuel envió por él, para que lo trajeran a la casa, y comiera pan con él. Y así aconteció. Moshé le relató su huida de Egipto, y su reinado en Kush durante cuarenta años, tras lo cuál tomaron el poder de él, y lo enviaron en paz, y con grandes honores.

Cuando Reuel oyó esas palabras, pensó:
—Colocaré a este hombre en prisión, y ganaré la estima de ellos, pues seguramente ha huido de allí.

Reuel lo atrapó y arrojó en un pozo. Y allí permaneció por espacio de diez años. Pero durante su permanencia en ese sitio, Tzipora, la hija de Reuel, se apiadó de él, y le llevaba pan y agua todos los días.

Al cabo de una década, cuando transcurría el primer año de reinado del nuevo Faraón en Egipto, Tzipora dijo a Reuel, su padre:

—El hombre hebreo que has colocado en prisión hace ya diez años, no hay nadie que reclame por él; por eso, si lo ves correcto, padre, envíame por favor, y veré si aún vive o ha fallecido.

El progenitor no sabía que ella le llevaba alimento cada día, y le respondió:

—¿Es posible que suceda algo así, afligir a un individuo durante diez años en prisión sin comida ni bebida, y que aún viva?

Su hija le contestó:

—Has oído que el Dios de los hebreos es poderoso y temible, y que además hace a ellos maravillas a cada instante. Él salvó a Abraham del horno encendido en Ur Kasdim, y a Ytzjak de la espada de su padre, cuando se dispuso a ofrendarlo. A Jacob, lo salvó del ángel, cuando luchó con él en Maabar Yavok. Y también a este hombre le hizo muchos milagros, cuando lo salvó del río Nilo, de la espada del Faraón, y de los habitantes de Kush, y también del hambre puede salvarlo y hacerlo vivir.

LA ACEPTACIÓN DEL PADRE

Las palabras de su hija fueron consideradas apropiadas por Reuel, por lo que consintió con ella, y fue a ver qué sucedía con el individuo que había puesto en prisión. Una vez allí, advirtió que el prisionero se halla de pie, y alababa y oraba al Dios de sus padres.

Reuel, tras contemplar lo que acontecía, envió sacar al hombre del pozo, cortar su cabello, cambiar sus ropas, y le sirvieron pan.

Después de esto, Moshé descendió al jardín de Reuel que se hallaba detrás de la casa, y oró allí a El Eterno, su Dios, Quién hizo con él muchas maravillas. Cuando elevaba su plegaria, divisó un cayado de zafiro clavado en el jardín. Se aproximó a él, y vio que se hallaba grabado sobre el mismo, el Nombre de El Eterno, Dios de los ejércitos. Tras leer el grabado, estiró su mano, y lo tomó, desenterrándolo como quien arranca una hierba silvestre que creció entre las plantas, y lo tuvo en su mano.

LA HISTORIA DEL CAYADO INSERTADO

Ese era el cayado con el cual fueron realizadas todas las maravillas de Dios después de haber creado los Cielos y la Tierra, y todas sus legiones, mares, ríos, y todos sus peces. Y cuando Dios expulsó a Adán, el primer hombre, del Jardín del Edén, al salir de allí, tomó el cayado en su mano, y salió a trabajar la tierra de la que fue tomado. Ese cayado llegó hasta Noé, que lo entregó a Shem, y este a sus descendientes, hasta llegar a manos de Abraham el hebreo.

Posteriormente, cuando Abraham dio todo lo que era de él a su hijo Ytzjak, le entregó también ese cayado. Y de Ytzjak pasó a su hijo Jacob. Y aconteció que cuando Jacob huyó a Padam Aram, lo llevó en su mano; y cuando regresó a su padre, no lo abandonó. También cuando descendió a Egipto, lo llevó con él, y lo entregó a José.

Cuando falleció José y los ministros de Egipto vinieron a su casa, el cayado llegó a Reuel, el medianita, quien cuando abandonó Egipto, lo llevó con él, clavándolo en su jardín.

Todos los hombres fuertes de Keinim intentaron tomarlo, queriendo superar la prueba impuesta para casarse con Tzipora, su hija, pero no pudieron. Por eso quedó insertado en el jardín de la casa de Reuel, hasta que viniera quien pudiera superar la prueba. Y cuando el dueño de casa vio el cayado en manos de Moshé, se sorprendió enormemente, y le dio a su hija Tzipora por esposa.

Hasta aquí habían transcurrido 60 años de exilio de Moshé, desde que había huido de Egipto. Y en el primer año de casados Moshé y Tzipora tuvieron el primer hijo, Guershon, y al año siguiente, el segundo, Eliezer (véase Éxodo 18:1–4).

Después de que le nacieron sus dos hijos, Moshé fue a hacerse cargo del pueblo de Israel, para sacar a sus integrantes de Egipto, y guiarlos a la libertad.

LA APTITUD DE MOSHÉ

Hemos apreciado que Moshé estaba muy bien preparado para gobernar un pueblo, pues había adquirido gran experiencia durante su exilio. Sin embargo, Dios quería que el líder de Israel fuese un hombre comprensivo y sensible además de buen guerrero y tener capacidad de gobernar. Por eso Dios probó a Moshé también en este aspecto.

En el Midrash se narra cómo aconteció: Moshé pastoreaba el rebaño de su suegro, y un corderito se escapó. Moshé lo persiguió hasta que le dio alcance. En ese momento vio que el animal estaba bebiendo del lago. Moshé le dijo:
—No sabía que estabas sediento, ahora seguramente estarás cansado por haber caminado tanto.

El pastor lo alzó en brazos y lo llevó de regreso al rebaño.

Dios vio eso, y dijo:
—¡Tú eres piadoso con los animales, estás preparado para pastorear un rebaño de seres humanos!

Después, Dios convocó a Moshé, como está escrito: «Moshé estaba apacentando las ovejas de su suegro Ytró, el sacerdote de Midián; él condujo a las ovejas detrás del desierto y llegó a Jorev, el Monte de Dios. Y se le apareció el ángel de El Eterno en una llama de fuego en medio de la zarza [...] Y dijo: "¡No te acerques! Quita tu calzado de tus pies, porque el lugar en que tú estás, es tierra santa". Y dijo: "Yo soy el Dios de tu padre, el Dios de Abraham, el Dios de Ytzjak y el Dios de Jacob". Y Moshé ocultó su rostro, pues temió contemplar hacia Dios. El Eterno dijo: "Ciertamente he visto la aflicción de mi pueblo que está en Egipto y he oído su clamor a causa de sus supervisores; pues he sabido de sus angustias. Y descenderé para salvarlo de la mano de Egipto, y hacerlo ascender de esa tierra a una tierra buena y amplia, a tierra que fluye leche y miel, al lugar del cananeo, el jeteo, el amorreo, el ferizeo, el jiveo y el yebuseo. Y ahora, he aquí que el clamor de los hijos de Israel ha llegado ha venido delante de Mí, y también he visto la opresión con que los egipcios los oprimen. Y ahora, por tanto, ven, y te enviaré al Faraón, para que saques de Egipto a mi pueblo, los hijos de Israel"» (Éxodo 3:1–10).

Sin embargo, sucedió un hecho inesperado, pues Moshé se negó a aceptar la solicitud de Dios, como está escrito a continuación: «Moshé dijo a Dios: "¿Quién soy yo para que vaya al Faraón, y saque de Egipto a los hijos de Israel?"» (Éxodo 3:11).

Pero Dios le insistió nuevamente, como está escrito: «Y dijo: "Porque Yo estaré contigo; y esto te será por señal de que Yo te he enviado: "Cuando saques de Egipto al pueblo, servirán a

Dios sobre este Monte"» (Éxodo 3:12).

Y Moshé volvió a rechazar la propuesta, como está dicho: «Moshé le dijo a Dios: "He aquí que si yo voy a los hijos de Israel y les digo: 'El Dios de vuestros antepasados me ha enviado a vosotros', y ellos me dicen: '¿cuál es Su Nombre?', '¿qué les diré?'"» (Éxodo 3:13).

LA GRAN REVELACIÓN

Entonces: «Dios le dijo a Moshé: "Yo soy el que soy". Y dijo: "Así dirás a los hijos de Israel: "Yo soy me ha enviado a vosotros"» (Éxodo 3:14).

Aquí Dios le reveló un importante misterio, tal como enseñó Rabí Aba, el hijo de Mamal: El Santo, Bendito Sea, le dijo a Moshé:

—¿Tú deseas saber mi Nombre? Yo soy llamado según los hechos que realizo. Hay ocasiones en las que me llamo: «Todopoderoso –El Sh"adai–», «Dios de las Legiones – Tz"evaot–», «Dios de Justicia –Elokim–», «El Eterno», que es mi Nombre vinculado con la misericordia.

Asimismo, El Santo, Bendito Sea, tiene otros Nombres, pero estos mencionados son los que utilizó en la salida de Egipto, según las acciones que realizó.

Además, El Santo, Bendito Sea, le explicó a Moshé los detalles:

—Cuando Yo juzgo a las criaturas, me llamo: «Dios de Justicia –Elokim–».

A través de ese Nombre, El Santo, Bendito Sea, se disponía a hacer justicia contra Egipto, tal como le aseguró a Abraham, como está escrito: «Y le dijo a Abram: "Ciertamente has de saber que tus descendientes serán peregrinos en una tierra que no es la de ellos, y los esclavizarán, y serán oprimidos cuatrocientos años. Y también a la nación que los esclavizará juzgaré Yo; y después de esto saldrán con gran riqueza» (Génesis 15:13-14).

—Cuando Yo libro batalla con los malvados, me llamo: «Dios de las Legiones –Tz"evaot–».

A través de ese Nombre, El Santo, Bendito Sea, se disponía a librar batalla contra Egipto, enviando sus legiones, como está escrito: «Pues pregunta ahora por los primeros días, que han sido antes de ti, desde el día que creó Dios al hombre sobre la tierra, si desde un extremo del Cielo al otro extremo del Cielo se ha hecho algo semejante a este gran acontecimiento, o se ha oído algo parecido. ¿Ha oído algún pueblo la voz de Dios, hablando de en medio del fuego, como tú la has oído, y conservado la vida? ¿O alguna vez ocurrió como el milagro que hizo Dios de venir y tomar para sí una nación de en medio de una nación, con pruebas, con señales, con milagros y con guerra, y mano poderosa y con brazo extendido y con grandes pavores, como todo lo que El Eterno, vuestro Dios, hizo en Egipto ante vuestros ojos?» (Deuteronomio 4:32-34).

—Cuando Yo hago suspender el decreto del juicio por los pecados de las personas, y retengo a los castigadores que desean ejecutar la sentencia, esperando que se rectifiquen, me llamo: «Todopoderoso –El Sh"adai–».

A través de ese Nombre, que significa literalmente: «que refrena –shedai–», El Santo, Bendito Sea, se disponía a sacar a los hijos de Israel de Egipto, aunque en ese momento no eran merecedores, esperando que en el futuro se rectificarían.

—Cuando Yo soy misericordioso con mi mundo, soy llamado «El Eterno».

Ya que el Nombre El Eterno, está asociado a la misericordia, como está escrito: «El Eterno pasó ante él –Moshé– y proclamó: El Eterno, El Eterno, Dios, misericordioso y clemente, lento para la ira y generoso en benevolencia y verdad» (Éxodo 34:6).

A esto se refiere lo que está escrito: «Yo soy el que soy» (Éxodo 3:14). Es decir: Según Yo me presento a través de mis acciones que realizo, así soy llamado.

Rabí Ytzjak enseñó otro detalle importante de esta declaración: El Santo, Bendito Sea, le dijo a Moshé:
—Diles: Yo soy el que era, Yo soy el que soy ahora, y yo seré en el futuro.

Por eso consta en el versículo tres veces «soy», como está escrito: «Dios le dijo a Moshé: "Yo soy el que soy". Y dijo: "Así dirás a los hijos de Israel: 'Yo soy me ha enviado a vosotros'"» (Éxodo 3:14). (Midrash Bereshit Raba 3:6).

Resulta que El Santo, Bendito Sea, es eterno y no cambia jamás, sólo que su Nombre es llamado de acuerdo con la acción que realiza en ese momento.

LOS SECRETOS DE DIOS

Pero además de eso, El Santo, Bendito Sea, reveló a Moshé más secretos, como está escrito: «También Dios le dijo a Moshé: "Así dirás a los hijos de Israel: El Eterno, el Dios de vuestros padres, el Dios de Abraham, Dios de Ytzjak y Dios de Jacob, me ha enviado a vosotros; éste es mi Nombre para siempre, y éste es mi Recuerdo, de generación en generación» (Éxodo 3:15).

Resulta que a través de El Nombre de El Santo, Bendito Sea,

aquí revelado, y el Recuerdo, se cumplirá con su Voluntad, de generación en generación

Ahora bien, ¿de qué manera se lo lleva a la práctica?

Para comprenderlo, considérese que el Nombre de El Eterno en el texto original hebreo está escrito con estas letras:

י-ה-ו-ה

Ahora veamos como está escrito en el texto original hebreo el mensaje que indica la forma de vincularse con su Voluntad. Como está dicho: «Éste es Mi Nombre por siempre, y éste es Mi Recuerdo, de generación en generación».

La expresión: «Éste es Mi Nombre por siempre», en el texto original hebreo está escrita así:

זה שמי לעלם

El centro de esta declaración es «Mi Nombre»

שמי

La expresión: «Y éste es Mi Recuerdo, de generación en generación», en el original hebreo está escrita así:

וזה זכרי לדר דר

El centro de esta declaración es «Mi Recuerdo»

זכרי

A continuación observaremos cómo cumplir con estos dos mensajes esenciales que revelan la Voluntad de El Eterno asociándolos a su Nombre.

365 PRECEPTOS PASIVOS

Primeramente tomamos la primera mitad del Nombre de El Eterno y lo asociamos a «Mi Nombre».

י–ה Primera parte del Nombre
שמי Mi Nombre

Observemos el valor numérico de esta asociación:

י = 10	ש = 300
ה = 5	מ = 40
	י = 10
15	350

Ahora sumaremos el valor 15, que corresponde a la primera parte del Nombre de El Santo, Bendito Sea, con 350, que es el valor numérico de «Mi Nombre»:

$$15 + 350 = 365$$

Resulta que asociando la primera parte del Nombre de El Santo, Bendito Sea, a «Mi Nombre», se obtiene como resultado 365, que es la cantidad de preceptos pasivos proscriptos por Él en la Torá para vincularse con su Voluntad.

248 PRECEPTOS ACTIVOS

Ahora haremos lo mismo con el otro vínculo mencionado: «Mi Recuerdo», que asociaremos a la segunda parte del Nombre de El Santo, Bendito Sea.

Tomamos la segunda mitad del Nombre de El Eterno y lo

asociamos a «Mi Recuerdo».

ו–ה Segunda parte del Nombre
זכרי Mi Recuerdo

Veamos el valor numérico de esta asociación:

ו = 6	ז = 7
ה = 5	כ = 20
	ר = 200
	י = 10
11	237

Ahora sumamos el valor 11, que corresponde a la segunda parte del Nombre de El Santo, Bendito Sea, con 237, el valor numérico de «Mi Recuerdo»:

$$11 + 237 = 248$$

Resulta que asociando la segunda parte del Nombre de El Santo, Bendito Sea, a «Mi Recuerdo», se obtiene como resultado 248, que es la cantidad de preceptos activos proscriptos por Él en la Torá para vincularse con su Voluntad.

VÍNCULO COMPLETO

Ahora sumaremos los preceptos activos más los pasivos, indicados para unirse a la Voluntad de El Santo, Bendito Sea:

$$248 + 365 = 613$$

Surge de aquí, que a través de los 613 preceptos proscriptos en la Torá, se consigue un vínculo completo con El Santo, Bendito Sea.

Después de revelarle esta importante enseñanza, El Eterno dijo a Moshé: «Ve y reúne a los ancianos de Israel y diles: El Eterno, el Dios de vuestros padres, el Dios de Abraham, de Ytzjak y de Jacob, se me apareció diciendo: Ciertamente os recordaré, y lo que se os hace en Egipto. Y he dicho: os haré ascender de la aflicción de Egipto [...] Yo extenderé Mi mano y heriré a Egipto con todas mis maravillas que realizaré en medio de él, y entonces os enviará. Y daré a este pueblo gracia en los ojos de los egipcios, para que cuando os marchéis, no vayáis vacíos. Y solicitará cada mujer a su vecina, y a la que mora en su casa, alhajas de plata, alhajas de oro y vestimentas, que pondréis sobre vuestros hijos y vuestras hijas; y vaciaréis a Egipto» (Éxodo 3:16–22).

Pero nuevamente Moshé rechazó la propuesta, como está escrito: «Moshé respondió y dijo: "He aquí que ellos no me creerán, ni oirán mi voz; porque dirán: 'No te ha aparecido El Eterno'"» (Éxodo 4:1).

UNA NUEVA OPORTUNIDAD

Pese a la negativa, Dios volvió a insistirle, como está escrito: «El Eterno le dijo: "¿Qué es esto que tienes en tu mano?". Y él dijo: "Una vara". Él dijo: "Lánzala a tierra". Y él la lanzó a tierra y se convirtió en culebra, y Moshé huyó de ella. El Eterno le dijo a Moshé: "Extiende tu mano y aférrala por su cola". Y extendió su mano, y la aferró, y se convirtió en vara en su palma. Para que crean que se te ha aparecido El Eterno, el Dios de los padres de ellos, el Dios de Abraham, el Dios de Ytzjak y el Dios de Jacob. Le dijo además El Eterno: "Pon tu mano en tu pecho". Y él puso su mano en su pecho; y cuando la sacó, he aquí que su mano estaba leprosa como la nieve. Y dijo: "Vuelve a poner tu mano en tu pecho". Y él volvió a poner su mano en su pecho; y cuando la sacó de su pecho he aquí que se volvió como su carne. Acontecerá que si no te creyeren y no hicieren caso a la voz de la primera señal, creerán a la voz de la señal postrera. Y acontecerá que si no creyeren a estas dos señales y no hicieren caso a tu voz, tomarás de las aguas del río y las derramarás en tierra; y las aguas que tomes del río se convertirán en sangre cuando estén en la tierra» (Éxodo 4:2–9).

Después de todas esas señales, Moshé volvió a negarse, como está escrito: «Moshé dijo a El Eterno: "Te ruego, mi Señor, no soy hombre de palabras, ni desde ayer, ni desde el día que precedió a ayer, ni desde que Tú hablas a tu siervo, pues yo soy pesado en el habla y pesado de lengua"» (Éxodo 4:10).

No obstante, Dios volvió a insistirle, como está dicho: «El Eterno le dijo: ¿Quién dio la boca al hombre? ¿O quién hizo al mudo y al sordo, al hombre que ve, y al ciego? ¿Acaso no soy Yo, El Eterno? Ahora pues, ve, y Yo estaré con tu boca, y te enseñaré lo que has de decir» (Éxodo 4:11–12).

Y también esta vez Moshé se negó a aceptar, como está escrito: «Y dijo: "Te ruego, mi Señor, envía a través de quién ha de ser enviado"» (Éxodo 4:13).

MOTIVOS ESENCIALES

¿Por qué Dios le insistió tanto? ¿Acaso no había otro hombre que pudiese cumplir la misión y no se negara como Moshé? ¿Por qué Dios no lo dejaba y buscaba a otro? Y por el lado de Moshé, ¿por qué cuándo los hombres de Kush le ofrecieron ser su rey aceptó sin titubear, pese a que no poseía experiencia alguna en esa función, y ahora se negaba rotundamente? Y considérese que en el caso de los hombres de Kush eran ajenos a Moshé, y ahora se trataba de sus hermanos. ¿Cuál es el misterio encerrado en este insólito suceso?

Los versículos siguientes lo revelan, como está escrito: «Y El

Eterno se enojó contra Moshé, y dijo: "¿Acaso no está tu hermano Aarón, el levita? Yo sé que él ciertamente hablará; y he aquí que él saldrá a recibirte, y al verte se alegrará en su corazón. Tú hablarás a él, y pondrás en su boca las palabras; y Yo estaré en tu boca y en su boca; y os enseñaré lo que habéis de hacer. Y él hablará por ti al pueblo; él te será a ti en lugar de boca, y tú serás su maestro. Y tomarás en tu mano esta vara, con la cual harás las señales» (Éxodo 4:14–17).

Después de esto, Moshé aceptó inmediatamente, como está escrito: «Moshé fue y regresó a Yeter, su suegro, y le dijo: "Iré ahora, y volveré a mis hermanos que están en Egipto, para ver si aún viven". E Ytró dijo a Moshé: "Ve en paz". El Eterno dijo a Moshé en Midián: "Ve, vuelve a Egipto, porque han muerto todos los hombres que procuraban tu muerte". Moshé tomó a su mujer, y a sus hijos, y los puso sobre un asno, y volvió a tierra de Egipto; y Moshé tomó también la vara de Dios en su mano» (Éxodo 4:18–20).

UNA RAZÓN ELEMENTAL

¿Qué fue lo que hizo cambiar de opinión a Moshé? ¿Cuál fue la circunstancia que determinó que abandonase su férrea postura de negarse a acceder a la propuesta, y aceptase la designación sin presentar ningún tipo de pretexto?

La clave se encontraba en la revelación que El Eterno transmitió a Moshé, tal como enseñó el exegeta Rashi: «He aquí que él saldrá a recibirte, y al verte se alegrará en su corazón». Se aprende que El Eterno le comunicó:
—No creas que sucederá como tú piensas, que tu hermano se disgustará contigo al observar que alcanzas el poder, sino que se alegrará su corazón.

Moshé escuchó eso y ya no presentó más oposición para

aceptar el cargo de primer mandatario. Se aprecia de aquí, que Moshé tuvo en cuenta hasta los sentimientos que podría generar en su hermano una actitud suya que rozara su estatus. Pues Aarón era en ese entonces líder de la comunidad, y Moshé fue precavido de no herir sus sentimientos en lo más mínimo. Aunque eso significara perderse la posibilidad de ser el rey del pueblo y un héroe nacional cuyo nombre quedara registrado en la historia por toda la eternidad.

Este fue el pilar del gran éxito de Moshé, considerar a las personas y a sus sentimientos. Y este es un gran consejo para tener éxito en la vida social, y también en el liderazgo, como se enseña en el Midrash: La persona debe ser agradable y aceptable a los demás (Tana Dvbei Eliahu Raba 13:5). Es decir, debe estar en paz con todas las personas (Ieshuot Yakov).

Parashá Vaerá

XIV

ELABORACIÓN DE UN JUICIO SIN PREJUICIOS

En el comienzo de la sección de la Torá denominada «Y aparecí *–Vaerá–»,* se declara: «Dios habló a Moshé, y le dijo: "Yo soy El Eterno. Y aparecí a Abraham, Ytzjak y Jacob como Dios Omnipotente, pero por mi Nombre El Eterno no me di a conocer a ellos. Y asimismo establecí con ellos mi pacto de darles la tierra de Canaán, la tierra de sus peregrinajes, en la cual peregrinaron. También he oído el gemido de los hijos de Israel, a quienes los egipcios hacen trabajar duramente, y he recordado mi pacto. Por tanto, diles a los hijos de Israel: Yo soy El Eterno, y os sacaré de bajo las pesadumbres de Egipto, y os rescataré de la esclavitud de ellos, y os redimiré con brazo extendido, y con juicios grandes. Y os tomaré para Mí por pueblo y seré Dios para vosotros; y vosotros sabréis que Yo soy El Eterno vuestro Dios, que os saca de las pesadumbres de Egipto. Y os traeré a la tierra por la cual levanté Mi mano —en juramento— para otorgarla a Abraham, Ytzjak y Jacob; y os la daré a vosotros por heredad; Yo soy El Eterno"» (Éxodo 6:2–8).

Se aprecia que El Eterno se disponía a redimir a los hijos de Israel, por el mérito de los Patriarcas, y por el gemido de ellos mismos. ¿Pero por qué hace falta mencionar esos méritos? Porque estaba previsto que el exilio durara 400 años, como está escrito: «Y le dijo a Abram: "Ciertamente has de saber que tus descendientes serán peregrinos en una tierra que no es la de ellos, y los esclavizarán, y serán oprimidos cuatrocientos años» (Génesis 15:13), y aún ese tiempo no había llegado.

De todos modos, los hijos de Israel, clamaron a El Eterno, y entonces los Patriarcas oraron para que Él recibiera las plegarias de ellos. Y El Eterno lo hizo, y por eso se disponía a librarlos de la esclavitud anticipadamente.

Ahora bien, ¿de dónde se aprende que El Eterno oyó las plegarias de los hijos de Israel porque los Patriarcas oraron para que lo hiciera?

Se aprende del versículo que declara: «También he oído el gemido de los hijos de Israel [...]» (Éxodo 6:3). La expresión: «el gemido», en el texto original hebreo está escrita así:

נאקת

Para descubrir el secreto aludido a partir de esta declaración, hemos de observar el equivalente de esas letras que forman la palabra citada en el sistema de intercambio de letras denominado *At Bash*.

Es un sistema consistente en cambiar la primera letra del alfabeto por la última, la segunda letra del alfabeto por la anteúltima, la tercera letra del alfabeto, por la antepenúltima, y así sucesivamente, tal como se enseña en el Talmud (Talmud, tratado de Shabat 104a).

Esta es la tabla completa del sistema *At Bash*:

א = ת
ב = ש
ג = ר
ד = ק
ה = צ
ו = פ
ז = ע
ח = ס
ט = נ
י = מ
כ = ל

Ahora busquemos los reemplazos de la palabra hebrea con que se define «el gemido»:

נאקת

Éstos son los reemplazos que se obtienen:

נ = ט
א = ת
ק = ד
ת = א

Veamos ahora el valor numérico de esas letras obtenidas:

ט = 9
ת = 400
ד = 4
א = 1

414

Ahora veremos lo relacionado con la expresión: «los patriarcas», que en hebreo se escribe así:

האבות

Éste es el valor numérico:

ה = 5
א = 1
ב = 2
ו = 6
ת = 400
―――
414

Se aprende de esta coincidencia que la plegaria de los Patriarcas y el clamor de ellos, ascendieron ante El Santo, Bendito Sea (Baal Haturim en Éxodo 6:5; *véase* Midrash Shemot Raba 15:4).

LA GRAN DECISIÓN

Ya hemos visto que la plegaria de los Patriarcas fue determinante para que los hijos de Israel salieran de Egipto. Pero, ¿cuál fue el mérito concluyente de los Patriarcas tomado en cuenta por El Santo, Bendito Sea?

Este dato está indicado en el comienzo de la sección, como está escrito: «Y aparecí a Abraham, Ytzjak y Jacob [...]» (Éxodo 6:3).

La expresión: «Y aparecí», en el texto original hebreo está escrita así:

וארא

Éste es el valor numérico:

$$ו = 6$$
$$א = 1$$
$$ר = 200$$
$$א = 1$$
$$\overline{208}$$

El nombre de Ytzjak, en el texto original hebreo está escrito así:

יצחק

Éste es el valor numérico:

$$י = 10$$
$$צ = 90$$
$$ח = 8$$
$$ק = 100$$
$$\overline{208}$$

Se aprende de esta coincidencia que los hijos de Israel fueron redimidos por el mérito de Ytzjak, tal como consta en el Midrash (Baal Haturim en Éxodo 6:3).

EL MÉRITO DEL PATRIARCA

Ahora bien, ¿qué actitud destacada realizó el patriarca Ytzjak para lograr que en su mérito se liberase al pueblo de Israel anticipadamente?

En el Midrash consta que los patriarcas oraban continuamente todo el tiempo que los hijos de Israel se encontraban en el exilio, para que Dios se apiadase de ellos y los liberara. El Eterno les preguntó a los patriarcas:

—¿Quién de vosotros está dispuesto a que sea modificada y disminuida una letra de su nombre?

Abraham y Jacob no quisieron aceptar, considerando que la totalidad de las letras de sus nombres eran necesarias. Pero Ytzjak estuvo de acuerdo y propuso:

—Mi nombre debería escribirse con la letra hebrea *shin*, pero yo estoy dispuesto a dejar de lado mi honor personal, y que sea escrito con la letra hebrea *tzadi*, y que se reste de la cuenta la cantidad de años equivalente a la diferencia de esas letras *(véase Rosh Al Hatora, y véase Paneaj Raza; y Jomat Inej, de Jidá).*

Resulta pues, que el nombre de Ytzjak, debería escribirse con la letra *shin*, tal como está escrito en el libro de Jeremías *(véase Jeremías 33:26).*

ישחק

Salvando esa excepción, el nombre de Ytzjak está escrito en todos los versículos de la Torá, con la letra *tzadi:*

יצחק

EL MISTERIO DE LA REDUCCIÓN DEL TIEMPO

Ahora veremos la diferencia numérica existente entre ambos nombres.

Ya hemos visto que el valor numérico de Ytzjak, escrito con la letra *tzadi*, es 208. Y éste es el valor numérico de Ytzjak, escrito con la letra *shin:*

$$' = 10$$
$$ש = 300$$
$$ח = 8$$
$$ק = 100$$
$$\overline{418}$$

Restamos ahora al valor numérico de Ytzjak, escrito con la letra tzadi, 208, el valor numérico de Ytzjak, escrito con la letra shin, 418, y resulta:

$$418 - 208 = 210$$

Se obtiene el valor 210, que es la cantidad de años transcurridos hasta que Israel salió de Egipto, en lugar de los 400 años originales que habían sido determinados. O sea, fue restada al total de 400 años de exilio la diferencia entre el nombre de Ytzjak escrito con *tzadi,* y el nombre de Ytzjak escrito *shin,* y quedaron sólo 210 años de exilio.

UNA REFLEXIÓN ORIENTADA AL FUTURO

La actitud bondadosa de Ytzjak también está relacionada con la redención futura, tal como se enseña en el Talmud:

Está escrito: «Pues tú eres nuestro padre, si bien Abraham nos ignora, e Israel no nos reconoce; Tú, El Eterno, eres nuestro padre, nuestro Redentor, por siempre sea tu Nombre» (Isaías 63:16). Considerando que el final del versículo se refiere a El Eterno, ¿a quién se refiere la declaración mencionada al comienzo: «Pues tú eres nuestro padre»?

La respuesta es ésta: Dijo Rabí Samuel, el hijo de Najmaní, en el nombre de Rabí Yeonatán: en el futuro El Santo, Bendito Sea, dirá a Abraham:

—Tus hijos han pecado.

Y esta es la respuesta de Abraham:
—Amo del universo: ¡Bórralos para santificar tu Nombre!

Después Dios dirá a Jacob:
—Tus hijos han pecado.

Y esta es la respuesta de Jacob:
—Amo del universo: ¡Bórralos para santificar tu Nombre!

Posteriormente Dios dirá a Ytzjak:
—Tus hijos han pecado.

Y esta es la respuesta de Ytzjak:

—¿Mis hijos y no tus hijos? Considera que cuando ellos dijeron: «Te obedeceremos y escucharemos» (Éxodo 24:7), Tú los llamaste: «Mi hijo primogénito» (Éxodo 4:22). ¿Y ahora dices que son mis hijos, y no tus hijos?

—De todos modos, ¿cuánto pecaron? Considérese que la vida de una persona es —en promedio— de setenta años, y hasta los veinte años, Tú no los castigas, como está escrito: «En este Desierto caerán vuestros cadáveres; todo el número de los que fueron censados de entre vosotros, de veinte años arriba, los que hablasteis en Mi contra» (Números 14:29). Siendo así, quedan sólo cincuenta años en los que pudieron haber pecado. Pero aún debemos restar a esa cifra 25 años, que es el tiempo que estuvieron durmiendo. Resulta que quedan solamente 25 años de pecados. Aunque aún debemos considerar el tiempo que estuvieron orando, comiendo y en los servicios. O sea, han de restarse otros doce años y medio. Por lo tanto, la acusación puede ser solamente por doce años y medio de pecados.

Entonces dijo:

—En cuanto a esos doce años y medio de pecados, si Tú deseas cargar con ellos, hazlo. Y si no, dividámoslos, Tú tomas la mitad, y yo la otra mitad. Y si tampoco estás de acuerdo, en ese caso he aquí ofrezco mi alma ante Ti —es decir, yo cargaré con todo—.

Al oír, los hijos de Israel dijeron a Ytzjak: «Pues tú eres nuestro padre, si bien Abraham nos ignora, e Israel no nos reconoce» (Isaías 63:16).

Entonces Ytzjak les dijo:
—No me alabéis a mí, alabad a Dios; y les señaló lo Alto. Inmediatamente declararon: «Tú, El Eterno, eres nuestro padre, nuestro Redentor, por siempre sea tu Nombre» (Ibíd.) (Talmud, tratado de Shabat 89b).

LA PRISA EN EL JUICIO

La enseñanza citada nos deja un mensaje trascendental vinculado con la bondad. Ya que se observó cómo Ytzjak, con una inmensa bondad, defendió a los hijos de Israel ante la Corte de lo Alto. Pero hay otra enseñanza sumamente importante que debemos aprender de lo mencionado. Pues es posible juzgar a los patriarcas Abraham y Jacob rigurosamente, en forma precipitada, y decir:
—¡Qué crueles han sido!

Y respecto a Ytzjak, se podría decir:
—Nos defendió, es verdad, pero, ¡con qué insolencia se dirigió a El Santo, Bendito Sea! ¿Por qué habló de ese modo y no más moderadamente, demostrando reverencia? ¡La actitud de los patriarcas es algo que sorprende!

Sin embargo, no debería emitirse un juicio tan rápidamente. Corresponde considerar lo que los sabios nos han enseñado:

«Sed circunspectos en el juicio» (Mishná, tratado de Avot 1:1)

El JUICIO DE LOS PATRIARCAS

Veamos el caso de Abraham, el primer patriarca de Israel. ¿Cuál era su actitud? ¿Él era comúnmente riguroso, o bondadoso y generoso?

En el capítulo XVII del Génesis se describe la ordenanza de El Eterno impartida a Abraham de circuncidarse y circuncidar a todo varón de su simiente. Y se menciona que él cumplió con la ordenanza estrictamente, como está escrito: «Entonces tomó Abraham a Ismael su hijo, y a todos los siervos nacidos en su casa, y a todos los comprados por su dinero, a todo varón entre las personas de la casa de Abraham, y cortó los prepucios de la carne de ellos, circuncidándolos aquel mismo día, tal como Dios le había ordenado. Abraham tenía noventa y nueve años cuando fue cortado el prepucio de su carne. Y su hijo Ismael tenía trece años cuando fue cortado el prepucio de su carne. Aquel mismo día fue circuncidado Abraham, e Ismael, su hijo. Y todos los varones de su casa con él, tanto los nacidos en su casa como los comprados por dinero a un extranjero, fueron circuncidados junto con él» (Génesis 17:23–27).

Es de suponer que después de circuncidarse, Abraham estaba muy dolorido, y con más razón si tenemos en cuenta que se trataba de un hombre anciano. Pero observad lo que está escrito a continuación: «El Eterno se le reveló en la planicie de Mamre estando él sentado en la entrada de la tienda —cambiándose los vendajes—, con el calor del día. Levantó sus ojos y observó, y he aquí que había tres hombres de pie frente a él; él los vio y corrió hacia ellos desde la entrada de la tienda, y se postró sobre el suelo. Y dijo: "Señores míos, si he hallado gracia en tus ojos, te ruego que no pases de tu siervo. Que se traiga ahora un poco de agua, y lavad vuestros pies; y recostaos debajo del árbol. Iré a buscar un bocado de pan y saciaréis vuestros corazones; después continuaréis, pues por eso habéis pasado por –el sitio donde reside– vuestro sirviente". Ellos dijeron: "Haz como dices, tal como has dicho". Y Abraham se apresuró a la tienda, a Sara, y dijo: ¡Pronto! ¡Tres medidas de harina, de sémola! ¡Amásalas y haz tortas! Y corrió Abraham al ganado vacuno, tomó un becerro, tierno y bueno, y se lo dio al joven, y este se dio prisa a prepararlo. Y tomó mantequilla y leche y el becerro que había hecho, y puso delante de ellos; y él estuvo con ellos, debajo del árbol, y ellos comieron» (Génesis 18:1–8).

Se aprecia que Abraham era extremadamente bondadoso, dejó de lado su restablecimiento, su dolor, sus vendajes, y salió corriendo a invitar a los caminantes para que entraran a su tienda a comer, beber, y reconfortar su alma.

UN HOMBRE DE BIEN SIEMPRE HACE EL BIEN

El obrar así era habitual en Abraham. Observad lo que está escrito en esta otra cita: «Y plantó un Eshel en Beer Sheva y proclamó allí en el Nombre de El Eterno, Dios del mundo. Y moró Abraham en la tierra de los filisteos durante muchos días» (Génesis 21:33–34).

El exegeta Rashi explicó que «Eshel» era un huerto que plantó Abraham para traer del mismo frutas y servirlas con la comida a los huéspedes que invitaba.

Aunque hay otra interpretación de la palabra «Eshel», la cual manifiesta que se trataba de una hostería gratuita, donde el anfitrión –Abraham– servía todo tipo de frutas y ofrecía a los transeúntes comida, bebida, hospedaje, y además, los acompañaba al retirarse (Rashi, Talmud, tratado de Sotá 10a).

Eso está indicado en las iniciales de la palabra Eshel, que en el texto original hebreo está escrita así:

אשל

Las letras que integran esa palabra son las iniciales de estos términos:

א = אוכל Alimento
ש = שתיה Bebida
ל = לויה Acompañamiento

Es decir, Eshel es un acrónimo que revela que Abraham deba alimento y bebida a sus huéspedes, y después, cuando se retiraban, los acompañaba (véase Talmud, tratado de Sotá 10a; Rashi).

DEFENSOR DE LO INDEFENDIBLE

Esto que hemos dicho acerca de Abraham no es todo; hay muchas otras citas que se refieren a su inmensa bondad, la cual era extraordinaria. En el Talmud y el Midrash abundan las narraciones que describen su inconmensurable deseo de hacer el bien con los demás seres humanos, dándoles de lo suyo gratuitamente.

Y no sólo actuaba de esta manera cuando se trataba de hombres santos, o gente justa. Observad esta actitud inaudita suya: «Abram moró en la tierra de Canaán, en tanto que Lot habitó en las ciudades de la planicie; y fue disponiendo sus tiendas hasta Sodoma. Y los hombres de Sodoma eran malvados y pecadores contra El Eterno en gran manera» (Génesis 13:12–13).

Más adelante se narra el suceso que hemos mencionado, donde Abraham estaba recién circuncidado, y fue visitado por tres hombres, que en realidad eran ángeles. Y después de que ellos comieron y bebieron, debían seguir viaje para cumplir con otras misiones que El Eterno les había encomendado, como está escrito: «Y los hombres se levantaron de allí, y observaron hacia Sodoma; y Abraham iba con ellos para acompañarlos. Y dijo El Eterno: "¿Acaso encubro Yo a Abraham lo que he de hacer? Y ciertamente Abraham se convertirá en una nación grande y poderosa, y todas las naciones del mundo se bendecirán en él. Porque Yo sé que ordenará a sus hijos, y a su casa después de él, que guarden el camino de El Eterno, haciendo justicia y juicio, para que El Eterno haga venir sobre Abraham lo que le había hablado". Y dijo El Eterno: "El clamor contra Sodoma y Gomorra ha aumentado, y el pecado de ellos, pues, se ha agravado mucho. Descenderé ahora y veré si actúan según el clamor que ha venido a Mí, los destruiré, y si no, lo sabré". Y los hombres se apartaron de allí, y se dirigieron a Sodoma; y Abraham permanecía de pie ante El Eterno» (Génesis 18:16–22).

Abraham oyó lo que acontecería con la gente de Sodoma y Gomorra y se apiadó de ellos, como está escrito a continuación:

«Abraham se aproximó y dijo:
—¿Acaso has de destruir también al justo con el malvado? Tal vez hay cincuenta justos en la ciudad, ¿acaso destruirás también y no perdonarás al lugar por los cincuenta justos que estén en su interior? Lejos sea de Ti obrar así, matar al justo junto con el malvado, siendo entonces el justo como el malvado, ¡Lejos sea de Ti! ¿Acaso el Juez de toda la tierra no hará justicia?
El Eterno dijo:
—Si hallare en Sodoma cincuenta justos dentro de la ciudad, perdonaré a todo este lugar por ellos.

Abraham respondió y dijo:
—He aquí ahora que he comenzado a hablar a Mi Señor,

aunque soy polvo y ceniza. Tal vez faltarán de cincuenta justos cinco; ¿acaso destruirás toda la ciudad por esos cinco?

Y –Dios– dijo:
—No destruiré si hallare allí cuarenta y cinco.

Y Abraham volvió a hablar a Él, y dijo:
—¿Tal vez se encuentren cuarenta?

Y –Dios– dijo:
—No lo haré por los cuarenta.

Y dijo:
—No se enoje ahora Mi Señor, si hablare: tal vez se hallaran allí treinta.

Y –Dios– dijo:
—No lo haré si encuentro treinta.

Y –Abraham– dijo:
—He aquí ahora que he comenzado a hablar a Mi Señor: quizá se hallaran allí veinte.

Y –Dios– dijo:
—No destruiré por los veinte.

Y –Abraham– dijo:
—No se enoje ahora mi Señor, si hablare solamente una vez más: quizá se hallaran allí diez.

Y –Dios– dijo:
—No destruiré por los diez.

Y cuando terminó de hablar con Abraham, El Eterno se fue, y Abraham volvió a su lugar» (Génesis 18:23–33).

Sin lugar a dudas que Abraham era un hombre ejemplar, bondadoso en extremo, defensor incluso, de lo que aparentemente era indefendible, el emblema del bien. ¿Cómo podemos suponer que este mismo hombre pidió a Dios que borrara a todo el pueblo de Israel por la santidad de su Nombre? ¿Acaso no merece una oportunidad? ¿No debemos esforzarnos en hallar una respuesta que esclarezca esta aparente contradicción que va en contra de su propia naturaleza? ¿Y si sucedió algo que no sabemos, o no comprendemos?

LAS PERSONAS MERECEN UNA OPORTUNIDAD

Y no sólo debemos decir esto de Abraham, sino también de los otros patriarcas. Pues si bien ya vimos que Abraham era un hombre de bien, también su hijo Jacob era un ser humano ejemplar que estaba permanentemente ligado a la verdad. Como está escrito: «Otorgas la verdad a Jacob, y a Abraham la bondad» (Miqueas 7:20). E Ytzjak estaba vinculado al rigor del juicio, era un justo completo. Como está escrito: «Y Jacob juró por el Temor de su padre Ytzjak» (Génesis 31:53). Se aprecia la relación de Ytzjak con el Temor, que en el lenguaje bíblico es sinónimo de juicio riguroso. O sea, a diferencia de Abraham, Ytzjak hacía prevalecer siempre el rigor del juicio y era inapelable en ello, un hombre que siempre buscaba la justicia.

Ahora bien, pese a tratarse de hombres justos, destacados, dotados de óptimas cualidades, en el suceso talmúdico que hemos expuesto actuaron de modo inverso a su propia naturaleza. Pues los dos hombres ligados a la bondad dijeron que El Eterno borrara a los hijos de Israel por la santidad de su Nombre; e Ytzjak, que era el hombre ligado a la justicia, los defendió, pasando por alto el rigor del juicio. ¿Por qué lo hicieron?

La respuesta es ésta: porque los patriarcas sometieron sus

inclinaciones

LA OBRA INÉDITA DE LOS PATRIARCAS

Para comprenderlo observemos estos conceptos cabalísticos esenciales: En el mundo existen además de la bondad, otros atributos que caracterizan la naturaleza de un ser humano, tales como la rigurosidad, la contemplación, o la indiferencia. ¿Y por qué deben existir otros atributos fuera de la bondad? ¿No podríamos vivir siempre manifestando bondad absoluta?

El siguiente ejemplo nos revelará la respuesta de este enigmático asunto: un padre que ama a su hijo indudablemente es bueno con él, y trata de complacerlo en todo. Sin embargo, si ese padre utilizara únicamente el atributo de la bondad, y otorgara a su hijo todo lo que le pidiese, sin ponerle límites, sólo conseguirá malcriarlo y arruinarle la vida. Pues ese hijo suyo se sentirá absolutamente libre, sin limitaciones de ningún tipo, y hará lo que le plazca, independientemente de que eso sea bueno o malo para su propia vida, y para la de los demás.

Se ve de aquí, que no es suficiente para un padre ser bondadoso, sino que deberá también ser severo en muchas ocasiones. Por ejemplo, si su hijo le pide dinero, el padre deberá preguntarle para qué lo desea, y si observa que es para algún fin provechoso, entonces, si lo puede hacer, le dará. Pero si el hijo quiere el dinero para adquirir algo perjudicial para su salud, ya sea física o espiritual, le deberá decir que no, utilizando el atributo del rigor.

En otras ocasiones, ese padre deberá lograr una armonía entre ambos atributos, combinando bondad con rigor. Y en ciertas circunstancias, se verá necesitado de utilizar el atributo de la contemplación, o la misericordia. Por ejemplo, cuando aprecia que su hijo lo intentó con todas sus fuerzas, pero no logró alcanzar el objetivo.

Apreciamos que no es suficiente con un solo atributo para regir nuestra conducta, sino que es necesario disponer de varios para lograr un equilibrio adecuado. Es por eso, que Dios creó el universo con diez atributos, denominados sefirot, a través de los cuales se rige toda la creación.

CONSECUENCIAS DEL TEMPLE

Lo expuesto indica que en muchas ocasiones, un padre severo deberá controlar su rigor y someterlo ante la bondad. Pues si su hijo se preparó adecuadamente para aprobar el examen del colegio, y lo intentó con todas sus fuerzas, pero no lo logró, ¿acaso ejercerá rigor con él por haber fracasado? Si el padre hace eso, es posible que frustre a su hijo, y tal vez le genere un daño para toda la vida. En un caso así, el progenitor deberá ser contemplativo, y con mucho amor, y claras muestras de bondad, habrá de alentar a su hijo que se encuentra totalmente quebrado anímicamente. Será menester que lo ayude a recuperar la fe en sí mismo, y tomar conciencia de que puede salir adelante.

Esta situación mencionada, que induce a cambiar la propia tendencia natural de acuerdo con las necesidades, es muy difícil de lograr. Un hombre riguroso deberá atravesar una dura y exigente prueba si desea demostrar piedad y amor. Pero como lo vimos, hay ocasiones en que eso es indispensable.

FUNDADORES MODELOS

Esto ocurrió con nuestros patriarcas, ya que ellos debieron modificar su propia naturaleza y hacer lo opuesto a sus normas básicas de conducta para salvar a sus hijos.

Pues ya hemos apreciado que los tres patriarcas estaban enraizados en atributos muy bien definidos: Abraham estaba enraizado en la bondad, Ytzjak estaba enraizado en el rigor, y Jacob estaba enraizado en la verdad. Y todos ellos debieron alterar su tendencia natural para salvar al pueblo de Israel.

Abraham, el emblema del bien y la bondad, poseía un hijo al que amaba mucho, y le había nacido en su ancianidad. Como está escrito: «Y Hagar dio a luz un hijo a Abram, y llamó Abram el nombre del hijo que le dio Hagar, Ismael. Abram era de edad de ochenta y seis años, cuando Hagar dio a luz a Ismael» (Génesis 16:15–16).

Y con ese hijo al que Abraham amaba tanto fue puesto a prueba, como está escrito: «Y Sara vio que el hijo de Hagar la egipcia, el cual esta le había dado a luz a Abraham, se burlaba de su hijo Ytzjak. Y le dijo a Abraham: "Echa a esta sierva con su hijo, pues el hijo de esa sierva no heredará junto con mi hijo, con Ytzjak"» (Génesis 21:10).

Abraham estaba perturbado por la solicitud de su esposa, pero al decirle Dios que la escuche, él lo hizo, como está escrito: «El asunto perturbaba mucho a Abraham, por su hijo. Entonces Dios le dijo a Abraham: "No veas como algo malo lo tocante al joven y a tu sierva; todo lo que te dijere Sara, oye su voz, porque en Ytzjak te será llamada descendencia. Y al hijo de la sierva también lo convertiré en una nación, pues él es tu simiente"» (Génesis 21:11–13).

Por eso: «Abraham se levantó temprano a la mañana, tomó pan y un odre de agua, y lo dio a Hagar, poniéndolo sobre su hombro, y le entregó el joven, y la envió; ella partió y erró por el desierto de Beer Sheva» (Génesis 21:14).

Se aprecia claramente que Abraham, el emblema de la bondad debió comportarse con crueldad y expulsar a su propio hijo de su casa, por pedido de su esposa, para salvar al hijo que esta le había dado. Ya que Sara, su esposa había advertido que la conducta del hijo de la sierva era deplorable, y seguramente influenciaría a Ytzjak, apartándolo del camino del bien. Por eso solicitó a Abraham que procediera de ese modo, aunque ella misma le había pedido previamente que se allegara a la sierva para tener hijos, como está escrito: «Sarai esposa de Abram no le daba hijos, y ella tenía una sierva egipcia, cuyo nombre era Hagar. Y Sarai dijo a Abram: "He aquí, que El Eterno me ha abstenido de tener hijos; te ruego, pues, que te allegues a mi sierva; quizá tendré hijos a través de ella". Y Abram aceptó la solicitud de Sarai. Y Sarai, la esposa de Abram, tomó a su sierva Hagar, la egipcia, tras diez años de morar Abram en la tierra de Canaán, y la entregó por mujer a Abram, su marido» (Génesis 16:1–3). Y ahora Sara le solicitaba que echara al hijo que le había nacido de esa sierva para proteger al hijo de ella. Y así se salvó la integridad de Ytzjak.

LA MENTIRA DENTRO DE LA VERDAD

Ahora veremos lo tocante a la prueba del patriarca Jacob, que tal como hemos dicho, era un hombre absolutamente apegado a la verdad y alejado de la mentira. Era un hombre estudioso de la Torá, que cultivaba sus conocimientos con gran dedicación, como está escrito: «Jacob era un hombre íntegro que habitaba en tiendas» (Génesis 25:27).

Sin embargo, en una ocasión Jacob debió someter su tendencia natural, o sea, la integridad mencionada en el versículo. Ya que se vio obligado a mentir para obtener las bendiciones de su padre y salvar a su pueblo, como está escrito: «Aconteció que cuando Ytzjak envejeció, y sus ojos se oscurecieron, no pudiendo ver, llamó a Esaú su hijo mayor, y le dijo:
—¡Hijo mío!

Y él le dijo:

—¡Heme aquí!

Y le dijo:

—He aquí que ya he envejecido; no sé el día de mi muerte. Ahora, por favor, toma tus armas, tu aljaba y tu arco, y sal al campo y tráeme caza. Y me harás platos como a mí me gustan, y me traerás, y comeré, para que mi alma te bendiga antes que muera.

Y Rebeca estaba oyendo cuando Ytzjak hablaba a su hijo Esaú; y Esaú fue al campo para buscar caza y traer. Y Rebeca habló a Jacob su hijo, diciendo:

—He aquí he oído que tu padre hablaba a tu hermano Esaú, diciendo: "Tráeme caza, y me harás platos, y comeré, y te bendiga en presencia de El Eterno antes de morir. Y ahora, hijo mío, atiende mi voz, lo que yo te mando. Ve ahora al ganado y tráeme de allí dos buenos cabritos de las cabras, y haré de ellos platos para tu padre, como a él le gusta. Y los traerás a tu padre, y comerá, para que te bendiga antes de morir.

Y Jacob dijo a Rebeca su madre:

—He aquí que mi hermano Esaú es hombre peludo, y yo hombre lampiño. Tal vez mi padre me palpe, y entonces seré ante sus ojos como un burlador, y traeré sobre mí maldición, y no, bendición.

Y le dijo su madre:

—Hijo mío, tu maldición sea sobre mí; sólo atiende mi voz, y ve, y tráemelos.

Y fue, y tomó y trajo a su madre, y su madre hizo platos como le gustaban a su padre. Y Rebeca tomó las vestimentas preciadas de Esaú su hijo mayor, que ella tenía en casa, y vistió a Jacob su hijo menor. Y con las pieles de los cabritos cubrió sus brazos y la lisura de su cuello. Y dio los platos y el pan que había hecho en mano de su hijo Jacob.

Y vino ante su padre, y dijo:
—¡Padre!
Y él dijo:
—¡Heme aquí! ¿Quién eres, hijo mío?

Y Jacob dijo a su padre:
—Soy yo, Esaú tu primogénito; he hecho tal como me has dicho; levántate por favor, siéntate y come de mi caza, para que me bendiga tu alma.

Ytzjak le dijo a su hijo:
—¿Cómo es que la hallaste tan pronto, hijo mío?
Y dijo:
—Pues El Eterno tu Dios hizo dispuso delante de mí.
E Ytzjak le dijo a Jacob:
—Acércate por favor, y te palparé, hijo mío, por si eres mi hijo Esaú, o no.

Y Jacob se acercó a su padre Ytzjak, quien lo palpó, y dijo:
—La voz es la voz de Jacob, pero las manos son las manos de Esaú.

Y no lo reconoció, pues sus manos eran peludas como las manos de su hermano Esaú; y lo bendijo. Y dijo:
—¿Eres tú mi hijo Esaú?
Y dijo:
—Yo.

Y dijo:
—Acércamela, y comeré de la caza de mi hijo, para que mi alma te bendiga.

Y le acercó y comió, y le trajo vino y bebió. Y su padre Ytzjak le dijo:
—Acércate por favor, y bésame, hijo mío.
Y se acercó, y lo besó; y olió Ytzjak el aroma de sus

vestimentas, y lo bendijo, diciendo:

—Mira, el aroma de mi hijo es como el aroma del campo que El Eterno ha bendecido. Y que Dios te dé del rocío de los Cielos y de lo selecto de la tierra, y abundancia de cereal y de mosto. Te sirvan pueblos, y naciones se inclinen ante ti; sé señor de tus hermanos y se inclinen ante ti los hijos de tu madre; maldito el que te maldijere, y bendito el que te bendijere» (Génesis 27:1–26).

TODO AL REVÉS A VECES ES PARA BIEN

Hemos apreciado que Abraham, que estaba enraizado en la bondad, debió ser cruel con su hijo Ismael para que se salvara Ytzjak; Jacob estaba enraizado en la verdad y debió mentir para que las bendiciones no queden en poder de Esaú y el mundo sea destruido. E Ytzjak estaba enraizado en el rigor y debió ser bondadoso para que se salven los hijos de Israel, como se narró en el suceso del Talmud previamente mencionado.

He aquí hemos encontrado causas valederas por las que los patriarcas han actuado de modo opuesto a su propia naturaleza alguna vez en su vida. Sin embargo, esto no es todo, aún este suceso talmúdico narrado encierra otros misterios que debemos conocer.

Observad, esta interesante deducción: El Santo, Bendito Sea dirá a Abraham:
—Tus hijos han pecado.
La respuesta de Abraham será:
—Amo del universo: ¡Bórralos para santificar tu Nombre!

El Santo, Bendito Sea dirá a Jacob:
—Tus hijos han pecado.
La respuesta de Jacob será:
—Amo del universo: ¡Bórralos para santificar tu Nombre!

A partir de aquí hemos deducido que Abraham fue cruel y también Jacob. Pero, ¿por qué debemos suponer tal cosa? ¿Por qué hay que decir que al responder: «¡Bórralos para santificar tu Nombre!», se refirieron a los hijos de Israel?

Debe considerarse que quizá se refirieron a los pecados, y esta fue la respuesta de ellos: ¡Bórralos a los pecados para santificar tu Nombre!

Más, tratándose de Abraham, el emblema de la bondad, ¿cómo se habría de suponer que se refirió a los hijos de Israel cuándo su propia naturaleza era opuesta, incluso con los malvados e incluso que no eran de su pueblo, como los sodomitas? Y lo mismo con Jacob, el emblema de la verdad.

UNA BUENA RESOLUCIÓN

También se soluciona lo que habíamos planteado acerca de Ytzjak, pues él aparentemente se comportó con insolencia ante El Santo, Bendito Sea, al decir:

—Ahora bien, respecto a esos doce años y medio de pecados, si Tú deseas cargar con ellos, hazlo. Y si no, dividámoslos, Tú tomas la mitad y yo la otra mitad. Y si tampoco estás de acuerdo, en ese caso he aquí ofrezco mi alma ante Ti, –yo cargaré con todo–.

¿Acaso debe suponerse que Ytzjak desafiaba a El Santo, Bendito Sea?

¡Nada de eso! Lo que Ytzjak hizo fue proponer el soporte de las faltas de acuerdo a la situación de las mismas. Esto es lo que dijo a El Santo, Bendito Sea:

—Si los 12 años y medio de pecados que los hijos de Israel han cometido corresponden a faltas perpetradas por ellos contra Ti, en ese caso, sólo Tú puedes cargar con ellos. Pero si los pecados estuviesen divididos, y las faltas cometidas fuesen la mitad contra Ti, y la mitad entre los seres humanos mismos, uno contra su prójimo, en ese caso, carga Tú con tu parte, y yo cargaré con lo que correspondiera a los hombres. Y si los pecados cometidos fuesen en su totalidad entre los seres humanos mismos, entre uno y su prójimo, en ese caso: «He aquí ofrezco mi alma ante Ti, –yo cargaré con todo–».

Esta brillante deducción mencionada por el sabio Maarshá en su exégesis talmúdica, nos enseña que debemos ser circunspectos en el juicio siempre, y no precipitarnos. Es probable que lo que veamos a primera vista es erróneo, y la otra persona merece una oportunidad.

Parashá Bo

XV

LOS SECRETOS DEL LIBRE ALBEDRÍO

En la sección de la Torá denominada «Ven –*Bo*–», se mencionan las tres plagas con que El Eterno, completó las diez que trajo sobre Egipto. Ya que en la sección anterior, denominada: «Y aparecí –*Vaerá*–», se mencionaron siete plagas que El Eterno trajo sobre los egipcios para que dejasen marchar a los hijos de Israel. Pero como el Faraón no permitió que se fueran y se llevaran sus posesiones, envió, tres plagas más, como está escrito: «El Eterno le dijo a Moshé: "Ven al Faraón, porque Yo he endurecido su corazón, y el corazón de sus siervos, para poner en medio de ellos estas señales Mías"» (Éxodo 10:1).

La expresión: «ven», está escrita mediante la locución *bo:*

בא

Éste es el valor numérico:

ב = 2
א = 1

3

A través de esta declaración, El Eterno le indicaba que traería otras tres plagas sobre el Faraón (Baal Haturim en Éxodo 10:1).

LA PLAGA DE LANGOSTAS

La octava plaga enviada por El Eterno, fue de langostas, como está escrito: «Moshé y Aarón vinieron al Faraón y le dijeron:

—Así ha dicho El Eterno, Dios de los hebreos: "¿Hasta cuándo te rehusarás a rendirte ante Mí? Envía a Mi pueblo y me servirá. Pues si te rehúsas a enviar a mi pueblo, he aquí que mañana traeré langostas en tu territorio. Y cubrirá la faz de la tierra, no pudiendo la tierra ser vista, y comerá el resto de lo que se salvó del granizo; y comerá todo árbol que os crece en el campo. Y llenará tus casas, las casas de tus siervos y las casas de todo Egipto, de una manera que jamás han visto tus padres, ni los padres de tus padres, desde el día que estuvieron sobre la tierra hasta el día de hoy; y se volvió y salió de delante del Faraón.

Y los siervos del Faraón le dijeron:

—¿Hasta cuándo éste nos será por tropiezo? Envía a los hombres para que sirvan a El Eterno, su Dios. ¿Acaso aún no sabes que Egipto está destruido?» (Éxodo 10:3–7).

¿A quién se refirieron los egipcios al decir: «Hasta cuándo éste nos será por tropiezo»? La respuesta es esta: se refirieron a Moshé, como está escrito: «Y viendo el pueblo que Moshé se había demorado en bajar del Monte, se congregó el pueblo ante Aarón y le dijeron: "¡Levántate, haznos dioses que vayan delante de nosotros, pues a éste Moshé, el hombre que nos ha hecho ascender de la tierra de Egipto, no sabemos qué le ha acontecido!"» (Éxodo 32:1).

Se aprecia que en el versículo que describe el reclamo de los egipcios está escrito: «éste», y no se especifica a quién se refiere; y en otro versículo aparece la misma expresión asociada a Moshé. Se deduce por tanto, a través de una comparación recíproca, que en el primer versículo se refiere a Moshé (véase Talmud, tratado de Menajot 53b) (Baal Haturim en Éxodo 10:7).

A continuación está escrito: «Y Moshé y Aarón volvieron a ser llamados ante el faraón; y les dijo:

—Andad, servid a El Eterno vuestro Dios. ¿Quién y quién habrá de ir?

Dijo Moshé:

—Hemos de ir con nuestros jóvenes y nuestros ancianos; con nuestros hijos y nuestras hijas, con nuestras ovejas y con nuestras vacas, hemos de ir, pues es fiesta de El Eterno para nosotros.

Y les dijo:

—Así sea, El Eterno esté con vosotros cuando os envíe; y en cuanto a vuestros niños, observad cómo el mal está delante de vuestro rostro. No será así; marchad ahora vosotros, los varones, y servid a El Eterno, pues eso es lo que habéis solicitado.

Y los echó de la presencia del Faraón» (Éxodo 10:8–11).

CORAZÓN OBSTINADO

La actitud del Faraón es incomprensible. ¿Acaso no veía que su nación estaba siendo totalmente destruida por el efecto de las plagas? ¿Por qué causa aún se resistía a enviar a los hijos de Israel y así liberarse de todos los terribles flagelos que estaban sobreviniendo sobre su tierra, arrasándola por completo? ¿Por qué no escuchaba lo que sus siervos le decían? ¿Acaso no temía que sus propios hombres se levantaran contra él por ser tan obstinado?

La respuesta de este enigmático asunto está implícita en el versículo, como está escrito: «El Eterno le dijo a Moshé: "Ven – *bo*– al Faraón, porque Yo he endurecido su corazón, y el corazón de sus siervos, para poner en medio de ellos estas señales Mías"» (Éxodo 10:1).

Se observa que no era una decisión exclusiva del Faraón, sino inducida, como está escrito: «pues Yo he endurecido su corazón». ¿Y cómo hizo El Eterno para endurecer el corazón del Faraón? Eso también está indicado en el versículo. Pues la expresión: «he endurecido», en el texto original hebreo está escrita así:

הכבדתי

La raíz de esa palabra es *kaved* que significa, dureza, y también: «hígado».

כבד

Enseña que Dios convirtió la carne del corazón del Faraón en hígado (Midrash Shemot Raba 9:8).

LAS PROPIEDADES DEL HÍGADO

Ahora bien, el hígado posee propiedades muy particulares, pues cuando es cocinado no absorbe del líquido de la cocción. Es más, cuanto más se lo cocina, más se endurece. Y lo mismo sucedía con el Faraón, más se lo sometía al rigor de las plagas, más se endurecía su corazón. Por eso era tan obstinado, porque su corazón se había tornado hígado y no se conmovía en lo más mínimo por el efecto de las plagas.

Considérese que posteriormente se describe el endurecimiento del corazón del Faraón, y no se utiliza la definición kaved. Pues el mismo ya se había tornado de hígado, y ahora se endurecía cada vez más con las plagas que caían sobre su pueblo en vez de enternecerse, como sería lógico (Maiana Shel Torá: Bo).

LA INSENSIBILIDAD DEL FARAÓN

¿Por qué tan insensible? Observad lo que está escrito a continuación: «El Eterno dijo a Moshé:

—Extiende tu mano sobre la tierra de Egipto por la langosta, a fin de que suba sobre la tierra de Egipto, y consuma toda la hierba de la tierra, todo lo que dejó el granizo.

Y Moshé extendió su vara sobre la tierra de Egipto y El Eterno hizo venir un viento oriental sobre la tierra todo aquel día y toda aquella noche; y al llegar la mañana, el viento oriental trajo la langosta.

Y la langosta subió por toda la tierra de Egipto y se posó en todo el territorio de Egipto muy pesadamente; antes de eso no hubo langosta como esa, ni la habrá después. Y cubrió la faz de toda la tierra, y oscureció la tierra; y consumió toda la hierba de la tierra, y todo el fruto de los árboles que había dejado el granizo; y no quedó en toda la tierra de Egipto verdor en los árboles ni en la hierba del campo. Y se apresuró el Faraón a llamar a Moisés y a Aarón, y dijo:

—He pecado contra El Eterno vuestro Dios, y contra vosotros. Y ahora, por favor, remite mi pecado sólo esta vez, y orad a El Eterno vuestro Dios para que quite de mí al menos esta muerte.

Y salió de delante del Faraón, y oró a El Eterno. Y El Eterno cambió el rumbo del viento, haciendo venir uno occidental muy fuerte, y se llevó la langosta y la introdujo en el Mar de Cañas; ni una langosta quedó en todo el territorio de Egipto» (Éxodo 10:12–19).

LA LÓGICA DESPLAZADA

Siguiendo un razonamiento natural, es lógico suponer que esta vez sí el Faraón se conmovió en su corazón, y de ahora en más cambiaría su tosca actitud por una más bondadosa. Sin embargo, lo que sigue a continuación demuestra que sólo se trataba de una reacción mental, que nada tenía que ver con sus sentimientos. Lo más probable es que actuó así por la presión de los pobladores de Egipto, y por temor a ser destronado. Pues seguidamente está escrito: «Y endureció El Eterno el corazón del Faraón y no envió a los hijos de Israel» (Éxodo 10:20).

UNA INTENSA OSCURIDAD

Posteriormente sobrevinieron seis días de oscuridad. Los tres primeros fueron tinieblas, y los tres siguientes, oscuridad espesa y tangible. La misma impedía a los egipcios moverse, permaneciendo inmovilizados, atrapados por completo en medio de la espesura. Como está escrito: «Y dijo El Eterno a Moshé:
—Extiende tu mano hacia el Cielo y haya oscuridad sobre la tierra de Egipto; y la oscuridad sea palpable.

Y extendió Moshé su mano hacia el Cielo y hubo densa oscuridad en toda la tierra de Egipto por tres días. No se vieron un hombre a su hermano, y no se levantaron, ningún hombre de su lugar, por tres días; mas para todos los hijos de Israel había luz en sus moradas.

Y llamó el Faraón a Moshé, y dijo:

—Andad, servid a El Eterno, sólo dejad vuestras ovejas y vacas; también vuestros hijos pequeños irán con vosotros.

Y dijo Moshé:
—También tú darás en nuestras manos sacrificios y ofrendas, y haremos a El Eterno, nuestro Dios. Y también nuestro ganado irá con nosotros, no quedará ni una pezuña, pues de él tomaremos para servir a El Eterno, nuestro Dios; pues no sabemos con qué hemos de servir a El Eterno hasta que vayamos allí» (Éxodo 10:21–26).

Pero el corazón del Faraón se tornó duro e inflexible, como está escrito: «El Eterno endureció el corazón del Faraón y no quiso enviarlos. Y le dijo el Faraón:
—¡Márchate de ante mí! Cuídate de no ver más mi rostro, pues el día que vieres mi rostro, morirás.

Y dijo Moshé:
—Bien has hablado; no volveré a ver más tu rostro» (Éxodo 10:27–29).

LA DÉCIMA PLAGA

Después de esa reacción del Faraón: «El Eterno dijo a Moshé:
—Traeré una plaga más sobre el Faraón, y sobre Egipto, después de lo cual os enviará de aquí, enviando a todos completamente; os expulsará totalmente de aquí. Habla por favor a oídos del pueblo, y que cada varón pida a su prójimo –egipcio–, y cada mujer a su prójima –egipcia–, alhajas de plata y de oro. Y El Eterno dio gracia al pueblo en los ojos de Egipto; además, el hombre Moshé era considerado muy grande en la tierra de Egipto, a los ojos de los siervos del Faraón, y a los ojos del pueblo.

Y dijo Moshé:

—Así ha dicho El Eterno: "Como a la medianoche, Yo saldré en medio de Egipto. Y morirá todo primogénito de la tierra de Egipto, desde el primogénito del Faraón que se sienta en su trono, hasta el primogénito de la sierva que está tras el molino, y todo primogénito de los animales. Y habrá gran clamor en toda la tierra de Egipto, cual nunca hubo, ni volverá a haber. Pero contra todos los hijos de Israel, ni un perro moverá su lengua, para que se sepa que El Eterno ha diferenciado entre Egipto e Israel. Y todos estos, tus siervos, descenderán a Mí, y se inclinarán ante Mí, diciendo: Márchate, tú y todo el pueblo que está a tus pies'; y después de esto saldré". Y salió furioso de la presencia de Faraón.

El Eterno dijo a Moshé:
—El Faraón no os oirá, para que Mis maravillas se multipliquen en la tierra de Egipto.

Y Moshé y Aarón hicieron todas estas maravillas ante el Faraón, mas El Eterno endureció el corazón del Faraón y no envió de su tierra a los hijos de Israel» (Éxodo 11:1–10).

EL DESEO DE DIOS

La enseñanza es evidente, Dios deseaba que sus maravillas se multipliquen en la tierra de Egipto y para eso endurecía cada vez más el corazón del Faraón. Esto era así con el fin de que se conociera el poder de Dios, y sea contado a las generaciones futuras, como está escrito: «Y para que cuentes a tus hijos y a los hijos de tus hijos las cosas que Yo hice en Egipto, y mis señales que hice entre ellos, y sepáis que Yo soy El Eterno» (Éxodo 10:2).

Eso está claro. Pero el Faraón, ¿no decidía nada? Pues si Dios le enviaba flagelos para ablandarlo, y por otro lado endurecía su corazón, pareciera que lo trataba como a una marioneta. Ya que esta es dirigida y dominada totalmente por la persona que la sostiene y dirige, sin que la misma pueda decidir ningún movimiento por propia voluntad. Siendo así, ¿qué ocurría con el libre albedrío? ¿Acaso le había sido quitado al Faraón?

EL SECRETO DEL LIBRE ALBEDRÍO

Esta pregunta nos lleva a una conjetura clave. Los sabios cabalistas revelaron: El Eterno implantó en el interior del hombre una tendencia al bien y una tendencia al mal. Fue con el propósito de que la persona se fortalezca y sobreponga con su tendencia al bien a la tendencia al mal. Consecuentemente, debe fortalecerse y sobreponerse con su bondad y misericordia a la severidad. Pues la misericordia, los actos de bondad y sus ramales, provienen de la tendencia al bien, la cual deriva de la bondad. Asimismo, debe abocarse a extirpar de su corazón todas las cualidades de crueldad, venganza, ira, y envidia, porque todas ellas provienen de la tendencia al mal, cuya raíz es la severidad (Reshit Jojmá: Shaar Hairá 4:25).

Considerando esta enseñanza, resulta que si Dios le inflingiera al Faraón plagas sin endurecer su corazón, en ese caso el monarca no poseería la facultad de libre elección. Pues actuaría completamente seducido por los flagelos. Surge de aquí, que al Dios endurecerle el corazón, igualaba en el Faraón la capacidad de soportar los golpes sin sentirse intimidado emocionalmente. De esa forma el equilibrio se mantenía, y la decisión de dejar ir a los hijos de Israel, o negarse, sería determinada por su propia voluntad.

UNA ENSEÑANZA MARAVILLOSA

Aprendemos algo excepcional: el mundo siempre está en equilibrio para que siempre exista la posibilidad de elegir entre el bien y el mal. Es por eso que los sabios determinaron: La persona debe considerar siempre que se encuentra en equilibrio, o sea, que posee mitad de actos buenos, y mitad de actos malos. Resulta que si realiza un solo acto bueno, bienaventurado es, pues desequilibra la balanza hacia el lado del bien. Pero si comete una infracción, el resultado será muy distinto, ya que la inclinará hacia el lado opuesto (Talmud, tratado de Kidushín 40).

LA EVOLUCIÓN DE LA ACTITUD

Ahora bien, ya vimos que cada vez que el Faraón era sometido a una nueva prueba, Dios le endurecía el corazón. Esto fue así hasta que finalmente se lo convirtió íntegramente en hígado. Esto proceso era necesario para contrarrestar todos los duros golpes que le eran asestados sin inmutar su aspecto emocional y permitirle que decidiera libremente. Pero esto no ocurría con ninguno de los ministros del Faraón, ya que ellos no eran puestos a prueba como su mandatario. Resulta que el Faraón se había enfrentado a las pruebas de modo diferente al de sus hombres. O lo que es lo mismo, el equilibrio del Faraón que le permitía decidir, no era el mismo que el de sus hombres. Debido a eso, él había enfrentado muchos más obstáculos que todos los demás.

Resulta, pues, que cuantas más veces uno se enfrente a una dificultad, más veces la superará, y su equilibrio será cada vez de mayor nivel. Ya que las victorias se acumularán y conformarán un montículo que será paralelo a los fracasos superados, y por supuesto lo excederá, en caso de haber vencido. Pero si fracasa, en ese caso el otro montículo prevalecerá.

Resulta de lo mencionado, que cuántas más veces se vence al

mal instinto, más grande será el volumen de su acción resultante. Quedará un montículo que se habrá formado con la tentativa del mal instinto caído por un lado, y otro montículo que se habrá originado por el triunfo de éste hombre que ha triunfado. Y debido a esa victoria el montículo del bien superará al del mal.

Este es el misterio de una persona sobresaliente, que aún deberá luchar contra el mal instinto pese a haberlo vencido en numerosas ocasiones. Pues aquel hombre justo y piadoso, que con sus acciones nobles mantiene al mundo, aún deberá poseer una adversidad paralela para que el equilibrio y la posibilidad de elegir entre el bien o el mal permanezca inalterable.

ALUSIÓN DE EQUILIBRIO

En el Talmud se narra un suceso alusivo: El erudito Abaie escuchó a un joven que le decía a una joven:
—Marchemos juntos por el camino.
Abaie dijo:
—Los seguiré para apartarlos del pecado.
Pues pensó que durante el trayecto harían algo incorrecto entre ellos.

Así fue como Abaie los siguió durante tres medidas *parsá* (o sea, doce kilómetros), escondiéndose entre los cañaverales, para que no advirtiesen su presencia. Y después de esa larga marcha, oyó que uno decía al otro:
—Aquí nuestros caminos se bifurcan, la compañía ha sido muy grata.
Y se separaron.

Abaie dijo:
—Si yo estuviera en su lugar, no me hubiese podido mantener.

Es decir: no hubiera superado la prueba. Y el pensar eso lo apenaba. Entonces se dirigió a una puerta y apoyó su cabeza sobre la misma. En ese momento apareció un anciano, y le dijo:

—Aquel que es más grande que su prójimo, su mal instinto es más grande que el de él (Talmud, tratado de Sucá 52b).

Por tal razón, cuando en el futuro el mal instinto sea eliminado, los justos lo verán inerte frente a ellos y como del tamaño semejante al de una gran montaña. Mientras a los que fueron detrás de placeres vanos en su pasaje por este mundo, y pecaron despiadadamente, les parecerá tan pequeño como el tamaño de un cabello.

Ante esa imagen del mal instinto caído, los justos llorarán y los pecadores llorarán. Los justos dirán:

—¿Cómo puede con una montaña tan grande como esta?

Y los pecadores, también en medio de su sollozo dirán:

—?Tan pequeño que era y no pude con él? (Talmud, tratado de Sucá 52a).

LA CAUSA DE LA DIFERENCIA DE TAMAÑO

La razón de la diferencia de tamaño del mal instinto para unos y otros se debe a que cuando alguien realiza actos buenos, ha vencido indefectiblemente al mal instinto que trató sin lugar a dudas de impedirle, en el momento en que se disponía a realizar tal obra de bien, la concreción de la misma. Esto sucede de modo similar con cada una de las ocasiones en que se pretende hacer la voluntad de El Eterno, siendo esas acciones acumulativas.

Por lo tanto, si una persona realizó muchas obras correctas en su vida, es obvio, que el mal instinto que lo acosó sin darle tregua, tenga enormes dimensiones, similares a una montaña. Pero quién no realizó buenas acciones, o si lo hizo, fue sólo en alguna ocasión esporádica, su mal instinto obviamente se verá muy pequeño, semejante al tamaño de un cabello.

Éste es el misterio del libre albedrío. Debemos aprovecharlo y construir una gran montaña de bien, que supere a la montaña paralela que genera el mal instinto con sus tentativas perniciosas, buscando impedirnos llevar a cabo acciones nobles y positivas. Es nuestra misión triunfar y construirnos un futuro digno en el Mundo Venidero.

EL TRIUNFO DEL BIEN

Observad lo que los sabios enseñaron al respecto: Rabí Yehuda citó el versículo que declara: «Bienaventurados los del pueblo que saben vincularse –*terua*– con El Eterno; ellos andarán a la luz de Tu rostro» (Salmos 89:16). Y enseñó que la expresión *terua* deriva de *reut*, y significa vínculo y amistad, como está escrito: «El Eterno su Dios está junto a él y la amistad –*terua*– del Rey está en él» (Números 23:21) (Metzudat Tzión).

Pues, ¡cuánto deben las personas andar por los caminos de El Eterno cumpliendo los preceptos activos, y cuidando de no transgredir las ordenanzas de la Torá, para ameritarse el Mundo Venidero y salvarse de todos los acusadores de lo Alto, y de los acusadores de lo bajo! Ya que así como sabido es que hay acusadores en este mundo de lo bajo, también hay acusadores en el mundo de lo Alto, los cuales se levantan para acusar a los hombres (véase Job 1:6-11).

Pero aquellos que cumplen las ordenanzas de la Torá y andan por el camino recto, con temor de su Amo. ¡Cuántos ángeles defensores se levantan para defenderlos en lo Alto! Como está dicho: «Si tuviese un ángel defensor de entre mil que dijere al hombre su rectitud» (Job 33:23). Es decir, si un solo ángel defendiese a la persona ante otros novecientos noventa y nueve ángeles que la acusan, hallará amparo.

Esto se aprende de lo que está escrito a continuación: «Y lo agraciará; –y le dirá al ángel defensor– que lo libre de descender al sepulcro, pues he hallado rescate –para él aunque los acusadores eran la mayoría–» (Job 33:24). Por eso, bienaventurado el que guarda las ordenanzas de la Torá, ya que merece numerosos defensores.

LOS MINISTROS DE LO ALTO

Rabí Eleazar también se refirió a este asunto, citando este versículo: «Aconteció en éste día que vinieron los hijos de Dios a ponerse de pie delante de El Eterno, y entre ellos vino también Satán» (Job 1:6). Satán es el Ángel del Mal, y también el Acusador, y el mal instinto (Kli Yakar en Deuteronomio 20:3).

Y fue enseñado que lo que está escrito: «Aconteció en éste día», se refiere al Año Nuevo, Rosh Hashaná. Pues en ese día, El Santo, Bendito Sea, se levanta para juzgar el mundo, como está escrito acerca del profeta Eliseo: «Aconteció en éste día que vino allí» (II Reyes 4:11). Se aprecia que también aquí está escrito: «aconteció en éste día», y se refiere al día festivo de Rosh Hashaná. Y lo que está escrito: «vinieron los hijos de Dios», se refiere a los grandes ministros de lo Alto que tienen facultad y poder para estar presentes en el Tribual Supremo de lo Alto.

Asimismo, debajo de esos ministros espirituales hay otros ángeles, a través de los cuales ejercen control de lo que sucede en el mundo; y debajo de ellos hay otros ángeles que son enviados al mundo por El Santo, Bendito Sea, para inspeccionar todas las acciones de los seres humanos, y ellos no olvidan nada de lo que ven en el mundo. Y lo que está escrito: «a ponerse de pie delante de El Eterno», se refiere a los ministros que estarán junto a Él en el juicio. Como está dicho: «Y toda la legión de los Cielos estaba de pie junto a Él, a su derecha y a su izquierda» (I Reyes 22:19). Los de la derecha ameritaban, y los de la izquierda acusaban. Resulta que junto a El Santo, Bendito Sea, hay defensores y acusadores.

EL AMOR DE EL ETERNO

Además, lo que está escrito: «a ponerse de pie delante de El Eterno», enseña otro asunto importante. Ya que en esa declaración hallamos una expresión de amor de El Santo, Bendito Sea, por Israel, su pueblo, indicándose que todo el que se entromete con uno de su pueblo, es como si se entrometiera directamente con Él.

Pues esos ángeles, que son los representantes enviados al mundo para inspeccionar todas las acciones de los hombres, ellos andan y deambulan por todo el mundo, y toman todos los actos de los seres humanos, lo que ellos hicieron. Y el día en que el Juez se dispone a llevar a cabo el juicio del mundo, Rosh Hashaná, ellos se convierten en acusadores que se levantarán contra los seres humanos, para acusarlos por los pecados cometidos.

Además, debe considerarse que los representantes enviados al mundo para inspeccionar todas las acciones de las personas, no se levantan para observar las acciones de los demás pueblos de la Tierra, sino que hacen hincapié en las de los hijos de Israel. Pues ellos son considerados los hijos de El Santo, Bendito Sea, como está escrito: «Así dijo El Eterno: "Mi hijo primogénito es Israel"» (Éxodo 4:22) (Sodot Hatora).

EL AMPARO DE DIOS

Eso está indicado en la declaración: «a ponerse de pie delante de El Eterno»:

להתיצב על י-ה-ו-ה

Éste es el valor numérico:

ל = 30	ע = 70	י = 10
ה = 5	ל = 30	ה = 5
ת = 400		ו = 6
י = 10		ה = 5
צ = 90		
ב = 2		
537	100	26

Sumamos los valores parciales y resulta:

$$537 + 100 + 26 = 663$$

La expresión: «he aquí los hijos de Israel», en hebreo se escribe así:

הנה בני ישראל

Éste es el valor numérico:

ה = 5	ב = 2	י = 10
נ = 50	נ = 50	ש = 300
ה = 5	י = 10	ר = 200
		א = 1
		ל = 30

60   62   541

Sumamos los valores parciales y resulta:

$$60 + 62 + 541 = 663$$

Se aprecia que la declaración: «Aconteció en éste día que vinieron los hijos de Dios a ponerse de pie delante de El Eterno», se refiere a una acusación contra los hijos de Israel, pues los ángeles habían observado sus acciones.

RAZÓN PARA ACUSAR

Ahora bien, cuando se halla que los actos de los hijos de Israel no son apropiados, esos representantes que son enviados al mundo para inspeccionar todas las acciones de los hombres, quieren levantarse para acusar a Israel por los actos de ellos, y ciertamente que se considera como si se levantaran contra El Eterno.

Pues cuando los miembros de Israel realizan acciones que no son aptas, es como si debilitaran el poder de El Santo, Bendito Sea. Y cuando los miembros de Israel realizan acciones que son aptas, le otorgan poder y fortaleza a El Santo, Bendito Sea. Como está escrito: «Dad poder a vuestro Dios» (Salmos 68:35). ¿Y a través de qué le otorgan poder? A través de las acciones aptas. Por eso en ese día de Rosh Hashaná todos los ministros encargados se congregan «delante de El Eterno».

Obsérvese que la declaración: «Delante –al– de El Eterno», revela una enseña muy importante. Pues la expresión «al» significa literalmente «contra». Resulta que se considera como si se hubiesen congregado y levantado contra El Eterno. Pues dado que se han congregado para declarar contra los hijos de Israel, se considera como si se congregaron contra El Eterno mismo (Sodot Hatora).

El amor que El Santo, Bendito Sea, manifiesta por nosotros es evidente, por eso es correcto apegarse a su Torá, cumplir sus mandamientos, y retribuirle con nuestras acciones parte de ese gran amor que Él siente por nosotros.

Parashá Beshalaj

XVI

LA ESPERANZA QUE JAMÁS SE PIERDE

En el comienzo de la sección de la Torá denominada «Envió –*Beshalaj*–», se narra la salida del pueblo de Israel de Egipto, como está escrito: «Y aconteció que cuando el Faraón envió al pueblo, Dios no lo condujo por camino de la tierra de los filisteos, que estaba cerca; porque dijo Dios: "Tal vez el pueblo cambie de opinión cuando vea guerra, y vuelva a Egipto"» (Éxodo 13:17).

¿Por qué está escrito «el pueblo», y no está escrito: «Mi pueblo»? ¿Y por qué no dice: «Tal vez los hijos de Israel cambien de opinión [...]»?

La respuesta es esta: «Tal vez el pueblo cambie de opinión [...]», se refiere a los de la mixtura de personas, como está escrito: «Los hijos de Israel marcharon de Ramesés a Sucot, como seiscientos mil hombres de a pie, además de los niños. También ascendió con ellos una mixtura de gente, y ovejas y vacas, una cantidad muy grande de ganado» (Éxodo 12:37–38).

Eso está indicado en la expresión: «el pueblo», que en el texto original hebreo está escrita así:

העם את

Éste es el valor numérico:

$$\begin{aligned}
\aleph &= 1 \\
ת &= 400 \\
\\
ה &= 5 \\
ע &= 70 \\
מ &= 40 \\
\hline
&516
\end{aligned}$$

Sumándole el valor intrínseco 1, resulta:

$$516 + 1 = 517$$

La expresión: «también la mixtura de personas», en hebreo se escribe así:

גם ערב רב

Éste es el valor numérico:

$$\begin{aligned}
ג &= 3 \\
מ &= 40 \\
\\
ע & 70 \\
ר &= 200 \\
ב &= 2 \\
\\
ר &= 200 \\
ב &= 2 \\
\hline
&517
\end{aligned}$$

He aquí que «el pueblo», se refiere a la mixtura de personas que salió con los hijos de Israel (Baal Haturim en Éxodo 1:17).

LA MIXTURA DE PERSONAS

Esas personas, que eran egipcios, y se unieron a los hijos de Israel, les causaron graves problemas, tal como enseñó Rabí Yehuda: ¿Por qué aquí está escrito «el pueblo», y cuando los hijos de Israel estaban en Egipto, está escrito «Mi pueblo»? Como está dicho: «Después, vinieron Moshé y Aarón, y dijeron al Faraón: "Así dijo El Eterno, el Dios de Israel: 'Envía a Mi pueblo, pueblo y me celebrarán fiesta en el desierto'"» (Éxodo 5:1).

Ese lenguaje utilizado: «Mi pueblo», indica aprecio y afecto. Y está escrito: «Pues si te rehúsas a enviar a Mi pueblo, he aquí que mañana traeré langostas en tu territorio» (Éxodo 10:4). Y también está escrito: «Y dirás al Faraón: "Así dijo El Eterno: 'Mi hijo primogénito es Israel'"» (Éxodo 4:22). Todos esos son lenguajes de aprecio y afecto. Y considérese que en aquel tiempo aún no estaban circuncidados y no estaban vinculados con El Santo, Bendito Sea, en forma intrínseca. Y cuando salieron de Egipto estaban circuncidados, y habían hecho el sacrificio de Pesaj, y estaban vinculados con El Santo, Bendito Sea, como es debido; y sin embargo El Santo, Bendito Sea, los llamó: «el pueblo», y no «Mi pueblo».

Y el sabio enseñó que la razón fue por esa mixtura de personas que se unieron a ellos, y se mezclaron con ellos; por eso El Santo, Bendito Sea, los llama simplemente: «el pueblo», y no «Mi pueblo». Pues esa expresión señala un grupo de mucha gente junta. Como está dicho: «El Eterno hirió al pueblo con plaga, por haber hecho el becerro que hizo Aarón» (Éxodo 32:35). Y además está escrito: «Y viendo el pueblo que Moshé se había demorado en bajar del Monte, se congregó el pueblo ante Aarón [...]» (Éxodo 32:1). Y está escrito en ese mismo versículo: «El pueblo vio que Moshé se había demorado en bajar del Monte» (Ibíd.). Y lo mismo en todo lugar en que está escrito: «el pueblo», se refiere a la mixtura de personas –erev rav–.

Además, se enseñó que si no fuera por la mixtura de personas que se unieron a Israel, no se hubiera hecho el becerro de oro, y no hubiesen muerto todos los que murieron por esa causa de los hijos de Israel. Y no les hubieran provocado a los hijos de Israel todo lo que les provocaron. Y ese hecho del becerro de oro, y ese pecado concretamente, provocaron el exilio de Israel. Pues fue estudiado que El Santo, Bendito Sea, quiso que los hijos de Israel fuesen en la entrega de la Torá como los ángeles celestiales, y quiso tornarlos libres de todo, librándolos incluso de la muerte, y que fuesen libres del sometimiento de otros pueblos, de modo que no existiera ningún exilio más. Como está dicho: «Las Tablas eran obra de Dios, y la escritura era escritura de Dios, grabada –*jarut*– sobre las Tablas» (Éxodo 32:16). La expresión *jarut* puede leerse también *jerut*, que significa libertad. Como enseñaron los sabios talmudistas: No leáis la palabra *jarut* con esa vocalización, sino léela con la vocalización de *jerut*, que significa libertad.

Pero debido a que hicieron el becerro de oro, provocaron la venida de todo el mal sobre ellos: provocaron la muerte, y provocaron el exilio entre las naciones, siendo sometidos bajo los reinos del mundo. Asimismo provocaron que fuesen quebradas las primeras Tablas de la Ley. Y también provocaron que murieran varios millares de los hijos de Israel. Y todo eso fue por causa del vinculo con la mixtura de personas que se unió a ellos (Sodot Hatora).

EL ÉXODO DE EGIPTO

A continuación se declara: «Y Dios hizo Dios que el pueblo rodease por el camino del desierto, en dirección al Mar de Cañas, y los hijos de Israel ascendieron de la tierra de Egipto armados. Y tomó Moshé consigo los huesos de José, pues había juramentado a los hijos de Israel, diciendo: "Dios ciertamente os recordará y subiréis mis huesos de aquí con vosotros". Y partieron de Sucot y acamparon en Etam, en el extremo del Desierto. Y El Eterno iba delante de ellos de día con una columna de nube para guiarlos por el camino, y de noche con una columna de fuego para iluminarles, a fin de pudieran marchar de día y de noche. No se apartó del pueblo la columna de nube durante el día, ni durante la noche la columna de fuego» (Éxodo 13:18–22).

EL REGRESO INESPERADO

Después de esta salida triunfal, aconteció un hecho inesperado, Moshé, el líder de toda la congregación, ordenó al pueblo regresar en dirección a Egipto, como está escrito: «El Eterno habló a Moshé, diciendo: "Habla a los hijos de Israel y que den la vuelta y acampen delante de Pi Hajirot, entre Migdol y el mar, delante de Baal Tzefón; frente a él acamparéis, junto al mar. Y dirá el Faraón de los hijos de Israel: 'Desorientados están en la tierra, el desierto los ha encerrado'. Y endureceré el corazón del Faraón y os perseguirá, y seré glorificado en el Faraón y en todo su ejército, y Egipto sabrá que Yo soy El Eterno". Y lo hicieron así» (Éxodo 14:1–4).

El mensaje de esta cita es evidente, los hijos de Israel volvieron en dirección a Egipto para glorificar completamente el Nombre de El Eterno. Y eso estaba sujeto a la realización de numerosos milagros y maravillas.

LAS DIEZ MARAVILLAS

En el Midrash se describen los diez milagros que El Eterno hizo a los integrantes del pueblo de Israel en el mar:

- ✓ Se partieron las aguas para que el pueblo pasara, como está escrito: «Las aguas se partieron» (Éxodo 14:21).

- ✓ Se formaron túneles en medio de las aguas, quedando parte de ellas suspendidas a manera de techado, y parte de ellas a la izquierda y a la derecha, como está escrito: «El agua era un muro para ellos, a su derecha y a su izquierda» (Éxodo 14:29).

- ✓ La superficie del mar se tornó seca, como está escrito: «Los hijos de Israel anduvieron sobre lo seco en el interior del mar» (Éxodo 14:29).

- ✓ La superficie del mar después de que pasó el pueblo de Israel se tornó fangosa, dificultando el paso de los egipcios.

- ✓ El mar se dividió en doce pasajes, de modo que cada tribu pasara por uno independiente, como está escrito: «Dividió el mar en pasajes» (Salmos 136:13).

- ✓ Las aguas se congelaron permaneciendo duras como rocas, como está escrito: «Quebrantaste cabezas de taninim —egipcios— en las aguas» (Salmos 74:13).

- ✓ Las aguas que formaron las paredes no eran una sola pieza, sino múltiples, similar a las piedras de una construcción, como está escrito: «Fragmentaste el mar con Tu poder» (Ibíd.)

- ✓ El mar se tornó trasparente como el cristal, para que unos pudieran ver a los otros que cruzaban por el túnel adyacente.

- ✓ Surgía agua dulce, apta para ser bebida.

- ✓ Después de beber y saciarse, las aguas se congelaban, antes de que llegaran a tierra firme, y se convertían en montículos, como está escrito: «Al soplo de tu aliento las aguas se amontonaron; se irguieron como un muro, las corrientes se elevaron, las aguas profundas se congelaron en el corazón del mar» (Éxodo 15:8) (Midrash Tanjuma Beshalaj; Avot de Rabí Natán 23; Mishná, tratado de Avot 5:4, Maimónides).

MEDIDA POR MEDIDA

Lo acontecido a los hijos de Israel en la travesía por el medio del mar es sorprendente; sin embargo, al apreciar todos esos prodigios que tuvieron lugar, surge la pregunta: ¿cómo lograron los hijos de Israel ameritarse que se les partiese el mar, y tuvieran lugar todos esos milagros maravillosos?

El sabio Jacob Baal Haturim lo explicó: fue por el mérito de Abraham. Pues acerca de este patriarca está escrito: «Y aconteció después de estos hechos que Dios probó a Abraham, y le dijo: "¡Abraham!". Y él respondió: "¡Heme aquí!". Y dijo: "Toma por favor a tu hijo, a tu único, a quien amas, a Ytzjak, y ve a la tierra de Moriá, y elévalo allí por ofrenda sobre una de las montañas que te diré". Y Abraham se levantó al amanecer y ensilló su asno, y tomó consigo a sus dos mozos y a su hijo Ytzjak; y partió leña para la ofrenda y se levantó y fue hacia el lugar que Dios le había dicho» (Génesis 22:1–3).

Abraham estaba dispuesto a ofrendar a su hijo, como está escrito: «Y llegaron al lugar que Dios le había dicho; y Abraham construyó allí el altar y ordenó la leña; y ató a su hijo Ytzjak, y lo puso sobre el altar, encima de la leña. Y Abraham extendió su mano y tomó el cuchillo para degollar a su hijo» (Génesis 22:9-10).

Pero cuando estaba a punto de degollarlo, ocurrió un suceso inédito, como está escrito: «Y un ángel de El Eterno lo llamó desde los Cielos, y dijo: "¡Abraham! ¡Abraham!". Y le dijo: "¡Heme aquí!". Y dijo: "No extiendas tu mano contra el joven ni le hagas ninguna cosa, pues ahora sé que eres temeroso de Dios, y no has retenido de Mí a tu hijo, a tu único". Y Abraham levantó sus ojos y miró, y he aquí detrás un carnero que se trabó con sus cuernos en las ramas; y Abraham fue y tomó el carnero y lo elevó como ofrenda en lugar de su hijo» (Génesis 22:11-13).

Abraham había superado la prueba y se atribuyó una retribución acorde, como está escrito: «El ángel de El Eterno llamó a Abraham por segunda vez desde el Cielos. Y dijo: "Por Mí he jurado, palabra de El Eterno, que ya que has hecho esto y no retuviste a tu hijo, a tu único; te bendeciré y aumentaré tu descendencia como las estrellas de los Cielos y como la arena que se encuentra en la orilla del mar; y tu descendencia heredará el portal de sus enemigos. Y se bendecirán en tu descendencia todas las naciones de la Tierra, porque escuchaste Mi voz"» (Génesis 22:15-18).

EL CUMPLIMIENTO DE LA BENDICIÓN

Para que esta formidable bendición se cumpliera, era necesario que su simiente llegara a salvo a la tierra que les había sido asignada, la Tierra de Israel. Y para que pudiesen pasar y salvarse, debían ocurrir milagros tales como la partición del mar. Pero se requería un mérito importante que posibilitara la concreción de ese milagro. Fue entonces cuando actuó la acción de Abraham al partir la leña, como está escrito: «partió leña para la ofrenda [...]» (Génesis 22:3). En mérito de eso Dios partió el mar para los hijos de Israel al salir de Egipto.

UN MÉRITO FUTURO

Asimismo, otro mérito que posibilitó esos milagros fue que los hijos de Israel estaban dispuestos a aceptar lo que El Eterno les impusiera, incluyéndose lo que está escrito más adelante acerca de la construcción del Santuario. Ya que El Eterno les ordenó donar a cada uno medio ciclo de plata, y ellos lo hicieron sin que nadie desoyera la ordenanza, como está escrito: «La plata del recuento de la congregación fue cien talentos, mil setecientos setenta y cinco siclos, del siclo del Santuario. Medio siclo –beka– por cabeza, según el siclo del Santuario; a todos los que pasaron por el censo, a partir de veinte años en adelante, que fueron seiscientos tres mil quinientos cincuenta. Y los cien talentos de plata fueron para fundir las basas del Santuario y las basas de la Partición; cien basas por cien talentos, un talento por basa. Y con los mil setecientos setenta y cinco –siclos– hizo sujetadores para las columnas, cubrió sus cabezas y las unió» (Éxodo 38:25–28).

La palabra que define al medio siclo donado por cada uno en el texto original hebreo es *beka,* que significa «partido». Es decir, un ciclo partido, o lo que es lo mismo, medio ciclo. Pero se utiliza este término para indicar que esa acción fue determinante en la partición del mar.

Obsérvese que tanto en lo referente a Abraham cuando partió la leña, como en el pago del medio siclo, y en la partición del mar, se utiliza siempre la expresión hebrea *beka*.

Veámoslo gráficamente: Con respecto a Abraham está escrito: «Partió leña para la ofrenda» (Génesis 22:3).

En el texto original hebreo esta declaración está escrita así:

ויבקע עצי עלה

Se aprecia que está escrita la expresión *vaibaká,* que deriva de *beka.*

En relación con el medio siclo, está escrito: «Medio siclo –*beka*– por cabeza» (Éxodo 38:26).

בקע לגלגלת

En relación con el cruce del mar está escrito: «Y tú levanta tu vara, y extiende tu mano sobre el mar, y pártelo, y los hijos de Israel vendrán por en medio del mar, en lo seco» (Éxodo 14:16).

La expresión: «y pártelo», en el texto original hebreo está escrita así:

ובקעהו

Se aprecia que está escrita la expresión *ubkaehu,* que deriva de *beka.*

A través de esta expresión, *beka,* se indica que la partición del mar se debió a la acción de Abraham, que partió la leña para ofrendar a su hijo, y la voluntad de los hijos de Israel, que en el futuro aceptarían donar medio siclo cada uno para las basas del Santuario.

LA BASE DE UN MILAGRO MARAVILLOSO

Ahora bien, además de los méritos, para que el maravilloso milagro de la partición del mar se concretara, debía haber una concentración suprema en el Nombre de El Santo, Bendito Sea. Y eso está indicado también en lo que está escrito: «Dijo El Eterno a Moshé: "¿Por qué clamas ante Mí? Habla a los hijos de

Israel y que marchen. Y tú, levanta tu vara y extiende tu brazo sobre el mar, y pártelo –*ubekaehu*–; y los hijos de Israel vendrán por en medio del mar, sobre lo seco"» (Éxodo 14:15–16).

Como ya hemos dicho, la declaración: «y pártelo», en el texto original hebreo está escrita así:

ובקעהו

Esas letras son las mismas que las de la expresión:

בקע והו

La primera parte, *beka,* como ya hemos dicho, significa: «partir». Y la segunda parte de esa expresión, es uno de los 72 Nombres de El Santo, Bendito Sea.

Se aprende que con ese Nombre sagrado, el mar se partió en mérito del patriarca Abraham y el medio siclo donado voluntariosamente por los hijos de Israel (Baal Haturim en Éxodo 14:16).

LOS 72 NOMBRES DE EL ETERNO

El misterio de los citados 72 nombres de El Eterno surge de tres versículos que constan en el suceso de la partición del mar. Esos versículos tienen setenta y dos letras cada uno. Por lo tanto, a partir de los mismos se forman setenta y dos Nombres de tres letras cada uno.

Éstos son los versículos:

ויסע מלאך הא-להים ההלך לפני מחנה ישראל וילך
מאחריהם ויסע עמוד הענן מפניהם ויעמד מאחריהם.

(Éxodo 14:19)

ויבא בין מחנה מצרים ובין מחנה ישראל ויהי הענן והחשך ויאר את הלילה ולא קרב זה אל זה כל הלילה.

(Éxodo 14:20)

ויט משה את ידו על הים ויולך י-ה-ו-ה את הים ברוח קדים עזה כל הלילה וישם את הים לחרבה ויבקעו המים.

(Éxodo 14:21)

Ésta es la traducción de esos versículos:

«Y se desplazó el ángel de Dios que iba delante del campamento de Israel, y fue tras ellos; y la columna de nube que iba delante de ellos se desplazó y se ubicó tras ellos. Y vino entre el campamento de Egipto y el campamento de Israel, y fue nube y oscuridad –para los egipcios–, y alumbraba la noche –para los hijos de Israel–, y no se acercaron este a este en toda esa noche. Y extendió Moshé su mano sobre el mar y El Eterno hizo que el mar se desplazara con un fuerte viento oriental durante toda la noche, y puso en el mar sequedad, y las aguas se partieron –*vaibaku*–» (Éxodo 14:19–21).

LA REVELACIÓN DE LA MISHNÁ

El misterio de esos 72 Nombres es mencionado en la Mishná. En el tratado de Sucá se enuncia: El precepto del sauce, ¿cómo se lo cumplía? En la parte inferior de Jerusalén había un lugar llamado Motza. Cada uno de los días de la Festividad de las Cabañas –Sucot–, descendían allí y cortaban ramas de sauce. Las traían y las ubicaban a los lados del altar, con sus extremos encorvados sobre el mismo. Esas ramas tenían una altura de once codos, y por eso sus extremos se inclinaban un codo sobre el altar.

Posteriormente hacían sonar con el cuerno denominado shofar los sonidos de *tekiá, teruá, tekiá*, en el momento en que traían las ramas y las ordenaban a los lados del altar; y también por la alegría.

Cada día rodeaban el altar una vez y decían:
—¡Te imploramos, El Eterno, sálvanos ya! ¡Te imploramos, El Eterno, concédenos la victoria ya!

Rabí Yehuda afirmó que ellos decían:
—¡Ani Vahó, sálvanos ya!

EXPRESIÓN DE ALABANZA

Es decir, no decían: «¡Te imploramos, El Eterno, sálvanos ya!», sino «¡Ani Vahó sálvanos ya!». Y esta expresión en el texto original hebreo tiene el mismo valor numérico que: «¡Te imploramos, El Eterno, sálvanos ya!».

Veámoslo gráficamente:

La expresión: «Ani Vahó, sálvanos ya», en el texto original hebreo está escrita así:

אני והו הושיעה נא

Éste es su valor numérico:

א = 1	ו = 6	ה = 5	נ = 50
נ = 50	ה = 5	ו = 6	א = 1
י = 10	ו = 6	ש = 300	
		י = 10	

$$ע = 70$$
$$ה = 5$$

| 61 | 17 | 396 | 51 |

Sumamos los valores parciales y resulta:

$$61 + 17 + 396 + 51 = 525$$

La expresión: «Te imploramos, El Eterno», en el texto original hebreo está escrito así:

אנא י-ה-ו-ה הושיעה נא

Éste es su valor numérico:

א = 1	י = 10	ה = 5	נ = 50
נ = 50	ה = 5	ו = 6	א = 1
א = 1	ו = 6	ש = 300	
	ה = 5	י = 10	
		ע = 70	
		ה = 5	

| 52 | 26 | 396 | 51 |

Sumamos los valores parciales y resulta:

$$52 + 26 + 396 + 51 = 525$$

Se observa que las expresiones: «Ani Vahó, sálvanos ya», y «Te imploramos, El Eterno», tienen el mismo valor numérico.

Y las palabras Ani Vahó corresponden con Nombres de El Eterno de los setenta y dos Nombres indicados en los tres versículos que están escritos con 72 letras, y se encuentran uno próximo al otro en el libro de Éxodo.

Cada uno de esos tres versículos, en el texto original hebreo, tiene setenta y dos letras; y cada una de las palabras que se forma tras asociar la primera letra del primer versículo, más la última letra del versículo central, más la primera letra del último versículo, corresponde a uno de los Nombres de El Eterno.

Si aplicamos este sistema a las letras subsiguientes de estos tres versículos, combinándolas del mismo modo, obtendremos un total de setenta y dos Nombres, siendo el primero: «Vahó», y el trigésimo séptimo Nombre es: «Ani».

Ahora bien, si se realizan dos disposiciones con esos 72 Nombres, formando dos alineaciones ordenadas con 36 Nombres cada una, el Nombre «Ani» quedará primero en la segunda disposición. Resulta, pues, que estos dos Nombres: «Ani Vahó» son los primeros de las dos disposiciones (véase Mishná, tratado de Sucá 4:5; Talmud, tratado de Sucá 45a; Rashi).

EL MISTERIO DE ALTERAR LA NATURALEZA

Con esos Nombres de El Santo, Bendito Sea, se puede alterar la naturaleza y conseguir un milagro para una congregación entera, como hemos visto previamente. Pero en ciertas ocasiones, una persona individual también puede acceder a un milagro a través de este medio. Y ese secreto también está indicado en el suceso de la partición de Mar, como está escrito acerca del momento en que los hijos de Israel habían vuelto y marchaban en dirección a Egipto: «Y le fue comunicado al rey de Egipto que el pueblo huía; y el corazón del Faraón y sus siervos se volvió contra el pueblo, y dijeron: "¿Qué es esto que hemos? Pues hemos enviado a Israel de nuestro servicio". Y amarró su carro, y tomó su pueblo con él. Y tomó seiscientos carros escogidos, y todos los carros de Egipto, y los oficiales sobre ellos» (Éxodo 14:5-7).

A continuación está escrito: «Y los egipcios los persiguieron, y los alcanzaron acampando ellos junto al mar; con toda la caballería y los carros del Faraón, sus oficiales, y su ejército, en Pi Hajirot, delante de Baal Tzefon» (Éxodo 14:9).

RODEADOS POR TODOS LOS FLANCOS

La situación en la que se encontraban los hijos de Israel era desesperante, ya que estaban rodeados por los cuatro flancos: por un flanco había centenares de soldados egipcios fuertemente armados que venían por ellos, por otro flanco había montañas que les cerraban el paso, en el tercer flanco había desierto, y en el cuarto flanco, estaba el mar. No había ninguna salida. Los hijos de Israel estaban perdidos, y sólo un gran milagro podía salvarlos.

La desesperación reinante era evidente, como está escrito: «El Faraón se acercó, y los hijos de Israel levantaron sus ojos, y he aquí que Egipto venía tras ellos. Y los hijos de Israel temieron en gran manera, y clamaron a El Eterno. Y dijeron a Moshé: ¿Acaso no había sepulcros en Egipto, que nos has sacado para que muramos en el desierto? ¿Qué es esto que nos has hecho, al sacarnos de Egipto?» (Éxodo 14:10-11).

Sin embargo Moshé creía que era posible triunfar y conseguir la libertad definitiva. Él estaba seguro de que ocurriría un milagro y se salvarían, como está escrito: «Y Moshé dijo al pueblo: "¡No temáis! Poneos de pie, y contemplad la salvación que El Eterno hará hoy con vosotros; porque lo que habéis visto hoy, a los egipcios, nunca más los volveréis a ver. El Eterno combatirá por vosotros, y vosotros estaréis en silencio"» (Éxodo 14:13-14).

Entonces: «Dijo El Eterno a Moshé: "¿Por qué clamas ante

Mí? Habla a los hijos de Israel y que marchen"» (Éxodo 14:15).

Esa era la clave que necesitaban saber. La expresión citada encierra un misterio esencial. Revela cómo conseguir un milagro cuando la situación apremia y no se vislumbra ninguna salida posible.

En otras palabras, a través de esa declaración, El Eterno le comunicó a Moshé que se requiere un despertar desde lo bajo para que el milagro se despierte en lo Alto, y se produzca en lo bajo. Ese no era momento de orar prolongadamente, sino de actuar. Debía hacerse algo que atrajera la fuerza de lo Alto con el fin de que se produjese un milagro que los salvara. Por eso El Eterno le dijo: «¿Por qué clamas ante Mí? Habla a los hijos de Israel y que marchen». Les indicaba que actúen, que entraran en el mar demostrando su fe en Dios, y Él haría el resto.

LA INTROSPECCIÓN DEL PUEBLO

Entonces hubo introspección inmediata en el pueblo, y la tribu de Benjamín asumió la iniciativa. Najshón, el hijo de Aminadav, se introdujo en el mar, y los demás integrantes de su tribu lo siguieron. El agua les llegaba al cuello, pero ellos seguían avanzando, sin vacilar. Al contemplar este acto, Dios ordenó a Moshé realizar una maniobra clave para alterar la naturaleza y atraer el milagro Divino, como está escrito: «Y tú, levanta tu vara y extiende tu brazo sobre el mar, y pártelo –ubekaehu–; y los hijos de Israel vendrán por en medio del mar, sobre lo seco"» (Génesis 15:16).

Esta heroica acción de la tribu de Benjamín producía sus frutos, como está escrito: «Y extendió Moshé su mano sobre el mar y El Eterno hizo que el mar se desplazara con un fuerte viento oriental durante toda la noche, y puso en el mar sequedad, y las aguas se partieron –vaibaku–. Los hijos de Israel entraron al mar, en seco; y las aguas les eran por muro, a la derecha de ellos, y a la izquierda de ellos» (Éxodo 14:21–22).

De este modo los hijos de Israel pudieron salvarse y obtuvieron la libertad definitiva.

Se deduce de aquí algo extraordinario: quién desea que El Eterno le haga un milagro, o lo que es lo mismo, que modifique por él la naturaleza, debe él primeramente modificar su propia naturaleza en su servicio a El Eterno, y estará en condiciones de obtener lo que desea. Entonces su situación se asemejará a lo acontecido con la partición del mar, que requirió un milagro notorio, incluyendo la modificación de la naturaleza (Reshit Jojmá: Ahavá 8:6).

Parashá Ytró

XVII

LA ACCIÓN MERECEDORA DE REVELACIÓN

La sección de la Torá denominada Ytró, lleva el nombre del suegro de Moshé. Ahora bien, ¿cuál fue el mérito de ese hombre para que esta sección de la Torá fuese denominada por su nombre? ¿Acaso sólo por ser pariente del máximo mandatario de Israel se adjudicó ese derecho, o reunió méritos propios?

La respuesta es que Ytró mismo obtuvo el mérito para que una sección de la Torá fuese llamada a su nombre. Pues como es sabido, Moshé se separó de su suegro cuando el pueblo de Israel aún se encontraba esclavizado en Egipto. Como está escrito: «Moshé fue y regresó a Yeter, su suegro, y le dijo: "Iré ahora, y volveré a mis hermanos que están en Egipto, para ver si aún viven"; e Ytró dijo a Moshé: "Ve en paz"» (Éxodo 4:18). Y desde entonces, ya no se volvieron a ver. Ytró no contempló las diez plagas infligidas por Dios a Egipto ni la salida victoriosa de Israel; no vio el milagro de la partición del mar, y el ahogamiento del enemigo, y tampoco había visto el triunfo de Israel contra Amalek. Sólo escuchaba rumores, comentarios de personas que hablaban de eso. Y lo más común es que la gente exagere, o distorsione las noticias. Por eso, nadie iba al desierto para plegarse a los hijos de Israel, ya que no había certeza de que lo que se decía fuese verdad. Pero Ytró impulsado por su enorme deseo de buscar la verdad, se dirigió al desierto, sin importarle abandonar su honorable lugar que tenía dentro de la sociedad en Midián, y sus posesiones. Pues él era allí el sacerdote y las personas lo veneraban.

EN BUSCA DE LA VERDAD

Ytró dejó todo lo que poseía, y emprendió la marcha al medio del desierto, como está escrito: «Ytró, sacerdote de Midián, suegro de Moshé, oyó todo lo que había hecho Dios con Moshé, y con su pueblo Israel, y cómo El Eterno había sacado a Israel de Egipto. Y tomó Ytró, suegro de Moshé, a Tzipora, mujer de Moshé, después de que esta había sido enviada –por Moshé–. Y a sus dos hijos, de los cuales uno se llamaba Guershom, porque dijo: "He sido peregrino –guer– en una tierra extraña". Y uno se llamaba Eliezer, porque: "El Dios de mi padre me ayudó –ezrí–, y me salvó de la espada del Faraón". E Ytró, suegro de Moshé, con los hijos y la mujer de éste, vino a Moshé, al desierto donde estaba acampando allí, junto al Monte de Dios. Y dijo a Moshé: "Yo, tu suegro Ytró, he venido a ti, con tu mujer, y sus dos hijos con ella"» (Éxodo 18:1–6).

UN HOMBRE DIGNO Y EJEMPLAR

El mérito de este hombre es admirable, cambiaba un sacerdocio idolátrico, y todos los honores de su lugar de residencia, por la fe en Dios, y el camino que conduce a Él, su Torá.

Este hecho está aludido en la cita mencionada. Pues el nombre de Ytró en el texto original hebreo está escrito así:

יתרו

Éste es su valor numérico:

$$
\begin{aligned}
\text{י} &= 10 \\
\text{ת} &= 400 \\
\text{ר} &= 200 \\
\text{ו} &= 6 \\
\hline
&616
\end{aligned}
$$

La expresión: «era sacerdote de culto idólatra», en hebreo se escribe así:

כומר היה לעבודה זרה

Éste es el valor numérico:

$$
\begin{aligned}
\text{כ} &= 20 & \text{ל} &= 30 & \text{ז} &= 7 \\
\text{ו} &= 6 & \text{ע} &= 70 & \text{ר} &= 200 \\
\text{מ} &= 40 & \text{ב} &= 2 & \text{ה} &= 5 \\
\text{ר} &= 200 & \text{ו} &= 6 & & \\
& & \text{ד} &= 4 & & \\
\text{ה} &= 5 & \text{ה} &= 5 & & \\
\text{י} &= 10 & & & & \\
\text{ה} &= 5 & & & & \\
\hline
&286 & &117 & &212
\end{aligned}
$$

Sumamos los valores parciales y resulta:

$$286 + 117 + 212 = 615$$

Le sumamos el valor intrínseco 1, y resulta:

615 + 1 = 616

Asimismo, la expresión: «la Torá», en hebreo se escribe así:

התורה

Éste es su valor numérico:

ה = 5
ת = 400
ו = 6
ר = 200
ה = 5
___
616

Se aprecia que Ytró era sacerdote de culto idolátrico y vino a unirse al campamento de Israel en busca de la Torá.

UN HOMBRE QUE VINO POR TODO

Ahora bien, sabido es que en la Torá hay Diez Mandamientos y 613 preceptos asignados a los hijos de Israel. E Ytró estaba dispuesto a aceptar todo. Observad: tal como dijimos, Ytró, en hebreo se escribe así

יתרו

La primera letra de su nombre es *iud:*

י

Este es el valor numérico:

י = 10

Indica que Ytró vino para recibir los Diez Mandamientos. Y no sólo eso, observad las otras letras de su nombre:

תרו

Éste es el valor numérico:

$$\begin{aligned} ת &= 400 \\ ר &= 200 \\ ו &= 6 \\ \hline &606 \end{aligned}$$

Ese es el número de preceptos que Ytró sumaba a los siete a los que ya estaba sujeto como descendiente de Noé. Pues Dios le otorgó a Adán, el primer hombre, seis preceptos, y uno más a Noé, el séptimo, completándose así los siete preceptos universales.

A Adán le ordenó:

- ✓ Idolatría.
- ✓ No maldecir a Dios.
- ✓ No derramar sangre.
- ✓ No mantener relaciones prohibidas.
- ✓ No robar.
- ✓ Juicios.

(Maimónides, leyes de reyes 9:1).

A Noé le añadió el séptimo precepto:

- ✓ No comer partes de un animal mientras está vivo. Es decir, arrancar una parte y comer (Maimónides leyes de reyes 9:5).

Resulta, pues, que Ytró venía para recibir 606 preceptos más; ya que 606 + 7 = 613. Y 613 son los preceptos que hay en la Torá asignados a los hijos de Israel.

Es decir, Ytró vino para plegarse a los hijos de Israel, recibir los Diez Mandamientos y cumplir los 613 preceptos *(véase* Baal Haturim en Éxodo 18:1).

EL GRAN CONSEJO

Evidentemente Ytró era una persona digna y ejemplar. Por eso no es de extrañar que Moshé escuchara sus consejos, y los llevara a la práctica, como está escrito: «Y salió Moshé al encuentro de su suegro y se inclinó y lo besó; y cada hombre preguntó a su prójimo cómo estaba, y vinieron a la tienda. Y le narró Moshé a su suegro todo lo que El Eterno había hecho al Faraón y a los egipcios por Israel, y todas las dificultades con que se encontraron en el camino, y El Eterno los salvó. Y se alegró Ytró por todo el bien que El Eterno había hecho por Israel, de todo el bien que El Eterno había hecho a Israel, al haberlo salvado de mano de los egipcios [...] Y aconteció al día siguiente, que Moshé se sentó a juzgar al pueblo, y el pueblo estuvo de pie ante Moshé desde la mañana hasta la tarde. Y viendo el suegro de Moshé todo lo que él hacía con el pueblo, dijo:

—¿Qué es esto que tú haces con el pueblo? ¿Por qué te sientas tú solo, y todo el pueblo está de pie ante de ti desde la mañana hasta la tarde?

Y dijo Moshé a su suegro:
—Porque el pueblo viene a mí para consultar a Dios. Cuando tienen un asunto —una disputa—, vienen a mí, y yo juzgo entre un hombre y su prójimo, y hago saber los estatutos de Dios y sus leyes.

Entonces el suegro de Moshé le dijo:

—No es bueno lo que tú haces. Ciertamente desfallecerás, también tú y también el pueblo este que está contigo, porque el asunto es demasiado pesado para ti; no podrás hacerlo tú solo. Ahora, pues, oye mi voz, te aconsejaré, y Dios estará contigo: Sé tú ante el pueblo magistrado delante de Dios, y remite tú los asuntos a Dios. Y les advertirás tú acerca de los estatutos y las leyes, y les enseñarás el camino por el que han de andar y lo que han de hacer. Y seleccionarás de entre todo el pueblo hombres virtuosos, temerosos de Dios, hombres de verdad, aborrecedores de avaricia, y los pondrás sobre ellos por ministros de millares, ministros de centenas, ministros de cincuenta y ministros de decenas. Y juzgarán al pueblo en todo tiempo, y todo asunto grave lo traerán a ti, y ellos juzgarán todo asunto pequeño; y será más liviano para ti, y ellos cargarán contigo. Si hicieres esto, y Dios te lo ordenare, entonces tú te podrás mantener, y también todo este pueblo llegará a su lugar en paz.

Y oyó Moshé la voz de su suegro, e hizo todo lo que le había dicho. Y seleccionó Moshé hombres virtuosos de entre todo Israel y los dispuso por líderes del pueblo: ministros de millares, ministros de centenas, ministros de cincuenta, y ministros de decenas. Y ellos juzgaban al pueblo en todo tiempo; el asunto grave lo traían a Moshé, y ellos juzgaban todo asunto pequeño» (Éxodo 18:7–26).

EL PREDICADOR

A continuación de este suceso se narra en la Torá otra acción notable de Ytró, como está escrito: «Despidió Moshé a su suegro, y se fue a su tierra» (Éxodo 18:27).

¿Cuál era su objetivo al proceder de este modo? Pues el esfuerzo que había realizado por encontrar la verdad, y llegar hasta el campamento de los hijos de Israel en medio del desierto fue sumamente grande. ¿Por qué deseaba ahora que había encontrado lo que buscaba desandar el camino?

La respuesta es que su intención era volver para transmitir el mensaje de lo que había hallado a sus hijos, y procurar que también ellos se unieran al campamento de Dios (Rashi). Y consiguió lo que quería, pues sus hijos se plegaron a los hijos de Israel y entraron a la Tierra Prometida, como está escrito: «Y los hijos del keinita, el suegro de Moshé, subieron de la Ciudad de las Palmeras con los hijos de Yehuda al Desierto de Yehuda, que está en el Neguev próximo a Arad; y anduvieron y moraron con el pueblo» (Jueces 1:16).

LOS 10 MANDAMIENTOS

Ya vimos que el nombre de Ytró contiene un indicio de los Diez Mandamientos, y los 606 preceptos que recibió adicionales a los siete que tienen asignados los descendientes de Noé. Y en esta sección que lleva el nombre de Ytró, se enuncian los Diez Mandamientos. Sin lugar a dudas que reunió méritos suficientes como para que los Diez Mandamientos fueran incluidos en la sección que lleva su nombre.

Observando el nombre de Ytró, apreciaremos un indicio de esto. Pues ya dijimos que el valor numérico de Ytró es 216. Y si le sumamos a ese valor las cuatro letras con que se escribe su nombre resulta:

$$616 + 4 = 620$$

¿Que significa 620? Representa la cantidad de letras que se utilizaron para escribir los Diez Mandamientos en el texto original hebreo. Esas letras aluden los 613 preceptos asignados a los hijos de Israel para que los cumplan, y los siete preceptos universales, para que los cumplan los descendientes de Noé (Baal Haturim en Éxodo 20:13).

Otra Enseñanza

LA ENTREGA DE LA TORÁ

En la sección de la Torá denominada Ytró se describe la entrega de la Torá, como está escrito: «En el mes tercero de la salida de los hijos de Israel de la tierra de Egipto, en ese día vinieron al desierto de Sinaí [...] El Eterno dijo a Moshé: "Ve al pueblo para que se preparen hoy y mañana, y laven sus vestimentas. Y estén preparados para el día tercero, porque al tercer día El Eterno descenderá ante los ojos de todo el pueblo sobre la Montaña de Sinaí [...]". Y al tercer día, cuando llegó la mañana, aconteció que vinieron truenos y relámpagos, y densa nube sobre el Monte, y sonido de cuerno muy fuerte; y todo el pueblo que estaba en el campamento se estremeció [...] Y El Eterno descendió sobre la Montaña de Sinaí, en la cima del Monte [...] Y Dios dijo todas estas palabras, diciendo: Yo soy El Eterno tu Dios, que te saqué de la tierra de Egipto, de casa de esclavitud [...]» (Éxodo 19:1–25 20:1–14).

Rabí Aba explicó este asunto citando el versículo que declara: «Tenemos una pequeña hermana, que no tiene pechos; ¿qué haremos a nuestra hermana cuando de ella se hablare?» (Cantar de los Cantares 8:8).

Lo que está escrito: «tenemos una pequeña hermana», se

refiere a la Congregación de Israel, que es la Presencia Divina, la cual es una manifestación de la energía cósmica de Dios (véase Sod Iesharim).

Lo que está escrito: «que no tiene pechos», se refiere a lo que fue estudiado, que cuando los hijos de Israel se acercaron a la Montaña de Sinaí, no tenían méritos y preceptos vinculados con buenas acciones para que los protegieran. (Ya que todos los preceptos están vinculados con las buenas acciones, como enseñó el sabio Hilel en el Talmud, tratado de Shabat 31).

Pues los méritos y las buenas acciones se denominan «pechos». Y se denominan así porque los pechos representan lo principal de la belleza de la mujer, como así su completitud, que son los pechos para amamantar a sus hijos. Y aunque la mujer se adornase mucho, con los más importantes atavíos y adornos, si no tiene pechos no se considera completa, pues los pechos son sus principales adornos.

Esa es la razón por la cual los preceptos vinculados con las buenas acciones, se denominan «pechos», porque representan la hermosura y el atavío de la Congregación de Israel. Y además, así como los pechos manan leche y proveen de nutriente y abundancia, lo mismo ocurre con las buenas acciones, ya que a través de ellas sobreviene abundancia al mundo (Sodot Hatora).

Eso está indicado en la palabra «pechos», que en el texto original hebreo está escrita así:

שדים

Éste es el valor numérico:

$$\begin{aligned} \text{ש} &= 300 \\ \text{ד} &= 4 \\ \text{י} &= 10 \end{aligned}$$

$$מ = 40$$
$$\overline{354}$$

La expresión: «se refiere a cada precepto y precepto», en hebreo se escribe así:

זה כל מצוה ומצוה

Éste es el valor numérico:

ז = 7	מ = 40	ו = 6
ה = 5	צ = 90	מ = 40
	ו = 6	צ = 90
כ = 20	ה = 5	ו = 6
ל = 30		ה = 5
$\overline{62}$	$\overline{141}$	$\overline{147}$

Sumamos los valores parciales y resulta:

$$62 + 141 + 147 = 350$$

Le sumamos ahora las cuatro palabras que integran la frase, y resulta:

$$350 + 4 = 354$$

He aquí que los pechos aluden a cada precepto y precepto.

LA DECLARACIÓN DE LOS ÁNGELES

A continuación está escrito en el versículo: «¿qué haremos a nuestra hermana». Y se refiere a lo que dijeron los ángeles celestiales. Ya que ellos dijeron:

—¿Qué haremos a ella cuando de ella se hablare?

Es decir: ¿Qué haremos cuando El Santo, Bendito Sea, se revele en la Montaña de Sinaí, para hablar palabras de Torá y el alma de ellos vuele y se eleve hacia lo Alto al oír ésas palabras?

Pues los hijos de Israel no tenían méritos para soportar la gran luz de la recepción de la Torá.

LA GRAN PREPARACIÓN

Rabí Yosei dijo acerca de esto, que cuando los hijos de Israel se acercaron a la Montaña de Sinaí, esa noche se completaron tres días que no se llegaban a sus mujeres. Por eso vinieron los ángeles supremos y recibieron a Israel con fraternidad propia de hermanos. Pues esos son ángeles en lo Alto, y los hijos de Israel son ángeles en lo bajo. Por eso, los ángeles celestiales, santifican el Nombre supremo en lo Alto, y los hijos de Israel santifican el Nombre supremo en lo bajo. Ya que los ángeles celestiales alaban a El Eterno en lo Alto, declarando «Santo, Santo, Santo, El Eterno de las legiones» (Isaías 6:3). Y los hijos de Israel alaban a El Eterno en la Tierra declarando: «Santo, Santo, Santo, El Eterno de las legiones». Y si bien los ángeles no se acercan a los seres humanos por causa de la impureza de ellos, en ese momento los hijos de Israel estaban puros, y por eso se acercaron con fraternidad propia de hermanos. Y los hijos de Israel fueron coronados en esa noche con setenta coronas.

LOS ÁNGELES CELESTIALES EN LA TIERRA

Los ángeles supremos decían: «Tenemos una pequeña hermana, que no tiene pechos» (Cantar de los Cantares 8:8). Pues consideraban que ellos no tenían méritos y buenas acciones, y deseaban honrarlos. Y por eso dijeron: «¿Qué haremos a nuestra hermana?» (Ibíd.). Es decir, ¿qué honor y grandeza haremos a esta hermana nuestra el día en que El Santo, Bendito Sea, se revele en la Montaña de Sinaí para entregarles la Torá?

A esto se refiere lo que está escrito: «Y al tercer día, cuando llegó la mañana, aconteció que vinieron truenos y relámpagos, y densa nube sobre el Monte, y sonido de cuerno muy fuerte; y todo el pueblo que estaba en el campamento se estremeció» (Éxodo 19:16). Pues Moshé les había dicho a los hijos de Israel: «Estad preparados para el tercer día; no os acerquéis a mujer» (Éxodo 19:14). A esto se refiere lo que está escrito: «Y al tercer día [...]», ya que después de apartarse tres días de sus mujeres eran apropiados para ser recibidos por los ángeles con hermandad, y que los preparasen para recibir la Torá (Sodot Hatora).

Considérese que la expresión: «Y al tercer día», en el texto original hebreo está escrita así:

ויהי ביום השלישי

Éste es el valor numérico:

ו = 6	ב = 2	ה = 5
י = 10	י = 10	ש = 300
ה = 5	ו = 6	ל = 30
י = 10	ם = 40	י = 10
		ש = 300
		י = 10
31	58	655

Sumamos los valores parciales y resulta:

$$31 + 58 + 655 = 744$$

La expresión: «con Nuestra Imagen, y con Nuestra Semejanza», en el texto original hebreo está escrita así:

בצלמנו כדמותנו

Éste es el valor numérico:

ב	=	2	כ	=	20
צ	=	90	ד	=	4
ל	=	30	מ	=	40
מ	=	40	ו	=	6
נ	=	50	ת	=	400
ו	=	6	נ	=	50
			ו	=	6
		218			526

Sumamos los valores parciales y resulta:

$$218 + 526 = 744$$

Se aprecia que los hijos de Israel habían alcanzado un nivel supremo. A esto se refiere lo que está escrito: «Y dijo Dios: "Hagamos al hombre con Nuestra Imagen, y con Nuestra Semejanza; y señoreen sobre los peces del mar, las aves de los Cielos, y sobre los animales, y sobre toda la tierra, y sobre todos los reptiles que se desplazan sobre la tierra"» (Génesis 1:26).

¿Por qué esa declaración está en plural? Se revela que El Eterno dijo a los ángeles que fueron creados el segundo día de la Creación, y prestan servicio ante Él: «Hagamos al hombre con nuestra Imagen, y con nuestra Semejanza [...]» (Targum Yeonatán).

Y se refiere a la imagen que creó Dios para crear a partir de la misma, tal como explicaron los sabios cabalistas (Sod Iesharim). Ya que Dios está sobre todo lo material y no tiene imagen ni partes o divisiones, como está dicho: «Oye Israel, El Eterno es nuestro Dios, El Eterno es Uno» (Deuteronomio 6:4) Uno, es decir, único e indivisible (véase Shefa Tal). Y está escrito: «Y seréis muy cuidadosos con vuestras almas, porque no habéis visto ninguna imagen el día que El Eterno os habló [...]» - (Deuteronomio 4:15). Y lo mismo sucede con las demás descripciones mencionadas en relación con Dios, por ejemplo, «el dedo de Dios» (Éxodo 8:15). No significa que Dios tenga dedo -en su esencia-, sino que creó un dedo, y por eso se denomina «dedo de Dios». Es decir, es de Él, pero no forma parte de Él (Sod Iesharim).

LA SEMEJANZA DEL HOMBRE

Resulta que el hombre fue creado semejante a los ángeles (Rashi). Antes bien, cuando Adán, el primer hombre, pecó, al comer del árbol que Dios le había prohibido, el nivel descendió, pero ahora los hijos de Israel tenían méritos suficientes, y eran apropiados para ser recibidos por los ángeles con hermandad, y que los preparasen para recibir la Torá.

NIVEL DE PROFECÍA

Rabí Shimón enseñó que cuando El Santo, Bendito Sea, quiso revelarse en la Montaña de Sinaí, todos los hijos de Israel tuvieron el grado del espíritu de profecía, y entonces, El Santo, Bendito Sea, llamó a toda su Corte, y Él deseó que se invistan en misericordia. Por eso les dijo:

—Ahora los hijos de Israel son pequeños en lo que respecta al conocimiento de Dios, no conocen Mis protocolos, Mis leyes y Mi Torá. Y Yo quiero revelarme sobre ellos para entregarles Mi Torá. Y si me revelase sobre ellos con el poder del rigor, de donde proviene la profecía, no lo podrán soportar. Pero me revelaré sobre ellos con misericordia, y recibirán Mis protocolos.

A esto se refiere lo que está escrito: «Y al tercer día, cuando llegó la mañana, aconteció que vinieron truenos y relámpagos [...]» (Éxodo 19:16). Al tercer día ciertamente, que corresponde con el atributo de la misericordia.

¿Y de dónde se sabe que el tercer día corresponde con el atributo de la misericordia? Se aprende de los días de la creación. Pues en relación con el primer día de la creación está escrito: «En el comienzo creó Dios a los Cielos y a la Tierra. Y la tierra estaba informe y vacía, y las tinieblas estaban sobre la faz del abismo, y el espíritu de Dios se movía sobre la faz de las aguas. Y dijo Dios: ¡Sea luz! Y fue luz. Dios vio que la luz era buena, y separó Dios la luz de las tinieblas. Y llamó Dios a la luz Día, y a las tinieblas llamó Noche; y fue tarde, y fue mañana, un día» (Génesis 1:1–5). Ese día está asociado a la creación, y al atributo de la bondad.

En relación con el segundo día de la creación está escrito: «Y dijo Dios: "Haya expansión en medio de las aguas, y separe entre aguas y aguas". Así Dios hizo la expansión —del firmamento— y separó las aguas que estaban debajo de la expansión de las aguas que estaban por encima de la expansión; y así fue. Y llamó Dios a la expansión Cielos; y fue tarde, y fue mañana, día segundo» (Génesis 1:6–8). Ese día está asociado a la división, y al atributo del rigor.

En relación con el tercer día de la creación está escrito: «Y dijo Dios: "Reúnanse las aguas que están debajo de los Cielos en un lugar, y véase lo seco". Y así fue. Y llamó Dios a lo seco Tierra, y a la reunión de aguas llamó Mares; y vio Dios o que era bueno. Y dijo Dios: "Produzca la tierra vegetación, hierba que dé semilla, árbol frutal que dé fruto según su género, que su semilla esté en él, sobre la tierra". Y así fue. Y produjo la tierra vegetación, hierba que da semilla según su género y árbol que da fruto, cuya semilla está en él, según su género; y vio Dios que era bueno. Y fue tarde, y fue mañana, día tercero» (Génesis 1:9–13). Ese día está asociado a la reunión, o sea, el equilibrio entre la bondad y el rigor, esto es, el atributo de la misericordia.

REVELACIÓN CON MISERICORDIA

Ahora bien, ¿de dónde sabemos que El Santo, Bendito Sea, se reveló a los hijos de Israel con el atributo de la misericordia? Como está escrito: «E inclinó el Cielo, y descendió» (II Samuel 22:10).

Es decir, El Santo, Bendito Sea, inclinó el atributo de la misericordia que se denomina Cielo, y con ese atributo descendió sobre la Montaña de Sinaí. Y con ese atributo El Santo, Bendito Sea, se reveló sobre la Montaña de Sinaí a los hijos de Israel.

Resulta, pues, que El Santo, Bendito Sea, anticipó para ellos la misericordia en un comienzo, porque quería revelarse ante ellos a través del atributo de la misericordia. Y después les entregó la Torá desde el flanco del rigor, pues la entregó en medio de fuego, como está escrito: «Dijo: "El Eterno vino del Sinaí, y les resplandeció desde Seir, y apareció en el Monte Parán, y vino con miríadas de sagrados a su derecha, con la Torá de fuego"» (Deuteronomio 33:2). Pero la revelación se produjo: «al tercer día». Es decir, al tercer día ciertamente, que corresponde con el atributo de la misericordia. Pues así era apropiado para ellos, que El Santo, Bendito Sea se revelara con el atributo de la misericordia. Porque por eso los hijos de Israel se denominan así, Israel, por el atributo de la misericordia, ya que están aferrados a ese flanco (Sodot Hatora).

Considérese que la expresión: «el atributo de la misericordia», en hebreo se escribe así:

מדת הרחמים

Éste es el valor numérico:

מ	= 40	ה	= 5
ד	= 4	ר	= 200
ת	= 400	ח	= 8
		מ	= 40
		י	= 10
		ם	= 40
	444		303

Sumamos los valores parciales y resulta:

$$444 + 303 = 747$$

La expresión: «tomaron los hijos de Israel», en hebreo se escribe así:

לקחו בני ישראל

Éste es el valor numérico:

ל	= 30	ב	= 2	י	= 10
ק	= 100	נ	= 50	ש	= 300
ח	= 8	י	= 10	ר	= 200
ו	= 6			א	= 1
				ל	= 30
	144		62		541

Sumamos los valores parciales y resulta:
$$144 + 62 + 451 = 747$$

Resulta que los hijos de Israel tomaron el atributo de la misericordia. Y por eso, El Santo, Bendito Sea, se les reveló a través de ese atributo, y les entregó la Torá.

Parashá Mishpatim

XVIII

LAS REGLAS Y LOS SECRETOS DE LA JUSTICIA

La sección de la Torá denominada Mishpatim, contiene una gran cantidad de leyes, como está escrito: «Y estas son las leyes que dispondrás ante ellos» (Éxodo 21:1). Y a continuación se enumeran las distintas leyes que deben formar parte del Código Legal.

En la apertura de la sección se indica un asunto sumamente importante vinculado con esas leyes señaladas, como está escrito: «Y estas son las leyes [...]». ¿Por qué no dice directamente: «Estas son las leyes [...]»? ¿Qué enseña la conjunción copulativa «y», incluida al comienzo de la cita en forma aparentemente innecesaria?

En el Midrash se lo esclarece: esa conjunción indica un vínculo de la sección Mishpatim con la sección anterior, Ytró, en la que consta la descripción de la entrega de los Diez Mandamientos. Ese vínculo enseña que así como los Diez Mandamientos fueron entregados en la Montaña de Sinaí, también todas estas leyes mencionadas en la sección Mishpatim, fueron entregadas en la Montaña de Sinaí, en el mismo día y bajo las mismas circunstancias que los Diez Mandamientos (véase Rashi en Éxodo 21:1).

VÍNCULO ENTRE SECCIONES

Además, hay otro vínculo importante entre ambas secciones indicado a través de esa conjunción mencionada. Pues en el final de la sección Ytró fue dicho: «Me harás un Altar en tierra, y sacrificaréis sobre él vuestras ofrendas ígneas y vuestras ofrendas de paz, vuestras ovejas y vuestras vacas; en todo lugar en que se habrá de hacer memoria de Mi Nombre, vendré a ti y te bendeciré. Y cuando me hiciereis un Altar de piedras, no las labraréis, para no alzar sobre él vuestra espada y profanarlo. Y no ascenderéis a Mi Altar por escalones, para que no se descubra vuestra desnudez sobre él» (Éxodo 20:21–23). Y en el comienzo de la sección Mishpatim se menciona lo referente a las leyes judiciales. Este vinculo enseña que el juzgado principal, el Sanhedrín, deberá estar situado junto al Templo Sagrado, donde se encuentra el Altar (véase Rashi en Éxodo 21:1).

Asimismo hay otra enseñanza importante que surge del vínculo señalado, pues en el final de la sección Ytró fue dicho: «Y no ascenderéis a Mi Altar por escalones» (Éxodo 20: 23). Y en el principio de la sección Mishpatim se menciona lo referente a las leyes judiciales. Enseña que los jueces no deben apresurarse en el juicio, sorteando pasos presurosamente, sino que deben ser circunspectos en el juicio.

Y eso está indicado en la palabra: «escalones», que en hebreo se escribe así:

מעלות

Éste es el valor numérico:

$$\mathrm{מ} = 40$$
$$\mathrm{ע} = 70$$
$$\mathrm{ל} = 30$$
$$\mathrm{ו} = 6$$
$$\mathrm{ת} = 400$$
$$\overline{546}$$

La expresión «circunspectos», en hebreo se escribe así:

מתונים

Éste es el valor numérico:

$$\mathrm{מ} = 40$$
$$\mathrm{ת} = 400$$
$$\mathrm{ו} = 6$$
$$\mathrm{נ} = 50$$
$$\mathrm{י} = 10$$
$$\mathrm{ם} = 40$$
$$\overline{546}$$

He aquí que se indica que los jueces deben ser circunspectos en el juicio (Baal Haturim). A esto se refiere lo que fue enseñado por los sabios de la Gran Asamblea: Moshé recibió la Torá del Sinaí y la transmitió a Josué, y Josué a los ancianos, y los ancianos a los profetas, y los profetas la transmitieron a los hombres de la Gran Asamblea. Ellos dijeron tres cosas: "Sed circunspectos en el juicio, estableced muchos alumnos y haced vallado a la Torá" (Mishná, tratado de Avot 1:1).

LOS JUZGADOS Y LOS JUECES

Otra enseñanza relacionada con el vínculo entre ambas secciones es esta: en el final de la sección Ytró está dicho: «No os haréis ninguna cosa ante Mí; no os haréis dioses de plata, ni dioses de oro» (Éxodo 20:20). Y en el comienzo de la sección Mishpatim, se menciona lo referente a las leyes judiciales. Enseña que no deben designarse jueces por pago de dinero (Baal Haturim). Esta enseñanza revela la necesidad de designar juzgados apropiados, y jueces justos. Esa es la base de la justicia verdadera y fidedigna, como está escrito: «Pondrás Jueces y alguaciles en todas tus ciudades que El Eterno, tu Dios, te da para tus tribus; y juzgarán al pueblo con juicio justo» (Deuteronomio 16:18).

LA INTEGRACIÓN DE LOS JUZGADOS

Acerca de la integración de los juzgados, hallamos un indicio muy importante en el comienzo de la sección Mishpatim, como está escrito: «Y estas son las leyes que dispondrás ante ellos» (Éxodo 21:1).

La declaración: «dispondrás ante ellos», en el texto original hebreo está escrita así:

תשים לפניהם

Éste es el valor numérico:

ת = 400	ל = 30
ש = 300	פ = 80
י = 10	נ = 50
ם = 40	י = 10
	ה = 5
	ם = 40
750	215

Sumamos los valores parciales y resulta:

$$750 + 215 = 965$$

La expresión: «el Tribunal Mayor y el Menor, según la cuenta», en hebreo se escribe así:

סנהדרין גדולה וקטנה בחשבון

Éste es el valor numérico:

ס	= 60	ג	= 3
נ	= 50	ד	= 4
ה	= 5	ו	= 6
ד	= 4	ל	= 30
ר	= 200	ה	= 5
י	= 10		
ן	= 50		
	379		48
ו	= 6	ב	= 2
ק	= 100	ח	= 8
ט	= 9	ש	= 300
נ	= 50	ב	= 2
ה	= 5	ו	= 6
		ן	= 50
	170		368

$379 + 48 + 170 + 368 = 965$

Ahora bien, ¿a qué cuenta se refiere? ¿Cómo se calcula?

La respuesta es ésta: se refiere al cálculo de la integración del Tribunal Mayor, denominado Sanhedrín Mayor, que se debe formar en Jerusalén, y ha de estar conformado por 70 jueces, y un juez supremo, que es el dirigente máximo del juzgado; y el cálculo de la integración del Tribunal Menor, denominado Sanhedrín Menor, que debe estar integrado por veintitrés jueces.

Esas cantidades de jueces que integran los tribunales, siguen una cuenta exacta calculada a partir de los versículos de la Torá, como se enseña en la Mishná: el Sanhedrín Mayor estaba conformado por 71 jueces, y el Sanhedrín Menor, estaba conformado por 23 jueces. ¿Y de dónde se sabe que el Sanhedrín Mayor estaba conformado por 71 jueces? Como está escrito: «Dijo El Eterno a Moshé: "Reúneme setenta hombres de los ancianos de Israel, de los cuales sabes son ellos ancianos del pueblo y sus alguaciles; tráelos a la Tienda de la Reunión y estén allí contigo"» (Números 11:16). He aquí que el Sanhedrín Mayor estaba conformado por 70 jueces, y Moshé sobre todos ellos, he aquí 71 jueces.

¿Y de dónde se sabe que el Sanhedrín Menor estaba conformado por 23 jueces? Como está escrito: «Y los de la asamblea juzgarán entre el homicida y el redentor de la sangre, de acuerdo con estas leyes» (Números 35:24). Y está escrito: «Y los de la asamblea salvarán al asesino de la mano del redentor de la sangre» (Números 35:25). He aquí que hay una asamblea de diez hombres que juzgan y acusan, como está escrito: «los de la asamblea juzgarán [...]», y una asamblea de diez hombres que defienden al acusado, como está escrito: «los de la asamblea salvarán [...]». He aquí veinte jueces.

Ahora bien, en los versículos se mencionó una asamblea que juzgaba, y otra asamblea que defendía, pero no se dijo cuántos hombres integraban la asamblea. ¿De dónde se aprende que una asamblea está conformada por diez hombres? Como está escrito: «Y El Eterno habló a Moshé, diciendo: "Envía para ti a hombres, y que exploren la tierra de Canaán que Yo doy a los hijos de Israel; enviaréis un hombre de cada tribu de sus padres, cada uno príncipe de ellos [...] Estos son sus nombres: por la tribu de Rubén, Shamúa hijo de Zacur. Por la tribu de Shimón, Shafat, hijo de Jori. Por la tribu de Yehuda, Calev, hijo de Iefuné. Por la tribu de Ysajar, Igal, hijo de José. Por la tribu de Efraim, Hoshea, hijo de Nun. Por la tribu de Benjamín, Palti, hijo de Rafú. Por la tribu de Zebulún, Gadiel, hijo de Sodí. Por la tribu de José, por la tribu de Manases, Gadi, hijo de Susí. Por la tribu de Dan, Amiel, hijo de Guemalí. Por la tribu de Asher, Setur, hijo de Mijael. Por la tribu de Naftali, Najví, hijo de Vofsi. Por la tribu de Gad, Gueuel, hijo de Mají. Estos son los nombres de los hombres a los que envió Moshé a que exploraran la tierra» (Números 13:1–16). He aquí que partieron 12 hombres.

Tras explorar la tierra, volvieron, como está escrito: «Al cabo de cuarenta días volvieron de explorar la tierra [...] Y contaron, y dijeron:
—Vinimos a la tierra a la que nos habéis enviado, y también fluye en ella leche y miel, y estos son sus frutos. Mas el pueblo que habita esa tierra es poderoso, y las ciudades son muy grandes y están fortificadas, y también vimos allí a los hijos del gigante. Amalek habita en el Neguev, y el jeteo, el jebuseo y el amorreo habitan en la montaña, y el cananeo habita junto al mar, y junto al Jordán.

Y Calev hizo callar al pueblo delante de Moshé, y dijo:
—Hemos de subir y tomar posesión de ella, pues ciertamente podremos con ella.

Pero los hombres que habían subido con él dijeron:
—No podemos subir a ese pueblo, pues es más poderoso que Él.

Y hablaron mal de la tierra que habían explorado a los hijos de Israel, diciendo:

—La tierra por donde pasamos para explorarla, es una tierra que devora a sus moradores; y todo el pueblo que vimos en su interior eran de gran tamaño [...]» (Números 13:25–32).

Y está escrito: «Josué, hijo de Nun, y Calev, hijo de Yefuné, que eran de los que habían explorado la tierra, rasgaron sus vestimentas. Y hablaron a toda la asamblea de los hijos de Israel, diciendo:
—La tierra por la que hemos pasado para explorarla, es una tierra muy, muy buena» (Números 14:6–7)

A continuación está escrito: «¿Hasta cuándo oiré a los de esta mala asamblea que manifiestan contra mí las quejas de los hijos de Israel?» (Números 14:27).

Considérese que partieron 12 hombres, y Josué, hijo de Nun, y Calev, hijo de Iefuné, se apartaron de ellos, y no hablaron mal de la tierra. Resulta, pues, que los que hablaron despectivamente eran diez, y aún así se los considera una asamblea. Queda deducido que diez hombres se denominan una asamblea.

Por lo tanto, ya sabemos que el Sanhedrín se conformaba de veinte miembros, como hemos visto previamente sobre la base de los versículos citados. ¿Y de dónde se sabe que se agregan otros tres? Como está escrito: «No sigas a la mayoría para mal» (Éxodo 23:2). Se aprende de esta declaración que sí se debe seguir a la mayoría para bien. Siendo así, ¿por qué razón fue dicho a continuación en el mismo versículo: «hay que inclinarse por la mayoría»?

La respuesta es esta: tu inclinación para mal –para condenar–, no es como tu inclinación para bien –para ameritar–. Pues la inclinación para bien, es a través de uno; ya que con esa opinión los que ameritan son mayoría. Pero en cuanto a la inclinación para mal, –para condenar–, se requieren dos jueces más que los que ameritan.

A esto se refiere lo que está escrito: «No sigas a la mayoría para mal». Es decir, no es suficiente con que hubiese mayoría de jueces que condenan para determinar la condena capital.

LOS 23 JUECES

Ahora bien, dijimos que según se aprende de los versículos, había una asamblea de diez hombres que ameritaba al acusado, y para poder condenarlo, en caso de que correspondiera, se requiere una mayoría de dos jueces más que los que ameritan, o sea, se requieren doce jueces más. Y como no puede haber un Tribunal conformado por un número par de jueces, para que se pueda desequilibrar el juicio, se agrega un juez más. Surge de aquí que el Sanhedrín Menor debe estar conformado por 23 jueces (Mishná, tratado de Sanhedrín 1:6; Mefarshei Hamishná).

LOS JUZGADOS Y SUS FUNCIONES

Los jueces del Sanhedrín Menor deberán estar reunidos en un mismo lugar, en el portal de la ciudad que sea propicia para esa cantidad de jueces. Ahora bien, si la ciudad fuese pequeña, y no fuese propicia para que hubiera en la misma un Sanhedrín Menor de veintitrés integrantes, se designará en la misma un juzgado compuesto de tres jueces. Ellos resolverán los casos menores. Y los casos más graves, los enviarán a un tribunal que esté por encima de ellos.

Asimismo deberán designarse alguaciles y oficiales en la ciudad, para que transiten las calles y los mercados, con el fin de controlar el buen comportamiento de las personas y que no cometan infracciones, incluso en un asunto menor. Y en cuanto al precepto de designar los jueces, consiste en designar jueces habilitados a través de un hombre habilitado, que hubiese sido habilitado por otro hombre habilitado, remontándose retroactivamente hasta Moshé, el hombre que recibió la Torá directamente de Dios. Esto es así para los tres tipos de tribunales.

En cuanto a las funciones de los tribunales, eran éstas: los jueces del Sanhedrín Mayor, juzgaban los casos de una tribu que cometió idolatría, un falso profeta, como así lo concerniente al sumo sacerdote. Ellos designaban a los integrantes de un Sanhedrín Menor, y decidían las divergencias existentes entre los jueces respecto a una ley.

El Sanedrín Menor, compuesto de veintitrés jueces, juzgaba los casos en los que regía la pena capital. Y el tribunal compuesto de tres jueces juzgaba los casos menores, como pleitos comerciales.

La ley estipula que no se designan para el Sanedrín Mayor de setenta y un jueces, y tampoco para el Sanedrín Menor de veintitrés jueces, sino a hombres sabios y entendidos, duchos en la sabiduría de la Torá y poseedores de una mente amplia.

Los mismos han de conocer además, otras ciencias, por ejemplo medicina, matemáticas, astronomía, astrología, nigromancia y adivinaciones, brujerías, vanidades de los cultos idólatras, etc. Y esto es necesario para que sepan juzgar al pueblo en todas esas prácticas, en caso de ser requerido (véase Maimónides: leyes de Sanhedrín).

LOS FUNDAMENTOS DE LAS LEYES

Los jueces que integren los tribunales deben resolver los pleitos de acuerdo con las leyes estipuladas en la Torá. Y para que las mismas sean claras y precisas, Dios le ordenó a Moshé: «Y estas son las leyes que dispondrás ante ellos» (Éxodo 21:1).

Es decir, Dios le comunicaba a Moshé:

—No pienses que les enseñarás una ley, o una sección, dos o tres veces, hasta que la dominen completamente en su memoria, y digas: "No me molestaré en enseñarles la razón de las leyes hasta que la comprendan". No así, sino que deberás exponer ante ellos la razón de la ley que les transmites, como está escrito: «dispondrás ante ellos», como una mesa servida, ya lista y preparada para comer (Rashi).

Eso está indicado en la declaración: «dispondrás ante ellos», que como hemos visto previamente, en el texto original hebreo está escrita así:

תשים לפניהם

Y tal como ya vimos, éste es el valor numérico: 965

La expresión: «como una mesa servida preparada con alimentos para comer», en hebreo se escribe así:

כשלחן הערוך מוכן באכל לאכול

Éste es el valor numérico:

כ = 20	ה = 5	ב = 2
ש = 300	ע = 70	א = 1
ל = 30	ר = 200	כ = 20
ח = 8	ו = 6	ל = 30
ן = 50	ך = 20	
		ל = 30
	מ = 40	א = 1
	ו = 6	כ = 20
	כ = 20	ו = 6
	ן = 50	ל = 30

408 417 140

Sumamos los valores parciales y resulta:

$$408 + 417 + 140 = 965$$

LA MESA SERVIDA DE LA LEY

A continuación veremos este concepto aplicado a las leyes. Observemos versículos que fueron analizados por los sabios con el fin de resolver las leyes, de modo que las mismas estén apropiadamente dispuestas para el juicio.

En la sección Mishpatim está escrito: «Y si hombres riñeren, y uno golpeare a su prójimo con piedra o con el puño, y no muriere, pero cayere en cama. Si se levantare y anduviere fuera por sus propios medios, el que lo golpeó será absuelto, sólo le pagará por lo que estuvo sin trabajar, y se ocupará de su curación» (Éxodo 21:18–19). Y en el libro de Levítico está escrito: «Y si un hombre causare un lesión a su prójimo, tal como hizo se le hará a él» (Levítico 24:19). A través de esta declaración se determina que el que lesiona a su compañero, deberá pagarle un resarcimiento.

El resarcimiento comprende cinco asuntos: daño, sufrimiento, curación, reposo y vergüenza. La totalidad de los mismos deberá pagarse en el caso en que la lesión producida al compañero comprenda la totalidad de esos asuntos. Es decir, cuando lo dañó, le causó sufrimiento, lo avergonzó, provocó que reciba curación, y la cesantía en el trabajo.

Ahora bien, si la lesión producida le produjo a su prójimo solamente cuatro de estas cosas, en ese caso le deberá pagar por las cuatro cosas. Y si la lesión producida le produjo a su prójimo tres de esas cosas, le deberá pagar por las tres cosas. Y si la lesión producida le produjo a su prójimo dos de esas cosas, le deberá pagar por las dos cosas. Y si la lesión producida le produjo a su prójimo una sola de esas cosas, le deberá pagar por esa única cosa.

Veamos algunos ejemplos:

Si le hubiese cortado la mano, el pie o un dedo, o si le hubiese disminuido uno de sus miembros, le debe otorgar la totalidad de las cinco cosas: daño, sufrimiento, curación, reposo y vergüenza.

Si le hubiese golpeado la mano, y su mano resultó dañada, pero finalmente se curó; o si le hubiese golpeado su ojo, y su ojo resultó dañado, pero finalmente se curó; no necesita pagarle por el daño, y le debe otorgar solamente las otras cuatro cosas: sufrimiento, curación, reposo y vergüenza.

Si lo hubiese golpeado en la cabeza, y se le hinchó, no necesita pagarle por el daño ni el reposo, y le debe otorgar solamente las otras tres cosas: sufrimiento, curación y vergüenza.

Si lo hubiese golpeado en un sitio que no es visible exteriormente, por ejemplo, en las rodillas, o en la espalda, y ningún hombre vio el daño, no necesita pagarle por el daño, ni el reposo, ni la vergüenza, y le debe otorgar solamente compensación por sufrimiento, y curación (Maimónides: leyes de daños y lesiones Cáp. II).

Esta es una síntesis muy breve de las leyes relacionadas con los daños físicos producidos al prójimo. Y aunque varíe la cantidad de asuntos con los que el infractor será multado, no deja de ser un caso menor, donde no se aplicará la pena capital en ningún caso. Por lo tanto, el mismo es resuelto por un tribunal de tres jueces.

JUZGADO DE ASUNTOS GRAVES

Asimismo, en la sección Mishpatim se enuncian asuntos más graves, los cuales en ciertas circunstancias son penalizados con la pena capital. Como está escrito: «El que golpeare a un hombre, provocándole la muerte, ciertamente ha de morir» (Éxodo 21:12). Y también se aborda el asunto de daños producidos por animales que los torna pasibles de una sanción capital, como está escrito: «Si un toro acorneare a hombre o a mujer, y a causa de ello muriere, el toro será apedreado, y no será comida su carne; y el dueño del toro será absuelto» (Éxodo 21:28).

El caso de un hombre que mató, deberá ser juzgado por un tribunal de veintitrés jueces. Pero, ¿qué ocurre con un animal que mató? ¿Cuántos jueces deberán determinar su penalización?

ANIMALES DECLARADOS CULPABLES

Para resolver esta cuestión observemos brevemente lo concerniente a las leyes de daños causados por animales: si el animal dañó en lo que es usual en él hacerlo siempre, por ejemplo, el animal que hubiese comido paja, o de una parva, o si dañó con su pata, o mientras andaba, los dueños están obligados a pagar el daño íntegro de lo selecto de sus bienes. A este daño se lo denomina: «diente –shen–».

Un toro o cualquier animal que hiciese algo inusual, que no es común en los toros, o en otros animales, y dañó a través de eso, el toro es considerado «manso –tam–» respecto a ese hecho, y el dueño deberá pagar la mitad del daño. Antes bien, si el toro estuviera habituado a realizar tal acción inusual, a la que repitió varias veces, ese toro se torna «habituado –muad–»

respecto a ese asunto que estaba habituado a realizar, y el dueño deberá pagar el daño completo.

Considérese que en la Torá se menciona un hecho inusual: un toro que acorneó con su cuerno. Este suceso es considerado como la base –av– de los daños. Los otros hechos inusuales que se asemejen al acorneado con el cuerno, que no es habitual en los animales realizarlos, y ellos no tienen provecho del daño que provocaron, se los considera ramificaciones –toldot–. Y ellos son:

- ✓ Desplazado.
- ✓ Mordido.
- ✓ Echarse sobre utensilios.
- ✓ Patear.

Un animal que no estuviese habituado a realizar uno de estos cinco actos se lo considera animal manso, y el dueño deberá pagar la mitad del daño. Y el animal que estuviese habituado a hacerlos siempre, se lo considera habituado a hacerlo.

Un hecho que no es habitual, aunque fuese realizado a modo de comida, se lo considera como ramificación de «cuerno». Por eso, el animal que hubiese comido una ropa, o enseres, y no es habitual que lo haga, su dueño pagará medio daño, como lo que corresponde por «cuerno manso».

Ahora bien, la naturaleza de los animales salvajes es diferente de la naturaleza de los animales domésticos. Por eso los sabios dijeron que cinco animales salvajes son considerados habituados a dañar desde el momento de su creación. Esto es así incluso cuando sean domesticables. Estos son: el lobo, el león, el oso, el leopardo y la pantera. Por eso, si hubiesen dañado o matado, acorneando, mordiendo, pisoteando, o de modo similar, el dueño está obligado a pagar el daño íntegro. Esto es así cuando hubiesen dañado en el dominio del dañado, pero si hubiesen dañado en la vía pública, el dueño está exento. Y hay quién sostiene que no son considerados habituados a dañar sino respecto a lo que están habituados a hacer. Por ejemplo, el león es considerado habituado a dañar pisoteando –la presa para comer, y apresar para guardar–. El lobo es considerado habituado a dañar apresando precipitadamente, pero no mediante otros actos.

La serpiente es considerada habituada a dañar mediante todo tipo de daños de acuerdo con todas las opiniones. Incluso en el caso en que sea domesticable. Por eso, una serpiente que hubiese mordido, el dueño está obligado a pagar el daño íntegro cuando la serpiente hubiese dañado en el dominio del dañado. Pero si la serpiente hubiese dañado en la vía pública, el dueño está exento (Maimónides: leyes de daños de dinero Cáp. I–X).

Apreciamos aquí penas de muerte que recaen sobre los animales. Y respecto a los seres humanos, dijimos que se requiere un tribunal integrado de veintitrés jueces para decretar una sanción capital, ¿qué ocurre respecto a los animales?

En la Mishná, se concluye: se requiere un tribunal de veintitrés integrantes (Mishná, tratado de Sanedrín 1:4).

LEYES COMO UNA MESA SERVIDA

Así deben ser dispuestas las leyes, como una mesa servida, es decir, en forma clara y explícita, para que los jueces puedan juzgar apropiadamente. A esto se refiere lo que está escrito: «dispondrás ante ellos».

EL PRECEPTO DE JUZGAR IGUALITARIAMENTE

Ya hemos visto acerca de la designación de los jueces y la elaboración de las leyes. Ahora observaremos un precepto trascendental que deben cumplir los jueces al juzgar: igualar a los litigantes en el momento en que están de pie, siendo juzgados.

La ley estipula que se debe igualar a los litigantes en el momento en que están siendo juzgados. Asimismo, es obligatorio que cada uno de ellos sea escuchado, ya sea que se extienda en su declaración, o cuando fuera breve. Como está dicho: «No pervertiréis el juicio, no favoreceréis al pobre ni honraréis al grande; con justicia juzgaréis a vuestro prójimo» (Levítico 19:15).

Resulta, pues, que está prohibido para el juez decir a uno de los litigantes que acorte su declaración, y permitirle al segundo litigante ampliar su declaración a voluntad. Asimismo, el juez tiene prohibido dirigirse gratamente a uno de los litigantes y hablarle mediante palabras suaves, y hablar al segundo litigante mediante palabras duras.

LEYES IGUALITARIAS

Otros detalles que surgen de esta declaración bíblica son: si uno de los litigantes se presenta en el tribunal vistiendo ropas finas, y el segundo litigante se presenta vistiendo ropas andrajosas, los jueces deben igualar las ropas de los litigantes. Deben decirle al litigante que viste ropas finas:
—Proporciona a tu contendiente ropas finas como las tuyas, o viste tú ropas andrajosas como las de tu contendiente.

Únicamente después de llevar a cabo este procedimiento podrán iniciar el juicio.

Otro detalle de esta ley es que los jueces deben impedir que durante las disputas que se llevan a cabo en el tribunal, uno de los litigantes esté sentado y el otro de pie. No así, sino que ambos deben estar de pie, o ambos sentados. Y tampoco debe estar sentado uno de los litigantes adelante, cerca de los jueces, y el otro atrás, lejos de los jueces, sino que deben estar sentados uno junto al otro.

Si hay allí numerosos demandantes, y un solo demandado, y el demandado teme que se le trastornen sus argumentos, por causa de los numerosos demandantes que lo demandarán juntos por todos, los demandantes deben elegir uno de ellos para que demande por todos, o que cada uno demande solo la demanda particular que le corresponde.

Esta es una síntesis esencial del precepto de igualdad de condiciones que debe existir en un juicio.

LA INVESTIGACIÓN

Sin embargo, si todo lo mencionado puede evitarse, sorteando la realización del juicio, es correcto hacerlo. Pues además de saber las leyes a la perfección, el juez deberá intentar hacer las paces entre los litigantes antes de iniciar el juicio (Talmud, tratado de Sanhedrín 6b). Y si eso no resultara, el juez deberá realizar una exhaustiva investigación para evitar cometer una injusticia en el juicio. Por eso, es fundamental indagar muy bien a los testigos, como está escrito: «Y buscarás, investigarás, e indagarás diligentemente, y he aquí que es verdad, cosa cierta, que esa abominación se realizó en medio de ti» (Deuteronomio 13:15). A partir de esta declaración se aprende lo concerniente a la obligación por parte de los miembros del tribunal, de investigar a los testigos que testifican, con el fin de esclarecer la autenticidad de sus declaraciones.

La razón de este precepto es que los miembros del tribunal puedan conocer de modo certero la veracidad de los testimonios, y el dictamen no sea sentenciado precipitadamente.

Además, fue explicado que se determinó la obligación de investigar y indagar a los testigos debido a que sin el conocimiento de los detalles que se obtienen tras investigar y indagar, por ejemplo lo referente al lugar y el tiempo del suceso, sería imposible invalidar a los testigos; y el testimonio que es imposible invalidarlo, no se considera un testimonio válido. Y también se enseñó que la indagación se realiza para confundir el pensamiento de los testigos, con el fin de esclarecer si mienten, y si se retractan en sus declaraciones.

ORDEN DE ENTRADA

Ahora bien, después de que los miembros del tribunal atemorizan a los testigos, y aún ellos se mantienen firmes y sostienen que dicen la verdad, se hace entrar al mayor de ellos, y se lo investiga e indaga. Si su testimonio es sincronizado y no hay contradicciones, se hace entrar al segundo testigo, y se lo revisa como se revisó al primero. Y se procede del mismo modo con todos los testigos.

Incluso en el caso en que hubiese cien testigos, se revisa a cada uno mediante investigación e indagación. Y se es puntilloso con ellos, y se los lleva de asunto en asunto en el transcurso de la interrogación, para que callen o se retracten si existe falsedad en su testimonio, y no es verdad todo lo que dijeron.

LAS PREGUNTAS CLAVES

En el Talmud se estudiaron las preguntas que se deben formular en la indagación, y se estableció: deben formularse estas siete preguntas:

¿En qué Semana de años del Jubileo aconteció el acto por el

cual testifican?
- ¿En qué año de la Semana de años?
- ¿En qué mes?
- ¿Qué día del mes?
- ¿Qué día de la semana?
- ¿A qué hora del día?
- ¿En que lugar ocurrió el suceso?

En el caso en que uno de los testigos respondiera a una de las preguntas diciendo que no sabe, su testimonio quedará nulo. Por ejemplo, cuando hubiesen testificaron que mengano mató a zutano, y uno de los testigos cuando fue indagado declaró en qué semana, en qué mes, a qué día del mes: el día cuarto de Shabat, a la sexta hora del día, en tal lugar mató; y lo mismo declaró el segundo testigo, coincidiendo en todo excepto en la hora, pues dijo que no sabía en que hora del día aconteció el suceso, el testimonio de ellos queda nulo.

Estos son algunos detalles de las leyes concernientes a la exhaustiva investigación que deben llevar a cabo los miembros del juzgado. Existen numerosas leyes más, que constan en el Código Legal y en la enciclopedia de Maimónides.

LA GRAN INDICACIÓN

Lo que hemos mencionado se encuentra aludido en el primer versículo de la sección Mishpatim, como está escrito: «Y estas son las leyes que dispondrás ante ellos» (Éxodo 21:1).

Este versículo, en el texto original hebreo está escrito así:

ואלה המשפטים אשר תשים לפניהם

La declaración: «Y estas son», es un acrónimo cuyas letras son las iniciales de estas palabras:

ו	=	וחייב	y está obligado
א	=	אדם	el hombre
ל	=	לחקור	a indagar
ה	=	הדין	el juicio

Es decir: El hombre que resolverá el pleito, o sea, el juez, está obligado a indagar apropiadamente para resolver el juicio en forma correcta.

A continuación está escrito en el versículo: «las leyes». Es un acrónimo cuyas letras son las iniciales de estas palabras:

ה	=	הדיין	el juez
מ	=	מצווה	fue ordenado
ש	=	שיעשה	que hiciera
פ	=	פשרה	las paces
ט	=	טרם	antes
י	=	יעשה	de realizar
מ	=	משפט	el juicio

Es decir: el juez recibió la ordenanza de intentar hacer las paces entre los contendientes antes de dar comienzo al juicio.

A continuación está escrito: «que», y es un acrónimo cuyas letras son las iniciales de estas palabras:

א	=	אם	si
ש	=	שניהם	ambos
ר	=	רוצין	desean

Es decir, el juez está obligado a hacer las paces entre los contendientes, únicamente en el caso en que ambos lo desean. Y si no están de acuerdo, deberá llevar a cabo el juicio.

A continuación está escrito: «dispondrás». Es un acrónimo cuyas letras son las iniciales de estas palabras:

ת	=	תשמע	escucharás
ש	=	שניהם	a ambos
י	=	יחד	como uno
ם	=	מדברים	cuando hablen

Es decir: el juez deberá escuchar a ambos contendientes por igual en sus declaraciones.

A continuación está escrito: «ante ellos». Es un acrónimo cuyas letras son las iniciales de estas palabras:

ל	=	לא	no
פ	=	פני	el rostro
נ	=	נדיב	del poderoso
י	=	יהדר	exaltará
ה	=	התנכר	se desentenderá
ם	=	מהם	de ellos

Es decir: el juez no deberá exaltar el rostro del poderoso, sino que debe desentenderse de ellos; o sea, tratar y considerar a ambos litigantes por igual (Baal Haturim en Éxodo 21:1).

Parashá Terumá

XIX

EL SECRETO DE DAR CON VERDADERO AMOR

En el comienzo de la sección de la Torá denominada: «Ofrendas *–Terumá–*», se declara: «Y El Eterno habló a Moshé, diciendo: Di a los hijos de Israel que tomen para Mí ofrenda; de todo hombre que la diere con voluntad de su corazón, tomaréis mi ofrenda. Esta es la ofrenda que tomaréis de ellos: oro, plata y cobre. Y lana celeste, púrpura y carmesí; lino y pelo de cabra. Pieles de carnero enrojecidas, pieles de tajash, madera de acacia. Aceite para el alumbrado, especias para el óleo de unción y el incienso aromático; piedras de ónice y piedras de engaste, para el Efod y para el Pectoral» (Éxodo 25:1–7).

Veamos algunos detalles de estos elementos solicitados: el oro, la plata y el cobre, eran metales que debían ser donados a voluntad, de acuerdo con la cantidad que el donante tuviese y deseara donar. Y si bien es cierto que más adelante hallamos la solicitud de medio siclo de plata por persona, lo cual representa una cantidad determinada y limitada, esa plata no tiene que ver con la aquí solicitada, que era para elaborar los utensilios sagrados. Ya que la plata del medio siclo era para elaborar las bases del Santuario (Rashi).

LA LANA CELESTE

La lana celeste era un tipo de lana teñida con sangre de un animal marino denominado jilazón. El hábitat de ese ser acuático es el Mar Mediterráneo (véase Maimónides: leyes de tzitzitz 2:2, Mefarshei HaRambam). Ese animal acuático sale una vez cada setenta años, y es muy difícil de atrapar. El aspecto se asemeja a la apariencia del Cielo, y en hebreo se denomina a esta tonalidad: tejelet. En el Talmud está escrito al respecto: Rabí Meir enseñó: ¿Por qué se requirió esta tonalidad específica y no otra? Y respondió: Porque la tonalidad tejelet se asemeja al mar, y el mar se asemeja al Firmamento, y el Firmamento se asemeja al Trono de Gloria de El Eterno (Talmud, tratado de Sotá 17a).

LA LANA PÚRPURA

El color púrpura en hebreo es denominado *argamán,* y para el Santuario se requería la donación de lana teñida con esa tonalidad. El sabio Rabí Eliezer hijo de David, Raavad, explicó que se trataba de un tipo de lana elaborada con tres especies diferentes. Y eso está indicado en la expresión argamán, que en el texto original hebreo está escrita así:

ארגמן

Considérese que en este caso la letra guimel tiene un punto en su interior, denominándose a esa puntuación: daguesh. Y de acuerdo con las reglas gramaticales hebreas, ese signo acentúa la letra, o la duplica. Es decir, podría considerarse que en este caso hay dos letras *guimel*. Teniendo en cuenta este fundamento, surge que la palabra *argamán* se puede leer así:

ארג ג מין

Ésta es la explicación:

אַרְג = tejido
ג = 3
מִין = especies

Es decir, un tejido compuesto de tres variedades *(véase* Raavad, leyes de los instrumentos del Templo 8:11).

TINTE CARMESÍ Y LINO

Además fue solicitado carmesí. En el texto original hebreo se define a esa tonalidad mediante la locución: tolaat shani. Y se refiere a la tintura de ese color con la que se tiñe la lana, que se obtiene de unas semillas similares en aspecto a las del algarrobo. Y en el interior de cada una de las mismas habita un gusano denominado tolaat shani. Pero la tintura se extrae de la semilla en la que habita el gusano, y no del cuerpo del mismo (véase Rabí Bejaie en la sección Terumá; Shai Lamorá).

También se solicitó lino, y en el texto original hebreo se define a esta especie mediante la locución: shesh. Y el nombre con el que se designa comúnmente a esta especie vegetal es pishtán. ¿Por qué en esta ocasión se la denominó de modo diferente? Porque el hilado realizado para los tejidos del Santuario debía estar compuesto de seis hebras. Y seis en hebreo se dice precisamente: shesh (Ralbag). Y la fuente de esta declaración la encontramos en el Talmud, ya que fue estudiado: todo lo que fue denominado shesh, indica que se trata de un hilado compuesto de seis hebras (Talmud, tratado de Iomá 71b).

Observando éste versículo apreciaremos una importante información vinculada con este asunto: «Harás el Tabernáculo de diez cortinas, lino –shesh– entrelazado con lana celeste, púrpura y carmesí; y les harás forma de querubines, obra de experto» (Éxodo 26:1). Se observa la presencia de cuatro especies que debían ser entrelazadas para confeccionarse el hilado. Y como fue dicho *shesh,* se aprende que cada hilo de cada una de las especies debe estar conformado de seis hebras. Resulta, pues, que se deben entrelazar cuatro tipos de hilado, conformados de seis hebras, lo que hace un hilo integrado de 24 hebras.

PELO DE CABRA Y PIELES DE CARNERO

El pelo de cabra era requerido para elaborar las cortinas superiores, y debía ser tejido directamente sobre el animal. Pues no se lo teñía, y para que no se deteriorase su aspecto con el contacto de las manos, después de habérselo separado del animal, se lo debía tejer en el animal mismo, para que permanezca limpio y puro (Rashi en Éxodo 35:26; Maskil le David).

Las pieles de carnero enrojecidas requerían ser procesadas apropiadamente después de quitarlas del animal, y una vez que se acababa su preparación, se las teñía de rojo (Rashi).

PIELES DE TAJASH Y MADERA DE ACACIA

Las pieles de tajash eran obtenidas de un animal que vivió en esa época, y proporcionaba ese material. Después se extinguió. Se trataba de un unicornio multicolor, cuyas tonalidades eran muy atractivas, una más bella que la otra (Rashi).

En cuanto a la madera de acacia, es una especie que no crece en el desierto. Pero los hijos de Israel poseían ese material porque el patriarca Jacob vio a través de su espíritu de santidad que en el futuro sus descendientes construirían un Santuario en el desierto. Por eso, cuando fue a Egipto llevó cedros, entre ellos de la especie denominada acacia, y los plantó allí. Y ordenó a sus hijos que los llevasen con ellos cuando salieran de Egipto (Rashi).

EL ACEITE PARA EL ALUMBRADO

El aceite para el alumbrado debía ser de oliva y puro, sin que se entremezclase en su elaboración ningún tipo de residuo. Para lograrlo era necesario recolectar las aceitunas de la parte superior del árbol, donde reciben los rayos del Sol en forma directa y permanente, siendo óptima su maduración. Después se las colocaba en una cesta y se las prensaba cuidadosamente, de modo que fluya el óleo por sí solo y caiga fuera del recipiente. En tanto todo el residuo de las aceitunas, y las impurezas, quedaban en la cesta (Rashi; *véase* Talmud, tratado de Menajot 86a, Mefarshei Hatalmud; Shai Lamorá).

EL ÓLEO DE LA UNCIÓN

Las especias para el óleo de unción debían ser selectas y especiales, como está escrito: «Y habló El Eterno a Moshé, diciendo: "Y toma tú, para ti, especias selectas: de mirra selecta quinientos siclos; y de canela aromática la mitad, doscientos cincuenta; de caña aromática, doscientos cincuenta. De casia quinientos, del siclo del Santuario; y de aceite de olivas, un hin. Y harás de ello el aceite de la unción sagrada, un preparado mezclado, arte de perfumador; será aceite de unción sagrada. Con él ungirás la Tienda de reunión y el Arca del Testimonio; la Mesa y todos sus utensilios, el Candelero y sus utensilios, y el Altar del incienso; el Altar de las ofrendas ígneas y todos sus utensilios, y la Fuente y su base. Y los santificarás y serán santidad de santidades; todo lo tocare en ellos se consagrará"» (Éxodo 30:22–29).

EL INCIENSO AROMÁTICO

El incienso aromático requería componentes especiales y cuidadosamente seleccionados, como está escrito: «El Eterno dijo a Moshé: "Toma para ti especies aromáticas, estacte, uña y gálbano; especies aromáticas y olíbano puro; de cada uno igual cantidad. Harás de esto un preparado fragante, obra de perfumista, mezclado, puro y sagrado. Molerás parte de él finamente y colocarás parte de él frente al Testimonio en la Tienda de la Reunión, donde me encontraré contigo; será santidad de santidades para vosotros. Y al incienso que harás según su proporción, no haréis para vosotros; será santo para ti, para El Eterno será"» (Éxodo 30:34–37).

LAS PIEDRAS DE ÓNICE

Las piedras de ónice requeridas eran dos, para ser colocadas en el Efod, como está escrito: «Y tomarás a las dos piedras de ónice, y grabarás en ellas los nombres de los hijos de Israel. Seis de los nombres de ellos en una piedra, y los seis nombres restantes en la otra piedra, conforme a –el orden de– los nacimientos de ellos. Con obra de artesano grabador de piedra, grabarás las dos piedras con los nombres de los hijos de Israel como grabados de sello, engastadas, les harás alrededor engastes de oro. Y pondrás las dos piedras sobre las hombreras del Efod, piedras de recordatorio para los hijos de Israel. Y Aarón llevará los nombres de ellos delante de El Eterno sobre sus dos hombros por recordatorio» (Éxodo 28:9–12).

LAS PIEDRAS PARA LOS ENGASTES

Las piedras para los engastes eran especies selectas y especiales para ser colocadas en el Pectoral del sumo sacerdote, como está escrito: «Y harás el Pectoral de Juicio obra de experto; lo harás conforme a la obra Efod, de oro, lana celeste, púrpura y carmesí y lino entrelazado lo harás. Será cuadrado, y doble, de longitud de un palmo y anchura de un palmo. Y de pedrería lo llenarás, en cuatro hileras de piedras; una hilera de rubí, esmeralda y topacio, esta, una hilera. Y la segunda hilera de carbúnculo, zafiro y perla. Y la tercera hilera de jacinto, ágata y ónice. Y la cuarta hilera de crisolito, berilo y jaspe; y estarán colocadas en engastes de oro. Y las piedras serán según los nombres de los hijos de Israel, doce según los nombres de ellos, engastadas como grabados de sello, cada una de acuerdo con su nombre, serán conforme a las doce tribus» (Éxodo 28:15–21).

MATERIALES SELECTOS

Todos los materiales solicitados eran selectos, y tenían propiedades muy especiales. Y tanto las vestimentas de los sacerdotes como así los instrumentos del Santuario que se hicieron con ellos, eran capaces de limpiar y purificar a las personas de las faltas cometidas, como fue enseñado en el Talmud (tratado de Arajin 16a). Y lo mismo ocurría con los demás instrumentos del Santuario. Y no sólo eso, ya que además, los elementos solicitados eran capaces de captar energía suprema para que irradie en el mundo.

A continuación observaremos algunas de esas propiedades a partir de las doce piedras solicitadas, las cuales estaban vinculadas con las doce tribus de Israel:

EL RUBÍ

El rubí se correspondía con la tribu de Rubén.

El rubí –*odem*– tiene poder energético vinculado con la fortificación de la visión, y el poder de la vista. Tiene aspecto rojo, vinculado con la tonalidad de la sangre, y la mujer que la lleva, atraerá a través de esa piedra energía proveniente de lo

Alto que protegerá su embarazo. Asimismo es buena para una mujer que tiene dificultades para engendrar (Rabeino Bejaie). Su aspecto colorado, vinculado con la carne del cuerpo humano y la sangre, la convierte en un ente capaz de atraer energía suprema apropiada para regular la circulación de la sangre, y las descompensaciones. Su poder energético es eficaz para controlar hemorragias y afecciones hemorroidales; también la sangre del periodo catamenial, y las descompensaciones cardíacas, ya que fortalece el corazón y el ánimo. La irradiación de lo Alto que se canaliza a través de esta piedra es propicia para aplacar el estado de ánimo tempestuoso, ayudando a controlar la ira, la irritación y el enojo (Midrash Talpiot).

LA ESMERALDA

La esmeralda se correspondía con la tribu de Simeón.

La esmeralda –*pitda*– es de color verde intenso. La energía que se proyecta a través de esta piedra tiene capacidad para atemperar y enfriar el cuerpo, y también el ánimo (Rabeino Bejaie). Es una piedra muy delicada y se quiebra con facilidad. Proyecta energía capaz de mejorar y hasta curar enfermedades oculares, y ciertos tipos de fiebre. Como esta piedra tiene propiedades de enfriado, si se la coloca en agua hirviendo, la enfriará (Midrash Talpiot).

EL TOPACIO

El topacio se correspondía con la tribu de Levi

El topacio –*bareket*– es una piedra que emite irradiación de luminosidad. Esta piedra proyecta energía capaz de activar el desarrollo de la mente y elevar el nivel de las facultades cognitivas. También otorga luminosidad a los ojos (Rabeino

Bejaie). La energía que se proyecta a través de esta piedra es adecuada para tener buenos sueños. También para vencer al enemigo (Midrash Talpiot).

EL CARBÚNCULO

El carbúnculo se correspondía con la tribu de Yehuda.

El carbúnculo –*nofej*– es una piedra que proyecta energía suprema que ayuda a someter al enemigo, y hacer que se voltee, dando la nuca (Rabeino Bejaie). Es una piedra de color rojo como una brasa ardiente y un brillo muy intenso. Su energía ayuda a aplacar el ardor por el excesivo deseo sexual. También sirve para quitar los malos pensamientos, y fortalecer el vigor del ánimo y el aliento vital. También su energía que transmite es propicia para enfrentar las plagas y epidemias (Midrash Talpiot).

EL ZAFIRO

El Zafiro se correspondía con la tribu de Isajar

La piedra de zafiro –*sapir*– es de color azul, y su energía que proyecta de lo Alto está asociada a la sabiduría, y la humildad. Esta piedra es útil para los dolores y las hinchazones de todo el cuerpo (Rabeino Bejaie). La energía que se proyecta a través de esta piedra ayuda a controlar el exceso de sudor y otorga fulgor y luminosidad al rostro. Asimismo, es buena para quitar el miedo, el espanto, y la melancolía. También su irradiación protege la salud de la visión de los ojos (Midrash Talpiot).

LA PERLA

La perla se correspondía con la tribu de Zevulún

La perla –*ihalom*– es una concreción nacarada, generalmente de color blanco agrisado, y reflejos brillantes, semejante a la plata, y su energía que proyecta está vinculada con la riqueza. Además, la energía de esta piedra ayuda a dormir (Rabeino Bejaie). Y ayuda a erradicar el miedo nocturno. También su energía cura la melancolía. Asimismo su energía que proyecta sirve para ahuyentar a los malhechores y engañadores, y a las bestias salvajes, como así a los entes dañinos por las noches. También ayuda a evitar las riñas y los pleitos (Midrash Talpiot).

EL JACINTO

El jacinto se correspondía con la tribu de Dan

El jacinto –*leshem*– proyecta energía suprema que protege de los peligros. Asimismo fortifica el corazón y el ánimo, y ilumina la visión de los ojos. También ayuda a la persona que la lleva a estar alegre y llena de bien todos los días (Midrash Talpiot).

EL ÁGATA

El ágata se correspondía con la tribu de Naftalí.

El ágata –*shevó*– es un cuarzo lapídeo de tonalidad turquesa (Rabeino Bejaie), y hay otros tipos de la misma piedra que su color es rojo, blanco, amarillo o azafrán (Midrash Talpiot). Esta piedra preciosa proyecta energía suprema que alienta a la persona a planificar y la ayuda a alcanzar el éxito en el proyecto (Rabeino Bejaie). También protege de los rayos, y de los peligros en enfrentamientos belicosos o por causa de epidemias. También en ciertas circunstancias esta piedra pierde su brillo y fortalece el corazón y el ánimo, ayuda a dormir dulcemente, y la energía que transmite provoca también que aumente el honor, el dinero y la capacidad cognitiva de la persona (Midrash Talpiot).

EL ÓNICE

El ónice se correspondía con la tribu de Gad.

El ónice –*ajlama*– es una piedra de tonalidad muy oscura, que en ocasiones tiene marcas claras (Midrash Talpiot). La energía que se proyecta a través de esta piedra preciosa fortalece el ánimo cuando se debe ir a la guerra (Rabeino Bejaie). Aliviana preocupaciones, angustia, riñas, pleitos, y discusiones, y los sueños espantosos (Midrash Talpiot).

EL CRISOLITO

El crisolito se correspondía con la tribu de Asher.

El crisolito –*tarshish*–, es un silicato natural de hierro y magnesio, de color verdoso amarronado, similar al aceite de oliva, que tiene calidad de piedra preciosa. La energía que proyecta esta piedra preciosa ayuda a realizar una buena digestión de los alimentos (Rabeino Bejaie). También ayuda a mejorar las dificultades en la respiración. Su energía es propicia para superar la melancolía, y la tontera, y lleva a la persona a tener entendimiento y comprensión. Tiene acción curativa sobre las erupciones y las llagas (Midrash Talpiot).

EL BERILO

El berilo se correspondía con la tribu de José.

El berilo –*shoham*– es un silicato de alúmina y glucina, es una variedad de esmeralda, hialino y de color uniforme. La energía que proyecta esta piedra preciosa ayuda a hallar gracia ante los ojos de las demás personas (Rabeino Bejaie). Su energía es propicia para el momento de las relaciones sexuales. Ayuda a la memoria, aplaca el corazón, e ilumina los ojos. Es útil para curar la diarrea. Especial para atraer riqueza, prosperidad y la adquisición de bienes raíces (Midrash Talpiot).

EL JASPE

El jaspe se correspondía con la tribu de Benjamín.

El jaspe –*iashpe*– es una piedra silícea de grano fino, textura homogénea, opaca, y de colores variados, rojo, negro, verde, y amarillo, según contenga porciones de alúmina y hierro oxidado o carbono. La energía que proyecta esta piedra preciosa ayuda a detener la sangre cuando hay una hemorragia, o brotes de sangre, como así el exceso de la sangre del periodo catamenial en las mujeres, y la sangre de las hemorroides. La diversidad de colores de esta piedra está relacionada con la diversidad de pensamientos. Esta piedra es útil para neutralizar los malos deseos y el abuso de las relaciones sexuales (Rabeino Bejaie) (Midrash Talpiot).

EL RECUENTO DE LA SOLICITUD

Ahora bien, tal como ya hemos visto, fueron solicitados quince componentes, todos ellos muy difíciles de conseguir. Más aún en el desierto, que era el sitio donde los hijos de Israel se encontraban cuando les fue requerido todo esto. Además, las cantidades que se les pidió no eran pequeñas. Observemos por ejemplo las medidas de las cortinas del Tabernáculo. Acerca de ellas está escrito: «Harás el Tabernáculo de diez cortinas, lino entrelazado con lana celeste, púrpura y carmesí; y les harás forma de querubines, obra de experto. La longitud de una cortina será de veintiocho codos, y la anchura será de cuatro codos por cada cortina; todas las cortinas tendrán una misma medida» (Éxodo 26:1–2).

Distinguimos que se requirieron componentes selectos como el color celeste denominado tejelet, el cual, como hemos dicho, se obtenía a partir de un animal acuático que moraba en el Mar Mediterráneo y salía cada 70 años. Y apreciamos además que se necesitaba elaborar hilado suficiente para tejer la tela de diez cortinas de 4 codos por 28 codos cada una. Es decir, considerando que cada codo equivale a 48 centímetros, se requerían 53,76 metros de tela para cada cortina. O sea, 537,6 metros de tela para las diez cortinas. Y esto sólo para las cortinas externas, pero también se debe tener en cuenta la tela del techado, y todos los demás usos requeridos, o sea, estamos hablando de cantidades de material realmente importantes.

UN HALLAZGO TRASCENDENTAL

¿Cómo hicieron para conseguir elementos tan difíciles de hallar y en semejante cantidad como la que se requería para el Santuario estando en el medio del desierto?

La respuesta la hallamos en el comienzo de la sección, como está escrito: «Y El Eterno habló a Moshé, diciendo: "Di a los hijos de Israel que tomen para Mí ofrenda; de todo hombre que la diere con voluntad de su corazón, tomaréis mi ofrenda"» (Éxodo 25:1).

El material se solicitaba sólo de aquel individuo cuyo corazón lo impulse a dar. Es decir, de aquel que lo hiciese exclusivamente con amor y buena voluntad. Pero aquel que deseara donar por algún interés particular, ese donativo no sería aceptado.

Esta es la clave que revela nuestro enigma, con amor y buena voluntad es posible conseguir cualquier cosa, incluso si uno se encuentra en el medio del desierto. Cuando existe amor, la realidad se transforma, pudiéndose obtener lo que a simple vista parece inalcanzable.

Veamos un ejemplo: en el Talmud se narra el caso de Rabí Ishmael, el hijo de Rabí Yosei, y Rabí Eleazar, el hijo de Rabí Shimón. Cuando estos dos eruditos se encontraban y estaban uno frente al otro, podía pasar una yunta de bueyes por debajo de sus barrigas sin tocarlos. Una mujer de la realeza se les acercó, y les dijo:
—Vuestros hijos no son vuestros.

Ellos le respondieron:
—La –barriga– de ellas es más voluminosa que la nuestra.

La mujer les respondió:
—Con más razón –es imposible que se alleguen a vuestras mujeres para procrear–.

Ellos le respondieron:
—El amor desplaza a la carne (Talmud, tratado de Baba Metzía 84a).

Se aprecia aquí algo aparentemente imposible, que dos personas obesas en extremo se alleguen y procreen. Y rompiendo todos los pronósticos se ve que con amor y voluntad todo se torna posible.

Este es el secreto esencial para obtener el éxito. Se trata del misterio que les permitió a los hijos de Israel conseguir los materiales solicitados en el medio del desierto, cuando incluso para quien viviera en la ciudad sería muy difícil hallar.

EL SENTIMIENTO LLAMADO AMOR

Hemos visto que El Eterno pidió 15 elementos específicos, pero las donaciones de los mismos no tenían ninguna medida fija. Debían ser entregados únicamente con buena voluntad y amor. O sea, este acto voluntarioso e ilimitado complementaba la solicitud fija de los 15 componentes.

Ahora bien, consideremos que el valor 15 tiene relación con el nombre de El Eterno que permanece fijo e inalterable, como está escrito: «Porque la mano de El Eterno está sobre Su Trono –en signo de juramento–, en guerra con Amalek, de generación en generación» (Éxodo 17: 16).

Veamos el texto original hebreo:

ויאמר כי יד על כס י"ה מלחמה לי-ֵה-ו-ֶה בעמלק מדר דר

Apreciamos que el Nombre de El Eterno mencionado en la primera parte de la oración no está escrito como es usual:

י-ֵה-ו-ֶה

Sino, observamos que el nombre de El Eterno está escrito así:

י"ה

Es decir, está escrita sólo la primera parte del mismo.

Surge de aquí una enseñanza muy peculiar: la primera parte del Nombre de El Eterno es en realidad un Nombre de El Eterno, aunque independiente, e incompleto.

י"ה

Y la segunda parte del Nombre de El Eterno es también un Nombre de El Eterno independiente e incompleto.

ו"ה

Ahora bien, cuando ambos Nombres de El Eterno están unidos, forman el Nombre de El Eterno completo.

י‑ָה‑וָ‑הָ

EL NOMBRE INCOMPLETO

El Nombre de El Eterno formado por las letras iud y he, como se vio en el versículo citado, permanece siempre inalterable. Ya que fueron quitadas las dos últimas letras, pero no ésas. Y en muchas citas de los demás libros de la Biblia consta este Nombre. Por ejemplo, en el libro de los Salmos está escrito: «Alabad a Dios, alaba alma mía a El Eterno» (Salmos 146:1).

La declaración: «Alabad a Dios», en el texto original hebreo está escrita así:

הללויה

Se aprecia la presencia del Nombre incompleto de El Eterno, formado por las letras *iud* y *he*.

También está escrito: «Toda alma alabe a Dios; alabad a Dios» (Salmos 150:6).

Este versículo, en el texto original hebreo está escrito así:

כל הנשמה תהלל י"ה הללויה

Se aprecia en esta cita dos veces la presencia del Nombre incompleto de El Eterno, formado por las letras *iud* y *he*.

LA CLAVE DEL NOMBRE INCOMPLETO

¿Qué indica este Nombre de El Eterno? La respuesta es esta: el nombre incompleto de El Eterno, formado por las letras iud y he, representa el rigor, y por eso nunca se modifica. En tanto que el Nombre incompleto de El Eterno formado por las letras vav y he, representa el amor, y ése es el Nombre que resta completar.

Eso se logra a través de las buenas obras llevadas a cabo por nosotros con amor y buena voluntad. O sea, tal como lo que se solicitó acerca de los quince elementos requeridos para el Santuario.

Obsérvese que el Nombre incompleto de El Eterno, formado por las letras *iud* y *he,* su valor numérico es 15, aludiéndose a lo que hemos dicho.

$$י = 10$$
$$ה = 5$$
$$\overline{15}$$

Esta acción de completar el Nombre de El Eterno que representa el rigor con el amor, puede realizarse en cada oportunidad en que cumplimos un precepto y hacemos una obra de bien.

Obsérvese que cuando uno se dispone a dar una moneda a alguien que la necesita, sujeta el dinero con los cinco dedos de la mano. Y la moneda tiene forma de letra iud, pues es redonda. En tanto la mano tiene cinco dedos, con los que se sostiene el dinero que se otorgará.

El valor numérico de la letra iud es 10, y los cinco dedos de la mano corresponden con el valor numérico de la letra he. Es decir, a través de tomar una moneda con los cinco dedos de la mano, se completa el Nombre de El Eterno que se escribe mediante las letras iud y he.

Y este precepto de ayudar a los demás consta en la Torá, como está escrito: «Cuando hubiere menesteroso de alguno de tus hermanos en una de tus ciudades, en la tierra que El Eterno tu Dios te da, no endurecerás tu corazón, ni cerrarás tu mano contra tu hermano necesitado. Sino abrirás a él tu mano; y –si no quisiere aceptar caridad– le prestarás lo que necesite, proveyéndole aquello que le faltare» (Deuteronomio 15:7-8).

Es decir, al ayudar a un necesitado se cumple un precepto determinado por la Torá, y relacionado con el Nombre de El Eterno que se escribe mediante las letras iud y he.

Ahora bien, ¿cómo se agrega a este acto amor y buena voluntad para completar la segunda parte del Nombre de El Eterno? Eso se consigue, y demuestra, según la manera mediante la cual se le entregará al pobre la moneda. Pues si se lo hace extendiendo el brazo, se demostrará que se desea darle tal presente de corazón íntegro. Mas si se espera a que el pobre extienda la mano para tomar la moneda, se estará demostrando que se lo hace por compromiso.

Al extender el brazo, se forma la letra vav, y los cinco dedos del indigente que reciben la moneda forman la letra he, completándose así el Nombre de El Eterno formado por las letras vav y he.

Este es el resumen de lo mencionado:

- ✓ El brazo extendido del dador se asemeja a una letra *vav*.
- ✓ Los 5 dedos de la mano del dador corresponden con la letra *he*, cuyo valor numérico es 5.
- ✓ La moneda tiene forma de letra *iud*.
- ✓ Los 5 dedos de la mano del receptor corresponden con la letra *he*, cuyo valor numérico es 5.

EL APARTADO DE LAS CONTRIBUCIONES

Después de conocer cómo se debe introducir amor a una acción para lograr el beneplácito de El Eterno, nos dirigimos nuevamente al comienzo de la sección de la Torá denominada Terumá, para ver una nueva relación con el asunto recientemente mencionado. Está escrito: «Y El Eterno habló a Moshé, diciendo: "Di a los hijos de Israel que tomen para Mí ofrenda –terumá–; de todo hombre que la diere con voluntad de su corazón, tomaréis mi ofrenda"».

Esta declaración en el texto original hebreo está escrita así:

דבר אל בני ישראל ויקחו לי תרומה מאת כל איש אשר ידבנו לבו תקחו את תרומתי

Se aprecia que cuando El Eterno solicitó las donaciones, lo hizo mencionando el término *terumá*. Pero eso es extraño, pues la palabra más adecuada sería *nedavá*. Ya que es ese el término que se utiliza comúnmente para solicitar donaciones voluntariosas. ¿Por qué está escrito terumá?

Esta palabra encierra un gran misterio. El exegeta Rashi explicó que la palabra terumá significa «apartar». Y así traduce este término al arameo Onkelus, el traductor oficial de la Torá a esa lengua.

DONACIONES VOLUNTARIOSAS

Veamos a que se refiere este concepto: es común que las personas donen dinero cuando se encuentran en medio de una reunión, por ejemplo, en la sinagoga, y los encargados solicitan colaboración para fines sagrados. Entonces los presentes se comprometen a donar sumas que declaran en voz alta, ante la presencia de los demás. Y muchas veces lo hacen bajo presión, para no ser menos que otros, o para que los demás observen su actitud. Pero cuando el encargado de las cobranzas de las donaciones se presenta ante esa persona, le cuesta pagar. Es para él como si se tratara de un cobrador de impuestos que lo viene a acechar.

Hay otros que donan una cantidad considerable, pero porque se avergüenzan de lo que podrían pensar los demás presentes si advierten que no dona una cifra adecuada. Esas personas muestran generosidad exteriormente, pero en su interior están disconformes con la donación realizada. Otros donan para mostrarse ante los demás y humillar a quien osase donar menos que él. Están también aquellos que donan con la intención que los honren y digan: «¡Qué hombre tan generoso!». Y existen aquellos que donan para obtener poder y gobernar por sobre los demás.

Todas estas maneras de donar son despreciables. Ninguno lo hace de corazón pleno. Ni un solo céntimo les hubiese sido aceptado en el desierto, cuando fueron solicitados y recaudados los elementos para construir el Santuario. ¿Y cuál es el tipo de donación apto y apropiado? Cuando la persona aparta su donación antes de que sobrevenga cualquier tipo de causa o pedido. Es decir, cuando no lo hace porque tiene un hijo enfermo y quiere pedir a Dios a cambio de su donación que lo cure, ni tampoco porque alguien golpeó a la puerta de su casa para pedirle un donativo, ni porque se lo hubiese solicitado en público, en medio de una reunión de la congregación. Sino que estando en su casa dice: «¡A esta suma la apartaré para entregarla como donativo!». Después de hacerlo, la aparta, la prepara y se la lleva al responsable de las donaciones.

Esa persona lo hizo de corazón pleno e íntegro. Nada ni nadie lo presionó para que realizara la donación. Sólo él quiso hacerlo y alegremente lo hizo. A esto se denomina terumá, que significa «apartar«. O sea, apartar el dinero de uno por amor, y con buena voluntad. Por eso está escrito terumá, y no nedavá (véase Alshij, sección Terumá).

La persona que proceda de este modo rectificará el rigor de los designios severos, y lo convertirá en bondad. Provocará que el mal se convierta en bien.

Otra Enseñanza

AYUDAR AL DESCARRIADO A CORREGIRSE

En el comienzo de la sección se menciona que El Eterno desea las donaciones de los hombres generosos, que dan con el corazón íntegro, como está escrito: «Y El Eterno habló a Moshé, diciendo: "Di a los hijos de Israel que tomen para Mí ofrenda; de todo hombre que la diere con voluntad de su corazón, tomaréis mi ofrenda"» (Éxodo 25:1). Y si bien se mencionaron donaciones de elementos materiales, debe saberse que también hay donaciones espirituales, las cuales son muy valoradas por El Eterno. Y una donación muy importante en este aspecto es ser generoso con los descarriados, para hacerlos volver a la senda del bien.

TRES GRADOS SUPREMOS

Considérese que todo el que toma la mano de un pecador y se esfuerza en hacerlo volver del mal camino, quién lo hace, asciende tres grados, y es un ascenso que no consigue otro hombre a través de cumplir otros preceptos. Tal como fue enseñado, que el primer grado provoca el sometimiento del Otro Lado, o sea, el flanco de la impureza, debajo de la santidad, y causa que expela de su boca al pecador que ha tragado. El segundo grado provoca que El Santo, Bendito Sea, ascienda en su Gloria. Ya que es una gran honra para el Rey que se rescate a un hijo suyo que había sido tomado cautivo por las fuerzas del Otro Lado, el de la impureza. El tercer grado hace que se mantenga la existencia de todo el mundo, en lo Alto y en lo bajo. Pues cuando el Rey está alegre con sus siervos porque su Nombre fue enaltecido, beneficia a todos.

Ahora bien, respecto al hombre que logra esto está escrito: «Mi pacto estaba con él» (Malaquías 2:5). Se refiere al pacto de la existencia del mundo, y la razón se debe a que hizo volver a muchos del mal camino. Por eso, el pago que se le otorgará será la vida y la paz. Es decir, El Santo, Bendito Sea, le otorgará largura de días y paz por lo que hizo. Y merecerá ver hijos de sus hijos. Y merecerá riqueza en este mundo, y merecerá el Mundo Venidero (Sodot Hatora).

BENEFICIOS POR DAR VOLUNTARIOSAMENTE

Esto está indicado en la declaración: «todo hombre que la diere con voluntad de su corazón», que en el texto original hebreo está escrita así:

איש אשר ידבנו לבו

Éste es el valor numérico:

א = 1	י = 10	ל = 30
י = 10	ד = 4	ב = 2
ש = 300	ב = 2	ו = 6
	נ = 50	

$$\aleph = 1 \quad \mathsf{ו} = 6$$
$$\mathsf{ש} = 300$$
$$\mathsf{ר} = 200$$

$$\overline{812} \quad \overline{72} \quad \overline{38}$$

Sumamos los valores parciales y resulta:

$$812 + 72 + 38 = 922$$

La expresión: «y tú ascenderás», en hebreo se escribe así:

ואתה עלית

Éste es el valor numérico:

$$\mathsf{ע} = 70 \quad \mathsf{ו} = 6$$
$$\mathsf{ל} = 30 \quad \aleph = 1$$
$$\mathsf{י} = 10 \quad \mathsf{ת} = 400$$
$$\mathsf{ת} = 400 \quad \mathsf{ה} = 5$$

$$\overline{510} \quad \overline{412}$$

Sumamos los valores parciales y resulta:

$$510 + 412 = 922$$

He aquí que se alude en el comienzo de la sección Terumá, que el hombre cuyo corazón lo impulse a dar, ascenderá. Y se refiere a los tres grados que asciende quién toma la mano de un pecador, y lo ayuda a rectificarse, siendo ese un ascenso que no consigue otro hombre a través de cumplir otros preceptos.

Ahora bien, ¿cómo sabemos que se refiere a ese tipo de generosidad?

Eso también está indicado en la declaración mencionada. Ya que «todo hombre que la diere con voluntad de su corazón», en el texto original hebreo está escrito así:

כל איש אשר ידבנו לבו

Éste es el valor numérico:

כ	= 20	א	= 1	ל	= 30
ל	= 30	ש	= 300	ב	= 2
		ר	= 200	ו	= 6
א	= 1				
י	= 10	י	= 10		
ש	= 300	ד	= 4		
		ב	= 2		
		נ	= 50		
		ו	= 6		
	361		573		38

Sumamos los valores parciales y resulta:

$$361 + 573 + 38 = 972$$

Le sumamos a este valor las cinco palabras que integran la frase y el valor intrínseco 1, y resulta:

$$972 + 5 + 1 = 978$$

La expresión: «todo aquel que toma la mano de un pecador y se esfuerza con él», se escribe así en arameo:

כל מאן דאחיד בידא דחייבא ואשתדל ביה

Éste es el valor numérico:

כ = 20	ב = 2	ו = 6
ל = 30	י = 10	א = 1
	ד = 4	ש = 300
מ = 40	א = 1	ת = 400
א = 1		ד = 4
ן = 50	ד = 4	ל = 30
	ח = 8	
ד = 4	י = 10	ב = 2
א = 1	י = 10	י = 10
ח = 8	ב = 2	ה = 5
י = 10	א = 1	
ד = 4		
168	52	758

Sumamos los valores parciales y resulta:

$$168 + 52 + 758 = 978$$

He aquí que en el comienzo de la sección Terumá, se indica también que el hombre cuyo corazón lo impulse a dar, y ayuda a un pecador para que recapacite y se rectifique, ascenderá los tres grados citados, y se ameritará los beneficios mencionados.

Parashá Tetzavé

XX

LOS SECRETOS DE LA ENERGÍA DEL INCIENSO

En la sección de la Torá denominada «Ordenarás –*Tetzavé*–», se describen las instrucciones para realizar las vestimentas del sumo sacerdote, y también las de los sacerdotes comunes, como está escrito: «Y tú, haz que se aproximen a ti Aarón, tu hermano, y sus hijos con él, de entre los hijos de Israel, para ser mis sacerdotes: Aarón, Nadab y Abihu, Eleazar e Itamar, los hijos de Aarón. Y harás a tu hermano Aarón vestimentas sagradas, para honor y gloria. Y hablarás tú a todos los hombres de corazón sabio, a los cuales he llenado de espíritu de sabiduría, y harán las vestimentas de Aarón, a fin de santificarlo, para que sea mi sacerdote» (Éxodo 28:1–3).

ESPÍRITU DE SABIDURÍA

Se aprecia que para realizar estas magníficas ropas era un requisito indispensable poseer «espíritu de sabiduría». ¿Y cómo lo consiguieron esos sabios que fueron solicitados?

La respuesta es esta: lo recibieron de Moshé, como está

escrito: «Y descenderé y hablaré allí contigo, y tomaré del espíritu que hay en ti, y pondré en ellos» (Números 11:17). Y también está escrito: «Y seleccionarás de entre todo el pueblo hombres virtuosos, temerosos de Dios, hombres de verdad, aborrecedores de avaricia, y los pondrás sobre ellos por ministros de millares, ministros de centenas, ministros de cincuenta y ministros de decenas» (Éxodo 18:21). Se advierte que Moshé poseía la capacidad de observar en el interior de las personas a través de su espíritu de santidad; y de ese mismo espíritu les otorgó a los sabios que eran temerosos de Dios, para que se iluminasen y supiesen cómo realizar los implementos del Santuario. Por eso, al finalizarse todo lo necesario para el Santuario está dicho: «Y erigió el Atrio alrededor del Tabernáculo y el Altar y colocó la cortina de la entrada del Atrio; y Moshé culminó la labor» (Éxodo 40:33).

¿Por qué dice que Moshé culminó la labor? ¿Acaso la labor no fue hecha por los hombres sabios, dotados de espíritu de sabiduría? La respuesta es esta: ya que Moshé les otorgó de su espíritu de santidad para que se iluminasen y supiesen cómo realizar toda la obra, por eso se considera como si Moshé mismo hubiese realizado toda la labor (Kli Yakar).

LA ROPA DE LOS SACERDOTES

A continuación se enumeran los pormenores de las ropas que debían ser realizadas, como está escrito: «Las vestimentas que harán son estas: Pectoral, Efod, Manto, Túnica labrada, Turbante, y Ceñidor; y harán, pues, las vestimentas sagradas para Aarón tu hermano, y para sus hijos, a fin de que sean mis sacerdotes. Y ellos tomarán el oro, la lana celeste, púrpura y carmesí, y el lino. Y harán el Efod de oro; de lana celeste, púrpura y carmesí, y de lino entrelazado, obra de experto. Tendrá dos hombreras que se unan a sus dos extremos, y se unirá. Y su cinto que está sobre él, será de la misma hechura, obra de experto; de oro, lana celeste, púrpura y carmesí, y de lino entrelazado [...] Y harás túnicas para los hijos de Aarón, y les harás ceñidores; y les harás turbantes para honor y gloria. Y vestirás con ellos a tu hermano Aarón, y a sus hijos con él; y los ungirás, y los iniciarás y los consagrarás, y serán mis sacerdotes. Y les harás calzones de lino para cubrir su desnudez; serán desde los lomos hasta los muslos. Y estarán sobre Aarón y sus hijos cuando entren a la Tienda de la Reunión o cuando se acerquen al Altar para oficiar en santidad, o cuando se acerquen al Altar para servir en el Santuario, para que no lleven pecado y mueran; es un decreto eterno para él y su descendencia posterior» (Éxodo 28:4-43).

RELACIÓN DE TEMAS

En el Talmud se destaca que los detalles de estas prendas aparecen en el Pentateuco junto a la descripción de los sacrificios que debían ofrecerse en el Templo Sagrado. ¿Qué indica esta proximidad de temas? La respuesta es esta: enseña que así como los sacrificios eran presentados en el Templo Sagrado para expiar por las faltas cometidas, también las prendas del sumo sacerdote expiaban por las faltas cometidas.

A continuación se menciona en el Talmud la expiación especifica de cada prenda:

- ✓ La túnica –*kutonet*–, expiaba por el derramamiento de sangre.
- ✓ Los calzones –*mijnasaim*–, expiaban por las relaciones prohibidas.
- ✓ El turbante –*mitznefet*–, expiaba por las presunciones.
- ✓ El ceñidor –*avnet*–, expiaba por los pensamientos del corazón.
- ✓ El Pectoral –*joshen*– expiaba por los juicios.
- ✓ El Efod expiaba por la idolatría.

- ✓ La capa –*meil*–, expiaba por las habladurías.
- ✓ La bincha –*tzitz*–, expiaba por el descaro (Talmud, tratado de Arajin 16a).

BENDICIÓN Y VIDA

En el Midrash se enseña que no sólo las ropas del sacerdote expiaban, sino también cada uno de los elementos que había en el Templo Sagrado. Incluso el Altar mismo. Y eso está indicado en la expresión «Altar», que en el texto original hebreo está escrita así:

מזבח

Esa palabra es el acróstico de estas frases:

מ = עונותיהם מחילת	Perdón de los pecados
ז = לישראל טוב זיכרון	Buen recuerdo de Israel
ב = ברכה	Bendición
ח = חיים	Vida

Es decir:

La letra *mem* es la inicial de la expresión: mejilat *avonoteihem*, que significa: «perdón de los pecados».

La letra *zain* es la inicial de la expresión: *zijrón tov le Israel*, que significa: «buen recuerdo de Israel».

La letra *bet* es la inicial *berajá*, que significa: «bendición». Porque todas las especies eran bendecidas.

La letra *jet* es la inicial de *jaim*, que significa: «vida». Pues a través del Altar se otorgaba vida.

LA BENDICIÓN DE LAS ESPECIES

Además, cada producto que se ofrecía sobre el Altar,

provocaba que esa especie fuese bendecida:

- ✓ Por el Pan de la Preposición y los panes ácimos que se ofrecían, era bendecido el pan de las personas.
- ✓ Por las primicias que se presentaban, eran bendecidas las frutas de la tierra.
- ✓ Por las libaciones de vino que se ofrecían sobre el Altar era bendecido el vino.

UN ESCRIBA PRÓSPERO

Este es un ejemplo: había un escriba que cada año, sin excepción, ascendía a Jerusalén. Los moradores de Jerusalén se percataron de que se trataba de un hombre sabio y estudioso, profundo conocedor de las enseñanzas de la Torá. Le dijeron:

—Quédate con nosotros y te pagaremos cincuenta monedas de oro.

Pero él les respondió:

—Poseo una vid que me produce mucho más de lo que pretendéis darme. Pues con las uvas de esa planta obtengo seiscientos barriles de vino que vendo a un precio muy alto.

Por tal razón desestimó la propuesta, los dejó y se marchó.

LA RAZÓN DE LA ABUNDANCIA

Toda esta abundancia, ¿a qué se debía? A las libaciones de vino que se ofrecían sobre el Altar. Cuando fue anulado ese servicio, se anularon todas las bondades del mundo. Como está escrito en relación con el exilio babilónico, después de que el Templo Sagrado fuese destruido, Esdras el escriba les dijo a los hijos de Israel:

—Ascended a la Tierra de Israel.

Pero ellos no le hicieron caso, entonces les dijo:

—Sembráis mucho, y recogéis poco; coméis, y no os saciáis; bebéis, y no quedáis satisfechos; os vestís, y no os calentáis; y el jornalero recibe su paga en saco roto (Hageo 1:6).

Es decir: «sembráis mucho, y recogéis poco», desde que se anuló el Pan de la Preposición. «Coméis, y no os saciáis», desde que se anuló la libación de agua. «Bebéis, y no quedáis satisfechos», desde que se anuló la libación de vino. «Os vestís, y no os calentáis», desde que se anularon las vestimentas del sumo sacerdote. «Y el jornalero recibe su paga en saco roto», desde que se anularon los sacrificios continuos de la comunidad (Midrash Tanjuma: Tetzavé XIII).

EL INCIENSO EXTRAORDINARIO

Ya vimos que el Altar es sumamente importante, pues genera expiación, bendición y abundancia. Pero además, había un producto que era ofrecido sobre el mismo y generaba santidad, pureza, misericordia, esperanza, y alegría. Y ese producto era el incienso, como está escrito: «Y harás un Altar sobre el cual harás ascender humo de incienso –ketoret–» [...]» (Éxodo 30:1–10).

La expresión «incienso», en el texto original hebreo está escrita así:

קטרת

Esa palabra es el acróstico de éstas palabras:

ק = קדושה Santidad
ט = טהרה Pureza
ר = רחמים Misericordia
ת = תקוה Esperanza

Y además de todas esas bondades, el Incienso generaba alegría, como está escrito: «Y harás un Altar sobre el cual harás ascender humo de incienso; lo harás de madera de acacia» (Éxodo 30:1). A esto se refiere lo que está escrito en el libro de los Proverbios: «El óleo y el incienso alegran el corazón» (Proverbios 27:9). Se refiere a El Santo, Bendito Sea, y a los hijos de Israel.

Esta es la explicación: en el Día del Perdón, el sumo sacerdote tomaba la pala con el incienso y entraba al lugar más sagrado del Templo, denominado Kodesh Hakodashim. Como está escrito: «Y tomará la pala llena de brasas encendidas de la parte superior del Altar que está ante El Eterno y un puñado de especies de incienso molidas finamente, y los llevará al interior del Velo» (Levítico 16:12). Y a continuación está escrito: «Y pondrá el incienso sobre el fuego delante de El Eterno, y la nube del incienso cubrirá el Propiciatorio que está sobre el Testimonio, para que no muera» (Levítico 16:13).

¿Qué significa lo que está escrito: «y la nube del incienso cubrirá el Propiciatorio que está sobre el Testimonio»? La respuesta es esta: la expresión «cubrirá» indica «perdón». Como está escrito: «Has cargado con las faltas de tu pueblo; cubriste todos sus pecados; por siempre» (Salmos 85:2).

Cuando la nube del incienso se elevaba, lo hacía en forma de bastón, y al dirigirse hacia lo alto, adoptaba forma de racimo. Entonces se sabía que Dios perdonó los pecados de Israel. Como está escrito: «Racimo de perdón, es para mí mi amado» (Cantar de los Cantares 1:14).

SEÑAL DE PERDÓN

Si la nube del incienso adoptaba forma de racimo y se elevaba en forma de bastón, y se dirigía hacia lo alto, el sumo sacerdote sabía que los pecados de Israel fueron perdonados, y que su servicio fue aceptado. Y si la nube de incienso no cubría el lugar, sabía que moriría. Como está escrito: «Y la nube del incienso cubrirá el Propiciatorio que está sobre el Testimonio, para que no muera» (Levítico 16:13).

Resulta que el sumo sacerdote y todos los miembros de Israel se estremecían cuando éste entraba al interior del sitio más sagrado denominado Kodesh Hakodashim. Y esa sensación se prolongaba hasta que salía en paz de ese lugar. Cuando salía, había una inmensa alegría en Israel, pues su servicio había sido aceptado de buena voluntad por Dios. Como está dicho: «El óleo y el incienso alegran el corazón» (Proverbios 27:9).

El óleo se refiere al sumo sacerdote, que había sido ungido con el aceite de la unción. Y el incienso se refiere a los hijos de Israel, quienes veían la nube de incienso que ascendía en forma de bastón, y se alegraban por ello. Es decir, se cumplía lo que está dicho: «El óleo y el incienso alegran el corazón».

Asimismo, esta cita se refiere a El Santo, Bendito Sea, ya que les dijo a los hijos de Israel:
—Yo he escogido de todos vosotros al sumo sacerdote, que ha sido ungido con el óleo de la unción. Como está dicho: «Y Aarón fue apartado para ser dedicado a lo más sagrado –kodesh kodashim–, él y sus hijos para siempre, para que ofrezcan incienso delante de El Eterno, y le sirvan y bendigan en su Nombre, para siempre» (I Crónicas 23:12). Y Yo me alegro con él.

Y lo que está escrito: «y el incienso», se refiere a Israel. Pues El Santo, Bendito Sea dijo:
—De todos los sacrificios que ofrecéis, no hay para mi más preciado que el incienso.

EL INIGUALABLE EFECTO DEL INCIENSO

Considérese que todas las ofrendas son para necesidad de los hijos de Israel. Pues el sacrificio expiatorio, denominado jatat, era traído para expiar por los pecados, denominados jet. El sacrificio de culpa, denominado asham, era traído para expiar por las culpabilidades, denominadas ashamot. El sacrificio ígneo, denominado olá, era traído para expiar por los pensamientos inapropiados. Los sacrificios de paz, denominados shelamim, eran traídos para expiar por los preceptos activos transgredidos. Pero el incienso, no era traído por pecado, ni por falta, ni por culpabilidad, sino por la alegría. A esto refiere lo que está escrito: «El óleo y el incienso alegran el corazón».

EL GRADO DEL INCIENSO

El incienso es extraordinariamente preciado por El Santo, Bendito Sea. Considérese que el rey David deseó ofrecer incienso, como está dicho: «Ofrendas ígneas de animales engordados te ofreceré, con incienso de carneros» (Salmos 66:15). Asimismo, encontramos que de las ofrendas que fueron ofrecidas en el mundo, las más alabadas fueron las presentadas por los príncipes. ¿Cuál es la razón? Porque ofrecían incienso al comienzo, antes de presentar sus ofrendas animales, tal como está dicho acerca de cada uno de los príncipes al presentar la ofrenda de su tribu. Como está escrito: «Una cuchara de oro de diez siclos llena de incienso» (Números 7:14). Y a continuación está escrito: «un toro selecto, un carnero, una oveja en su primer año, como ofrenda ígnea; un macho cabrío, como sacrificio expiatorio; y como ofrenda festiva de paz: dos vacunos, cinco carneros, cinco machos cabríos, cinco ovejas en su primer año» (Números 7:15–17). Por tal razón, El Santo, Bendito Sea, alabó la ofrenda de cada uno en particular, como está escrito: «Y trajo su ofrenda el primer día Najshon, hijo de Aminadav, de la tribu de Yehuda [...] Esta es la ofrenda de Najshon, hijo de Aminadav» (Números 7:12–17). «El segundo día trajo su ofrenda Netanel, hijo de Tzuar, líder de Ysajar. Él trajo su ofrenda [...] Esta es la ofrenda de Netanel, hijo de Tzuar» (Números 7:18–23). Y así se destaca respecto a todos los príncipes de las tribus. Significa que Dios se deleitó con esas ofrendas, y por eso las alabó.

PERDÓN DIVINO

Otro hecho relacionado con el incienso lo hallamos en el caso de Ajaz, quien anuló el estudio de la Torá, y clausuró los colegios. Además, practicó idolatría y cometió numerosas faltas adrede contra Dios.

Y cuando El Santo, Bendito Sea, enumeró todos sus actos, dijo: «Perdonaré por todo esto». Como está dicho: «Y aún cerraron las puertas de la antesala –Ulam–, y apagaron las lámparas; no ofrecieron incienso, ni ofrecieron ofrenda ígnea en el lugar santo –Kodesh– al Dios de Israel. Por tanto llegó la ira de El Eterno sobre Yehuda y Jerusalén, y los puso por espanto, por asolación y por lamento, como veis con vuestros propios ojos. Y he aquí nuestros padres han caído a espada, y nuestros hijos, nuestras hijas y nuestras mujeres fueron llevados cautivos por esto» (II Crónicas 29:7–9). ¿A qué se refiere la expresión: «por esto»? Al incienso (Midrash Tanjuma: Tetzavé XV).

Considérese que la expresión: «por esto», en el texto original hebreo está escrita así:

עַל זֹאת

Éste es el valor numérico:

$$ע = 70$$
$$ל = 30$$

$$ז = 7$$
$$א = 1$$
$$ת = 400$$
$$\overline{}$$
$$508$$

La expresión: «Esto aconteció debido a que ellos no ofrecieron incienso», en hebreo se escribe así:

זה היה כי לא הקטירו מהם

Éste es el valor numérico:

ז = 7	כ = 20	ה = 5	מ = 40
ה = 5	י = 10	ק = 100	ה = 5
		ט = 9	ם = 40
ה = 5	ל = 30	י = 10	
י = 10	א = 1	ר = 200	
ה = 5		ו = 6	
32	61	330	85

Sumamos los valores parciales y resulta:

32 + 61 + 330 + 85 = 508

EL INCIENSO CONTRA LA MUERTE

En el Midrash se enseña a continuación cuán preciado es el incienso, que por causa del mismo se detuvo la mortandad en el pueblo. Pues está escrito: «Moshé dijo a Aarón: "Toma el brasero y coloca sobre él fuego de sobre el Altar, y pon incienso, y ve pronto a la congregación, y expía por ellos, porque el furor ha salido de la presencia de El Eterno; la mortandad ha comenzado". Y lo tomó Aarón, tal como Moshé le había dicho, y corrió en medio de la congregación; y he aquí que la mortandad había comenzado en el pueblo; y él puso incienso, y expió por el pueblo» (Números 17:11-12).

La expresión «había comenzado», ¿qué enseña? Rabí Yehuda, el hijo de Simón, dijo:

—El ángel tomaba elixir y llevaba a cabo su tarea siguiendo un orden estricto; no dejaba un muerto entre los vivos, ni un vivo entre los muertos. Como está dicho: «había comenzado –hejel– en el pueblo».

Ahora bien, ¿de dónde se sabe que él ángel llevaba a cabo su tarea siguiendo un orden estricto? Se lo aprende de la palabra hejel, por comparación recíproca con una expresión similar que hallamos en este otro versículo: «Sietes semanas contarás para ti; a partir de cuando se comienza –hejel– a meter la hoz en las plantaciones, comenzarás a contar siete semanas» (Deuteronomio 16:9).

Es decir, así como el que recoge el cereal lo hace en orden, así, de ese mismo, modo actuaba el ángel. Por tal razón: «Y lo tomó Aarón, tal como Moshé le había dicho, y corrió en medio de la congregación; y he aquí que la mortandad había comenzado en el pueblo; y él puso incienso, y expió por el pueblo» (Números 17:12). Resulta, pues, que Aarón halló al ángel que estaba de pie y mataba. Entonces se puso frente a él, y no le dejaba matar, sino que: «Se puso de pie entre los muertos y los vivos, y la mortandad cesó» (Números 17:13).

EL DIÁLOGO CON EL ÁNGEL DE LA MUERTE

El ángel le dijo a Aarón:

—Déjame realizar la tarea que me fue encomendada.

Aarón le respondió:
—Moshé me ha enviado a mí, y El Santo, Bendito Sea te ha enviado a ti. Y Aarón y El Santo, Bendito Sea, se encuentran dialogando en la Tienda de Reunión. ¡Vayamos con ellos!

El ángel no reparó en lo que su interlocutor le había dicho, hasta que Aarón lo detuvo, y sujetándolo lo llevó, como está dicho: «Aarón volvió con Moshé a la entrada de la Tienda de la Reunión y la mortandad había cesado –neetzara–» (Números 17:15).

¿Qué significa la expresión: «la mortandad había cesado»? Dijo Rabí Ytzjak: enseña que Aarón sujetó al ángel y lo detuvo. Y eso está indicado en la expresión neetzara, que literalmente significa detener. Por eso, cuando Moshé se despedía de este mundo, dijo: «El Eterno, bendice los recursos de ellos, y acepta la obra de sus manos; quebranta los lomos de los que se levantan contra ellos, y de sus aborrecedores, para que no se levanten» (Deuteronomio 33:11).

La declaración: «El Eterno, bendice los recursos de ellos», se refiere a su fortaleza. «Y acepta la obra de sus manos», se refiere al incienso que Aarón tenía en su mano cuando procuró la expiación. Como está dicho: «y él puso incienso, y expió por el pueblo» (Números 17:12). «Quebranta los lomos de los que se levantan contra ellos», se refiere al ángel, cuando lo controló y lo detuvo.

Dijo Rabí Abahu en el nombre de Rabí Shimón, el hijo de Lakish:
—Cuando Aarón vio al poderoso ángel de pie frente a él, puso la pala con el incienso ante su rostro, como está escrito: «Ellos enseñarán Tus mandatos a Jacob y Tu Torá a Israel; ellos colocarán incienso ante Tu presencia y ofrendas ígneas en Tu

Altar» (Deuteronomio 33:10). Se enseña cuán preciado es el incienso.

Rabí Ytzjak, el hijo de Eleazar, dijo:

—Considerad que el Tabernáculo había sido edificado, con todos sus utensilios, y los sacrificios habían sido degollados, y habían sido ofrecidos y ordenados sobre el Altar; la mesa había sido dispuesta, el Candelabro encendido, y todo estaba siendo llevado a cabo como es debido; pero la Presencia Divina no descendió hasta que fue ofrecido el incienso. ¿De dónde se lo aprende? De lo que está escrito: «Despierta norte, ven sur; soplad en mi huerto, despréndanse sus aromas» (Cantar de los Cantares 4:16). El Santo, Bendito Sea, dijo:

—En este mundo vosotros sois expiados por el incienso, y esto será así también en el Mundo Venidero, pues: «ofrendas ígneas de animales engordados te ofreceré, con incienso de carneros» (Salmos 66:15) (Midrash Tanjuma: Tetzavé XV).

MANOS A LA OBRA

Hemos visto que para obtener expiación, bendición, abundancia y alegría, es necesario que el Templo Sagrado exista y se lleven a cabo todas las actividades proscriptas apropiadamente. Y ahora, que el Templo Sagrado está destruido, ¿cómo podemos obtener todos esos beneficios? La respuesta surge de la declaración bíblica que manifiesta: «Y Me harán un Santuario, y moraré en medio de ellos» (Éxodo 25:8).

Considérese que no está escrito: «Y Me harán un Santuario, y moraré en medio de él», sino que está escrito: «Y Me harán un Santuario, y moraré en medio de ellos». Es decir, en el interior de cada uno de los miembros de Israel. En otras palabras, uno debe construir en su propio interior un Santuario, para que El Eterno more allí. ¿Y cómo se lo consigue? En la palabra hebrea utilizada para denominar al Santuario, hallamos un indicio clave. Considérese que «Santuario», en el texto original hebreo, está escrito así:

מקדש

Las letras de este término son las iniciales de estas palabras:

מחשבה = מ
קיום = ק
דיבור = ד
שמחה = ש

La letra *mem* es la inicial de *majashavá*, que significa: «pensamiento».
La letra *kuf* es la inicial de *kium*, que significa: «cumplimiento».
La letra *dalet* es la inicial de *dibur*, que significa: «habla».
La letra *shin* es la inicial de *simjá*, que significa: «alegría».

A través de estas acciones, uno estudiará la Torá pronunciando con su boca –*dibur*– las palabras que hay allí escritas, y también las explicaciones de los sabios que abren el texto. Asimismo, uno utilizará sus facultades cognitivas –*majashavá*– para razonar y entender lo que está estudiando. Así sabrá exactamente cómo desenvolverse en el cumplimiento de los preceptos, y los llevará a la práctica como es debido –*kium*–. Y no sólo eso, sino que lo hará con alegría –*simjá*–. A través de estos cuatro pasos indicados en la palabra Mikdash, la persona logrará construir un Santuario en su propio interior, una morada para El Eterno.

Asimismo, este individuo contagiará a las otras personas a actuar de ese modo, y muchos lo imitarán. Entonces, se podrá formar un grupo de personas que estudien la Torá todos juntos, con respeto mutuo, y sin reñir. Es decir, conseguirán la vía para atraer la Redención Final, y que el Templo Sagrado sea reconstruido (véase Tana Dbei Eliahu Zuta 14:5). Así volverán al mundo todas las bondades que emanaban del Templo Sagrado, y será posible vivir sobre la faz de la Tierra felices, contentos, llenos de dicha, amor y paz.

Parashá Ki Tisá

XXI

EL LA ELECCIÓN DE LAS AMISTADES

Cuando los hijos de Israel salieron de Egipto, se unió a ellos una mixtura de personas, como está escrito: «Y a la medianoche aconteció que El Eterno golpeó a todo primogénito en la tierra de Egipto, desde el primogénito del Faraón que se sentaba en su trono, hasta el primogénito del cautivo que se hallaba en prisión, y a todo primogénito animal. Y se levantó el Faraón esa noche, él y todos sus siervos, y todo Egipto; y hubo un tremendo clamor en Egipto, pues no había casa donde no hubiese allí algún muerto. Y llamó a Moshé y a Aarón en la noche y les dijo: "Levantaos, salid de en medio de mi pueblo, también vosotros, también los hijos de Israel, y marchad y servid a El Eterno, como habéis hablado. También tomad a vuestras ovejas y a vuestras vacas, como habéis hablado, y marchaos y bendecidme también a mí". Y los egipcios apremiaban al pueblo, para apresurar su retiro de la tierra, pues dijeron: "¡Todos morimos!". Y el pueblo llevó su masa antes de leudarse, y los sobrantes –de pan ácimo– ataron a su vestimenta, sobre sus hombros. Y los hijos de Israel hicieron conforme a la palabra de Moshé; pidieron a los egipcios objetos de plata, y objetos de oro y vestimentas. Y El Eterno dio al pueblo gracia ante los ojos de los egipcios y estos les dieron lo solicitado, y así vaciaron a Egipto. Los hijos de Israel marcharon de Ramesés a Sucot, como seiscientos mil hombres de a pie, además de los niños. También ascendió con ellos una mixtura de gente, y ovejas y vacas, una cantidad muy grande de ganado» (Éxodo 12:29-38).

UN HECHO HISTÓRICO

Sin lugar a dudas que la salida de Egipto fue un hecho memorable. Un éxito rotundo ante el imperio más poderoso del mundo. Dios había infligido severas plagas a Egipto, produciendo allí un caos absoluto. Y como si fuera poco, Dios volvió a realizar prodigios y maravillas cuando los egipcios persiguieron a los hijos de Israel a través del Mar de Juncos –Iam Suf–. Todos los guerreros que iban tras ellos sucumbieron. Así, triunfales y victoriosos, los hijos de Israel iniciaron la marcha por el desierto, en busca de la Tierra Prometida.

EN LA MONTAÑA DE SINAÍ

Una vez que la congregación llegó a la Montaña de Sinaí, Dios dijo que les entregaría las Tablas de la ley, y Moshé había subido al Cielo para buscarlas. Aunque antes de partir avisó que iba a tardar cuarenta días. Y como aparentemente esa fecha había llegado y Moshé se demoraba, los de la mixtura de personas, comenzaron a rebelarse, como está escrito: «Y viendo el pueblo que Moshé se había demorado en bajar del Monte, se congregó el pueblo ante Aarón y le dijeron: "¡Levántate, haznos dioses que vayan delante de nosotros, pues a éste Moshé, el hombre que nos ha hecho ascender de la tierra de Egipto, no sabemos qué le ha acontecido!" (Éxodo 32:1).

La expresión: «se había demorado», que en el texto original hebreo está indicada a través de la locución *boshesh*, está escrita de modo carente. Pues falta la letra *vav*.

Veámoslo gráficamente: la expresión *boshesh*, en forma completa con la letra *vav*, se escribe así:

בושש

Pero está escrita así:

בשש

Y cuando está presente la letra *vav*, se coloca la vocal *jolam*, que se lee «o». Pero al estar ausente la letra *vav*, la vocal se coloca sobre la letra *bet*, pudiéndose vocalizar con la vocal denominada *jolam*, que se lee «o», o con la vocal denominada *kamatz*, que se lee «a». O sea, se podría leer: *ba shesh*. Y existe una regla gramatical que indica que toda vocal *kamatz* lleva consigo una letra *alef (véase* Siftei Jajamim Génesis 1:8).

Resulta que *boshesh*, se puede leer *ba shesh*, con la inclusión de la letra *alef*:

ש ש ב א

La expresión *ba shesh*, significa: «llegó la sexta», en alusión a la sexta hora *(véase* Baal Haturim en Éxodo 32:1). Resulta que se indica que el pueblo reclamó a Aarón que llegó la sexta hora. Y los del pueblo que actuaron de ese modo eran los de la mixtura de personas (Kli Iakar).

UN ESTÍMULO PECULIAR

¿Y qué los impulsó a actuar de ese modo? La respuesta es ésta: está escrito aquí: «Y viendo el pueblo que Moshé se había demorado –*boshesh*– en bajar de la Montaña» (Éxodo 32:1). Y en otro versículo está escrito: «Cayó inclinándose entre los pies de ella, quedó tendido; entre los pies de ella cayó inclinándose; donde se inclinó, allí cayó inerte. La madre de Sísara se asomó a la ventana, y por entre las persianas clamó y dijo: ¿Por qué se demora –*boshesh*– su carro en venir?» (Jueces 5:27-28).

Ahora bien, así como en este versículo citado la expresión *boshesh* está escrita en relación con la muerte, se deduce por comparación reciproca que en el versículo del libro de Éxodo, también la expresión *boshesh* está escrita en relación con la muerte (Baal Haturim). Es decir, los de la mixtura de personas consideraron que Moshé había muerto. Tal como enseñaron los sabios talmudistas: cuando Moshé ascendió a los Cielos, dijo a los hijos de Israel:
—Al cabo de cuarenta días, al comienzo de la sexta hora, yo vendré.

Los hijos de Israel creyeron que el día en que les dijo esto debía ser considerado como parte de la cuenta, pero los días a los que se refirió Moshé eran completos. Es decir, el día con su correspondiente noche. Y el día en que subió, no estaba completo, ya que subió de día, y faltaba la noche de ese día. Y cuando subió era el día 7 del mes Siván, y los cuarenta días completos se cumplían el 17 del mes Tamuz (Rashi en Éxodo 32:1).

LA TRETA DE UN ENTE MALIGNO

Al cabo de cuarenta días –incompletos, el 16 de Tamuz–, vino el Satán y confundió el mundo. Les dijo:
—Vuestro maestro Moshé, ¿dónde está?

Ellos le dijeron:
—Ascendió al Cielo.
Él les dijo:

—¡Han llegado las seis!

Pero ellos no repararon en él. Entonces les dijo:
—¡Ha muerto!

Tampoco esta vez repararon en él. Entonces les mostró como el aspecto de su féretro. A esto se refiere lo que dijeron a Aarón: «¡Levántate, haznos dioses que vayan delante de nosotros, pues a éste Moshé, el hombre que nos ha hecho ascender de la tierra de Egipto, no sabemos qué le ha acontecido!» (Éxodo 32:1) (Talmud, tratado de Shabat 89a).

LA MIXTURA DE PERSONAS

Hasta entonces, los que integraban la mixtura de personas se habían mantenido sujetos a las indicaciones y leyes impartidas por Moshé y los demás lideres de Israel. Pero ahora decidieron que había llegado el momento de levantarse y por eso proclamaron:
—O seremos todos parte de un mismo pueblo, o, de lo contrario, que se designe quién vaya delante de nosotros, tal como acontece con vuestro Dios, que os guía y va delante de vosotros.

Es decir, proponían que les fuese concedido otro dios para adorar y seguir.

Aarón consideró:
—Ellos no desean plegarse al pueblo en forma sincera, con todo su corazón. Lo hacen por intereses propios. Aún siguen pensando en las nigromancias, adivinaciones y cultos idolatras que practicaban en Egipto, y ambicionan inculcar esas ideas perniciosas también en los miembros del pueblo de Israel. Por eso consideró que lo más apropiado sería separarlos hasta que viniese Moshé y decida qué hacer. Por eso: «Aarón les dijo:

"Quitad los zarcillos de oro que están en las orejas de vuestras mujeres, vuestros hijos y vuestras hijas, y traédmelos"» (Éxodo 32:2).

UN HOMBRE BIENINTENCIONADO

Este versículo demuestra cuál era la verdadera intención de Aarón, demorarlos hasta que viniera Moshé. Pues, ¿acaso no poseían otro oro que el que había en las orejas de sus mujeres, hijos e hijas? Evidentemente que ellos poseían de ese preciado metal también en otros lugares, donde era mucho más accesible que ése. Pero Aarón actuó así teniendo en cuenta esto:
—Seguramente las mujeres y los hijos se opondrán y no les querrán entregar sus aros. Entonces, mientras ellos discuten y contienden, viene Moshé y arregla el asunto.

Ahora bien, después de la solicitud de Aarón, los hombres no aguardaron a que sus hijos y mujeres les entregasen los aros, y ni siquiera se dirigieron a ellos para pedírselos, sino que inmediatamente: «Y todos los del pueblo apartaron los zarcillos de oro que tenían en sus orejas, y los trajeron a Aarón» (Éxodo 32:2). Enseguida reunieron todo lo que habían traído, y resultaba que había allí varias decenas de miles de zarcillos. Sin perder el tiempo le llevaron todo a Aarón para hacer el becerro de oro.

PLAN FALLIDO

El plan de Aarón no había salido como él lo había planeado, y ahora se encontraba en un grave problema. Pues esos hombres ya habían matado a Jur, quien se había dirigido a ellos en forma directa, intentando convencerlos para que reflexionaran y no siguieran adelante con su levantamiento. Y ahora Aarón temía que hicieran lo mismo con él si se dirigía a ellos frontalmente. Esta situación tan embarazosa lo llevó a verse en la necesidad de seguir adelante con lo que había comenzado, y ver cómo podía resolver la situación para ganar tiempo hasta que viniese Moshé.

LA HECHURA DEL BECERRO

Así fue como: «Y los tomó de las manos de ellos, y les dio forma con una herramienta de fundición, e hizo un becerro fundido» (Éxodo 32:4).

Considérese que en esta acción Aarón no tuvo en cuenta un grave peligro: todos estos hombres rebeldes y revolucionarios eran guiados por dos individuos despiadados y malignos; y Aarón no se cuidó como es debido de ellos. Esos lideres eran los hijos de Bilam el hechicero, se trataba de brujos entendidos y experimentados. Se llamaban Yonos y Yamberus. Uno de ellos ayudó en la hechura del becerro, y el otro, hacía brujerías. Ambos se pusieron de acuerdo e idearon un astuto ardid para llevar a cabo la obra. Por eso uno tomó dos tercios del oro en sus manos, y el otro tomó el tercio restante. Pues ese es el modo de llevar a cabo apropiadamente ese tipo de brujería.

LAS FUERZAS PARALELAS

Obrando así lograban atraer las fuerzas malignas que existen paralelas a las fuerzas benévolas que surgen de las emanaciones espirituales de la santidad. Ya que en el mundo todo está en equilibrio, pues Dios quiso que existiera la libre elección. Por eso hay diez emanaciones enraizadas en el bien, y paralelamente, hay diez emanaciones enraizadas en el Otro Lado.

Esos brujos pretendían atraer las fuerzas del Otro Lado para formar la figura de un becerro y una mula.

EL LLANTO DEL MAESTRO

Rabí Shimón, el hijo de Iojai, cuando recordó este asunto lloró y dijo:

—¡Ay, Aarón! El piadoso santo, el ungido del gran Dios. Debido a la piedad con que has obrado, queriendo aislar a la multitud de personas malvadas de los fieles a El Eterno, cayeron muchos miles del pueblo sagrado. No supiste como cuidarte de las brujerías.

Pues, ¿qué hicieron esos dos malvados? Cuando llegó la sexta hora del día, es decir, el mediodía, tomaron el oro que se habían quitado de las orejas. ¿Y cuál es la razón por la que hicieron eso y no intentaron dar cumplimiento a la solicitud de Aarón? Porque quien desea realizar un hechizo, no debe reparar en el dinero. Ellos dijeron:

—¡Esta es nuestra oportunidad, no la debemos dejar pasar, pues si nos demoramos y viene Moshé, arruinará nuestros planes; no es momento de reparar en el oro!

Por tal razón, inmediatamente: «Todos los del pueblo se quitaron los zarcillos de oro que tenían en sus orejas, y se los trajeron a Aarón».

Y eso está indicado en el versículo a modo de insinuación, ya que la palabra hebrea utilizada para describir el concepto «se quitaron», es *vaitparkú*. ¿Y cuál es la explicación precisa de ese concepto? Tal como está escrito: «Arrasa —*mefarek*— montañas, y quebranta rocas» (I Reyes 19:11). La palabra *vaitparkú*, utilizada en el versículo que narra como se quitaron los zarcillos, tiene la misma raíz que la palabra *mefarek*, utilizada en el versículo que expresa cómo el viento arrasaba las montañas. Enseña que esos individuos lastimaron sus orejas al arrancarse violentamente los aros, para no perder tiempo.

Rabí Shimón, el hijo de Iojai, cuando recordó este asunto lloró nuevamente y dijo:

—Ay de los individuos del pueblo sagrado, que se asociaron a la multitud de personas en el pecado del becerro de oro (Sodot Hatora).

UNA MORALEJA CON SENTIDO

Se aprende de aquí la gran importancia de elegir correctamente las amistades y las personas con las que uno se vincula, pues son capaces de arrastrarnos hacia donde ellos van, ya sea, hacia el bien, si son personas buenas, o hacia el mal, si son personas malas.

Por tal razón, Nitai de Arbel decía: «Aléjate del mal vecino, no te juntes con el malvado, y no renuncies del castigo» (Mishná, tratado de Avot 1:7).

UNA MUESTRA DE AFECTO

En cuanto a Aarón, él era una persona buena y siempre fue un ejemplo a seguir. Y si sobrevivió a esta situación en la que estaba tan involucrado y comprometido, fue porque lo merecía. Ya que Dios escudriña los corazones y sabe quién es verdaderamente fiel. Por eso en la Mishná se declara: «Hilel enseñó: "Habéis de ser de los alumnos de Aarón, amando la paz y persiguiendo la paz"» (Mishná, tratado de Avot 1:12).

Además, en el libro Tana Dbei Eliahu se revela: Aarón sabía que podía llegar muy alto en caso de apartarse de la sociedad y dedicarse a crecer personalmente, ya que poseía una gran capacidad, y condiciones. Sin embargo, prefirió contenerse de pensar en sí mismo, y dedicarse a los demás. Él iba casa por casa, golpeando las puertas y preguntando quién no sabía leer la alabanza denominada «Oye Israel», o quién no sabía recitar la plegaria, y le enseñaba. Asimismo, quien no sabía profundizar en el estudio, Aarón le enseñaba a hacerlo con paciencia y amor (Tana Dbei Eliahu Raba 13:3; véase Tosafot ben Iejiel).

Parashá Vaiakhel

XXII

EL SECRETO DE LA BUENA REMUNERACIÓN

La sección de la Torá denominada «Congregó –Vaiakehel–» comienza con esta declaración: «Y congregó Moshé a toda la asamblea de los hijos de Israel, y les dijo: "Estas son las cosas que El Eterno ha ordenado hacer: 'Seis días será hecha labor, mas el día séptimo os será sagrado, día de absoluto reposo para El Eterno [...]» (Éxodo 35:1–3). Y a continuación está escrito: «Y dijo Moshé a toda la asamblea de los hijos de Israel, diciendo: "Esta es la palabra que El Eterno ha ordenado diciendo: 'Tomad de entre vosotros ofrenda para El Eterno; todo el que la diere con voluntad de su corazón traerá Mi ofrenda: oro, plata y cobre. Y lana celeste, púrpura y carmesí; lino y pelo de cabra. Pieles de carnero enrojecidas, pieles de tajash, madera de acacia. Y aceite para el alumbrado, especias para el óleo de unción y el incienso aromático. Y piedras de ónice y piedras de engaste, para el Efod y para el Pectoral'"» (Éxodo 35:4–9).

APROXIMACIÓN DE TEMAS

Se aprecia que Moshé congregó a todos los hijos de Israel y les enseñó lo concerniente al Shabat, y a continuación, lo relacionado con la construcción del Santuario. Esta proximidad de temas enseña que la labor que debía realizarse para edificar el Santuario no desplazaba al Shabat (Rashi).

Es decir, también en este caso, pese a tratarse de la construcción del mismísimo Santuario, se debe aplicar la norma que consta en los Diez Mandamientos: «Seis días trabajarás, y harás toda tu labor. Y el día séptimo es Reposo para El Eterno, tu Dios; no harás ninguna labor, tú, tu hijo, tu hija, tu siervo, tu sierva, tu animal, y tu extranjero que está dentro de vuestros portales. Pues El Eterno hizo los Cielos y la Tierra, el mar y todo lo que hay en ellos, en seis días, y descansó el día séptimo; por tanto, El Eterno bendijo el día de Reposo y lo santificó» (Éxodo 20:9–11).

RELACIÓN NUMÉRICA

Esto está indicado a modo de insinuación en el versículo con el que se abre nuestra sección, como está escrito: «Y congregó Moshé a toda la asamblea de los hijos de Israel, y les dijo: "Estas son las cosas que El Eterno ha ordenado hacer"» (Éxodo 35:1). La expresión «hacer», en el texto original hebreo está escrita así:

לעשת

Se aprecia que la palabra se encuentra escrita de modo carente, sin la letra *vav*. Ya que en forma completa se escribe así:

לעשות

Y el valor numérico de la letra *vav*, que se encuentra carente, es 6:

$$ו = 6$$

Se aprende que la obra debe hacerse en seis días, que son los seis días hábiles de la semana.

¿Y cuantas labores deben hacerse en seis días? Para saberlo nos dirigimos nuevamente a la expresión «hacer –laasot–»:

לעשת

Tiene las mismas letras que la expresión:

ל עשת

Apreciamos que con las mismas letras de laasot, se forma la expresión: lamed tesha, que significa 39. Resulta, pues, que las labores que deben hacerse en los seis días hábiles de la semana son 39 (Baal Haturim).

LAS 39 LABORES

¿Cuáles son esas 39 labores? Todas las que eran requeridas para la edificación del Santuario. Es decir:

Había once actividades relacionadas con la preparación de alimentos: arar, sembrar, cosechar, engavillar, trillar, aventar granos, seleccionar, tamizar, moler, amasar y hornear.

Además había trece actividades relacionadas con la preparación de las vestimentas: esquilar, lavar, cardar, teñir, hilar, introducir hilo en el ojal, actividad preparatoria para el tejido, tejer, deshebrar, anudar, desanudar, coser y desgarrar.

También había nueve actividades relacionadas con la escritura, incluyéndose lo necesario para la preparación de los pergaminos: cazar, degollar, desollar, curtir, raspar, rayar, cortar, escribir y borrar.

Además había seis actividades relacionadas básicamente con la construcción: construir, demoler, encender apagar el fuego, realizar el acto de culminación de la labor denominado: «el último golpe del martillo», y el transporte de objetos del dominio privado al público, y viceversa.

EL GÉNESIS Y EL SHABAT

Estas 39 labores también están indicadas en el Génesis, en la sección que se refiere a la obra de la creación. Enseña que así como lo allí descrito consiste en lo principal de la creación, existiendo asimismo numerosos acciones secundarias, lo mismo sucede con el Shabat. Es decir, hay 39 labores básicas, de las cuáles surgen numerosos derivados.

Veamos las 39 labores indicadas en el Génesis:

«Así Dios hizo el firmamento [...]» (Génesis 1:7).
«Y Dios hizo las dos grandes luminarias [...]» (Génesis 1:16).
«Dios hizo los animales [...] (Génesis 1:25).
«Y dijo Dios: "Hagamos al hombre [...]"» (Génesis 1:26).
«Al día séptimo Dios completó Su obra que hizo» (Génesis 2:2).
«Y cesó el día séptimo de toda Su obra que hizo» (Ibíd.).
«Y bendijo Dios al día séptimo y lo santificó, porque en él cesó toda Su obra, que creó Dios para hacer» (Génesis 2:3).

Se aprecian siete acciones en las que consta siempre una expresión derivada del verbo «hacer *–laasot–*». Y las mismas están indicadas en seis versículos diferentes. Enseña que la labor necesaria para los siete días de la semana debe hacerse en solo seis días. Y en Shabat se descansará.

LA EXPRESIÓN DE CREAR

Asimismo, en la obra del Génesis se menciona la expresión «creó», en relación con la labor, en las siguientes citas:

«En el comienzo creó Dios [...]» (Génesis 1:1).
«Y creó Dios los gran animales acuáticos» (Génesis 1:21).
«Dios creó al hombre a Su Imagen» (Génesis 1:27).
«Según la Imagen de Dios lo creó» (Ibíd.).
«Hombre y mujer los creó» (Ibíd.).
«Y bendijo Dios al día séptimo y lo santificó, porque en él cesó toda Su obra, que creó Dios para hacer» (Génesis 2:3).

Se aprecian seis acciones en las que consta siempre la expresión creó.

LA OBRA DE DIOS

También hallamos en el Génesis la expresión «obra». La misma aparece en las siguientes citas:

«Al día séptimo Dios completó Su obra que hizo» (Génesis 2:2).
«Y cesó el día séptimo de toda Su obra que hizo» (Ibíd.).
«Y bendijo Dios al día séptimo y lo santificó, porque en él cesó toda Su obra, que creó Dios para hacer» (Génesis 2:3).

He aquí la expresión «obra» consta tres veces en la descripción de la obra de la creación.

EXISTENCIA ESENCIAL

Asimismo hallamos en el Génesis la expresión *vaihí*, que significa «y fue». La misma aparece en los siguientes versículos:

«Y dijo Dios: "¡Sea luz!". Y fue –*vaihí*– luz» (Génesis 1:3).

«Y llamó Dios a la luz Día, y a la oscuridad llamó Noche; y fue –*vaihí*– tarde» (Génesis 1:5).

«Y fue –*vaihí*– mañana, un día» (Ibíd.).

«Así Dios hizo la expansión –del firmamento– y separó las aguas que estaban debajo de la expansión de las aguas que estaban por encima de la expansión; y fue –*vaihí*– así» (Génesis 1:7).

«Y llamó Dios a la expansión Cielos; y fue –*vaihí*– tarde» (Génesis 1:8).

«Y fue –*vaihí*– mañana, segundo día» (Ibíd.).

« Y dijo Dios: "Reúnanse las aguas que están debajo de los Cielos en un lugar, y véase lo seco"; y fue –*vaihí*– así» (Génesis 1:9).

«Y dijo Dios: "Produzca la tierra vegetación, hierba que dé semilla, árbol frutal que dé fruto según su género, que su semilla esté en él, sobre la tierra"; y fue –*vaihí*– así» (Génesis 1:11).

«Y fue –*vaihí*– tarde» (Génesis 1:13).

«Y fue –*vaihí*– mañana, tercer día» (Ibíd.).

«Y fue –*vaihí*– tarde» (Génesis 1:19).

«Y fue –*vaihí*– mañana, cuarto día" (Ibíd.).

«Y fue –*vaihí*– tarde» (Génesis 1:19).

«Y fue –*vaihí*– mañana, quinto día" (Ibíd.).

«Y para todo animal de la tierra, y para toda ave de los Cielos, y para todo lo que se arrastra sobre la tierra, que hay en él alma vital, toda hierba vegetal les será por alimento; y fue –*vaihí*– así» (Génesis 1:30).

«Y fue –*vaihí*– tarde» (Génesis 1:31).

«Y fue –*vaihí*– mañana, sexto día" (Ibíd.).

Se aprecia diecisiete veces en la obra de la creación la expresión: «y fue –*vaihí*–».

LA PRODUCCIÓN Y LA SEPARACIÓN

También encontramos en la obra del Génesis la expresión «producir». La misma aparece en los siguientes versículos:

«Y la tierra produjo vegetación» (Génesis 1:12).
«Y dijo Dios: "Produzca la tierra seres vivos"» (Génesis 1:24).

Se aprecia dos veces en la obra de la creación la presencia de un término derivado de «producir».

Asimismo hallamos en la obra del Génesis la expresión «separar». La misma aparece en las siguientes citas:

«Dios vio que la luz era buena, y separó Dios entre la luz y entre la oscuridad» (Génesis 1:4).
«Y dijo Dios: "Haya expansión en medio de las aguas, y separe entre aguas y aguas"» (Génesis 1:6).
«Así Dios hizo la expansión —del firmamento— y separó las aguas que estaban debajo de la expansión de las aguas que estaban por encima de la expansión» (Génesis 1:7).
«Dijo Dios: "Sean luminarias en la expansión de los Cielos para que separen el día de la noche; y sean por señales y para las fiestas, y para los días y los años"» (Génesis 1:14).

Se aprecia cuatro veces en la obra de la creación la presencia de un término derivado de «separar».

Sumando todos los sucesos aquí enunciados resulta:

$7 + 6 + 3 + 17 + 2 + 4 = 39$

Se refiere a las 39 labores que no deben realizarse en Shabat. Y como en la continuación del Génesis hallamos numerosas acciones que fueron llevadas a cabo después de la culminación de la creación, deducimos que se trata de derivados. Resulta que en Shabat no deben realizarse las 39 labores primarias ni los derivados que surgen de las mismas *(véase* Baal Haturim).

EL ARADO Y SUS DERIVADOS

Ahora veremos el asunto de los derivados. Entre las 39 labores se mencionó la del arado. Es decir, la actividad básica requerida para la preparación del suelo antes de sembrar. Una acción derivada de esta labor primaria sería hacer surcos de cualquier tipo en el suelo. Y bajo esta norma se encontraría todo lo que pudiese conllevar a tal efecto, como arrastrar un objeto voluminoso que suele dejar huellas en el suelo.

Otros derivados de esta labor primaria serían: remoción de malas hierbas, fertilización del suelo, despedregado, emparejado del terreno, drenaje y desagüe, desperdigado de la tierra, rastrillado o barrido de huertos y jardines.

UN DÍA MUY ESPECIAL

Se aprecia que para guardar el Shabat apropiadamente es necesario conocer los pormenores de las 39 labores básicas. ¿Y cómo se lo consigue? Hay una única manera: estudiando la Torá. Por tal razón, en la sección que se refiere al Shabat y las labores que no deben hacerse en ese día, también se indica lo referente a la importancia del estudio de la Torá, como está escrito: «No encenderéis fuego en todas vuestras residencias en el día de Shabat. Y dijo Moshé a toda la asamblea de los hijos de Israel, diciendo: "Esta es la palabra que El Eterno ha ordenado diciendo [...]"» (Éxodo 35:3-4).

Obsérvese que al final del versículo que se refiere al fuego está escrito «Shabat», y el versículo siguiente comienza con la expresión: «y dijo». Se revela que hay que decir en Shabat palabras de Torá. ¿Y de dónde se aprende que la Torá es comparada al fuego? Como está escrito: «¿Acaso no es Mi palabra como el fuego? Dice El Eterno» (Jeremías 23:29).

Las dos expresiones que están aproximadas una a la otra, o sea, «Shabat», con «y dijo», a partir de lo cual se deduce que se deben pronunciar en Shabat palabras de Torá, en el texto original hebreo están escritas así:

השבת ויאמר

Las letras iniciales y las letras finales de estas dos palabras forman la palabra: «Torá».

תורה

Es decir, es primordial estudiar la Torá, principalmente en el día de Shabat, cuando la persona está libre de sus actividades cotidianas (Baal Haturim).

UN GRAN BENEFICIO

En cuanto a la recompensa por estudiar la Torá en Shabat, es muy grande, mucho más que la del estudio que se lleva a cabo en cualquier otro día de la semana. Y considérese que es un precepto estudiar la Torá todos los días. Pues la Torá, es un misterio supremo que El Santo, Bendito Sea, reveló a los hijos de Israel, para que conozcan Sus caminos.

Pues todo el que se esfuerza en la Torá, merece este mundo y el Mundo Venidero. Y se salva de todos los acusadores malos. Pues la Torá es el misterio de la fe, y quien se ocupa en ella, se ocupa de la fe suprema. Y El Santo, Bendito Sea hace posar su Presencia Divina en él siempre, para que no se aparte de él.

Por eso, quién sabe un asunto de la Torá, hay que

perseguirlo, ir tras él, y aprender ese asunto de él, para cumplir con lo que está escrito: «Y El Eterno habló a Moshé, diciendo: Di a los hijos de Israel que tomen para Mí ofrenda; de todo hombre que la diere con voluntad de su corazón —se refiere a todo hombre en el que la Presencia Divina otorga de la luz de la Torá en su interior— tomaréis mi ofrenda —la Presencia Divina, estudiando ese asunto de la Torá de él—» (Éxodo 25:1-2).

Pues la Torá es el Árbol de la Vida, para dar vida a todos. Por lo tanto, quien se aferra a la Torá, se aferra al Árbol de la Vida, como está dicho: «Es Árbol de la Vida para los que se aferran a ella» (Proverbios 3:18).

UNA BENDICIÓN ILIMITADA

El grado que alcanza quien se esfuerza en la Torá es enorme. Pues al hacerlo merece vincularse con el grado supremo de la Torá, el grado de El Santo, Bendito Sea. Además, el estudioso de la Torá puede ocuparse de ese estudio en este mundo sin cesar, sin callarse, y no se callará de las palabras de la Torá en el Mundo Venidero. E incluso en el sepulcro sus labios articularán palabras de Torá. Como está dicho: «Y hace hablar a los labios de los que duermen —los muertos—» (Cantar de los Cantares 7:10) (Sodot Hatora).

EL VALOR DEL ESTUDIO DE LA TORÁ

Observad este conmovedor suceso que revela la gran importancia del estudio de la Torá, y que los sabios se abocaban a hacerlo incluso cuando viajan de un lugar a otro: Rabí Yosei y Rabí Jía marchaban por el camino, y un comerciante iba tras ellos. Rabí Yosei le dijo a Rabí Jía:

—Debemos ocuparnos de la Torá y esforzarnos en estudiar y comprender las palabras y los misterios de ella. Pues la

Presencia Divina marcha delante de nosotros, como está escrito: «La justicia irá delante de él» (Salmos 85:13). La justicia se refiere a la Presencia Divina, y ella se une al justo a través de las palabras de la Torá. Por eso, ahora es el momento de abocarnos a la rectificación de la Presencia Divina para que marche con nosotros por este camino. Y esta es la razón por la que los sabios se ocupan de la Torá en las marchas que emprenden por los caminos (Sodot Hatora).

VALORACIÓN DEL TIEMPO

Indudablemente el grado que se alcanza al estudiar la Torá es enorme. Y la recompensa, invaluable. Observad lo que ocurre en un minuto de estudio de la Torá, pues lo que El Santo, Bendito Sea, creó en relación con la facultad del habla es maravilloso y sorprendente.

Considérese que todas las acciones que la persona realiza con sus miembros corporales están sujetas a su voluntad. Ya que medita en lo que desea realizar, piensa en cómo hacerlo, y lo hace. Sin embargo lo tocante al habla es diferente, ya que las palabras salen de su boca según su voluntad, sin realizar una meditación previa para determinar cómo pronunciar cada letra.

Por ejemplo, cuando la persona desea pronunciar la palabra *vaidaber,* que significa «habló», ocurre algo extraordinario.

vaidaber

וידבר

Ésa palabra está compuesta de cinco letras que salen de diferentes sectores de la boca. Pues la primera letra, *vav,* se origina en el sector de la boca donde se ubican los labios, es decir, es una letra labial. La segunda letra, *iud,* se origina en el sector de la boca que se halla en un tercio de la lengua, o sea, es una letra velar. La tercera letra, *dalet*, se origina en el sector de la boca que se encuentra en el comienzo de la lengua, es decir, es una letra dental. La cuarta letra, *bet*, se origina en el sector de la boca donde se encuentran los labios, es decir, es una letra labial. La quinta letra, *reish*, se origina en el sector de la boca que se ubica entre los dientes y la lengua, o sea, es una letra alveolar. Y la persona no piensa en absoluto en cómo unir las letras para pronunciar la palabra que desea emitir, sino, al ascender a su voluntad pronunciar la palabra vaidaber, inmediatamente las letras se unen en forma automática, y saca esa palabra de su boca.

LA FACULTAD DEL HABLA

¿Cuál es la razón de este maravilloso fenómeno? Porque el principal objetivo de la creación del hombre desde el comienzo orientó a que se ameritase pronunciar palabras de Torá con su facultad del habla. Y El Santo, Bendito Sea, deseó que en el breve tiempo en que hace descender el alma de lo Alto a este mundo, y está dentro de la persona, reúna muchos méritos a través de su Torá. Por eso, dispuso en la facultad del habla de la persona una diligencia especial, de modo que cuando desea pronunciar una palabra, las letras se unan automáticamente en un abrir y cerrar de ojos, y a raíz de eso, en un minuto pueda pronunciar doscientas palabras (Torat Habait II, Heará).

FORMACIÓN DE LAS PALABRAS

Ya sabemos que en un minuto se pueden pronunciar doscientas palabras. Ahora bien, ¿cuántas letras incluye una palabra?

Hemos de considerar que el Talmud es el libro básico para estudiar y comprender la Torá escrita, ya que es la enciclopedia que recopila las enseñanzas de la Torá oral. En esta obra fueron almacenados los conocimientos de la tradición hebrea que fueron transmitidos de boca en boca, desde que la Torá fue entregada. Contiene el desarrollo y la dilucidación de las leyes bíblicas y también narraciones inéditas que alojan innumerables secretos trascendentales. Las leyes permiten cumplir los preceptos en forma apropiada para acercarse a El Eterno, hacer su voluntad y heredar el Mundo Venidero. Las narraciones permiten esclarecer misterios intrínsecos de la creación que ayudan a comprender mejor la realidad y a admirar la omnipotencia del Creador.

LAS PALABRAS DEL TALMUD

El promedio de letras que integran las palabras del Talmud es 4.

Por ejemplo, en la primera página del tratado de Berajot se contabilizaron 245 palabras escritas con 1049 letras. Por lo tanto, el promedio de letras que conforman las palabras es este:

$$1049/245 = 4,28$$

En la segunda página se contabilizaron 401 palabras escritas con 1658 letras. El promedio de letras que conforman las palabras es este:

$$1658/401 = 4,13$$

En la tercera página se contabilizaron 421 palabras escritas con 1772 letras. El promedio de letras que conforman las palabras es este:

$$1772/421 = 4,20$$

Lo mismo ocurre con los otros tratados. En la primera

página del tratado de Pesajim se contabilizaron 257 palabras escritas con 1055 letras. Por lo tanto, el promedio de letras que conforman las palabras es este:

$$1055/257 = 4,10$$

En la segunda página se contabilizaron 367 palabras escritas con 1540 letras. El promedio de letras que conforman las palabras es este:

$$1540/357 = 4,19$$

En la tercera página se contabilizaron 429 palabras escritas con 1744 letras. El promedio de letras que conforman las palabras es este:

$$1744/429 = 4,06$$

Resulta que el promedio de letras que conforman una palabra talmúdica es 4.

EL VALOR DE UNA LETRA

Y si previamente se mencionó que en un minuto se pueden pronunciar 200 palabras, resulta que en un minuto se pronuncian 800 letras.

$$200 \times 4 = 800$$

En cuanto al valor de cada letra, se enseña en el Talmud: dijo Rabí Meir: cuando fui a estudiar a la academia de Rabí Ishmael, este erudito me dijo:
—Hijo mío ¿cuál es tu ocupación?
Le respondí:
—Soy escriba.

Y él me dijo:

—Hijo mío, habéis de ser muy cuidadoso en tu labor, pues es una labor Celestial; y si hicieres faltar o sobrar una letra, destruirías el mundo entero (Talmud, tratado de Eirubín 13a).

También se enseñó en el Talmud: Cada letra contiene en sus rasgos innumerables leyes que deben ser deducidas (Talmud, tratado de Eirubín 21b). Y en la Mishná se dijo: Quién aprende incluso una letra de su compañero, debe rendirle a esa persona honor (Mishná, tratado de Avot 6:3).

Se aprende que estudiar cada letra de la Torá tiene un valor independiente y relevante.

LOS ÁNGELES DEL ESTUDIO

Además, fue enseñado que si mereces cumplir los preceptos, de cada precepto y precepto que cumplas, se creará para ti un ángel bueno (Sodot Hatora). A esto se refiere lo que fue enseñado en la Mishná: Rabí Eliezer, hijo de Jacob, decía: Quién cumple un precepto, adquiere para él un defensor (Mishná, tratado de Avot 4:11). Y también se enseñó que de cada letra y letra de Torá que la persona estudia, se crea un ángel (Sodot Hatora).

Resulta que cada letra de Torá estudiada se considera un precepto independiente y atrae un mérito asociado a una gran irradiación de luminosidad, y la creación de un ángel bueno. Por lo tanto, en un minuto de estudio se pueden obtener 800 méritos.

Resulta, pues, que sin lugar a dudas ochocientos méritos por minuto son una excelente remuneración. Y para comprenderlo mejor, podríamos compararlo en el plano terrenal, por ejemplo, con monedas. Por un minuto de trabajo, ochocientas monedas.

¡Ciertamente que es un pago muy tentador!

AMPLIADO DEL TESORO

Asimismo, hallamos en la Mishná esta enseñanza: estos son los asuntos –preceptos– que no tienen medida –fija y determinada–: dejar el extremo del campo –sin cosechar, para los necesitados–, las primicias, la presentación –de ofrendas de presentación en las festividades–, los actos de bondad, y el estudio de la Torá. Estos son los asuntos –los preceptos– que la persona come de sus frutos en este mundo, y el capital permanece para el Mundo Venidero: honrar padre y madre, los actos de bondad, madrugar para ir a la Casa de Estudios por la mañana, y –anticiparse a ir– por la tarde, invitar huéspedes, visitar a los enfermos, ocuparse de lo necesario para que la novia entre al palio nupcial, escoltar al difunto, concentrarse en la plegaria, procurar la paz entre un hombre y su prójimo, y entre el hombre y su mujer, y el estudio de la Torá equivale a todos (Mishná, tratado de Peá 1:1).

Se aprecia que el estudio de la Torá equivale a la totalidad de los preceptos, que tal como se enseñó en el Talmud, son 613 (Talmud, tratado de Makot 23a). Resulta que si estudiando la Torá durante un minuto ininterrumpidamente se obtienen 800 méritos, los mismos deben multiplicarse por 613:

$$800 \times 613 = 490.400$$

EL EVITADO DE UNA MOLESTIA

Ahora bien, es común que a la persona le sobrevengan turbaciones, como una mala noticia, un malestar, o cualquier otro problema que desvíe su atención. Seguramente que ese percance le hará considerar dejar de lado el estudio de la Torá hasta que se sienta mejor, hasta que se encuentre más aplacado. Pero también es posible desestimar esta intromisión, sobreponerse y seguir adelante. Y cuando la persona se sobrepone a las turbaciones y no desatiende el estudio por esa causa, sus méritos se multiplican por cien, como fue enseñado: «Es mejor para la persona un acto realizado con turbación, más que 100 sin adversidades» (Avot de Rabí Natán 3:6).

Sumemos estos méritos al minuto de estudios:

490.400 x 100 = 49.040.000

LA ALEGRÍA EN EL ESTUDIO

Ahora bien, alegrándose con el estudio, se logrará un mérito mucho mayor, ya que lo que se hace con alegría, se multiplica por mil (Orjot Tzadikim: Shaar Hasimjá).

49.040.000 x 1000 = 49.040.000.000

CONCENTRACIÓN EN EL ESTUDIO

Veamos ahora qué se enseñó acerca de una persona que estudia concentrándose apropiadamente, estudiando con profundidad: Rabí Eleazar marchaba de la ciudad de Kapodkia a Lod, e iban con él Rabí Yeisa y Rabí Jizkia. Rabí Eleazar abrió su enseñanza citando éste versículo: «Y en tu boca he puesto mis palabras, y con la sombra de mi mano te cubrí, extendiendo los Cielos y fundamentando la Tierra, y diciendo a Sión: "¡Tú eres mi Pueblo!"» (Isaías 51:16).

Y en relación con ese asunto fue estudiado que todo hombre que se esfuerza en el estudio de las palabras de la Torá, estudiando con concentración y profundizando en lo que estudia, y además pronunciando con sus labios las palabras de Torá que estudia, El Santo, Bendito Sea, lo cubre, y lo resguarda de los ente dañinos, y la Presencia Divina extiende sobre él sus alas, y también lo protege. A esto se refiere lo que está escrito: «Y en tu boca he puesto mis palabras, y con la sombra de mi mano te cubrí». Es decir: «Y en tu boca he puesto mis palabras», de Torá para que hables de ellas, y si lo haces, entonces: «con la sombra de mi mano te cubrí», para protegerte de todo daño. Y no sólo eso, sino que esta persona mantiene al mundo, y El Santo, Bendito Sea, se alegra con él, considerando como si en ese día hubiera extendido los Cielos y la Tierra. A esto se refiere lo que está escrito: «Extendiendo los Cielos y fundamentando la tierra» (Isaías 51:16). Esto es así a raíz de las palabras de Torá que tú sacas de tu boca (Sodot Hatora).

Hemos visto que estudiar con profundidad, concentrándose apropiadamente en lo que se estudia, se alcanza un nivel elevado y supremo; y fue enseñado que esa persona que procede así está por encima de todos los demás (Ibid). Ahora bien, teniendo en cuenta también esto, ¿cuál es el valor de su estudio?

EL ANSIADO MILLÓN

Veamos: los destellos de santidad de la irradiación de los mundos supremos no se depuran a través de la comida y la bebida, sino únicamente a través del estudio de la Torá, que fue comparada a la plata, como está escrito: «Si la buscareis como a la plata» (Proverbios 2:4). Y también a través del pensamiento y la intención del corazón, de modo que su ocupación en la Torá y la realización de los preceptos sea deseada intrínsecamente por la persona en su corazón, como está escrito: «Mi alma anhela – niksefa– y desea fervientemente los atrios de El Eterno» (Salmos 84:3). La expresión niksefa, comparte raíz con kesef, que significa plata.

Esta enseñanza sigue a lo que fue enseñado por los sabios: la mujer se adquiere de tres modos: con plata, con documento, y con allegamiento (Talmud, tratado de Kidushín 2a). Así ocurre también con los destellos de santidad que pertenecen al alma. Pues ésa es la mujer que El Eterno indicó al hombre de Israel que se adquiere de tres modos: con plata, se refiere al pensamiento puro, como está escrito: «Mi alma anhela —niksefa— y desea fervientemente [...]»; con documento, se refiere al habla, ya que el documento es un instrumento del habla, ya que dice: «en tanto y tanto éste adquirió, en tanto y tanto éste vendió»; o con allegamiento, alude a la acción concretamente. Y se mencionó en primer lugar a la plata, debido a que la parte correspondiente al pensamiento es lo principal, ya que la persona gana a través de un buen pensamiento un millón de veces más que lo que gana a través del habla o la acción. A esto se refiere lo que fue enseñado por los sabios, de bendita memoria: A un buen pensamiento, El Santo, Bendito Sea, lo asocia a la acción (Talmud, tratado de Kidushín 40a). Resulta que en un instante puede ganar varios millares de preceptos a través de un buen pensamiento, lo que no es así a través del habla o la acción (Ben Ish Jai: Vaigash).

Por lo tanto, si habíamos dicho que en un minuto de estudio, superando los contratiempos, y estudiando con alegría, se pueden obtener 49.040.000.000 de méritos pronunciando las palabras de Torá con los labios, añadiendo el pensamiento, es decir, la concentración puesta en el estudio, esa cifra debería multiplicarse por un millón.

49.040.000.000 x 1.000.000 = 49.040.000.000.000.000

MÁS BENEFICIOS

Ciertamente que la recompensa mencionada, y que se obtiene por un minuto de estudio dedicado, es muy grande, pero aún debemos considerar otros detalles. Observemos el principio de la sección de la Torá que estamos abordando: está escrito: «Y congregó Moshé a toda la asamblea de los hijos de Israel, y les dijo: "Estas son las cosas que El Eterno ha ordenado hacer: 'Seis días será hecha labor, mas el día séptimo os será sagrado, día de absoluto reposo para El Eterno» (Éxodo 35:1-2).

Apreciamos dos asuntos: lo tocante a la congregación del pueblo, y el Shabat. Y esos dos temas son mencionados a continuación de lo expresado en el final de la sección anterior, como está escrito: «Y cuando Moshé venía ante El Eterno para hablar con Él, se quitaba el velo hasta que salía; y salía y hablaba a los hijos de Israel, lo que les había sido ordenado. Y los hijos de Israel vieron el rostro de Moshé, y he aquí que el rostro de Moshé irradiaba luz; y Moshé se volvió a colocar el velo en el rostro, hasta que viniese a hablar con Él» (Éxodo 34:33-35).

Hallamos por tanto, tres temas concatenados: irradiación del rostro, congregación para estudiar, Shabat.

Se aprende que la irradiación del rostro en Shabat no es la misma que la de los demás días de la semana. Y al congregarse en ese día para estudiar la Torá, esa luminosidad se potencia (Baal Haturim en Éxodo 35:1).

Transformemos ahora estos conceptos en números: la irradiación emitida por el rostro de Moshé se denomina en el texto original hebreo: *karan*.

Éste es el valor numérico:

$$\begin{array}{rcl} ק & = & 100 \\ ר & = & 200 \\ ן & = & 500 \\ \hline & & 1000 \end{array}$$

Apreciamos que el valor numérico de «irradiaba *–karan–*», es 1000. Y esa irradiación era emitida por el rostro de Moshé debido a su elevación espiritual alcanzada por el estudio de la Torá en lo Alto. Por eso era irradiación de luz. Porque la Torá se denomina «luz», como está escrito: «La Torá es luz» (Proverbios 6:23). Y además debemos considerar que se habla aquí del Shabat. Resulta que el estudio llevado a cabo en Shabat irradia 1.000 veces más que en un día común.

Resulta que el estudio de Shabat se multiplica por mil con respecto al estudio realizado en un día de semana común *(véase Ben Ish Jaim, Año II: Shemot)*.

Sumemos la correspondencia de los méritos obtenidos por estudiar un minuto en un día común de la semana, a un minuto en Shabat:

$$49.040.000.000.000.000 \times 1.000 = 49.040.000.000.000.000.000$$

Ahora debemos sumar el otro asunto mencionado en esta concatenación triple de temas: estudiar en congregación.

LA UNIÓN DE TODOS

Al respecto está escrito en el libro Sedé Jemed: un precepto realizado por muchas personas en conjunto, cada uno toma el pago como si lo hubiera realizado él solo (Sedé Jemed: Maarejet Mem). Es decir: cuando un grupo de personas se congrega para estudiar, se multiplica el pago de acuerdo con los que participan del estudio. Y como una congregación está formada por al menos diez hombres, resulta:

$$49.040.000.000.000.000.000 \times 10 =$$

490.400.000.000.000.000.000

ENSEÑANZA A OTRAS PERSONAS

Ahora bien, una persona que participa de un estudio grupal puede ser pasiva o activa. Ser pasivo significa escuchar lo que el maestro explica y atender. Pero también existe la posibilidad de que esta persona interactúe, por ejemplo, preguntando lo que no entiende. De ese modo provocará una explicación del maestro que no estaba en sus planes transmitir. O si tiene la capacidad de hacerlo, puede acotar conocimientos que él ha atesorado al preparar el tema antes de asistir a la clase. En ese caso, esta persona provocará que otros aprendan. Y además, de aprender algo nuevo, es probable que cada uno de los participantes de la clase llevará a la práctica lo aprendido.

Por ejemplo, en la clase que se estaba desarrollando el maestro se refirió a la importancia de cortarse las uñas en la víspera del Shabat, para recibir a ese sagrado día honorablemente. Y todos consideraron haber captado el mensaje apropiadamente y no tenían ninguna duda. Pero uno de los participantes preguntó:
—¿Existe un orden específico que deba respetarse al cortarse las uñas?

Entonces el maestro explicó lo que está escrito en el Código Legal – Shulján Aruj–. O sea, enseñó que hay que cortarse las uñas en forma intercalada, y eso está vinculado con tener una larga vida. Y después explicó el orden apropiado detalladamente, paso por paso.

Ahora bien, diez personas escucharon esa enseñanza por causa de ese individuo que preguntó. Y si los que oyeron lo llevan a la práctica en su casa, lo verán los miembros de su familia, y preguntarán acerca de ese curioso proceder. Entonces también ellos aprenderán y harán lo mismo. Y además lo transmitirán a sus amistades.

¿A cuánta gente afectó positivamente esta breve interacción de un solo individuo? Ciertamente a muchas personas. Y cuando alguien provoca que otro aprenda, el pago que recibirá se multiplica de acuerdo con los que aprendieron de él, como está escrito en el Talmud: «Es más grande el que hace hacer que el que hace» (Talmud, tratado de Baba Batra 9).

Y en el libro Ahavat Jesed se explica: Cuando una persona realiza una bondad de cualquier tipo a su compañero, le serán considerados los méritos de todo lo que derive a partir de ese asunto. Es decir, se considerará como si él mismo hubiese hecho todo lo que ha surgido a partir de su bondadoso acto (Ahavat Jesed sección II inciso 6).

HACIENDO CUENTAS

Apliquemos esto a nuestro minuto de estudio llevado a cabo en Shabat con una congregación de 10 hombres. Consideremos que cada uno de ellos aplicó la enseñanza impartida, e hizo que su familia hiciera lo mismo. Y una familia común está compuesta por el padre, la madre, y al menos dos hijos. O sea, tres personas más.

$$490.400.000.000.000.000.000 \times 3 =$$
$$1.471.200.000.000.000.000.000$$

Los hijos repitieron esto en el colegio, contándoselo a sus dos compañeros más cercanos.

$$1.471.200.000.000.000.000.000 \times 2 =$$
$$2.942.400.000.000.000.000.000$$

La madre contó esto a dos amigas suyas.

$$2.942.400.000.000.000.000.000 \times 2 =$$
$$5.884.800.000.000.000.000.000$$

Resulta que después de estudiar un minuto en Shabat, una persona puede atesorar fácilmente 5.884.800.000.000.000.000.000 méritos. Una cifra para nada despreciable. Y en el futuro podrá disfrutar de todo este capital, cuando le sea abierta su Cuenta Bancaria de lo Alto, y se haga un balance de todo lo que le corresponde por los méritos obtenidos en su estadía en el mundo.

EL PRECIO DE LOS PRECEPTOS

Para ilustrar más aún nuestro asunto, consideremos que en el Talmud se enseñó: está escrito: «Cualquier hombre de los hijos de Israel y del prosélito que morare en medio de ellos, que cazare una presa, un animal silvestre o un ave que se pudieren comer, derramará su sangre y la cubrirá con tierra» (Levítico 17:13). Lo que está escrito: «derramará su sangre», se refiere al degollado ritual del animal. Y lo que está escrito a continuación: «y la cubrirá», se refiere al precepto de cubrir la sangre que fluyó después de realizar el degollado ritual. Resulta, pues, que quién «derrama su sangre», realizando el degollado ritual, él cumple el precepto de cubrir la sangre.

Pero, ¿qué ocurre si antes de que el que degolló ritualmente al animal cubriera la sangre, vino otra persona, se adelantó, y cubrió él la sangre?

Rabán Gamlilel determinó que debe pagarle diez monedas –*zehuvim*– (Talmud, tratado de Baba Kama 91b).

Vemos que en el Talmud se multa con dinero por apropiarse

de un precepto de otro. Es decir, se enseña que el precepto tiene un precio. Y eso nos sirve para imaginar mejor, desde este mundo terrenal, el gran pago que nos espera en el Mundo Venidero.

¿Cuántos minutos tenéis para invertir diariamente en estudiar la Torá? ¿Cuántos minutos tenéis para invertir en el día de Shabat?

Parashá Pekudei

XXIII

EL VÍNCULO ESENCIAL ENTRE EL ÉXITO Y LA HUMILDAD

En la sección de la Torá denominada «Recuentos –*Pekudei*–», se enumera todo el material traído por el pueblo y que fue utilizado en la construcción del Santuario. Es decir, se resume aquí la actitud de los hijos de Israel, quienes donaron todo lo requerido para la obra con integridad de corazón, sin que faltase nada. Ese mérito les permitía equiparar y contrarrestar la grave falta que habían cometido previamente al construir un Becerro de Oro para rendirle culto idólatra. Pues cuando una persona cometió numerosas faltas, debe realizar numerosas buenas acciones para reparar esa falencia (Midrash Rabá: Vaikrá 21:5). Y los hijos de Israel lo hicieron en forma apropiada. Ya que previamente habían dicho: «Estos son tus dioses, Israel, que te hicieron subir de la tierra de Egipto» (Éxodo 32:4). Y ahora utilizaban la misma expresión: «estos», para rectificarse, como está escrito: «Estos son los recuentos del Tabernáculo, el Tabernáculo del Testimonio; siendo este un recuento realizado por boca de Moshé» (Éxodo 38:21).

LA RECTIFICACIÓN

La coincidencia mencionada es elocuente, pero no la única, pues hallamos en la construcción del Santuario una sumatoria de innumerables detalles que se asemejan y contrarrestan la falta del Becerro de Oro. A continuación veremos algunos de ellos:

Los hijos de Israel habían deseado dioses que fueran delante de ellos, como está escrito: «Y viendo el pueblo que Moshé se había demorado en bajar del Monte, se congregó el pueblo ante Aarón y le dijeron: "¡Levántate, haznos dioses que vayan delante de nosotros, pues a éste Moshé, el hombre que nos ha hecho ascender de la tierra de Egipto, no sabemos qué le ha acontecido!"» (Éxodo 32:1). Y ahora habían preparado un lugar especial para Dios, para que esté siempre delante de ellos: el Santuario. Como está escrito: «Y Me harán un Santuario, y moraré en medio de ellos» (Éxodo 25:8). Y los hijos de Israel hicieron esto con integridad de corazón, como está escrito: «Y tomaron de ante la presencia de Moshé toda la ofrenda que los hijos de Israel habían traído para la labor del Santuario, a fin de realizarla; y ellos siguieron trayéndole ofrendas voluntarias de mañana en mañana. Y vinieron todos los sabios que realizaban toda la labor sagrada; cada hombre y hombre –experto– de su labor que ellos realizaban. Y lo dijeron a Moshé, diciendo: "El pueblo trae más de lo necesario para la obra de la labor que El Eterno ha ordenado sea hecha". Y Moshé ordenó se pregonara por todo el campamento, diciendo: "Hombre o mujer: ¡No hagáis más labores para la ofrenda del Santuario!". Y el pueblo dejó de traer. Y la labor era suficiente para toda la obra, para realizara, y sobraba» (Éxodo 36:3–7).

ALTAR POR ALTAR

Otro suceso que había acontecido era que ellos ofrecieron ofrendas ígneas sobre un altar con fines pecaminosos, como está escrito: «Y madrugaron al día siguiente y ofrecieron ofrendas ígneas y presentaron ofrendas de paz; y el pueblo se sentó a comer, y bebieron, y se levantaron para reírse» (Éxodo 32:6). Y ahora habían construido un Altar para ofrecer ofrendas ígneas y ofrendas de paz a El Eterno.

Además, antes habían entregado su oro para hacer el Becerro, como está escrito: «Y todos los del pueblo apartaron los zarcillos de oro que tenían en sus orejas, y los trajeron a Aarón» (Éxodo 32:3). Y ahora habían traído no sólo su oro, sino también todo objeto de valor para la construcción del Santuario.

Sumado a ello, hallamos que previamente habían designado encargados para realizar la obra idolátrica. Y ahora habían designado encargados para la obra de Dios, como está escrito: «Y dijo Moshé a los hijos de Israel: "Observad, El Eterno ha pregonado y nombrado a Betzalel hijo de Uri, hijo de Jur, de la tribu de Yehuda"» (Éxodo 35:30).

En el Talmud se aclara el asunto: Dijo Rabí Ytzjak: No se establece un encargado de la congregación hasta que se solicite la opinión de los miembros de la congregación para que lo aprueben. Como está escrito acerca de Moshé, cuando les comunicó a los integrantes de la congregación: «Observad, El Eterno ha pregonado y nombrado a Betzalel [...]». ¿Qué significa aquí la expresión «observad»? Revela que Moshé les dijo:
—Considerad esta propuesta; analizadla y otorgadme vuestro parecer.

Asimismo se revela que El Santo, Bendito Sea, le dijo a Moshé:
—¿Te parece bien Betzalel para ser designado encargado de realizar la labor del Santuario?

Moshé respondió:
—Amo del mundo, si a Ti te parece bien, a mí, con mucha más razón.

El Santo, Bendito Sea le dijo:

—Aunque así sea, que tú consientes conmigo, ve y pregúntales a los demás miembros de la congregación su parecer sobre el asunto.

Moshé se dirigió a la congregación y les dijo:

—¿Os parece bien Betzalel para ser designado encargado de realizar la labor del Santuario?

Ellos le respondieron:

—Si a El Santo, Bendito Sea, le parece bien, y también a ti, con mucha más razón a nosotros (Talmud, tratado de Berajot 55a) (Or Hajaim en Éxodo 38:21).

UNA DESIGNACIÓN DESTACADA

Este suceso que hemos apreciado describe la rectificación lograda por todo el pueblo. Pero recordemos que si Moshé no hubiera intercedido ante El Eterno, los hijos de Israel jamás hubiesen podido llegar a rectificarse. Pues después de cometer la grave falta del Becerro de Oro, fueron todos condenados. Mas Moshé arriesgó su vida por ellos y consiguió que les fuera otorgada una oportunidad de rectificarse.

La arriesgada intervención de Moshé, y lo que se ameritó merced a tan magnánima actitud, son hechos que están aludidos en el inventario de los materiales traídos para construir el Santuario, descrito en la sección Pekudei. Pues en el recuento se aprecia un detalle particular que llama poderosamente la atención, se destaca con un énfasis inusual y en forma extremadamente reiterativa la participación de Moshé y su fidelidad para llevar a cabo la obra. Veamos los pormenores de este suceso, y la razón:

Está escrito: «Estos son los recuentos del Tabernáculo, el

Tabernáculo del Testimonio; siendo este un recuento realizado por boca de Moshé; la tarea de los levitas, fue realizada por boca de Itamar, hijo de Aarón el Sacerdote. E hizo Betzalel, hijo de Uri, hijo de Jur, de la tribu de Yehuda, todo lo que El Eterno ordenó a Moshé. Y con él, Oholiab, hijo de Ajisamaj, de la tribu de Dan, artesano, tejedor y bordador con lana celeste, púrpura y carmesí, y con lino. Todo el oro de la labor fue utilizado para realizar toda la labor sagrada; el oro ofrendado fueron veintinueve talentos y setecientos treinta siclos, del siclo sagrado [...]» (Éxodo 38:21–31).

«Y de la lana celeste, púrpura y carmesí hicieron las vestimentas de oficiado, para oficiar en el Santuario; e hicieron las vestimentas sagradas de Aarón, conforme a lo ordenado por El Eterno a Moshé, E hizo el Efod de oro, lana celeste púrpura y carmesí y de lino entrelazado [...] Y su cinto que está sobre él, era de la misma hechura, obra de experto; de oro, lana celeste, púrpura y carmesí, y de lino entrelazado, tal como El Eterno ordenó a Moshé. E hicieron las piedras de ónice, engastadas, con engastes de oro alrededor, grabadas con grabados como de sello con los nombres de los hijos de Israel. Y las puso sobre las hombreras del Efod, como piedras recordatorias de los hijos de Israel, conforme a la ordenanza de El Eterno a Moshé [...] Y unieron el Pectoral, desde sus anillos, con los anillos del Efod, con un cordón de lana celeste, para que estuviese sobre el cinto del Efod y el Pectoral no se separe del Efod, como ordenó El Eterno a Moshé [...] Una campanilla y una granada, una campanilla y una granada en el borde del Manto, alrededor, para oficiar, como le ordenó El Eterno a Moshé [...] E hicieron las Túnicas de lino, obra de tejedor, para Aarón y sus hijos. Y el Turbante de lino y los atavíos de los Tocados de lino, y Calzones de lino, de lino entrelazado. Y el cinto de lino entrelazado y lana celeste, púrpura y carmesí, obra de bordador, como ordenó El Eterno a Moshé. E hicieron la bincha lámina de la sagrada corona, de oro puro, y en la misma escribieron con un grabado como de sello: "Sagrado para El Eterno". Y sobra la misma colocaron un cordón de lana celeste, para ponerla sobre el Turbante, por arriba, como ordenó El Eterno a Moshé. Y toda la labor del Tabernáculo, la Tienda de la Reunión, fue culminada, y los hijos de Israel hicieron todo tal como El Eterno ordenó a Moshé, así hicieron. Y trajeron a Moshé el Tabernáculo, la Tienda y todos sus utensilios [...] Conforme a todo lo que ordenó El Eterno a Moshé, así hicieron los hijos de Israel toda la labor. Y vio Moshé toda la labor, y he aquí que la hicieron conforme a lo ordenado por El Eterno, así hicieron; y Moshé los bendijo (Éxodo 39:1-43).

«Y habló El Eterno a Moshé, diciendo: "En el primer día del mes primero erigirás el Tabernáculo, la Tienda de Reunión. Y pondrás allí el Arca del Testimonio y cubrirás el Arca con el Velo [...]". E hizo Moshé conforme a todo lo que le ordenó El Eterno; así hizo. Y aconteció en el día primero del primer mes, en el segundo año, que el Tabernáculo fue erigido. Moshé erigió el Tabernáculo; colocó sus basas y puso sus tablas, e colocó sus listones y erigió sus columnas [...] E introdujo el Arca en el Tabernáculo, y puso el Velo cobertor, y cubrió el Arca del Testimonio, como El Eterno ordenó a Moshé. Y puso la Mesa en la Tienda de Reunión, en el extremo del Tabernáculo, al norte, fuera del Velo. Y dispuso sobre ella el orden del Pan ante El Eterno, como ordenó El Eterno a Moshé. Y puso el Candelabro en la Tienda de Reunión, frente a la Mesa, en el extremo meridional del Tabernáculo. Y encendió las lámparas ante de El Eterno, como ordenó El Eterno a Moshé. Y puso el Altar de oro en la Tienda de Reunión, delante del Velo. Y encendió sobre él el incienso aromático, como ordenó El Eterno a Moshé. Y puso la Cortina a la entrada del Tabernáculo. Y puso el Altar de las ofrendas ígneas en la entrada del Tabernáculo, de la Tienda de la Reunión; y sobre él ofreció la ofrenda ígnea y la ofrenda vegetal, como ordenó El Eterno a Moshé. Y puso la Fuente entre la Tienda de la Reunión y el Altar, y colocó allí agua para el lavado –purificatorio–. Y Moshé, Aarón y sus hijos lavaban sus manos y sus pies de ella. Al venir a la Tabernáculo de Reunión y al acercarse al Altar se lavaban, como ordenó El Eterno a Moshé» (Éxodo 40:1–32).

18 MENCIONES HONORABLES

Apreciamos la mención de Moshé, cumpliendo la ordenanza de El Eterno al pie de la letra 18 veces. ¿No era suficiente con decir una sola vez: «como ordenó El Eterno a Moshé»? ¿Cuál es la razón de esta insistencia tan notoria?

La respuesta es esta: se debe a que Moshé había defendido al pueblo de Israel implacablemente, e incluso había arriesgado su vida para salvarlos de la ira de El Eterno, procurando que no sean todos muertos a causa de su deslealtad. Pues ellos habían hecho un Becerro de Oro, lo cual es considerado un acto de idolatría, una acción repudiada y aborrecida rotundamente por Dios.

La heroica intervención de Moshé les había permitido seguir con vida y rectificarse. Se trata de un acto digno de ser destacado y difundido a todo el mundo. Por eso se lo destaca aquí en forma tan evidente.

MÁS ALLÁ DE LO VISIBLE

Para comprender este asunto con mayor profundidad, observemos lo referente a la defensa de Moshé: «Y volvió Moshé y bajó del Monte, con las dos Tablas del Testimonio en su mano, Tablas escritas por ambos lados; de éste y de éste – lado– estaban escritas. Las Tablas eran obra de Dios, y la escritura era escritura de Dios, grabada sobre las Tablas [...]19 Y aconteció que al acercarse al campamento y ver el Becerro y las danzas, ardió la ira de Moshé y arrojó las Tablas de sus manos y las quebró al pie del Monte. Y tomó el Becerro que hicieron y lo quemó en el fuego, y lo molió hasta convertirlo en partículas; y lo esparció sobre las aguas, y dio a beber los hijos de Israel [...] Y al día siguiente aconteció que Moshé dijo al pueblo:

—Vosotros habéis pecado con un pecado muy grande; y ahora, subiré a El Eterno, tal vez pueda lograr expiación por vuestro pecado.

Y volvió Moshé a El Eterno, y dijo:
—Y ahora, si Tú cargas con el pecado de ellos, carga, y si no, por favor bórrame de Tu libro que has escrito.

Y dijo El Eterno a Moshé:
—A quién pecó contra Mí borraré de Mi libro. Y ahora, ve, guía a este pueblo a donde te he dicho; he aquí que irá Mi ángel delante de ti, y en el día de recordar —para castigo—, recordaré en ellos su pecado —para castigarlos—» (Éxodo 32:15-35).

Como se aprecia, Moshé entregó su vida por los hijos de Israel, solicitando: «Y ahora, si Tú cargas con el pecado de ellos, carga, y si no, por favor bórrame de Tu libro que has escrito». Pero Dios no mató a Moshé, sino que le otorgó la vida. Tal como se enuncia en la sección recientemente citada, y tal como se lo alude en nuestra sección denominada Pekudei. Pues como hemos apreciado, Moshé es citado como cumplidor acérrimo de la palabra de El Eterno 18 veces. Y el valor 18 corresponde con la expresión jai, que significa «vida».

Pues «vida», en hebreo se escribe así:

חי

Éste es el valor numérico:

$$ה = 8$$
$$י = 10$$
$$\overline{18}$$

A través de estas 18 menciones, El Eterno anunciaba que le había concedido a Moshé la vida (véase Baal Haturim en Éxodo 40:21).

UNA VIDA PLENA E ILIMITADA

La vida que le fue concedida a Moshé va mucho más allá de lo que podamos suponer considerando el asunto en forma superficial. Veamos lo que revela Maimónides al respecto:

Cuando Moshé estaba próximo a morir escribió trece rollos de la Torá. Cuando los culminó, le entregó uno a cada una de las doce tribus de Israel para que se conduzcan de acuerdo a las leyes de la Torá. Y al rollo decimotercero, se lo entregó a los levitas, como está escrito: «Y aconteció cuando Moshé terminó de escribir las palabras de esta Torá en un pergamino hasta completarla, que Moshé ordenó a los levitas llevar el Arca del pacto de El Eterno, diciendo: "Tomad este pergamino de la Torá, y ponedlo al lado del Arca del pacto de El Eterno vuestro Dios, y esté allí para vosotros por testigo"» (Deuteronomio 31:24-26).

Después de ese suceso, siendo el día séptimo del mes hebreo de Adar, al mediodía, Moshé ascendió al Monte, como está escrito: «Y subió Moshé de las planicies de Moab al Monte Nevó, a la cima del peñón que se encuentra frente a Jericó, y El Eterno le mostró toda la Tierra, de Guilad hasta Dan. Todo Neftalí, y la tierra de Efraín y de Manasés, toda la tierra de Yehuda hasta el mar occidental. El Neguev y la planicie, la llanura de Jericó, ciudad de palmeras, hasta Tzoar. Y le dijo El

Eterno: "Esta es la Tierra que le juré a Abraham, a Ytzjak y a Jacob, diciendo: 'A tu descendencia la daré'; la he mostrado ante tus ojos, mas no pasarás allí". Y murió allí Moshé, siervo de El Eterno, en la tierra de Moab, por la boca de El Eterno. Y lo enterró en la llanura, en la tierra de Moab, frente a Beit Peor, y ningún hombre conoce el lugar de su sepultura hasta hoy. Y tenía Moshé ciento veinte años cuando murió; no oscurecieron sus ojos, ni dejó de estar radiant» (Deuteronomio 34:1–7).

Este acontecimiento, denominado aquí «muerte», es así ante nuestros ojos, lo que un ser humano investido en un mundo material puede aprehender. Mas en verdad lo que le fue concedido en ese momento fue una vida magnífica y gloriosa. Había ascendido a un nivel supremo, acorde con lo que se había ameritado. Tal como enseñaron los sabios en el Talmud: «Nuestro maestro Moshé no murió, sino que ascendió a las Alturas y oficia allí» (Maimónides: introducción a la Mishná).

Este último concepto citado fue explicado por los sabios talmudistas a partir de lo revelado en los versículos del Pentateuco, como está escrito: «Y murió allí Moshé, siervo de El Eterno, en la tierra de Moab, por la boca de El Eterno». Y en otro versículo está escrito: «Y dijo El Eterno a Moshé: "Escribe tú estas palabras; porque según estas palabras he establecido pacto contigo y con Israel". Y estuvo allí, junto a El Eterno, cuarenta días y cuarenta noches, y pan no comió y agua no bebió; y sobre las Tablas escribió las palabras del pacto, los Diez Mandamientos» (Éxodo 34:27–28).

Se deduce: así como en este versículo se manifiesta que Moshé permaneció allí en lo Alto sirviendo a Dios, también en el versículo que narra su muerte debemos comprender que ascendió a lo Alto y sirve a Dios (Talmud, tratado de Sotá 13b).

UN PREMIO MAJESTUOSO

Además de lo mencionado, Moshé se adjudicó otro premio destacado. Pues ya que intercedió por los hijos de Israel y los defendió arriesgando su propia vida, fue mencionado 18 veces en el recuento de los materiales para construir el Santuario. Y en correspondencia con esas 18 veces, fue establecida la plegaria de las 18 oraciones, denominada Amidá. Se trata de la plegaria más elevada, mediante la cual se alcanza el grado máximo de elevación espiritual, hasta encontrarse frente a la Divinidad, en el mundo supremo denominado Atzilut. Esta plegaria es pronunciada por los hijos de Israel en todo el mundo y a través de todas las generaciones por el mérito de Moshé (Baal Haturim en Éxodo 40:21).

Otra Enseñanza

EL MISTERIO DEL TABERNÁCULO

En el inicio de la sección Pekudei, se menciona el recuento del Tabernáculo, como está escrito: «Estos son los recuentos del Tabernáculo, el Tabernáculo del Testimonio; siendo este un recuento realizado por boca de Moshé; la tarea de los levitas, fue realizada por boca de Itamar, hijo de Aarón el Sacerdote» (Éxodo 38:21).

Rabí Shimón se refirió a este asunto y mencionó este versículo: «En el comienzo creó Dios a los Cielos y a la Tierra» (Génesis 1:1). Después explicó que cuando El Santo, Bendito Sea, creó el mundo, lo creó similar a lo Alto. Ya que todo lo que hay en el mundo de lo bajo fue creado de acuerdo al modelo espiritual de lo Alto. Y a todas esas formas espirituales de lo Alto, El Santo, Bendito Sea, las estableció en lo bajo, para vincular y unir mundo con mundo. Y cuando El Santo, Bendito Sea, deseó crear el mundo de lo bajo, observó en la Torá y lo creó. Y observó en el Nombre sagrado que contiene la generalidad de la Torá, y fundó el mundo.

Ahora bien, el mundo fue fundado por El Santo, Bendito Sea, con el poder de tres atributos: la sabiduría –Jojmá, el discernimiento –Biná– y el entendimiento –Daat–. Con el atributo de la sabiduría, como está escrito: «El Eterno creó el mundo con sabiduría» (Proverbios 3:19). Con el atributo del discernimiento, como está escrito: «Dispuso los Cielos con discernimiento» (Ibíd.). Con el atributo del entendimiento, como está escrito: «Con su entendimiento se abrieron los abismos» (Proverbios 3:20).

He aquí que todos esos atributos son necesarios para la existencia del mundo. Y con esos tres atributos fue edificado el Tabernáculo de lo bajo, como está escrito: «Y habló El Eterno a Moshé diciendo: "Observa, he llamado por nombre a Betzalel, hijo de Uri, hijo de Jur, de la tribu de Yehuda. Lo he colmado de espíritu Divino, de sabiduría, discernimiento y entendimiento"» (Éxodo 31:1–3) (Sodot Hatora).

Esos tres atributos mencionados están también dentro de los seres humanos, ya que el cuerpo de una persona es considerada un mundo en miniatura (Sodot Hatora). Y también se denomina Santuario de El Eterno, como está escrito: «Y Me harán un Santuario, y moraré en medio de ellos» (Éxodo 25:8). Se observa que no está escrito: «en medio de él», sino «en medio de ellos"». Es decir, dentro de cada uno y uno que construya en su cuerpo un Santuario para Mí, allí moraré (véase Kli Yakar en Éxodo 26:15).

Por eso es importante utilizar esos atributos con los que fue creado el mundo para comprender las enseñanzas de la Torá, que tal como dijimos, es el plano elaborado por El Santo, Bendito Sea, y utilizado por Él para realizar toda la obra de la creación.

Es decir, se debe adquirir sabiduría incorporando siempre nuevos conocimientos. Y a esos conocimientos se los debe analizar a través de la facultad del discernimiento. Entonces se llegará al entendimiento cabal del asunto.

LA HISTORIA DE UN ALUMNO

Veamos un ejemplo: en el Tamud se narra este suceso: estudiaron los sabios: aconteció un suceso con un alumno que fue ante Rabí Yehoshúa y le preguntó:
—¿La plegaria nocturna es opcional u obligatoria?

Rabí Yehoshúa le dijo:
—¡Es opcional!

Fue ante Rabán Gamliel y le preguntó:
—¿La plegaria nocturna es opcional u obligatoria?

Rabán Gamliel le dijo:
—Es obligatoria.

El alumno le dijo:
—Pero Rabí Yehoshúa me dijo que es opcional.

Rabán Gamliel le dijo:
—Aguarda a que entren los sabios a la Casa de Estudios.

Cuando los eruditos entraron a la Casa de Estudios el que preguntaba se puso de pie y preguntó:
—¿La plegaria nocturna es opcional u obligatoria?

Rabán Gamliel le dijo:
—Es obligatoria.

Y Rabán Gamliel dijo a los sabios:
—¿Hay alguien que está en desacuerdo con esto?

Rabí Yehoshúa le dijo:

—¡No!

Rabán Gamliel dijo a Rabí Yehoshúa:
—Pero me han dicho en tu nombre que tú has dicho que es opcional.

Y le dijo:
—¡Yehoshúa! ¡Ponte de pie y testificarán sobre ti!

Rabí Yehoshúa se puso de pie y dijo:
—Si yo estuviera vivo y él muerto, el vivo podría debilitar –el testimonio– del muerto; pero ahora que yo estoy vivo y él está vivo, ¿cómo el vivo podría debilitar –el testimonio– del vivo?

LA INTERVENCIÓN DEL PUEBLO

Rabán Gamliel estaba sentado y disertaba, mientras Rabí Yehoshúa estaba de pie. Esto fue así hasta que todo el pueblo comenzó a impacientarse, y le dijeron a Jutzpit el vocero de Rabán Gamliel –que transmitía en voz alta sus palabras a toda la congregación–:
—¡Detente!

Y él se detuvo.

Dijeron:
—¿Hasta cuándo seguirá haciéndolo sufrir? ¡El año que pasó, en el Año Nuevo, lo hizo sufrir; con los primogénitos del suceso de Rabí Tzadok lo hizo sufrir, y ahora también lo hizo sufrir! ¡Destituyámoslo!

Después propusieron:
—¿A quién designaremos en su lugar?

Algunos dijeron:

—¡Designemos a Rabí Yehoshúa!

Pero lo descartaron, pues era el protagonista del suceso. Entonces dijeron:
—¡Designemos a Rabí Akiva!

Pero lo descartaron, pues carecía de méritos de los ancestros. Por eso dijeron:
—¡Designemos a Rabí Eleazar hijo de Azaria, que es sabio, es adinerado, y es el décimo –descendiente– de Esdras!

Y explicaron:
—Es sabio, y si le preguntara, le podrá responder; es adinerado, y si intercediera ante el emperador, él también podrá ir e interceder; y es el décimo –descendiente– de Esdras, por lo que pose el mérito de los ancestros, y –Rabán Gamliel– no lo podrá castigar.

Fueron y le propusieron a Rabí Eleazar hijo de Azaria:
—Señor, ¿está de acuerdo en convertirse en el líder de la Academia?

Rabí Eleazar hijo de Azaria les dijo:
—Iré y lo consultaré con la gente de mi casa.

Fue y lo consultó con su esposa, y ella le dijo:
—Tal vez te remuevan del cargo –en el futuro–.

Él le respondió:
—Si hoy la persona tiene un vaso valioso, que lo utilice, y si mañana se quiebra, se quiebra.

Ella le dijo:
—No tienes barba blanca –y pareces demasiado joven para ser el primer mandatario–.

Ese día Rabí Eleazar hijo de Azaria tenía 18 años de edad, y le aconteció un milagro y se le formaron doce mechones de barba blanca. Tal como declaró Rabí Eleazar hijo de Azaria:

—¡He aquí yo soy como de 70 años! *(véase* Talmud, tratado de Berajot 12b). Y no de 70 años.

EL APARTADO DEL GUARDIÁN

Fue estudiado: ese día quitaron al guardián de la entrada y les fue concedido permiso a los estudiosos para entrar. Pues Rabán Gamliel –cuando gobernaba– pregonaba y decía:

—Todo estudioso que no sea en su interior lo que manifiesta exteriormente no ha de entrar a la Casa de Estudio.

Ese día se agregaron varios bancos. Dijo Rabí Iojanán: Discreparon acerca de la cantidad Rabí Aba Iosef el hijo de Dostai y Rabanán. Uno de ellos dijo: «Se agregaron 400 bancos»; y el otro dijo: «Se agregaron 700 bancos». Y el ánimo de Rabán Gamliel se debilitó; dijo:

—Tal vez, Dios libre, he impedido la Torá en Israel –y temía ser castigado por eso–.

Pero le sobrevino un sueño en el que le mostraron una escena de vasijas de cerámica llenas de ceniza. (Desde el Cielo se le indicaba que así como las vasijas de cerámica son blancas y relucientes por fuera, por dentro están llenas de ceniza oscura, en alusión a los alumnos que se incorporaron, su interior no es como su exterior, no son dignos). Pero no era así, sino que el sueño que le fue mostrado llevaba por finalidad aplacar el ánimo de Rabán Gamliel.

UN DÍA ESPECIAL

Fue estudiado en el tratado de Eduiot: toda enseñanza

impartida, acerca de la cual se dijo: «en ese día», se refiere a ese día en el que asumió Rabí Eleazar hijo de Azaria. Y no hubo ninguna ley que quedó en suspenso, sin resolver, en la Casa de Estudios –porque al haber muchos estudiosos, se esclarecieron todas las dudas–. E incluso Rabán Gamliel, que había sido removido de la presidencia, no se abstuvo de asistir a la Casa de Estudios siquiera por un instante. Como fue estudiado en la Mishná (tratado de Iadaim 4:4).

CONFRONTACIÓN ERUDITA

En ese día vino Yehuda, que era un prosélito amonita y se presentó ante los sabios en la Casa de Estudios. Dijo:
—¿Yo puedo entrar a la congregación de los hijos de Israel –casándome con una mujer israelita–?

Rabán Gamliel le dijo:
—Tú tienes prohibido entrar a la congregación de los hijos de Israel.

Pero Rabí Yehoshúa dijo al prosélito:
—Tú tienes permitido entrar a la congregación de los hijos de Israel.

Rabán Gamliel dijo a Rabí Yehoshúa:
—Pero he aquí que está escrito: «No entrará amonita ni moabita en la congregación de El Eterno, tampoco su décima generación entrará en la congregación de El Eterno para siempre, por no haberte recibido con pan y agua en el camino cuando salías de Egipto, y por haber alquilado a Bilaam hijo de Beor, de Petor, Aram Naharaim, para maldecirte» (Deuteronomio 23:4–5).

Rabí Yehoshúa dijo a Rabán Gamliel:
—¿Acaso los moabitas y los amonitas residen en su lugar

original? Ha de considerarse que Sanjeriv, el rey de Asiria, invadió todas las tierras y desterró a todos los pueblos. Como está dicho: «Quité los territorios de los pueblos, y saqueé sus tesoros; y derribé a los que se encontraban en las fortalezas. Y halló mi mano como nido las riquezas de los pueblos; y como se recogen los huevos abandonados, así me apoderé yo de toda la tierra; y no hubo quien moviese ala, ni abriese la boca y gorjease» (Isaías 10:13–14). Y ha de considerarse la regla que señala: "Todo lo que se ha apartado, ciertamente se ha apartado de la mayoría" –es decir, en caso de duda se rige por la mayoría–. Y ya que la mayoría de las personas que moran sobre la faz de la Tierra no son amonitas, ciertamente este prosélito no es descendiente de amonitas, sino del resto del mundo.

Rabán Gamliel dijo a Rabí Yehoshúa:
—Pero he aquí que está dicho: «Y después de esto haré volver a los cautivos de los hijos de Amón, dice El Eterno» (Jeremías 49:6). ¡Y seguramente ya han vuelto a su tierra!

Rabí Yehoshúa dijo a Rabán Gamliel:
—Pero he aquí que está dicho: «Y haré volver a los cautivos de Mi pueblo, Israel» (Amos 9:14). ¡Y aún no han vuelto a su Tierra! Y así como esta profecía todavía no se cumplió, es posible decir que tampoco se ha cumplido la que tú has citado.

Inmediatamente le permitieron entrar a la congregación –a Yehuda–.

LA REFLEXIÓN INTROSPECTIVA

Dijo Rabán Gamliel:
—Ya que así fue, –que la ley fue determinada según su opinión, significa que de los Cielos acuerdan con él–, iré a disculparme de Rabí Yehoshúa.

Cuando llegó a su casa, vio que las paredes estaban ennegrecidas. Rabán Gamliel dijo a Rabí Yehoshúa:
—Por las paredes de tu casa se nota que eres carbonero.

Rabí Yehoshúa le respondió:
—¡Ay de la generación que te ha tenido como el máximo dirigente, pues no sabes de la aflicción de los eruditos, a través de qué medios ellos se alimentan y mantienen!

Rabán Gamliel le dijo:
—¡Te he afligido! ¡Perdóname!

Rabí Yehoshúa no reparó en él. Entonces Rabán Gamliel le dijo:
—¡Hazlo por el honor de mi padre!

Y Rabí Yehoshúa lo perdonó.

LA REPERCUSIÓN DE UNA PALABRA DE PERDÓN

Los que estaban presentes y oyeron que Rabí Yehoshúa lo perdonó dijeron:
—¡Quién irá para comunicárselo a los sabios que se encuentran en la Casa de Estudios?

Aquel lavandero que se encontraba allí dijo:
—¡Yo iré!

Rabí Yehoshúa lo envió con este mensaje —era una parábola, ya que el erudito las utilizaba con suma frecuencia—: «Quien está habituado a vestir la túnica de honor —Rabán Gamliel—, que vista la túnica de honor, y quién no está habituado a vestir la túnica de honor —Rabí Eleazar hijo de Azaria—, ¿es apropiado que le diga a quién está habituado a vestir la túnica de honor:

¡Quítate la túnica de honor y yo la vestiré!?». A través de estas palabras indicaba que debe devolverse a Rabán Gamliel la presidencia.

Rabí Akiva, que se encontraba en la Casa de Estudios, dijo a los sabios que estaban allí:
—¡Cerrad las puertas de la Casa de Estudio para evitar que los hombres de la servidumbre de Rabán Gamliel molesten a los sabios!

Dijo Rabí Yehoshúa:
—Es mejor que yo mismo me levante y vaya a ellos.

Se dirigió al lugar, golpeó a la puerta, y dijo a los sabios esta parábola: «Un sacerdote hijo de sacerdote es apropiado para esparcir –la ceniza de la vaca roja mezclada con agua de manantial sobre los impuros–; y quien no es sacerdote ni hijo de sacerdote, ¿él le dirá a un sacerdote hijo de sacerdote: ¡Tu agua es agua de cisterna –agua común–, y tu ceniza es ceniza de horno –ceniza común–?».

A través de esta parábola les dijo: así como una persona común, que no es sacerdote, no es propicia para enseñarle a un sacerdote hijo de sacerdote, cómo esparcir las aguas con las cenizas purificadoras, del mismo modo, es impropio que alguien que no fuese de la nobleza ejerza como ministro principal.

Rabí Akiva le dijo:
—Rabí Yehoshúa, ¿has perdonado a Rabán Gamliel? ¡No hemos hecho esto sino por tu honor! ¡Mañana tú y yo madrugaremos y nos presentaremos en la puerta de la casa de Rabán Gamliel!

Los sabios dijeron:
—¿Cómo haremos? ¿Acaso hemos de quitar del cargo a Rabí Eleazar hijo de Azaria? ¡No deberíamos hacer eso, tal como fue

estudiado: "Se eleva en la santidad y no se desciende"! Podríamos hacer que se alternen, y uno diserte en la Casa de Estudios una semana y el otro la semana siguiente. Pero tampoco estaría bien, pues despertaría envidia entre ambos. Mas bien que diserte Rabán Gamliel tres semanas y Rabí Eleazar hijo de Azaria una semana.

A esto se refirió el maestro cuando dijo: «¿De quién era el turno de la semana? ¡El turno de la semana era de Rabí Eleazar hijo de Azaria!» (véase Talmud, tratado de Jaguigá 3a).

Y ese alumno —que había causado la disputa— era Rabí Shimón el hijo de Yojai (Talmud, tratado de Berajot 27b–28a).

EL ESCLARECIMIENTO

Hemos apreciado una enseñanza talmúdica muy interesante, y a través de la misma adquirimos sabiduría incorporando nuevos conocimientos. Ahora bien, tal como se dijo, a esos conocimientos se los debe analizar a través de la facultad del discernimiento. Pues ciertamente que hay en el suceso narrado muchos temas que requieren análisis y esclarecimiento para llegar al entendimiento cabal del asunto.

Uno de los asuntos que llama la atención es que se menciona el nombre del alumno que había causado la disputa al final del suceso, cuando lo lógico hubiese sido que se lo hiciera al comienzo: Aconteció un suceso con Rabí Shimón el hijo de Yojai, quién fue ante Rabí Yehoshúa y le preguntó:
—¿La plegaria nocturna es opcional u obligatoria?

¿Por qué se abrió diciendo: Aconteció un suceso con un alumno que fue ante Rabí Yehoshúa y le preguntó:
—¿La plegaria nocturna es opcional u obligatoria?
Y recién al final se menciona su nombre.

Podría suponerse que la razón era para informar que en ese momento en que formuló la pregunta era aún un alumno, y no un maestro. Pero si fuese así, debe considerarse que los sabios han enseñado que se hace girar el mérito detrás de un individuo meritorio, y se hace girar la culpa detrás de un individuo culpable (Talmud, tratado de Shabat 32a). Por lo tanto quién contempla este suceso, pensará que ese alumno fue quién provocó que la culpabilidad girara tras Rabán Gamliel. Es decir, se pensará que el mal llegó a Rabán Gamliel, a través de él.

Sin embargo, cuando se llega al final del suceso, y se observa que Rabán Gamliel fue devuelto a su cargo presidencial, y Rabí Eleazar hijo de Azaria, también conservó el cargo presidencial, podrá discernir y saber lo que verdaderamente ocurrió. Es decir, sabrá que ese alumno era inocente, y a través suyo giró un mérito, o sea, algo bueno, para Rabán Gamliel, y también para Rabí Eleazar hijo de Azaria.

EL GRAN MÉRITO

¿Cuál fue el mérito que giró a través de él para Rabí Eleazar hijo de Azaria? Que fue designado presidente a causa de ese suceso. ¿Y cuál fue el mérito que giró a través de él para Rabán Gamliel? Que se salvó de la muerte a causa de ese suceso.

¿Por qué se salvó de la muerte Rabán Gamliel? Porque hemos visto que Rabí Eleazar hijo de Azaria, fue designado presidente. Y ciertamente que la asignación de ese cargo fue determinada en los Cielos. Y si no ocurría lo que ocurrió a través de Rabí Shimón el hijo de Yojai, que depusieran a Rabán Gamliel, y designaran presidente a Rabí Eleazar hijo de Azaria, forzosamente Rabán Gamliel debería morir para que Rabí Eleazar hijo de Azaria fuese designado presidente.

Resulta, pues, que a través de Rabí Shimón el hijo de Yojai, giró un mérito para Rabán Gamliel, quién quedó con vida en el mundo. Y por eso, después de narrarse en el Talmud todo el suceso, mencionándose que tanto Rabán Gamliel, como Rabí Eleazar hijo de Azaria, fueron designados presidentes, se reveló que ese alumno a través del cuál giraron esos dos méritos, era Rabí Shimón el hijo de Yojai. Así se sabe que ciertamente era una persona meritoria y no culpable, como se podría suponer antes de leer toda la historia, y entenderla cabalmente (véase Ben Iehoiada Berajot 27b).

Así se aplica lo que hemos mencionado, es decir, que se debe adquirir sabiduría incorporando siempre nuevos conocimientos. Y a esos conocimientos se los debe analizar a través de la facultad del discernimiento. Entonces se llegará al entendimiento cabal del asunto.

Esto debe hacerse con todos los estudios de la Torá, para entenderlos como es debido, y asociarse a la obra de la creación del mundo, que está fundada sobre esos tres pilares. Entonces, la Torá será una protección, como fue enseñado: dijo Raba: "Cuando se ocupa de la Torá, la Torá protege y salva" (Talmud, tratado de Sotá 21a).

LA ALUSIÓN COMPLETA

Eso está indicado a modo de insinuación en la cita bíblica que declara: «Y habló El Eterno a Moshé diciendo [...] Lo he colmado de espíritu Divino, de sabiduría, discernimiento y entendimiento» (Éxodo 31:1–3).

La declaración: «sabiduría, discernimiento y entendimiento», en el texto original hebreo está escrita así:

בחכמה ובתבונה ובדעת

Éste es el valor numérico:

ב = 2	ו = 6	ו = 6
ח = 8	ב = 2	ב = 2
כ = 20	ת = 400	ד = 4
מ = 40	ב = 2	ע = 70
ה = 5	ו = 6	ת = 400
	נ = 50	
	ה = 5	
75	471	482

Sumamos los valores parciales y resulta:

$$75 + 471 + 482 = 1028$$

La expresión: «y te protegeré en todo», en hebreo se escribe así:

ושמרתיך בכל

Éste es el valor numérico:

ו = 6	ב = 2
ש = 300	כ = 20
מ = 40	ל = 30
ר = 200	
ת = 400	
י = 10	
ך = 20	
976	52

Sumamos los valores parciales y resulta:

$$976 + 52 = 1028$$

A esto se refiere el misterio de lo que está escrito: «Y he aquí que Yo estoy contigo, te protegeré en todo lo que fueres y te traeré de regreso a esta tierra; pues no te abandonaré hasta hacer lo que te he hablado» (Génesis 28:15). Ya que esta bendición fue dicha por El Eterno a Jacob, que era un hombre que moraba en tiendas, o sea, estudiaba la Torá con dedicación, como está escrito: «Jacob era un hombre íntegro que moraba en tiendas» (Jacob 25:27). La expresión «moraba en tiendas», se refiere a la casa de estudios de Ever (Tárgum Yonatán hijo de Uziel). Y así explicó también el exegeta Rashi: se refiere a las tiendas de Shem y Ever.

Printed in Poland
by Amazon Fulfillment
Poland Sp. z o.o., Wrocław